스프링 부트 3
핵심 가이드

스프링 부트를 활용한
애플리케이션 개발 실무

스프링 부트 3 핵심 가이드

스프링 부트를 활용한 애플리케이션 개발 실무

지은이 장정우

펴낸이 박찬규 엮은이 이대엽 디자인 북누리 표지디자인 Arowa & Arowana

펴낸곳 위키북스 전화 031-955-3658, 3659 팩스 031-955-3660
주소 경기도 파주시 문발로 115 세종출판벤처타운 311호

가격 30,000 페이지 456 책규격 188 x 240mm

초판 발행 2025년 03월 27일
ISBN 979-11-5839-599-5 (93000)

등록번호 제406-2006-000036호 등록일자 2006년 05월 19일
홈페이지 wikibook.co.kr 전자우편 wikibook@wikibook.co.kr

스프링 부트 3 핵심 가이드

스프링 부트를 활용한 애플리케이션 개발 실무

장정우 지음

위키북스

책 사용 설명서

이 책은 스프링 부트를 이용해 애플리케이션을 개발하는 데 필요한 전반적인 내용을 다룹니다. 애플리케이션은 부분적인 지식만으로는 개발할 수 없습니다. 그렇기 때문에 애플리케이션을 이루는 각 부분을 최소한의 부분이라도 구현할 수 있게 목차를 구성했습니다. 이 책은 목차 순서대로 예제가 발전해 나가므로 순서대로 읽는 것을 권장합니다. 물론 스프링 부트에 대한 기초 지식을 갖췄다면 필요한 내용만 찾아 읽어도 좋습니다.

저자의 첫 번째 목표는 독자가 직접 스프링 부트를 활용해 자신의 애플리케이션에 필요한 기능을 구현할 수 있게 하는 것이고, 두 번째 목표는 직접 작성한 코드가 어떤 원리로 동작하는지 이해할 수 있도록 설명하는 것이었습니다. 예제 코드는 모두 정상 동작하는 코드이며, 대부분은 어떤 식으로 구현하는지 설명돼 있습니다.

스프링 부트를 혼자 공부하거나 그룹 스터디를 할 때 더 공부해 볼 만한 내용에 대해서는 책 중간중간 등장하는 '스터디 가이드'를 참고합니다. 더 깊게 공부하기 위해서는 관련 항목에 기재된 참고 자료를 찾아보기를 권장합니다.

도서 홈페이지

이 책의 홈페이지 URL은 다음과 같습니다.

- 책 홈페이지: https://wikibook.co.kr/springboot-rev

이 책을 읽는 과정에서 내용상 궁금한 점이나 잘못된 내용, 오탈자가 있다면 홈페이지 우측의 [도서 관련 문의]를 통해 문의해 주시면 빠른 시간 내에 안내해 드리겠습니다.

예제 코드

이 책의 예제 코드는 깃허브 저장소에서 관리됩니다. 아래 깃허브 저장소에서 예제 코드를 확인하고 내려받을 수 있으며, 각 장별로 프로젝트가 구분돼 있어 각 장별로 코드를 확인할 수 있습니다.

- 깃허브 저장소: https://github.com/wikibook/springboot-rev

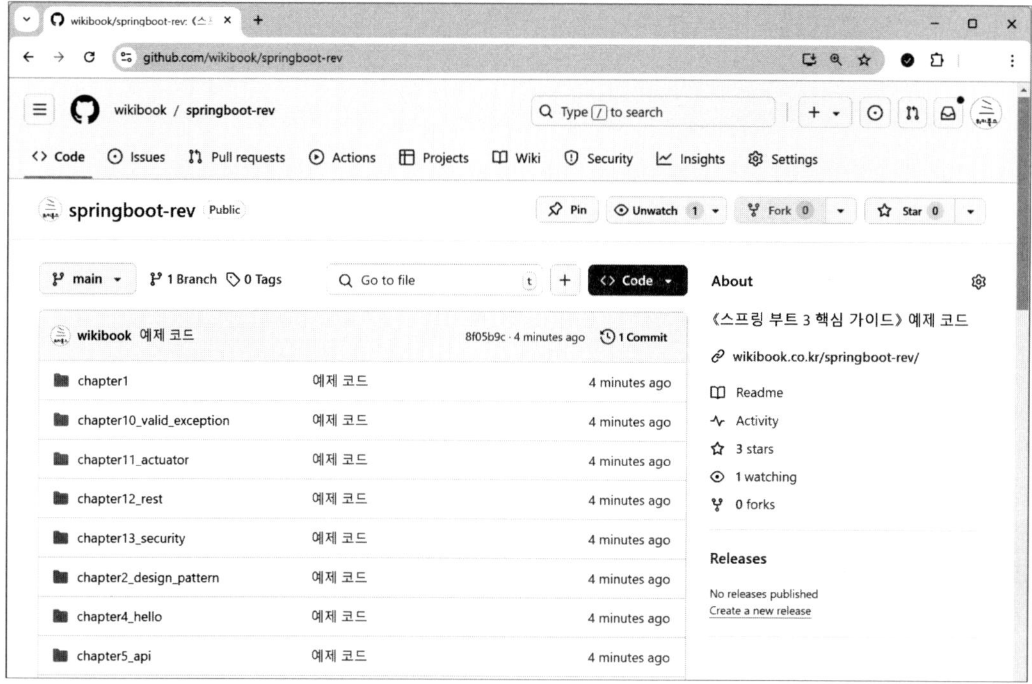

예제 코드가 변경될 경우 위 깃허브 저장소에 반영됩니다.

예제 코드 다운로드

이 책의 예제 코드를 다운로드하는 방법을 알아보겠습니다.

1. 웹 브라우저로 깃허브 저장소(https://github.com/wikibook/springboot-rev)에 접속해 우측 상단의 [Code]를 클릭한 후 [Download ZIP]을 클릭합니다.

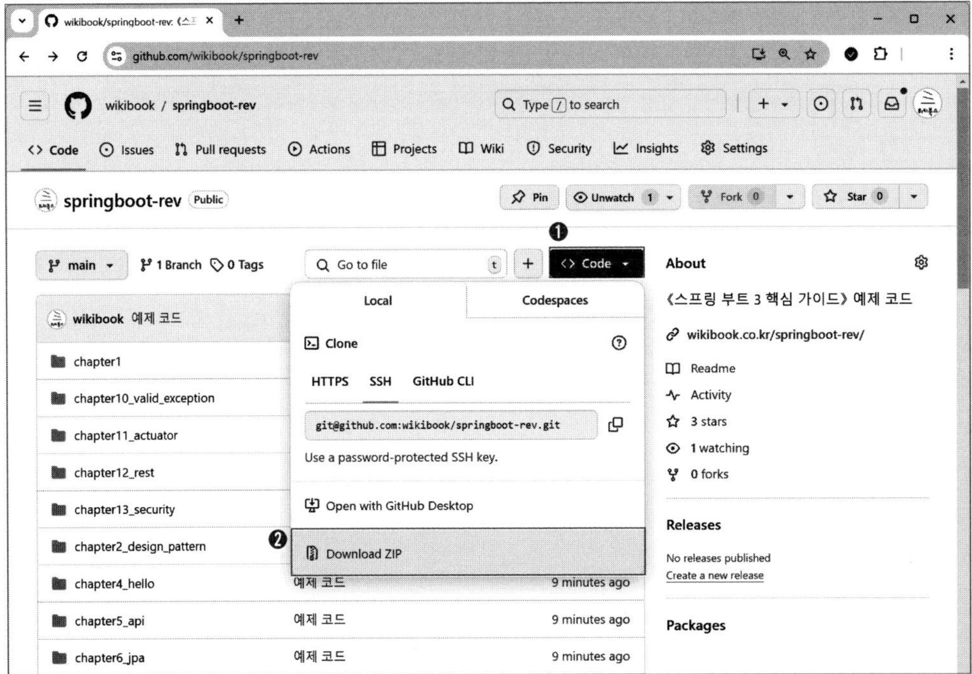

2. 다운로드할 폴더를 지정해 압축 파일(ZIP 파일)을 내려받습니다. 특별히 폴더를 지정하지 않으면 다운로드 폴더에 내려받습니다.

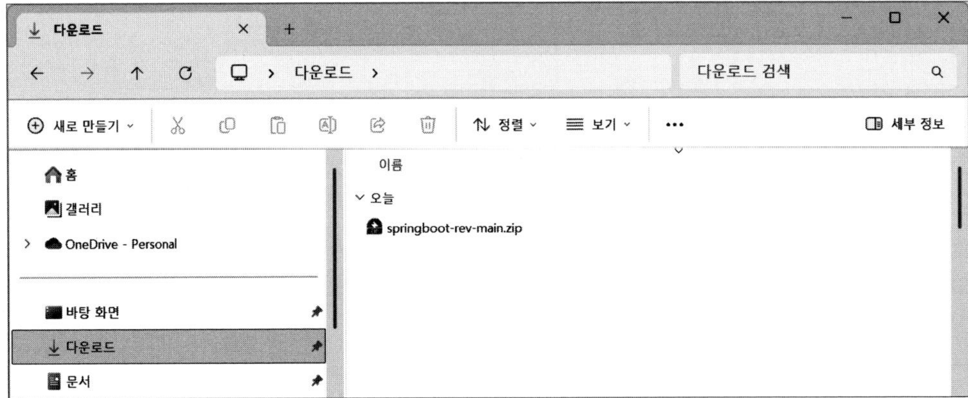

3. 다운로드한 압축 파일(`springboot-rev-main.zip`)의 압축을 풉니다. 이때 압축 해제된 파일이 위치할 대상 폴더를 지정하거나 현재 디렉터리에 압축을 해제한 후 대상 폴더로 옮길 수 있습니다.

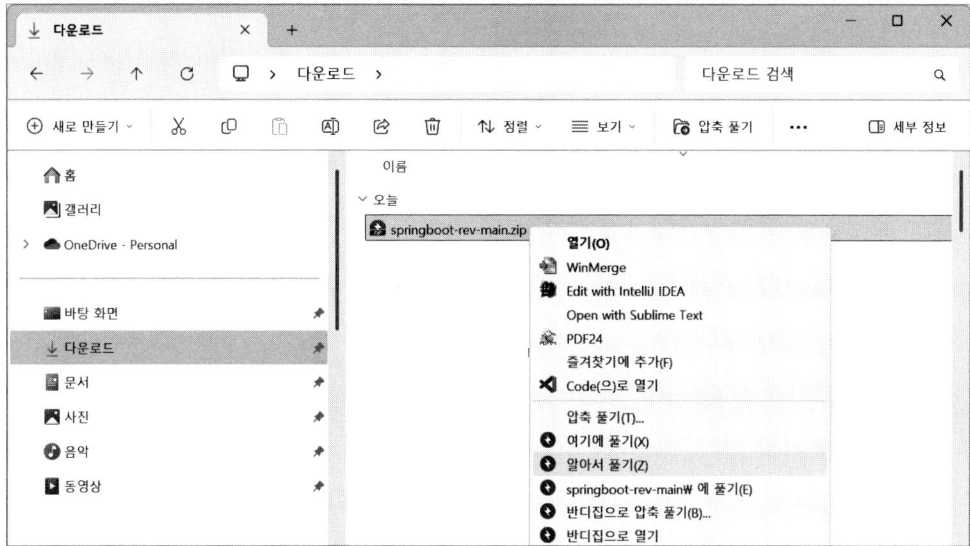

4. 압축을 해제한 폴더로 이동하면 폴더 구성을 확인할 수 있습니다. 각 장의 실습 프로젝트가 폴더별로 정리돼 있습니다.

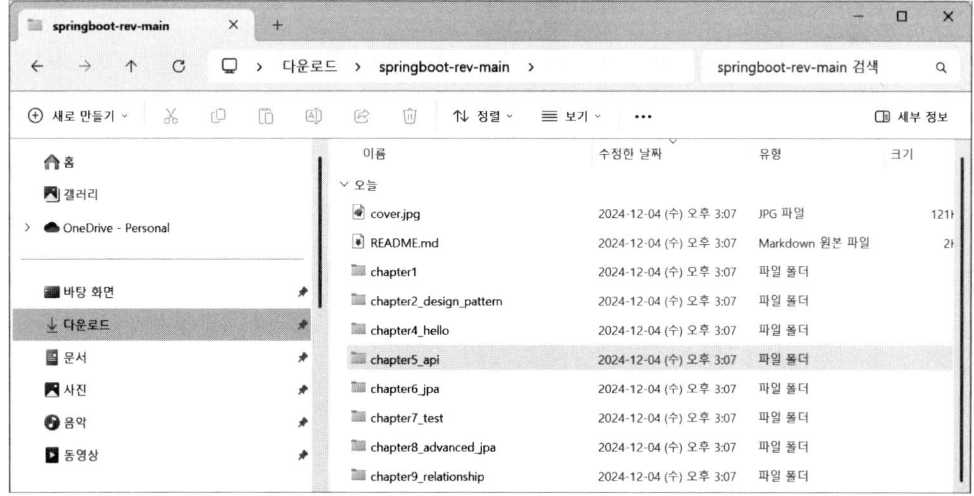

편집 서식

이 책의 본문에 사용된 서식은 다음과 같습니다.

- 볼드체: 본문에서 강조하는 내용을 나타냅니다.

> 스프링 공식 문서에서 권장하는 의존성 주입 방법은 생성자를 통해 의존성을 주입받는 방식입니다. **다른 방식과는 다르게 생성자를 통해 의존성을 주입받는 방식은** 레퍼런스 객체 없이는 객체를 초기화할 수 없게 설계할 수 있기 때문입니다.

- 본문 코드: 본문에서 명령어, 코드, 파일명, 옵션 등과 관련된 사항을 나타냅니다.

> 스프링에서는 `@Autowired`라는 애너테이션(annotation)을 통해 의존성을 주입할 수 있습니다. 스프링 4.3 이후 버전은 생성자를 통해 의존성을 주입할 때 `@Autowired` 애너테이션을 생략할 수도 있습니다. 하지만 스프링을 처음 다룰 때는 가독성을 위해 애너테이션을 명시하기를 권장합니다.

- 예제 코드: 실습 가능한 코드 예제를 나타냅니다. 우측 상단의 파일 경로를 통해 예제 코드가 담긴 파일을 확인할 수 있습니다.

예제 1.2 생성자를 통한 의존성 주입 file controller/DIController.java

```
@RestController
public class DIController {

    MyService myService;

```

- 팁: 본문 내용과 관련해서 알아두면 도움이 될 만한 내용을 제시합니다.

> **Tip**
>
> 'spring-boot-starter'의 여러 라이브러리를 함께 사용할 때는 의존성이 겹칠 수 있습니다. 이로 인해 버전 충돌이 발생할 수 있는데, 의존성 조합 충돌 문제가 없도록 'spring-boot-starter-parent'가 검증된 조합을 제공합니다.

- 참고: 본문과 관련해서 반드시 알아야 하거나 문제 해결에 도움이 될 만한 내용을 제시합니다.

참고

만약 이 단계에서 스프링 부트 버전으로 3.3.5 버전이 선택되지 않는다면 아무 버전이나 선택해서 프로젝트 생성을 완료한 후에 예제 4.1과 같이 pom.xml 파일에서 버전을 변경합니다.

예제 4.1 pom.xml 파일에서 스프링 부트 버전을 변경

```
<parent>
    <groupId>org.springframework.boot</groupId>
    <artifactId>spring-boot-starter-parent</artifactId>
    <version>3.3.5</version>
    <relativePath/> <!-- lookup parent from repository -->
</parent>
```

- 스터디 가이드: 이 책의 내용을 학습할 때 추가로 공부할 만한 주제를 제시합니다.

스터디 가이드

이 책에서는 외부 서버와의 통신을 위해 HTTP 통신을 사용합니다. 다만 프로토콜에는 HTTP를 포함한 여러 방식이 존재합니다. TCP/IP, HTTP/HTTPS, SOAP 등 여러 통신 프로토콜을 알아보고 각 방식의 특징을 알아보기 바랍니다.

자바 언어를 접하고 자바의 문법을 이해하고 작성할 수 있게 되면 자연스럽게 스프링 프레임워크를 마주하게 됩니다. 많은 회사에서 자바 기반의 애플리케이션을 개발하는 데 스프링과 스프링 부트를 사용하고 있기 때문에 더욱 체감되는 것이 사실입니다.

많은 분들이 스프링 부트를 활용해 애플리케이션을 개발하고 있지만 정작 스프링 부트에서 제공하는 이점들을 살리지 못하는 코드를 작성하곤 합니다. 이 책은 좀 더 '스프링 부트'다운 코드를 작성하는 방법에 초점을 맞추고 있습니다.

하지만 스프링 부트가 제공하는 편의 기능은 개발자에게 블랙박스가 되어버려 정확한 동작 방식을 이해하는 데 어려움을 주기도 합니다. 스프링 부트는 신뢰도가 높은 오픈소스 프로젝트라는 점에서 큰 걱정 없이 사용할 수 있지만 좀 더 상세한 비즈니스 로직을 작성하기 위해서는 스프링 부트의 내부 동작 원리를 이해할 필요가 있습니다. 이 책은 큰 틀에서 우리가 작성하는 코드가 어떻게 동작하는지 소개함으로써 블랙박스가 되어버리는 기능들을 더욱 잘 이해할 수 있도록 노력했습니다.

단순히 간단한 서비스를 개발해보고 끝내는 것이 아니라 앞으로 여러분이 개발할 서비스에 코드 한 줄을 입력하기 위해서는 코드가 어떻게 동작하는지 이해하는 것이 중요합니다. 또한 애플리케이션의 내부 아키텍처를 크게 컨트롤러, 서비스, 데이터베이스로 나누고, 각 아키텍처에서 어떤 방식으로 코드가 동작하는지 이해하는 것에 초점을 맞췄습니다.

또한 최근 테스트 코드 작성의 중요성이 부각됨에 따라 기능 개발뿐만 아니라 테스트 코드를 작성하는 방법을 소개하고, 테스트 지표를 설정하고 확인할 수 있는 테스트 커버리지에 대해서도 다루고 있습니다. 그 밖에도 Logback을 활용해 로그를 작성하는 방법이나 API 명세를 간단히 확인해볼 수 있는 Swagger 사용법 등 중요한 비기능에 대해서도 소개합니다.

이 책을 통해 스프링 부트의 전반적인 동작 원리를 이해하고 사용법을 익혀 초심자가 갖춰야 하는 역량을 갖출 수 있기를 기대합니다.

01 스프링 부트란?

스프링 프레임워크(Spring Framework)[1]는 자바 기반의 애플리케이션 프레임워크로, 엔터프라이즈급 애플리케이션을 개발하기 위한 다양한 기능을 제공합니다. 스프링은 목적에 따라 다양한 프로젝트를 제공하는데, 그중 하나가 스프링 부트(Spring Boot)입니다.

이번 장에서는 먼저 스프링 부트의 기반인 스프링 프레임워크를 알아보고, 스프링이 제공하는 다양한 프로젝트 중 하나인 스프링 부트의 특징을 설명합니다.

1.1 스프링 프레임워크

스프링 프레임워크(이후 스프링)는 자바에서 가장 많이 사용하는 프레임워크입니다. 현재 우리나라의 '전자정부 표준 프레임워크'[2]의 기반 기술로 채택되어 공공기관 웹 서비스를 개발할 때도 사용됩니다.

1 https://spring.io
2 https://www.egovframe.go.kr/home/sub.do?menuNo=14

스프링은 자바 언어를 이용해 엔터프라이즈급 개발을 편리하게 만들어주는 '오픈소스 경량급 애플리케이션 프레임워크'로 불리고 있습니다. 쉽게 말해서 자바로 애플리케이션을 개발하는 데 필요한 기능을 제공하고 쉽게 사용하도록 돕는 도구입니다.

Tip '엔터프라이즈급 개발'이란?

'엔터프라이즈급 개발'은 기업 환경을 대상으로 하는 개발을 뜻합니다. 네이버나 카카오톡 같은 대규모 데이터를 처리하는 환경을 엔터프라이즈 환경이라고 부릅니다. 스프링은 이 환경에 알맞게 설계돼 있어 개발자는 애플리케이션을 개발할 때 많은 요소를 프레임워크에 위임하고 비즈니스 로직을 구현하는 데 집중할 수 있습니다.

스프링의 핵심 가치는 다음과 같습니다.

> "애플리케이션 개발에 필요한 기반을 제공해서 개발자가 비즈니스 로직 구현에만 집중할 수 있게끔 하는 것"

이번 장에서는 이 같은 스프링을 효율적으로 사용할 수 있도록 스프링의 특징과 구조 등을 알아보도록 하겠습니다.

1.1.1 제어 역전(IoC)

일반적인 자바 개발의 경우 객체를 사용하기 위해 예제 1.1과 같은 코드를 사용합니다. 즉, 사용하려는 객체를 선언하고 해당 객체의 의존성을 생성한 후 객체에서 제공하는 기능을 사용합니다. 객체를 생성하고 사용하는 일련의 작업을 개발자가 직접 제어하는 구조입니다.

예제 1.1 일반적인 자바 코드에서의 객체 사용법 file controller/NoDIController.java

```
@RestController
public class NoDIController {

    private MyService service = new MyServiceImpl();

    @GetMapping("/no-di/hello")
    public String getHello() {
        return service.getHello();
    }

}
```

하지만 제어 역전(IoC; Inversion of Control)을 특징으로 하는 스프링은 기존 자바 개발 방식과 다르게 동작합니다. IoC를 적용한 환경에서는 사용할 객체를 직접 생성하지 않고 객체의 생명주기 관리를 외부에 위임합니다. 여기서 '외부'는 스프링 컨테이너(Spring Container) 또는 IoC 컨테이너(IoC Container)를 의미합니다. 객체의 관리를 컨테이너에 맡겨 제어권이 넘어간 것을 제어 역전이라고 부르며, 제어 역전을 통해 의존성 주입(DI; Dependency Injection), 관점 지향 프로그래밍(AOP; Aspect-Oriented Programming) 등이 가능해집니다.

스프링을 사용하면 객체의 제어권을 컨테이너로 넘기기 때문에 개발자는 비즈니스 로직을 작성하는 데 더 집중할 수 있습니다.

1.1.2 의존성 주입(DI)

의존성 주입(DI; Dependency Injection)이란 제어 역전의 방법 중 하나로, 사용할 객체를 직접 생성하지 않고 외부 컨테이너가 생성한 객체를 주입받아 사용하는 방식을 의미합니다.

스프링에서 의존성을 주입받는 방법은 세 가지가 있습니다.

- **생성자**를 통한 의존성 주입
- **필드 객체 선언**을 통한 의존성 주입
- **세터(setter) 메서드**를 통한 의존성 주입

스프링에서는 `@Autowired`라는 애너테이션(annotation)을 통해 의존성을 주입할 수 있습니다. 스프링 4.3 이후 버전은 생성자를 통해 의존성을 주입할 때 `@Autowired` 애너테이션을 생략할 수도 있습니다. 하지만 스프링을 처음 다룰 때는 가독성을 위해 애너테이션을 명시하기를 권장합니다.

스프링에서 의존성을 주입받는 각 방법에 대한 예제 코드는 예제 1.2~1.4와 같습니다. 예제 코드마다 의존성을 주입받는 주요 부분은 굵게 표시했습니다.

예제 1.2 생성자를 통한 의존성 주입 file controller/DIController.java

```
@RestController
public class DIController {

    MyService myService;

```

```
    @Autowired
    public DIController(MyService myService) {
        this.myService = myService;
    }

    @GetMapping("/di/hello")
    public String getHello() {
        return myService.getHello();
    }

}
```

예제 1.3 필드 객체 선언을 통한 의존성 주입 file controller/FieldInjectionController.java

```
@RestController
public class FieldInjectionController {

    @Autowired
    private MyService myService;

}
```

예제 1.4 세터 메서드를 통한 의존성 주입 file controller/SetterInjectionController.java

```
@RestController
public class SetterInjectionController {

    MyService myService;

    @Autowired
    public void setMyService(MyService myService) {
        this.myService = myService;
    }

}
```

스프링 공식 문서에서 권장하는 의존성 주입 방법은 생성자를 통해 의존성을 주입받는 방식입니다. **다른 방식과는 다르게 생성자를 통해 의존성을 주입받는 방식은** 레퍼런스 객체 없이는 객체를 초기화할 수 없게 설계할 수 있기 때문입니다.

1.1.3 관점 지향 프로그래밍(AOP)

관점 지향 프로그래밍(이후 AOP; Aspect-Oriented Programming)은 스프링의 아주 중요한 특징입니다. 자바를 다뤄본 독자라면 한 번은 꼭 들어봤을 개념 중에 객체지향 프로그래밍(OOP; Object-Oriented Programming)이 있습니다. 간혹 AOP를 OOP의 대체 개념으로 오해하는 분이 있습니다만 AOP는 OOP를 더욱 잘 사용하도록 돕는 개념으로 보는 것이 좋습니다.

스터디 가이드

이 책에서는 OOP에 대한 개념은 다루지 않습니다. OOP를 요약하자면 각 기능을 재사용 가능한 개별 객체로 구성해 프로그래밍하는 것을 뜻합니다.

다음과 같은 OOP의 핵심 키워드를 이해한다면 더 나은 객체지향 프로그래밍이 가능합니다.

- 추상화(abstraction)
- 캡슐화(encapsulation)
- 상속(inheritance)
- 다형성(polymorphism)

AOP는 관점을 기준으로 묶어 개발하는 방식을 의미합니다. 여기서 관점(aspect)이란 어떤 기능을 구현할 때 그 기능을 '핵심 기능'과 '부가 기능'으로 구분해 각각을 하나의 관점으로 보는 것을 의미합니다. 그럼 '핵심 기능'과 '부가 기능'의 의미를 알아보겠습니다.

'핵심 기능'은 비즈니스 로직을 구현하는 과정에서 비즈니스 로직이 처리하려는 목적 기능을 말합니다. 예를 들면, 클라이언트로부터 상품 정보 등록 요청을 받아 데이터베이스에 저장하고, 그 상품 정보를 조회하는 비즈니스 로직을 구현한다면 (1) 상품 정보를 데이터베이스에 저장하고, (2) 저장된 상품 정보 데이터를 보여주는 코드가 핵심 기능입니다.

그런데 실제 애플리케이션을 개발할 때는 핵심 기능에 부가 기능을 추가할 상황이 생깁니다. 핵심 기능인 비즈니스 로직 사이에 로깅 처리를 하거나 트랜잭션을 처리하는 코드를 예로 들 수 있습니다.

일반적인 OOP 형식으로 비즈니스 로직을 작성하면 그림 1.1과 같이 비즈니스 동작 흐름이 발생합니다.

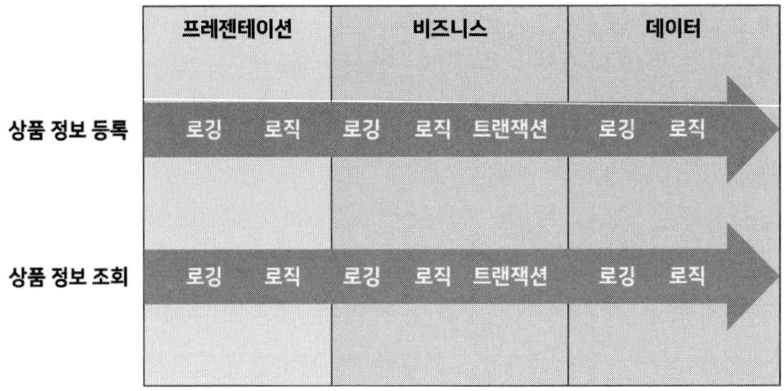

그림 1.1 OOP 방식의 애플리케이션 로직

OOP 방식의 애플리케이션 로직에서는 그림 1.1과 같이 객체마다 핵심 기능을 수행하기 위한 로직과 함께 부가 기능인 로깅, 트랜잭션 등의 코드를 작성합니다. 그림 1.1의 상품정보 등록 기능과 상품정보 조회 기능은 엄연히 다른 기능으로, 각자 로직이 구현돼 있습니다. 하지만 유지보수 목적이나 데이터베이스 접근을 위해 작성된 로깅과 트랜잭션 영역은 상품정보를 등록할 때나 상품정보를 조회할 때 동일한 기능을 수행할 확률이 높습니다. 즉, 핵심 기능을 구현한 두 로직에 동일한 코드가 포함된다는 것을 의미합니다.

AOP의 관점에서는 부가 기능은 핵심 기능이 어떤 기능인지에 무관하게 로직이 수행되기 전 또는 후에 수행되기만 하면 됩니다. 그래서 그림 1.2와 같은 구성으로 만들 수 있습니다.

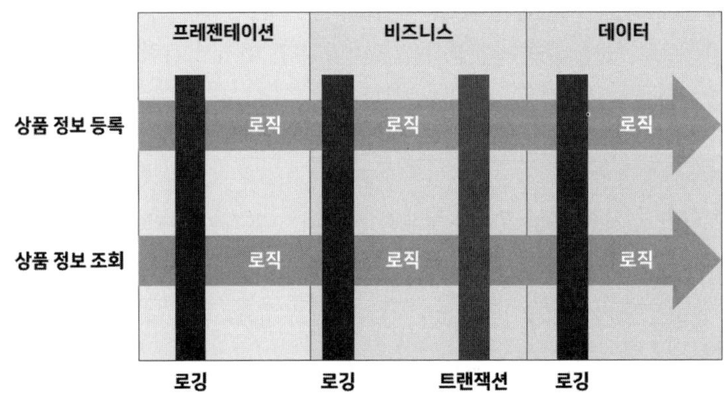

그림 1.2 AOP 방식의 애플리케이션 로직

이처럼 여러 비즈니스 로직에서 반복되는 부가 기능을 하나의 공통 로직으로 처리하도록 모듈화해 삽입하는 방식을 AOP라고 합니다.

이러한 AOP를 구현하는 방법은 크게 세 가지가 있습니다.

- 컴파일 과정에 삽입하는 방식
- 바이트코드를 메모리에 로드하는 과정에 삽입하는 방식
- 프락시 패턴을 이용한 방식

이 가운데 스프링은 디자인 패턴 중 하나인 프락시 패턴을 통해 AOP 기능을 제공하고 있습니다(프락시 패턴은 2장에서 간략히 다룰 예정입니다).

스프링 AOP의 목적은 OOP와 마찬가지로 모듈화해서 재사용 가능한 구성을 만드는 것이고, 모듈화된 객체를 편하게 적용할 수 있게 함으로써 개발자가 비즈니스 로직을 구현하는 데만 집중할 수 있게 도와주는 것입니다.

1.1.4 스프링 프레임워크의 다양한 모듈

스프링 프레임워크는 기능별로 구분된 약 20여 개의 모듈로 구성돼 있습니다. 그림 1.3은 스프링 공식 문서에서 제공하는 다이어그램입니다.

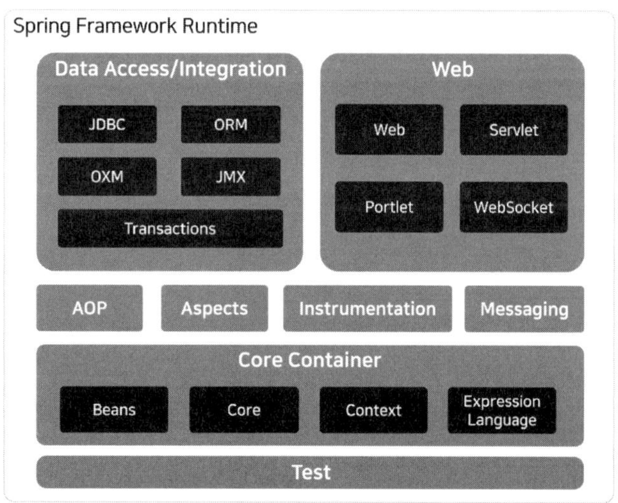

그림 1.3 스프링 프레임워크의 모듈[3]

3 https://docs.spring.io/spring-framework/docs/4.0.x/spring-framework-reference/html/overview.html#overview-modules

스프링 프레임워크 공식 문서[4]에서는 스프링 버전별로 다른 다이어그램을 제시하고 있지만 큰 틀은 유사합니다. 그리고 스프링 프레임워크를 사용한다고 해서 모든 모듈을 사용할 필요는 없습니다. 애플리케이션 개발에 필요한 모듈만 선택해서 사용하게끔 설계돼 있으며, 이를 경량 컨테이너 설계라고 부릅니다.

1.2 스프링 프레임워크 vs. 스프링 부트

앞에서 살펴본 것처럼 스프링 프레임워크는 기존 개발 방식의 문제와 한계를 극복하기 위해 다양한 기능을 제공합니다. 하지만 기능이 많은 만큼 설정이 복잡한 편입니다. 예제 1.5는 스프링에서 하이버네이트(Hibernate)를 사용하기 위해 작성하는 설정 파일의 일부입니다.

예제 1.5 스프링의 하이버네이트 관련 설정 파일

```
<bean id="dataSource" class="com.mchange.v2.c3p0.ComboPooledDataSource" destroy-method="close">
     <property name="driverClass" value="${db.driver}" />
     <property name="jdbcUrl" value="${db.url}" />
     <property name="user" value="${db.username}" />
     <property name="password" value="${db.password}" />
</bean>

<jdbc:initialize-database data-source="dataSource">
     <jdbc:script location="classpath:config/schema.sql" />
     <jdbc:script location="classpath:config/data.sql" />
</jdbc:initialize-database>

<bean class="org.springframework.orm.jpa.LocalContainerEntityManagerFactoryBean" id="entityManagerFactory">
     <property name="persistenceUnitName" value="hsql_pu" />
     <property name="dataSource" ref="dataSource" />
</bean>

<bean id="transactionManager" class="org.springframework.orm.jpa.JpaTransactionManager">
     <property name="entityManagerFactory" ref="entityManagerFactory" />
     <property name="dataSource" ref="dataSource" />
</bean>
```

4 https://docs.spring.io/spring-framework/docs/current/reference/html/

```

<tx:annotation-driven transaction-manager="transactionManager"/>
```

이처럼 필요한 모듈들을 추가하다 보면 설정이 복잡해지는 문제를 해결하기 위해 등장한 것이 스프링 부트(Spring Boot)입니다. 스프링 부트 공식 사이트[5]에는 다음과 같은 문구가 쓰여 있습니다.

> Spring Boot makes it easy to create stand-alone, production-grade Spring based Applications that you can “just run”.
> (스프링 부트를 이용하면 단독으로 실행 가능한 상용 수준의 스프링 기반 애플리케이션을 손쉽게 만들 수 있습니다.)

즉, 별도의 복잡한 설정을 하지 않아도 스프링 부트를 사용하면 개발이 쉬워진다는 뜻입니다. 이어서 스프링 프레임워크와 비교했을 때 스프링 부트가 가진 특징을 알아보겠습니다.

1.2.1 의존성 관리

스프링 프레임워크에서는 개발에 필요한 각 모듈의 의존성을 직접 설정해야 했습니다. 또 호환되는 버전을 명시해야 정상 동작합니다. 애플리케이션에서 사용하는 스프링 프레임워크나 라이브러리의 버전을 올리는 상황에서는 연관된 다른 라이브러리의 버전까지도 고려해야 합니다.

하지만 스프링 부트에서는 이 같은 불편함을 해소하기 위해 ‘spring-boot-starter’라는 의존성을 제공합니다. spring-boot-starter의 의존성은 여러 종류가 있고, 각 라이브러리의 기능과 관련해서 자주 사용되고 서로 호환되는 버전의 모듈 조합을 제공합니다. 이를 통해 개발자는 라이브러리 호환 문제를 해결할 수 있습니다. 그림 1.4는 스타터(starter) 모듈 중 ‘spring-boot-starter-web’이 제공하는 의존성 호환 조합의 일부입니다.

5 https://spring.io/projects/spring-boot

그림 1.4 spring-boot-starter-web 모듈

많이 사용되는 spring-boot-starter 라이브러리를 간략하게 소개하자면 다음과 같습니다.

- spring-boot-starter-web: 스프링 MVC를 사용하는 RESTful 애플리케이션을 만들기 위한 의존성입니다. 기본으로 내장 톰캣(Tomcat)이 포함돼 있어 jar 형식으로 실행 가능합니다.
- spring-boot-starter-test: JUnit Jupiter, Mockito 등의 테스트용 라이브러리를 포함합니다.
- spring-boot-starter-jdbc: HikariCP 커넥션 풀을 활용한 JDBC 기능을 제공합니다.
- spring-boot-starter-security: 스프링 시큐리티(인증, 권한, 인가 등) 기능을 제공합니다.
- spring-boot-starter-data-jpa: 하이버네이트를 활용한 JPA 기능을 제공합니다.
- spring-boot-starter-cache: 스프링 프레임워크의 캐시 기능을 지원합니다.

Tip

'spring-boot-starter'의 여러 라이브러리를 함께 사용할 때는 의존성이 겹칠 수 있습니다. 이로 인해 버전 충돌이 발생할 수 있는데, 의존성 조합 충돌 문제가 없도록 'spring-boot-starter-parent'가 검증된 조합을 제공합니다.

1.2.2 자동 설정

스프링 부트는 스프링 프레임워크의 기능을 사용하기 위한 자동 설정(Auto Configuration)을 지원합니다. 자동 설정은 애플리케이션에 추가된 라이브러리를 실행하는 데 필요한 환경 설정을 알아서 찾아줍니다. 즉, 애플리케이션을 개발하는 데 필요한 의존성을 추가하면 프레임워크가 이를 자동으로 관리해줍니다. 예를 들어, 스프링 부트 프로젝트를 생성하면 예제 1.6과 같은 메인 애플리케이션 코드를 볼 수 있습니다.

예제 1.6 스프링 부트의 메인 애플리케이션 코드

```
@SpringBootApplication
public class Chapter1Application {

    public static void main(String[] args) {
        SpringApplication.run(Chapter1Application.class, args);
    }

}
```

여기서 살펴볼 것은 `@SpringBootApplication` 애너테이션입니다. 이 애너테이션은 그림 1.5와 같이 여러 애너테이션을 합쳐 놓은 인터페이스지만 기능 위주로 보면 크게 다음 세 개의 애너테이션을 합쳐놓은 구성입니다.

- `@SpringBootConfiguration`
- `@EnableAutoConfiguration`
- `@ComponentScan`

```
@Target({ElementType.TYPE})
@Retention(RetentionPolicy.RUNTIME)
@Documented
@Inherited
@SpringBootConfiguration
@EnableAutoConfiguration
@ComponentScan(
    excludeFilters = {@Filter(
    type = FilterType.CUSTOM,
    classes = {TypeExcludeFilter.class}
), @Filter(
    type = FilterType.CUSTOM,
    classes = {AutoConfigurationExcludeFilter.class}
)}
)
public @interface SpringBootApplication {
```

그림 1.5 `@SpringBootApplication` 애너테이션 구성

스프링 부트 애플리케이션이 실행되면 우선 `@ComponentScan` 애너테이션이 `@Component` 시리즈 애너테이션(다음 페이지의 팁 참고)이 붙은 클래스를 발견해 빈(bean)을 등록합니다. 이후

@EnableAutoConfiguration 애너테이션을 통해 AutoConfigurationImportSelector 클래스가 동작하게 되며, 이 클래스는 'META-INF/spring/org.springframework.boot.autoconfigure.AutoConfiguration.imports' 파일의 설정 정보를 읽어 일부 조건을 거쳐 스프링 컨테이너에 등록해서 사용할 수 있게 도와줍니다.

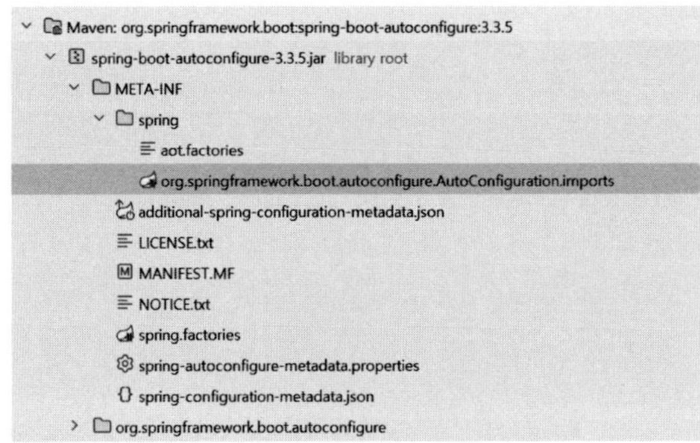

그림 1.6 spring-boot-autoconfigure 패키지의 AutoConfiguration.imports 파일

AutoConfiguration.imports 파일을 열면 그림 1.7과 같이 AutoConfiguration 클래스들의 경로가 존재합니다.

```
org.springframework.boot.autoconfigure.admin.SpringApplicationAdminJmxAutoConfiguration
org.springframework.boot.autoconfigure.aop.AopAutoConfiguration
org.springframework.boot.autoconfigure.amqp.RabbitAutoConfiguration
org.springframework.boot.autoconfigure.batch.BatchAutoConfiguration
org.springframework.boot.autoconfigure.cache.CacheAutoConfiguration
org.springframework.boot.autoconfigure.cassandra.CassandraAutoConfiguration
org.springframework.boot.autoconfigure.context.ConfigurationPropertiesAutoConfiguration
org.springframework.boot.autoconfigure.context.LifecycleAutoConfiguration
org.springframework.boot.autoconfigure.context.MessageSourceAutoConfiguration
org.springframework.boot.autoconfigure.context.PropertyPlaceholderAutoConfiguration
org.springframework.boot.autoconfigure.couchbase.CouchbaseAutoConfiguration
org.springframework.boot.autoconfigure.dao.PersistenceExceptionTranslationAutoConfiguration
org.springframework.boot.autoconfigure.data.cassandra.CassandraDataAutoConfiguration
org.springframework.boot.autoconfigure.data.cassandra.CassandraReactiveDataAutoConfiguration
org.springframework.boot.autoconfigure.data.cassandra.CassandraReactiveRepositoriesAutoConfiguration
org.springframework.boot.autoconfigure.data.cassandra.CassandraRepositoriesAutoConfiguration
org.springframework.boot.autoconfigure.data.couchbase.CouchbaseDataAutoConfiguration
org.springframework.boot.autoconfigure.data.couchbase.CouchbaseReactiveDataAutoConfiguration
org.springframework.boot.autoconfigure.data.couchbase.CouchbaseReactiveRepositoriesAutoConfiguration
org.springframework.boot.autoconfigure.data.couchbase.CouchbaseRepositoriesAutoConfiguration
org.springframework.boot.autoconfigure.data.elasticsearch.ElasticsearchDataAutoConfiguration
org.springframework.boot.autoconfigure.data.elasticsearch.ElasticsearchRepositoriesAutoConfiguration
org.springframework.boot.autoconfigure.data.elasticsearch.ReactiveElasticsearchRepositoriesAutoConfiguration
org.springframework.boot.autoconfigure.data.jdbc.JdbcRepositoriesAutoConfiguration
org.springframework.boot.autoconfigure.data.jpa.JpaRepositoriesAutoConfiguration
```

그림 1.7 AutoConfiguration.imports 파일의 내용 중 Auto Configure 설정 일부

이 설정은 각 파일에 설정된 @Conditional의 조건을 충족할 경우 빈에 등록되고 애플리케이션에 자동 반영됩니다.

Tip

`@Component` 시리즈 애너테이션에서 '시리즈'는 `@Component` 애너테이션이 포괄하는 애너테이션들을 통칭하기 위해 사용한 표현입니다. 이러한 `@Component` 시리즈 애너테이션의 대표적인 예는 다음과 같습니다.

- `@Controller`
- `@RestController`
- `@Service`
- `@Repository`
- `@Configuration`

1.2.3 내장 WAS

스프링 부트의 각 웹 애플리케이션에는 내장 WAS(Web Application Server)가 존재합니다. 웹 애플리케이션을 개발할 때 가장 기본이 되는 의존성인 'spring-boot-starter-web'의 경우 그림 1.8과 같이 톰캣을 내장합니다.

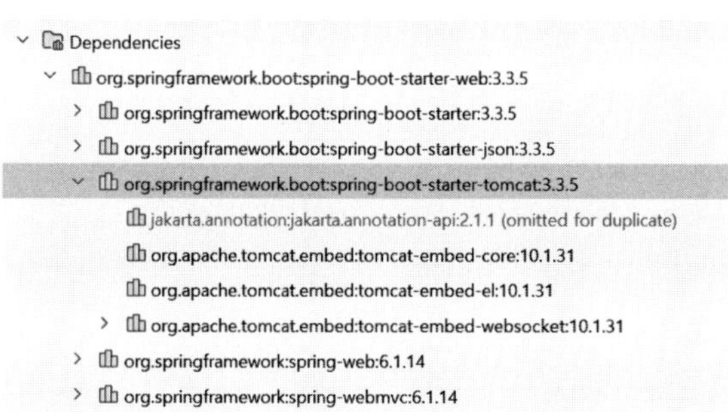

그림 1.8 spring-boot-starter-web에 포함된 tomcat 라이브러리

스프링 부트의 자동 설정 기능은 톰캣에도 적용되므로 특별한 설정 없이도 톰캣을 실행할 수 있습니다. 필요에 따라서는 톰캣이 아닌 다른 웹 서버(Jetty, Undertow 등)로 대체할 수도 있습니다.

1.2.4 모니터링

개발이 끝나고 서비스를 운영하는 시기에는 해당 시스템이 사용하는 스레드, 메모리, 세션 등의 주요 요소들을 모니터링해야 합니다. 스프링 부트에는 스프링 부트 액추에이터(Spring Boot Actuator)라는 자체 모니터링 도구가 있습니다. 이러한 액추에이터에 관해서는 11장에서 자세히 다룹니다.

02

개발에 앞서 알면 좋은 기초 지식

3장부터 시작될 스프링 부트 웹 애플리케이션 개발 프로젝트를 진행하기에 앞서 앞으로 도움이 될 내용을 간단히 다루겠습니다. 실습을 막연히 따라가기보다 애플리케이션이 '어떻게 동작하는지', '왜 이렇게 구성되는지' 생각하며 실습하기 위한 개발 배경지식 위주로 다루겠습니다.

2.1 서버 간 통신

어떤 포털 사이트를 하나의 서비스 단위로 개발한다고 가정해 보겠습니다. 즉, 블로그, 카페, 메일 등의 기능들을 하나의 애플리케이션에 통합했다는 뜻입니다. 서비스를 이렇게 구성한다면 서버를 업데이트하거나 애플리케이션을 유지보수할 때마다 '사이트 작업 중입니다'라는 팻말을 걸고 작업을 해야 합니다. 그만큼 개발에 보수적인 입장을 취할 수밖에 없고, 서비스 자체의 규모도 커지기 때문에 서비스를 구동하는 데 걸리는 시간도 길어집니다.

이러한 문제를 해결하기 위해 나온 것이 마이크로서비스 아키텍처(MSA; Microservice Architecture)입니다. 마이크로서비스 아키텍처는 단어 그대로 서비스 규모를 작게 나누어 구성한 아키텍처를 뜻합니다. 앞에서 예로 든 포털 사이트에 마이크로서비스 아키텍처를 적용한다면 애플리케이션 하나에 여러 기능을 넣어 개발하지 않고 블로그 프로젝트, 카페 프로젝트, 메일 프로젝트 등 애플리케이션을 기능별로 나눠서 개발하게 됩니다. 그림 2.1은 두 개발 방식을 비교한 그림입니다.

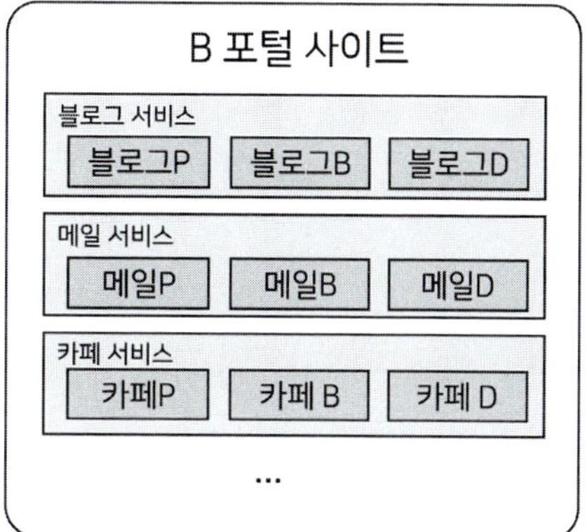

그림 2.1 단일 서비스 아키텍처와 마이크로서비스 아키텍처

단일 서비스로 구성된 A 포털 사이트는 내부 메서드 호출 등을 통해 원하는 자원을 가져와 사용할 수 있지만 서비스 기능별로 구분해서 B 포털 사이트와 같이 독립적인 애플리케이션을 개발하게 되면 각 서비스 간에 통신해야 하는 경우가 발생합니다. 예를 들자면, 사용자가 블로그 기능을 사용하기 위해 로그인 서비스를 거쳐야만 하는 상황 등이 있겠습니다. 이런 상황에서의 통신을 '서버 간 통신'이라고 말합니다.

서버 간 통신은 한 서버가 다른 서버에 통신을 요청하는 것을 의미하며, 한 대는 서버, 다른 한 대는 클라이언트가 되는 구조입니다. 몇 가지 프로토콜에 의해 다양한 통신 방식을 적용할 수 있지만 가장 많이 사용되는 방식은 HTTP/HTTPS 방식입니다.

스터디 가이드

이 책에서는 외부 서버와의 통신을 위해 HTTP 통신을 사용합니다. 다만 프로토콜에는 HTTP를 포함한 여러 방식이 존재합니다. TCP/IP, HTTP/HTTPS, SOAP 등 여러 통신 프로토콜을 알아보고 각 방식의 특징을 알아보기 바랍니다.

2.2 스프링 부트의 동작 방식

스프링 부트에서 spring-boot-starter-web 모듈을 사용하면 기본적으로 톰캣(Tomcat)을 사용하는 스프링 MVC 구조를 기반으로 동작합니다. 그림 2.2는 일반적인 웹 요청이 들어왔을 때의 스프링 부트의 동작 구조입니다.

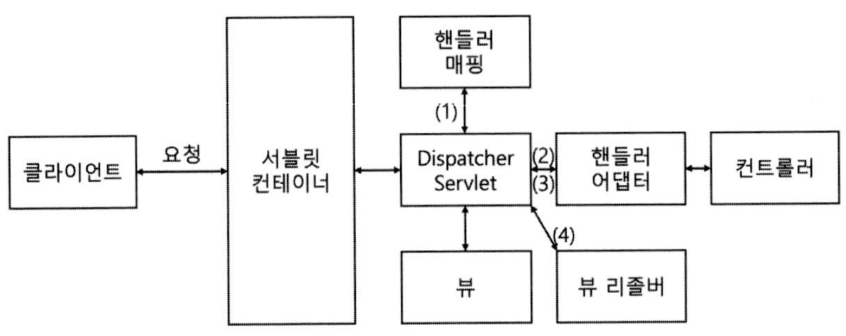

그림 2.2 스프링 부트의 동작 구조

서블릿(Servlet)은 클라이언트의 요청을 처리하고 결과를 반환하는 자바 웹 프로그래밍 기술입니다. 일반적으로 서블릿은 서블릿 컨테이너(Servlet Container)에서 관리합니다. 서블릿 컨테이너는 서블릿 인스턴스(Servlet Instance)를 생성하고 관리하는 역할을 수행하는 주체로서 톰캣은 WAS의 역할과 서블릿 컨테이너의 역할을 수행하는 대표적인 컨테이너입니다. 서블릿 컨테이너의 특징은 다음과 같습니다.

- 서블릿 객체를 생성, 초기화, 호출, 종료하는 생명주기를 관리합니다.
- 서블릿 객체는 싱글턴 패턴으로 관리됩니다.
- 멀티 스레딩을 지원합니다.

스프링에서는 DispatcherServlet이 서블릿의 역할을 수행합니다. 일반적으로 스프링은 톰캣을 임베드(embed)해 사용합니다. 그렇기 때문에 서블릿 컨테이너와 DispatcherServlet은 자동 설정된 `web.xml`의 설정값을 공유합니다.

그림 2.2에 나온 DispatcherServlet의 동작을 간략히 살펴보겠습니다. (1) DispatcherServlet으로 요청(HttpServletRequest)이 들어오면 DispatcherServlet은 핸들러 매핑(HandlerMapping)을 통해 요청 URI에 매핑된 핸들러를 탐색합니다. 여기서 핸들러는 컨트롤러(Controller)를 의미합니다. (2) 그리고 핸들러 어댑터(HandlerAdapter)로 컨트롤러를 호출합니다. (3) 핸들러 어댑터에 컨트롤러의 응답이 돌아오면 ModelAndView로 응답을 가공해 반환합니다. (4) 뷰 형식으로 리턴하는 컨트롤러를 사용할 때는 뷰 리졸버(ViewResolver)를 통해 뷰(View)를 받아 리턴합니다.

핸들러 매핑은 요청 정보를 기준으로 어떤 컨트롤러를 사용할지 선정하는 인터페이스입니다. 핸들러 매핑 인터페이스는 여러 구현체를 가지며, 대표적인 구현체 클래스는 다음과 같습니다.

`BeanNameUrlHandlerMapping`

- 빈 이름을 URL로 사용하는 매핑 전략입니다.
- 빈을 정의할 때 슬래시('/')가 들어가면 매핑 대상이 됩니다.
- 예) `@Bean("/hello")`

`ControllerClassNameHandlerMapping`

- URL과 일치하는 클래스 이름을 갖는 빈을 컨트롤러로 사용하는 전략입니다.
- 이름 중 Controller를 제외하고 앞부분에 작성된 suffix를 소문자로 매핑합니다.

`SimpleUrlHandlerMapping`

- URL 패턴에 매핑된 컨트롤러를 사용하는 전략입니다.

`DefaultAnnotationHandlerMapping`

- 애너테이션으로 URL과 컨트롤러를 매핑하는 방법입니다.

뷰 리졸버는 뷰의 렌더링 역할을 담당하는 뷰 객체를 반환합니다.

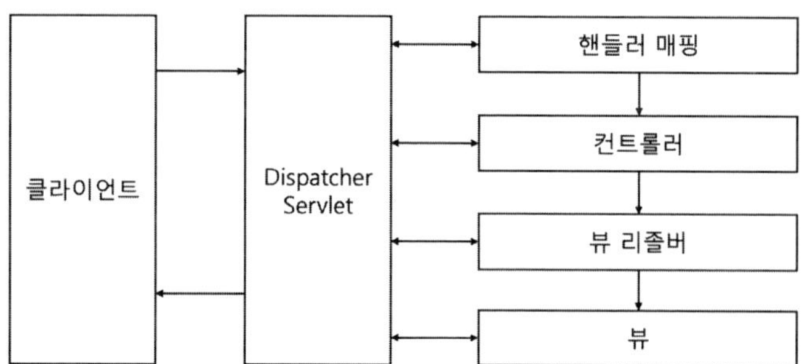

그림 2.3 뷰를 사용하는 DispatcherServlet의 동작 방식

이 책에서 다룰 애플리케이션은 뷰가 없는 REST 형식의 `@ResponseBody`를 사용할 예정이라 그림 2.4와 같이 뷰 리졸버를 호출하지 않고 `MessageConverter`를 거쳐 JSON 형식으로 변환해서 응답합니다.

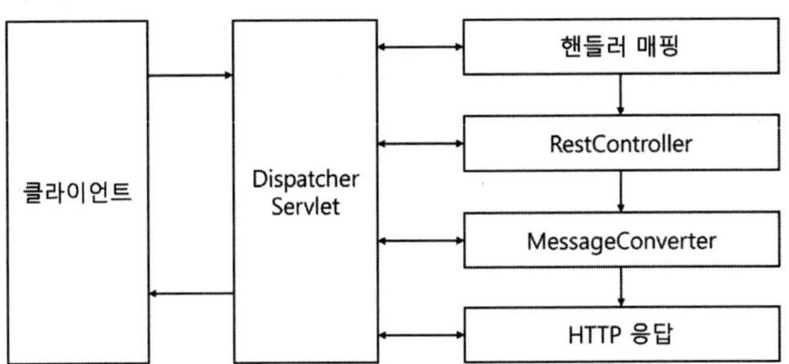

그림 2.4 @RestController를 사용하는 DispatcherServlet의 동작 방식

여기서 `MessageConverter`는 요청과 응답에 대해 Body 값을 변환하는 역할을 수행합니다. 스프링 부트의 자동 설정 내역을 보면 `HttpMessageConverter` 인터페이스를 사용하고 있습니다.

다음 예제 2.1은 `AutoConfiguration.imports`에 정의된 `HttpMessageConvertersAutoConfiguration` 클래스입니다.

예제 2.1 HttpMessageConverterAutoConfiguration에서 확인할 수 있는 HttpMessageConverter

```
@AutoConfiguration(
  after = {GsonAutoConfiguration.class, JacksonAutoConfiguration.class,
JsonbAutoConfiguration.class}
)
@ConditionalOnClass({HttpMessageConverter.class})
@Conditional({NotReactiveWebApplicationCondition.class})
@Import({JacksonHttpMessageConvertersConfiguration.class, GsonHttpMessageConvertersConfiguration
.class, JsonbHttpMessageConvertersConfiguration.class})
@ImportRuntimeHints({HttpMessageConvertersAutoConfigurationRuntimeHints.class})
public class HttpMessageConvertersAutoConfiguration {
  static final String PREFERRED_MAPPER_PROPERTY = "spring.mvc.converters.preferred-json-mapper";

  public HttpMessageConvertersAutoConfiguration() {
  }

  @Bean
  @ConditionalOnMissingBean
  public HttpMessageConverters messageConverters(ObjectProvider<HttpMessageConverter<?>>
converters) {
    return new HttpMessageConverters(converters.orderedStream().toList());
  }
```

```
19
20     ... 생략 ...
21
22 }
```

4번째 줄을 보면 `HttpMessageConverter` 인터페이스를 빈으로 등록하는 것을 볼 수 있습니다. 해당 인터페이스를 기반으로 하는 구현체 클래스는 다양하며, Content-Type을 참고해서 Converter를 선정합니다. 스프링 부트에서는 자동 설정되기 때문에 별도 설정이 필요하지 않습니다.

스터디 가이드

스프링 부트는 자동 설정을 지원하기 때문에 애플리케이션을 편리하게 개발할 수 있습니다. 하지만 심도 있는 개발을 위해서는 스프링의 동작 원리를 파악해야 합니다. 스프링 모듈만으로 개발을 진행해보면 동작 원리를 파악하는 데 큰 도움이 됩니다.

2.3 레이어드 아키텍처

레이어드 아키텍처(Layered Architecture)란 애플리케이션의 컴포넌트를 유사 관심사를 기준으로 레이어로 묶어 수평적으로 구성한 구조를 의미합니다. 레이어드 아키텍처는 여러 방면에서 쓰이는 개념이며, 어떻게 설계하느냐에 따라 용어와 계층의 수가 달라집니다.

일반적으로 레이어드 아키텍처라 하면 3계층 또는 4계층 구성을 의미합니다. 이 차이는 인프라(데이터베이스) 레이어의 추가 여부로 결정됩니다. 이번 장에서는 그림 2.5와 같이 3계층으로 이뤄진 레이어드 아키텍처를 살펴봅니다.

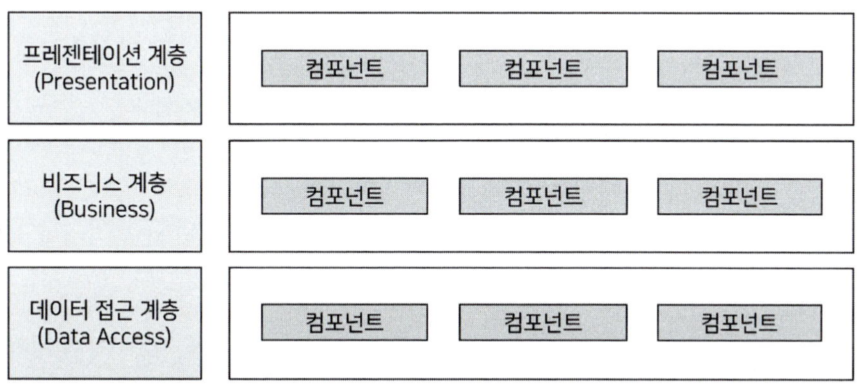

그림 2.5 일반적인 레이어드 아키텍처

각 계층은 다음과 같이 구분됩니다.

프레젠테이션 계층

- 애플리케이션의 최상단 계층으로, 클라이언트의 요청을 해석하고 응답하는 역할입니다.
- UI나 API를 제공합니다.
- 프레젠테이션 계층은 별도의 비즈니스 로직을 포함하고 있지 않으므로 비즈니스 계층으로 요청을 위임하고 받은 결과를 응답하는 역할만 수행합니다.

비즈니스 계층

- 애플리케이션이 제공하는 기능을 정의하고 세부 작업을 수행하는 도메인 객체를 통해 업무를 위임하는 역할을 수행합니다.
- DDD(Domain-Driven Design) 기반의 아키텍처에서는 비즈니스 로직에 도메인이 포함되기도 하고, 별도로 도메인 계층을 두기도 합니다.

데이터 접근 계층

- 데이터베이스에 접근하는 일련의 작업을 수행합니다.

레이어드 아키텍처는 하나의 애플리케이션에도 적용되지만 애플리케이션 간의 관계를 설명하는 데도 사용할 수 있습니다. 레이어드 아키텍처 기반 설계는 다음과 같은 특징을 가집니다.

- 각 레이어는 가장 가까운 하위 레이어의 의존성을 주입받습니다.
- 각 레이어는 관심사에 따라 묶여 있으며, 다른 레이어의 역할을 침범하지 않습니다.
  - 각 컴포넌트의 역할이 명확하므로 코드의 가독성과 기능 구현에 유리합니다.
  - 코드의 확장성도 좋아집니다.
- 각 레이어가 독립적으로 작성되면 다른 레이어와의 의존성을 낮춰 단위 테스트에 용이합니다.

이 책은 스프링과 관련된 레이어드 아키텍처에 초점을 맞춰 쓰였습니다. 스프링 부트는 별도의 설정 없이 spring-boot-starter-web의 의존성을 사용할 때는 기본적으로 스프링 MVC 구조를 띠게 되며, 대체로 그림 2.6과 같은 레이어드 아키텍처를 이룹니다.

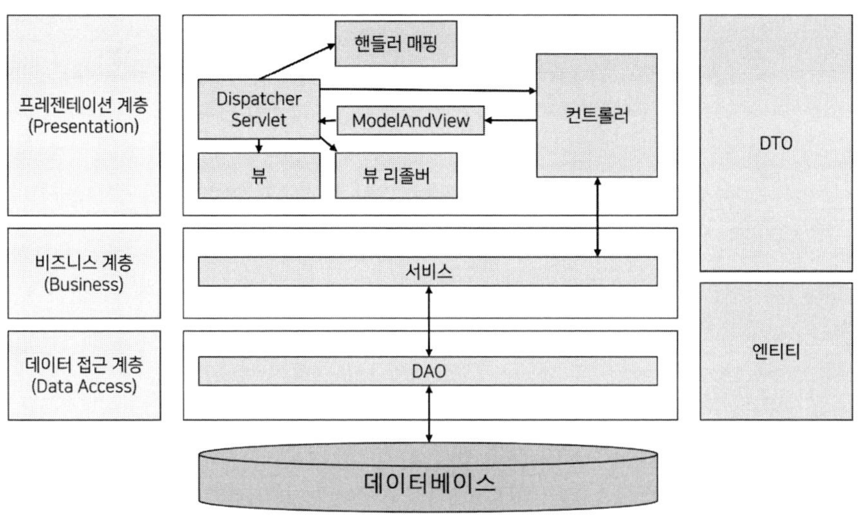

그림 2.6 스프링의 레이어드 아키텍처

그림 2.6은 그림 2.5의 레이어드 아키텍처를 스프링에 적용한 모습입니다. Spring MVC는 Model-View-Controller의 구조로 View와 Controller는 프레젠테이션 계층 영역이며, Model은 비즈니스와 데이터 접근 계층의 영역으로 구분할 수 있습니다. 다만 스프링 MVC 모델로 레이어드 아키텍처를 구현하기 위해서는 역할을 세분화합니다. 비즈니스 계층에 서비스를 배치해 엔티티와 같은 도메인 객체의 비즈니스 로직을 조합하도록 하고 데이터 접근 계층에는 DAO(Spring Data JPA에서는 Repository)를 배치해 도메인을 관리합니다.

스프링의 레이어드 아키텍처는 다음과 같이 설명할 수 있습니다. 대체로 역할은 동일합니다.

프레젠테이션 계층

- 상황에 따라 유저 인터페이스(UI; User Interface) 계층이라고도 합니다.
- 클라이언트와의 접점이 됩니다.
- 클라이언트로부터 데이터와 함께 요청을 받고 처리 결과를 응답으로 전달하는 역할입니다.

비즈니스 계층

- 상황에 따라 서비스(Service) 계층이라고도 합니다.
- 핵심 비즈니스 로직을 구현하는 영역입니다.
- 트랜잭션 처리나 유효성 검사 등의 작업도 수행합니다.

데이터 접근 계층

- 상황에 따라 영속(Persistence) 계층이라고도 합니다.
- 데이터베이스에 접근해야 하는 작업을 수행합니다.
- 그림 2.6에서는 DAO라는 컴포넌트를 표현했지만 Spring Data JPA에서는 DAO 역할을 리포지터리가 수행하기 때문에 리포지터리로 대체할 수 있습니다.

스터디 가이드

레이어드 아키텍처는 일반적인 계층 구조를 기반으로 필요에 따라 조금씩 변형해 사용합니다. 가장 중요한 부분은 비즈니스 계층 영역인데, 비즈니스 로직을 어디서 담당할지 결정하고 설계하는 것이 좋습니다. 비즈니스 로직은 도메인 계층에서 담당하는 것이 일반적입니다.

스프링에서 JPA를 사용하면 `@Entity`를 정의한 클래스가 도메인 객체가 되며, 이곳에서 비즈니스 로직을 설계하면 좋습니다. 다만 서비스 레이어에서 비즈니스 로직을 담당하는 경우도 있으므로 이러한 역할과 책임을 잘 구분해서 설계해야 합니다. 상황에 맞는 설계 방식을 알아두면 동료와의 협업도 수월해집니다.

2.4 디자인 패턴

디자인 패턴(Design Pattern)은 소프트웨어를 설계할 때 자주 발생하는 문제들을 해결하기 위해 고안된 해결책입니다. 디자인 패턴에서 '패턴'이라는 단어는 애플리케이션 개발에서 발생하는 문제는 유사한 경우가 많고 해결책도 동일하게 적용할 수 있다는 의미를 내포합니다. 그러나 디자인 패턴이 모든 문제의 정답은 아니며, 상황에 맞는 최적 패턴을 결정해서 사용하는 것이 바람직합니다.

2.4.1 디자인 패턴의 종류

디자인 패턴을 구체화해서 정리한 대표적인 분류 방식으로 'GoF 디자인 패턴'이라는 것이 있습니다. 여기서 GoF는 'Gang of Four'의 줄임말로, 디자인 패턴을 구체화하고 체계화해서 분류한 4명의 인물을 의미합니다. GoF의 디자인 패턴 분류는 표 2.1과 같습니다.

표 2.1 GoF 디자인 패턴의 분류

생성(Creational) 패턴	구조(Structural) 패턴	행위(Behavioral) 패턴
추상 팩토리(Abstract Factory)	어댑터(Adapter)	책임 연쇄(Chain of Responsibility)
빌더(Builder)	브리지(Bridge)	커맨드(Command)
팩토리 메서드(Factory Method)	컴포지트(Composite)	인터프리터(Interpreter)
프로토타입(Prototype)	데코레이터(Decorator)	이터레이터(Iterator)
싱글턴(Singleton)	퍼사드(Façade)	미디에이터(Mediator)
	플라이웨이트(Flyweight)	메멘토(Memento)
	프락시(Proxy)	옵저버(Observer)
		스테이트(State)
		스트레티지(Strategy)
		템플릿 메서드(Template Method)
		비지터(Visitor)

GoF 디자인 패턴은 생성 패턴, 구조 패턴, 행위 패턴의 총 세 가지로 구분됩니다.

생성 패턴

- 객체 생성에 사용되는 패턴으로, 객체를 수정해도 호출부가 영향을 받지 않게 합니다.

구조 패턴

- 객체를 조합해서 더 큰 구조를 만드는 패턴입니다.

행위 패턴

- 객체 간의 알고리즘이나 책임 분배에 관한 패턴입니다.
- 객체 하나로는 수행할 수 없는 작업을 여러 객체를 이용해 작업을 분배합니다. 결합도 최소화를 고려할 필요가 있습니다.

2.4.2 생성 패턴

생성 패턴에 속하는 각 패턴의 간략한 설명은 다음과 같습니다.

- **추상 팩토리**: 구체적인 클래스를 지정하지 않고 상황에 맞는 객체를 생성하기 위한 인터페이스를 제공하는 패턴입니다.
- **빌더**: 객체의 생성과 표현을 분리해 객체를 생성하는 패턴입니다.

- **팩토리 메서드**: 객체 생성을 서브클래스로 분리해서 위임하는 패턴입니다.
- **프로토타입**: 원본 객체를 복사해 객체를 생성하는 패턴입니다.
- **싱글턴**: 한 클래스마다 인스턴스를 하나만 생성해서 인스턴스가 하나임을 보장하고 어느 곳에서도 접근할 수 있게 제공하는 패턴입니다.

2.4.3 구조 패턴

구조 패턴에 속하는 각 패턴의 간략한 설명은 다음과 같습니다.

- **어댑터**: 클래스의 인터페이스를 의도하는 인터페이스로 변환하는 패턴입니다.
- **브리지**: 추상화와 구현을 분리해서 각각 독립적으로 변형케 하는 패턴입니다.
- **컴포지트**: 여러 객체로 구성된 복합 객체와 단일 객체를 클라이언트에서 구별 없이 다루는 패턴입니다.
- **데코레이터**: 객체의 결합을 통해 기능을 동적으로 유연하게 확장할 수 있게 하는 패턴입니다.
- **퍼사드**: 서브시스템의 인터페이스 집합들에 하나의 통합된 인터페이스를 제공하는 패턴입니다.
- **플라이웨이트**: 특정 클래스의 인스턴스 한 개를 가지고 여러 개의 '가상 인스턴스'를 제공할 때 사용하는 패턴입니다.
- **프락시**: 특정 객체를 직접 참조하지 않고 해당 객체를 대행(프락시)하는 객체를 통해 접근하는 패턴입니다.

2.4.4 행위 패턴

행위 패턴에 속하는 각 패턴의 간략한 설명은 다음과 같습니다.

- **책임 연쇄**: 요청 처리 객체를 집합으로 만들어 결합을 느슨하게 만드는 패턴입니다.
- **커맨드**: 실행될 기능을 캡슐화해서 주어진 여러 기능을 실행하도록 클래스를 설계하는 패턴입니다.
- **인터프리터**: 주어진 언어의 문법을 위한 표현 수단을 정의하고 해당 언어로 구성된 문장을 해석하는 패턴입니다.
- **이터레이터**: 내부 구조를 노출하지 않으면서 해당 객체의 집합 원소에 순차적으로 접근하는 방법을 제공하는 패턴입니다.
- **미디에이터**: 한 집합에 속한 객체들의 상호작용을 캡슐화하는 객체를 정의한 패턴입니다.
- **메멘토**: 객체의 상태 정보를 저장하고 필요에 따라 상태를 복원하는 패턴입니다.
- **옵저버**: 객체의 상태 변화를 관찰하는 관찰자들, 즉 옵저버 목록을 객체에 등록해 상태가 변할 때마다 메서드 등을 통해 객체가 직접 옵저버에게 통지하게 하는 디자인 패턴입니다.

- **스테이트**: 상태에 따라 객체가 행동을 변경하게 하는 패턴입니다.
- **스트래티지**: 행동을 클래스로 캡슐화해서 동적으로 행동을 바꿀 수 있게 하는 패턴입니다.
- **템플릿 메서드**: 일정 작업을 처리하는 부분을 서브클래스로 캡슐화해서 전체 수행 구조는 바꾸지 않으면서 특정 단계만 변경해서 수행하는 패턴입니다.
- **비지터**: 실제 로직을 가지고 있는 객체(visitor)가 로직을 적용할 객체(element)를 방문하며 실행하는 패턴입니다.

스터디 가이드

디자인 패턴은 우리가 자주 사용하는 라이브러리에 생각보다 많이 쓰입니다. 이 책에서는 간단하게 소개하고 넘어가지만 인터넷에서 각 패턴의 예제 코드를 쉽게 찾을 수 있으니 이를 참고해서 구현해보는 것을 권장합니다.

2.5 REST API

REST API는 대중적으로 가장 많이 사용되는 애플리케이션 인터페이스입니다. 이 인터페이스를 통해 클라이언트는 서버에 접근하고 자원을 조작할 수 있습니다. 이번 절에서는 REST의 형식 및 규칙을 알아보겠습니다.

2.5.1 REST란?

먼저 REST란 'Representational State Transfer'의 약자로, 월드 와이드 웹(WWW)과 같은 분산 하이퍼미디어 시스템 아키텍처의 한 형식입니다. 주고받는 자원(Resource)에 이름을 규정하고 URI에 명시해 HTTP 메서드(GET, POST, PUT, DELETE)를 통해 해당 자원의 상태를 주고받는 것을 의미합니다.

2.5.2 REST API란?

먼저 API는 'Application Programming Interface'의 약자로, 애플리케이션에서 제공하는 인터페이스를 의미합니다. API를 통해 서버 또는 프로그램 사이를 연결할 수 있습니다. 즉, REST API는 REST 아키텍처를 따르는 시스템/애플리케이션 인터페이스라고 볼 수 있습니다. REST 아키텍처를 구현하는 웹 서비스를 'RESTful하다'라고 표현합니다.

2.5.3 REST의 특징

REST에는 다음과 같은 특징이 있습니다.

유니폼 인터페이스

유니폼 인터페이스란 '일관된 인터페이스'를 의미합니다. 즉, REST 서버는 HTTP 표준 전송 규약을 따르기 때문에 어떤 프로그래밍 언어로 만들어졌느냐와 상관없이 플랫폼 및 기술에 종속되지 않고 타 언어, 플랫폼, 기술 등과 호환해 사용할 수 있다는 것을 의미합니다.

무상태성

REST는 '무상태성(stateless)'이라는 특징을 가집니다. 무상태성이란 서버에 상태 정보를 따로 보관하거나 관리하지 않는다는 의미입니다. 서버는 클라이언트가 보낸 요청에 대해 세션이나 쿠키 정보를 별도 보관하지 않습니다. 그렇기 때문에 한 클라이언트가 여러 요청을 보내든 여러 클라이언트가 각각 하나의 요청을 보내든 개별적으로 처리합니다. 이렇게 구성된 서비스는 서버가 불필요한 정보를 관리하지 않으므로 비즈니스 로직의 자유도가 높고 설계가 단순합니다.

캐시 가능성

REST는 HTTP 표준을 그대로 사용하므로 HTTP의 캐싱 기능을 적용할 수 있습니다. 이 기능을 이용하기 위해서는 응답과 요청이 모두 캐싱 가능한지(Cacheable) 명시가 필요하며, 캐싱이 가능한 경우 클라이언트에서 캐시에 저장해두고 같은 요청에 대해서는 해당 데이터를 가져다 사용합니다. 이 기능을 사용하면 서버의 트랜잭션 부하가 줄어 효율적이며 사용자 입장에서 성능이 개선됩니다.

레이어 시스템

REST 서버는 네트워크 상의 여러 계층으로 구성될 수 있습니다(Layered System). 그러나 서버의 복잡도와 관계없이 클라이언트는 서버와 연결되는 포인트만 알면 됩니다.

클라이언트-서버 아키텍처

REST 서버는 API를 제공하고 클라이언트는 사용자 정보를 관리하는 구조로 분리해 설계합니다. 이 구성은 서로에 대한 의존성을 낮추는 기능을 합니다.

2.5.4 REST의 URI 설계 규칙

REST API를 설계하는 데는 다음과 같은 몇 가지 규칙이 있습니다.

URL 규칙

URI의 마지막에는 '/'를 포함하지 않습니다.

- 옳은 예) http://localhost.com/product
- 잘못된 예) http://localhost.com/product/

언더바(_)는 사용하지 않습니다. 대신 하이픈(-)을 이용합니다.

- 하이픈은 리소스의 이름이 길어지면 사용합니다.
- 옳은 예) http://localhost.com/provider-company-name
- 잘못된 예) http://localhost.com/provider_company_name

URL에는 행위(동사)가 아닌 결과(명사)를 포함합니다.

- 옳은 예) http://localhost.com/product/123
- 잘못된 예) http://localhost.com/delete-product/123
- 행위는 HTTP 메서드로 표현할 수 있어야 합니다.

URI는 소문자로 작성해야 합니다.

- URI 리소스 경로에는 대문자 사용을 피하는 것이 좋습니다.
- 일부 웹 서버의 운영체제는 리소스 경로 부분의 대소문자를 다른 문자로 인식하기 때문입니다. 이러한 이유로 RFC 3986[1]은 URI 문법 형식을 정의하고 있는데, 호스트의 구성요소를 제외하고 URI의 대소문자를 구분해서 정의하고 있습니다.

파일의 확장자는 URI에 포함하지 않습니다.

- HTTP에서 제공하는 `Accept` 헤더를 사용하는 것이 좋습니다.

1 https://datatracker.ietf.org/doc/html/rfc3986

03

개발 환경 구성

이번 장에서는 스프링 부트 기반의 프로젝트를 진행하기 위한 전반적인 개발 환경을 구축합니다. 이 책에서 사용한 개발 환경은 다음과 같습니다.

- Windows 11 64bit
- 인텔리제이 IDEA(IntelliJ IDEA) Ultimate
- JDK 17
- 스프링 부트 3.3.5
- MariaDB 10.6.5
- 메이븐(Maven)

이번 장에서는 인텔리제이 IDEA와 JDK의 설치 방법을 다루며, 데이터베이스는 6장에서 설치 및 사용법을 설명하겠습니다.

3.1 자바 JDK 설치

이 책의 프로젝트에서는 자바 17 버전을 사용합니다. 스프링 부트 3.0.0 버전 이상에서는 자바 17 버전을 최소 버전으로 명시하고 있기 때문에 그 이하의 버전에서는 정상적으로 동작하지 않을 수 있습니다.

자바 JDK는 Azul에서 제공하는 OpenJDK를 사용합니다. Azul 공식 사이트의 다운로드 페이지[1]를 방문한 후 페이지 하단에서 그림 3.1과 같은 화면이 나오면 현재 사용 중인 시스템에 해당하는 항목을 선택합니다.

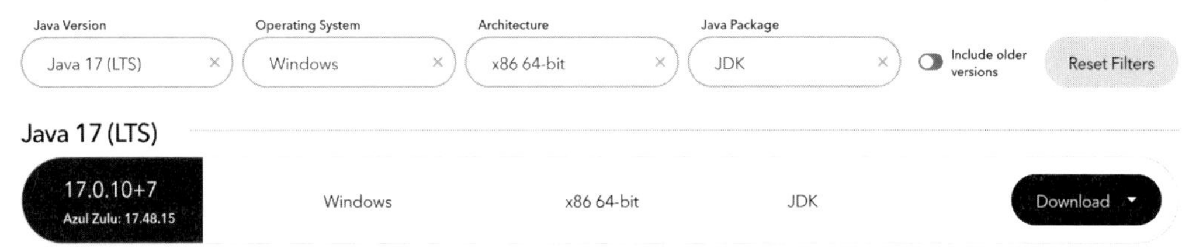

그림 3.1 Zulu JDK 다운로드를 위한 필터 설정

윈도우 11 64비트 환경에서의 항목 설정은 다음과 같습니다. 현재 사용 중인 컴퓨터 사양에 따라 운영체제(Operating System)와 아키텍처를 선택합니다.

- Java Version: Java 17 (LTS)
- Operating System: Windows
- Architecture: x86 64-bit
- Java Package: JDK

그리고 나서 그림 3.2와 같이 JDK 다운로드 항목이 표시되면 .msi나 .zip 형식의 설치 파일을 내려받습니다. 이 책에서는 확장자가 .msi인 설치 파일을 내려받아 설치하겠습니다.

1 https://www.azul.com/downloads/?package=jdk

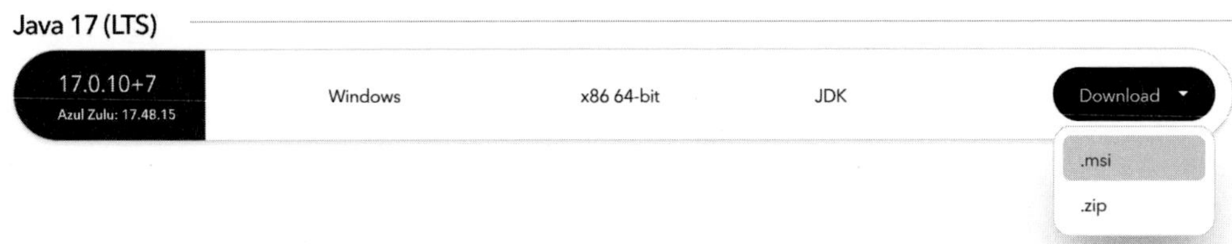

그림 3.2 Zulu JDK 다운로드 항목

.msi 파일을 실행하면 그림 3.3과 같은 설치 화면이 나옵니다. 별도의 조작 없이 [Next]만 눌러 설치를 완료합니다.

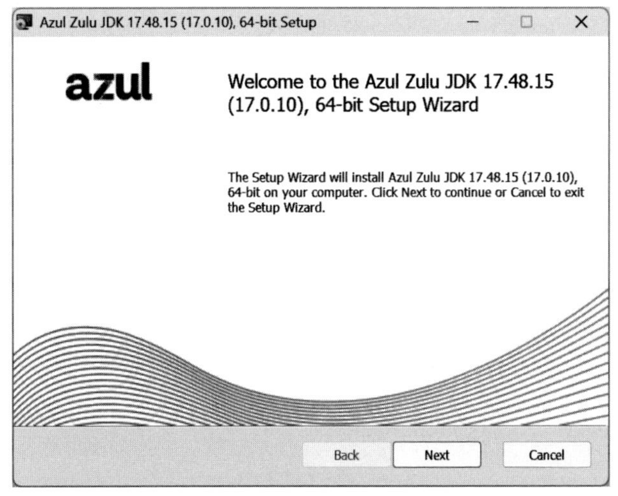

그림 3.3 JDK 설치 화면

설치가 완료되면 윈도우에서 정상적으로 JDK를 사용하기 위해서는 환경변수를 추가해야 합니다. 그런데 .msi 파일로 자바를 설치하면 환경변수에 자바 경로가 자동으로 추가되기 때문에 직접 등록하는 작업을 하지 않아도 됩니다.

그러나 종종 환경변수가 정상적으로 추가되지 않는 경우도 발생하므로 함께 시스템 환경변수를 확인하겠습니다. 윈도우에서 [제어판] → [시스템 및 보안] → [시스템]으로 차례로 이동하면 그림 3.4와 같은 화면이 나옵니다. 이 화면의 가장 오른쪽에 위치한 [관련 설정] 영역에서 [고급 시스템 설정]을 선택합니다.

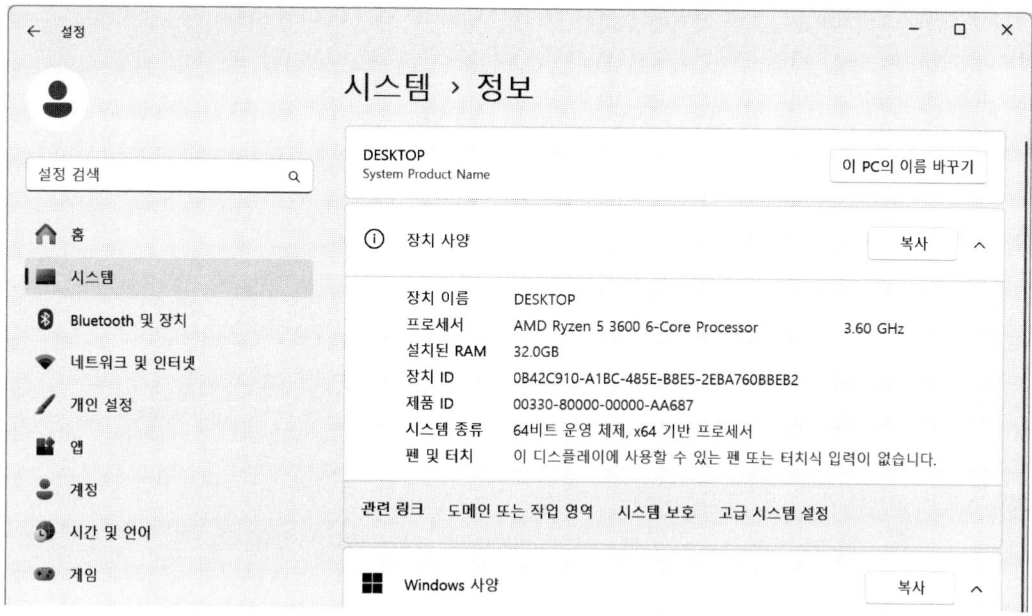

그림 3.4 시스템 화면 창

그림 3.5와 같이 '시스템 속성' 창이 나타나면 [고급] 탭으로 이동한 후 [환경 변수] 버튼을 클릭합니다.

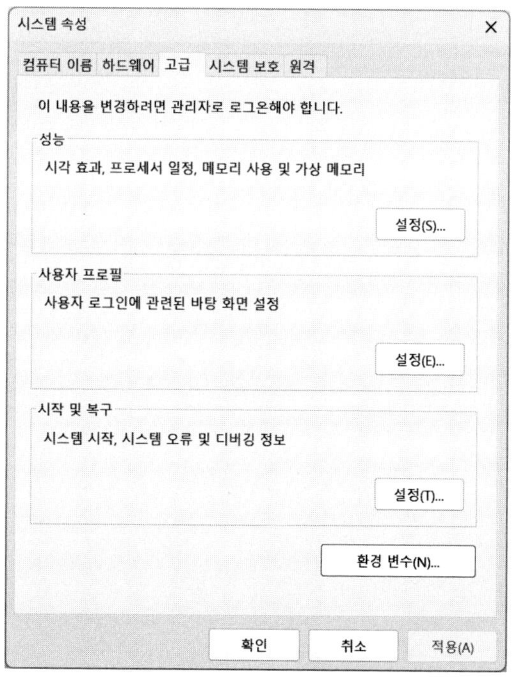

그림 3.5 시스템 속성 창

그림 3.6과 같은 화면이 나오면 아래에 위치한 [시스템 변수] 항목에서 변수 이름이 'Path'인 항목을 찾아 [편집] 버튼을 클릭합니다.

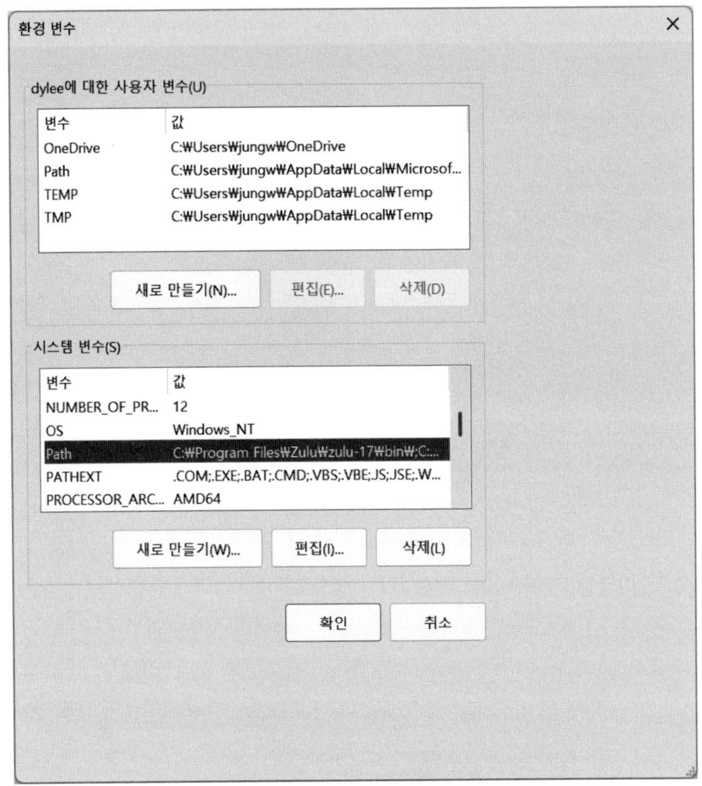

그림 3.6 환경 변수 편집

환경 변수 편집 창에서 그림 3.7과 같이 `zulu-17`에 대한 경로가 설정돼 있다면 정상적으로 JDK 설치가 완료된 것입니다. 만약 설정돼 있지 않다면 하단의 [편집] 버튼을 클릭한 후 '환경 변수 편집' 창에서 오른쪽에 위치한 [새로 만들기] 버튼을 클릭하고 실습 중인 컴퓨터에서 JDK가 설치된 위치를 찾아 `bin` 경로(예: `C:\Program Files\Zulu\zulu-17\bin`)를 입력합니다. 그리고 나서 [확인] 버튼을 눌러 변경된 사항을 적용합니다.

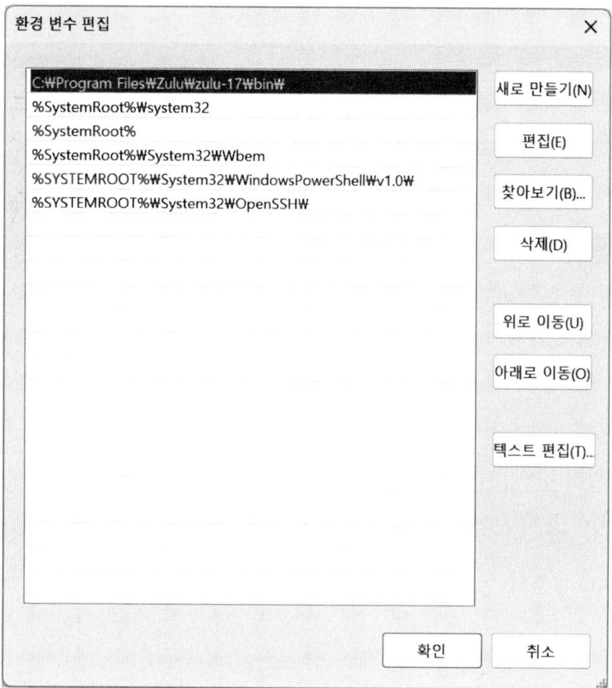

그림 3.7 시스템 변수 편집

3.2 인텔리제이 IDEA 설치

인텔리제이 IDEA(IntelliJ IDEA)는 제트브레인(Jetbrains)에서 제작한 자바용 통합 개발 환경(IDE)입니다. 이전에는 자바용 IDE로 이클립스(Eclipse)[2]가 많이 사용됐는데, 최근에는 인텔리제이 IDEA가 많이 사용되는 추세입니다.

인텔리제이 IDEA를 설치하기 위해 공식 다운로드 페이지[3]에 접속합니다. 이 페이지에 접속하면 그림 3.8과 같은 화면을 볼 수 있습니다.

2 https://www.eclipse.org/
3 https://www.jetbrains.com/ko-kr/idea/download/

그림 3.8 인텔리제이 IDEA 다운로드 페이지

인텔리제이 IDEA는 얼티밋(Ultimate) 버전과 커뮤니티(Community) 버전이 있습니다. 이 책에서는 얼티밋 버전을 사용하며, 제트브레인에서 30일 무료 평가판을 제공하고 있습니다. 독자분이 대학생이라면 ac.kr로 끝나는 학교 이메일 계정을 통해 교육용 라이선스를 받아 더 긴 기간을 무료로 사용할 수 있습니다.

참고로 이 책에서 얼티밋 버전을 사용하는 이유는 커뮤니티 버전에서는 제공하지 않는 스프링 개발 환경의 편의성을 갖추기 위함입니다. 만약 스프링 개발 환경 설정에 익숙한 분이라면 커뮤니티 버전을 사용해도 무관합니다.

인텔리제이 IDEA를 내려받아 실행하면 그림 3.9와 같은 화면이 등장합니다. [Next]를 눌러 설치를 진행합니다.

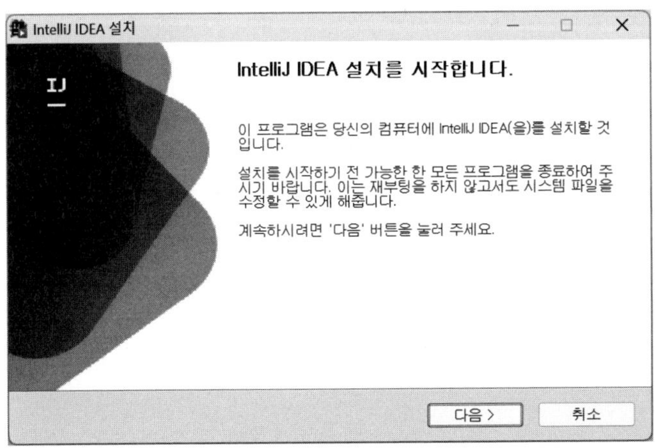

그림 3.9 인텔리제이 IDEA 설치

다음으로 원하는 설치 경로를 설정하고 [Next] 버튼을 클릭합니다.

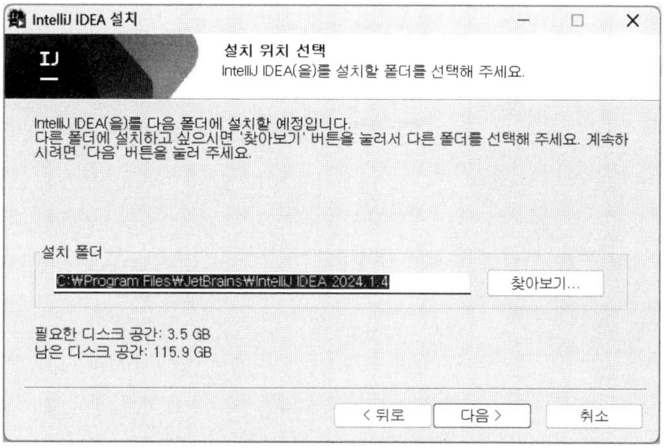

그림 3.10 설치 경로 설정

설치 옵션을 선택하는 단계에서는 그림 3.11과 같이 체크하고 다음 단계로 넘어갑니다.

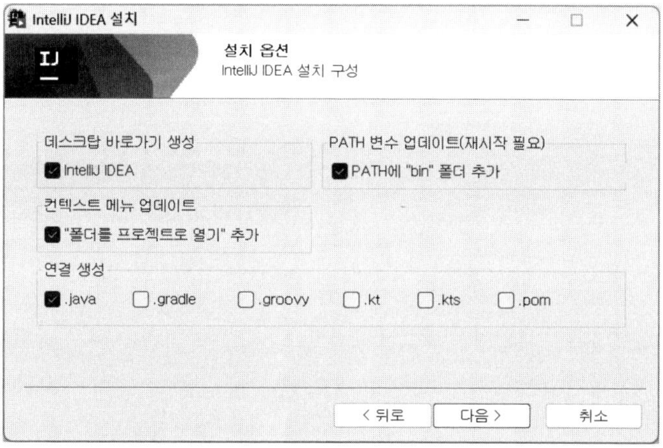

그림 3.11 설치 옵션 선택

설치가 완료되면 인텔리제이 IDEA의 환경 설정이 정상적으로 적용되도록 컴퓨터를 재부팅합니다.

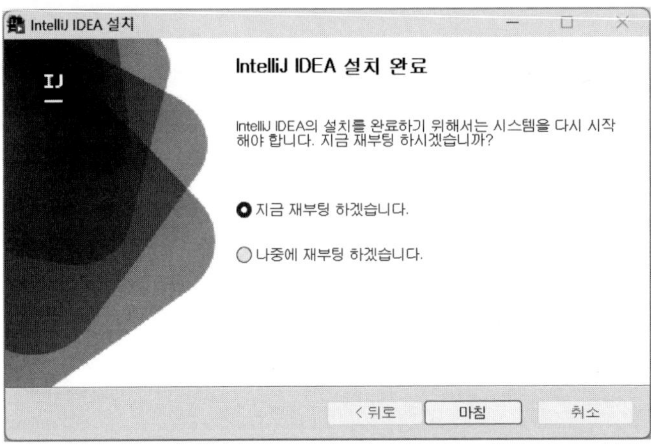

그림 3.12 설치 완료

04

스프링 부트 애플리케이션 개발하기

이번 장에서는 스프링 부트 애플리케이션을 단계별로 개발하는 과정에서 어떤 개발 지식을 습득해야 하는지 살펴보겠습니다.

4.1 프로젝트 생성

먼저 스프링 부트 프로젝트를 쉽게 만드는 방법으로 1) '인텔리제이 IDEA에서 프로젝트를 생성하는 방법'과 2) '스프링 이니셜라이저를 이용해 생성하는 방법'이 있습니다. 참고로 이 책에서는 각 장에서 소개하는 내용에 집중하기 위해 새로운 프로젝트를 구성하여 실습 예제를 제공합니다. 다만 실습 순서가 있기 때문에 이전 장에서 사용한 프로젝트의 코드를 가져와 사용하기도 합니다. 어느 정도 스프링 부트가 익숙한 분들은 매번 새로운 프로젝트를 생성하지 않고 실습을 진행해도 무관합니다.

4.1.1 인텔리제이 IDEA에서 프로젝트 생성하기

인텔리제이 IDEA 얼티밋 버전은 커뮤니티 버전보다 많은 기능을 지원합니다. 그중 하나가 바로 내장된 스프링 이니셜라이저(Spring Initializr)입니다. 이 기능을 이용하면 외부에서 프로젝트를 생성할 필요 없이 인텔리제이 IDEA에서 곧바로 스프링 프로젝트를 생성할 수 있습니다.

먼저 인텔리제이 IDEA를 실행하고 사용자 약관 동의 등의 설정을 완료하고 나면 그림 4.1과 같은 화면이 나옵니다. 여기서 왼쪽에 있는 [New Project]를 클릭합니다.

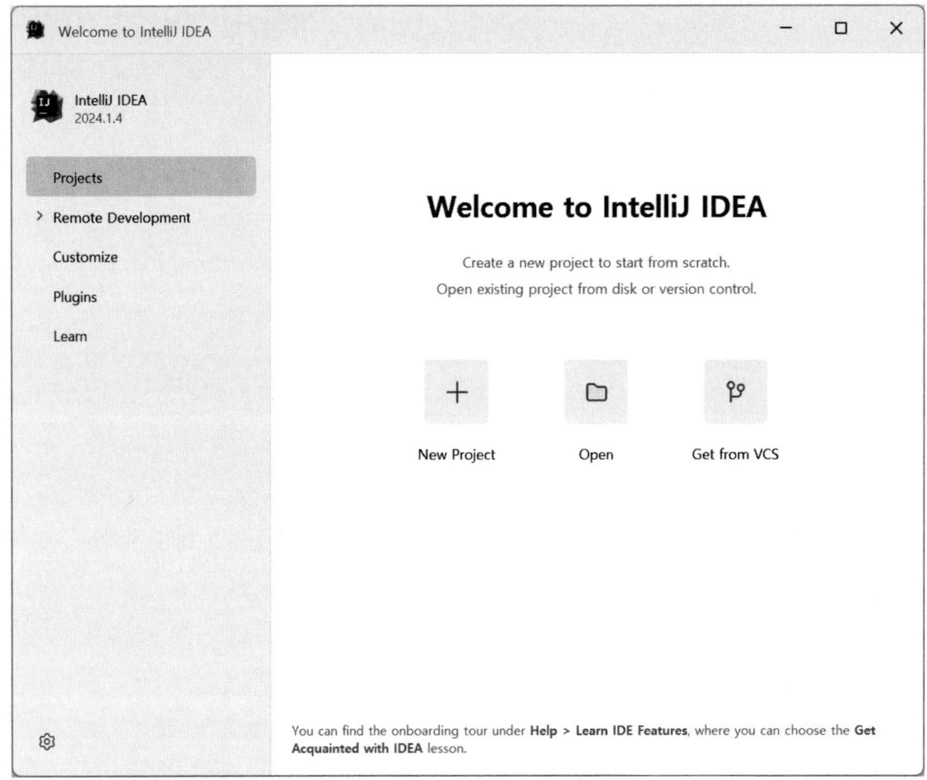

그림 4.1 인텔리제이 IDEA의 초기 화면

인텔리제이 IDEA는 다양한 형식의 프로젝트를 지원합니다. 그중 이 책에서 사용할 것은 '스프링 이니셜라이저(Spring Initializr)'입니다. 원래는 스프링 공식 사이트에서 제공하는 스프링 부트 프로젝트 생성 기능인데, 인텔리제이 IDEA에도 내장돼 있습니다.

그림 4.2와 같이 'Spring Boot'를 선택하면 설정이 필요한 항목들이 나옵니다.

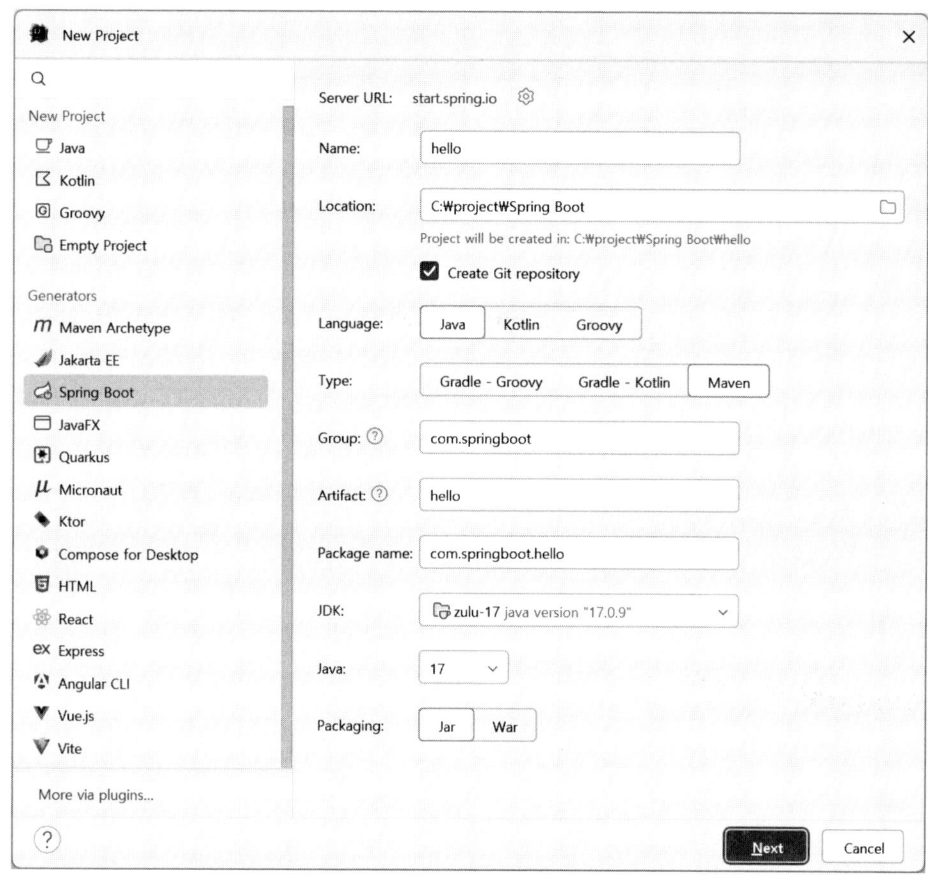

그림 4.2 인텔리제이 IDEA에 내장된 스프링 이니셜라이저를 이용한 프로젝트 생성

각 항목에 대해 다음과 같이 설정합니다.

- Name: 프로젝트의 이름을 설정합니다. 여기서는 'hello'라고 입력하겠습니다.
- Location: 프로젝트를 생성할 위치를 설정합니다.
- Language: JVM 상에서 동작하는 언어를 선택합니다. 'Java'를 선택합니다.
- Type: 빌드 툴을 선택합니다. 여기서는 Maven을 선택했는데 각자 익숙한 것을 선택해도 좋습니다.
- Group: 이 프로젝트를 정의하는 고유한 식별자 정보인 그룹을 설정합니다. 이 프로젝트를 진행하는 데 영향을 주지는 않습니다. 여기서는 'com.springboot'로 설정합니다.
- Artifact: 세부 프로젝트를 식별하는 정보를 기입합니다. 여기서는 'hello'로 설정합니다.
- Package name: Group과 Artifact를 설정하면 자동으로 입력됩니다.

- JDK: 17 버전으로 설정합니다.
- Java: 17 버전으로 설정합니다.
- Packaging: 애플리케이션을 쉽게 배포하고 동작하게 할 파일들의 패키징 옵션입니다. 이 책에서는 'Jar'를 선택합니다.

스터디 가이드

Jar와 War 모두 자바 언어의 툴에서 사용하는 아카이브 파일입니다. 애플리케이션의 배포와 동작을 위해 사용되는데, 두 형식의 차이점과 특징을 알아두면 도움이 됩니다.

다음 단계로 프로젝트에서 사용할 의존성을 추가합니다. 의존성은 초기에 추가할 수도 있고 개발을 진행하는 중에 추가할 수도 있습니다. 이 책에서는 앞으로 실습을 진행하는 과정에서 몇몇 의존성을 추가할 예정입니다. 우선 이번 장에서는 기본적인 의존성을 그림 4.3과 같이 선택하고 넘어가겠습니다.

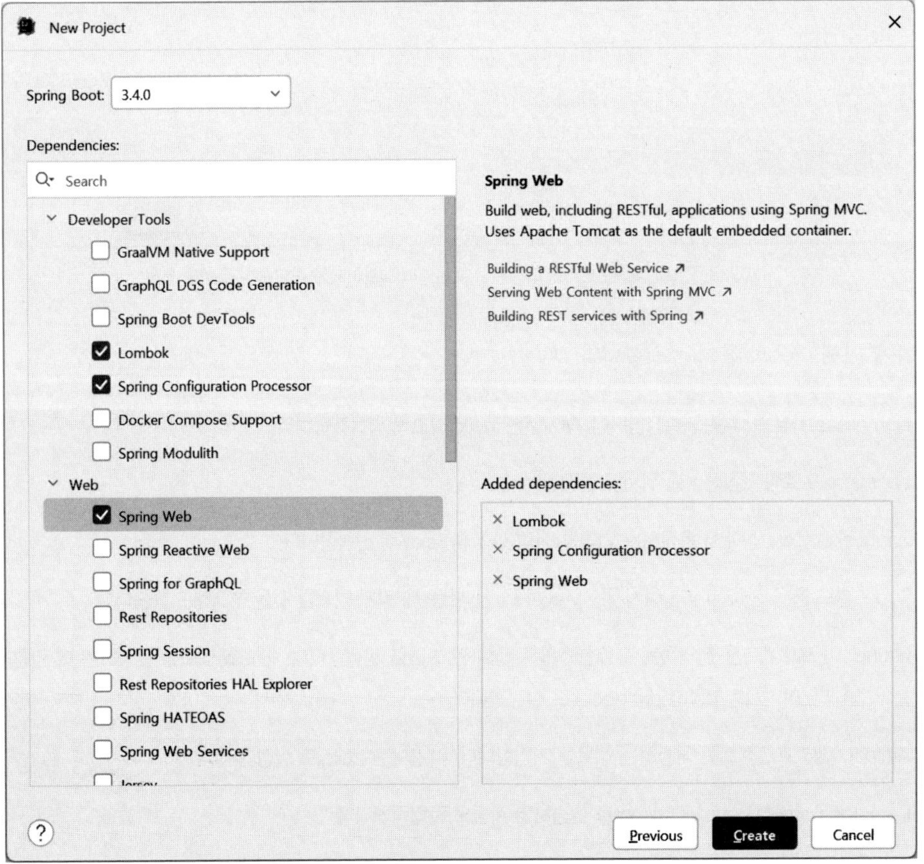

그림 4.3 프로젝트의 최초 의존성 설정

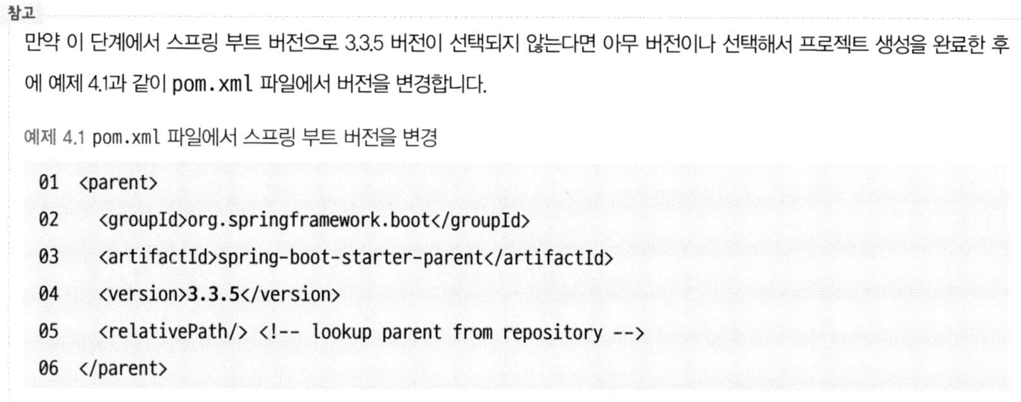

참고

만약 이 단계에서 스프링 부트 버전으로 3.3.5 버전이 선택되지 않는다면 아무 버전이나 선택해서 프로젝트 생성을 완료한 후에 예제 4.1과 같이 `pom.xml` 파일에서 버전을 변경합니다.

예제 4.1 pom.xml 파일에서 스프링 부트 버전을 변경

```
<parent>
    <groupId>org.springframework.boot</groupId>
    <artifactId>spring-boot-starter-parent</artifactId>
    <version>3.3.5</version>
    <relativePath/> <!-- lookup parent from repository -->
</parent>
```

이 단계까지 마치면 인텔리제이 IDEA 우측 하단에 상태 표시줄이 나타나고, 그 사이에 인텔리제이 IDEA가 메이븐(Maven)을 통해 프로젝트를 초기화합니다. 그리고 프로젝트에 필요한 의존성을 가져오고 필요한 색인 작업을 합니다. 모든 작업이 완료되면 상태 표시줄이 사라지면서 그림 4.4와 같은 화면을 볼 수 있습니다.

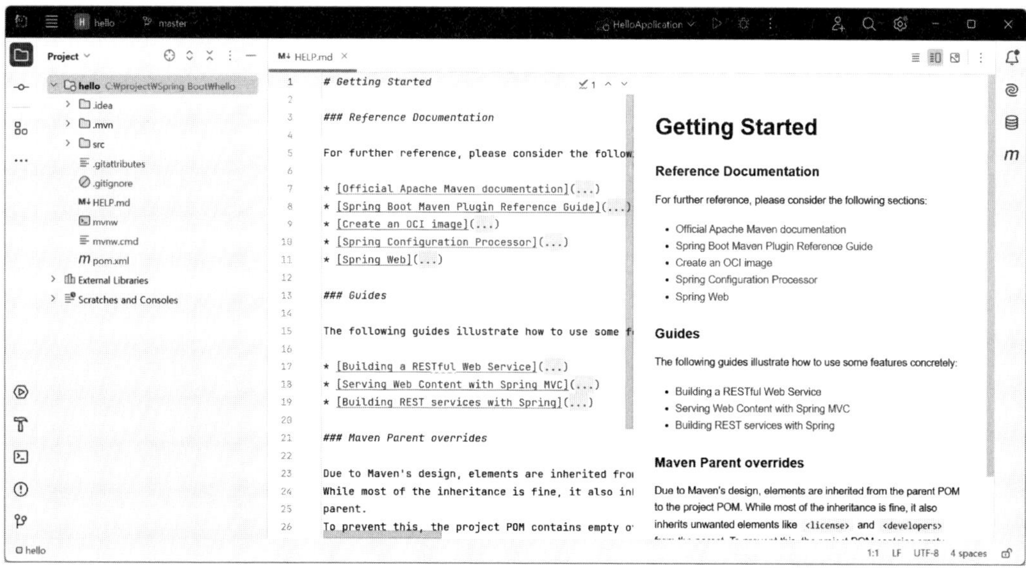

그림 4.4 프로젝트 초기 화면

4.1.2 스프링 공식 사이트에서 프로젝트 생성하기

만약 사용 중인 인텔리제이 IDEA가 커뮤니티 버전이라면 지금 소개하는 방법으로 프로젝트를 생성하는 것이 좋습니다. 스프링 공식 사이트에는 스프링 부트 프로젝트를 자동으로 만들어주는 서비스인 스프링 이니셜라이저(Spring Initializr)가 있습니다. 4.1.1절에서 소개한 방법과 동일하게 프로젝트를 생성해서 내려받을 수 있습니다.

- https://start.spring.io

위 경로로 접속하면 그림 4.5와 같은 화면이 나옵니다. 이 페이지에서 각 항목을 선택하고 [Generate] 버튼을 누르면 설정이 적용된 프로젝트 파일을 내려받을 수 있습니다.

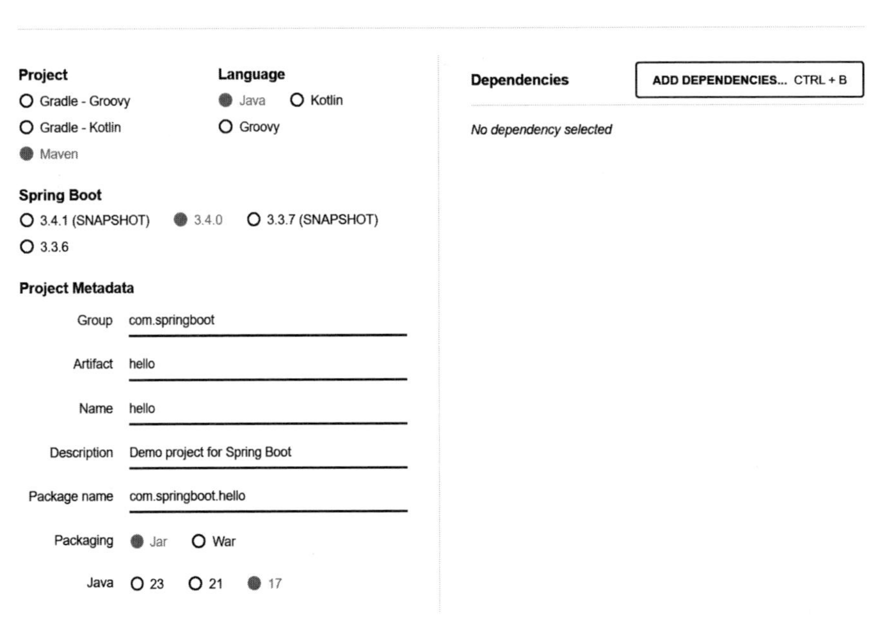

그림 4.5 스프링 이니셜라이저의 첫 화면

우선 각 항목에 대해 다음과 같이 설정하겠습니다.

- Project: Maven
- Language: Java

- Spring Boot: 3.3.5[1]
- Project Metadata
  - Group: com.springboot
  - Artifact: hello
  - Name: hello
  - Description(자유롭게 서술 가능): Demo project for Spring Boot
  - Package Name(자동완성): com.springboot.hello
  - Packaging: Jar
  - Java: 17

그리고 Dependencies 항목을 채우기 위해 [ADD DEPENDENCIES…] 버튼을 클릭합니다. 그럼 그림 4.6과 같이 의존성 추가 화면이 나옵니다.

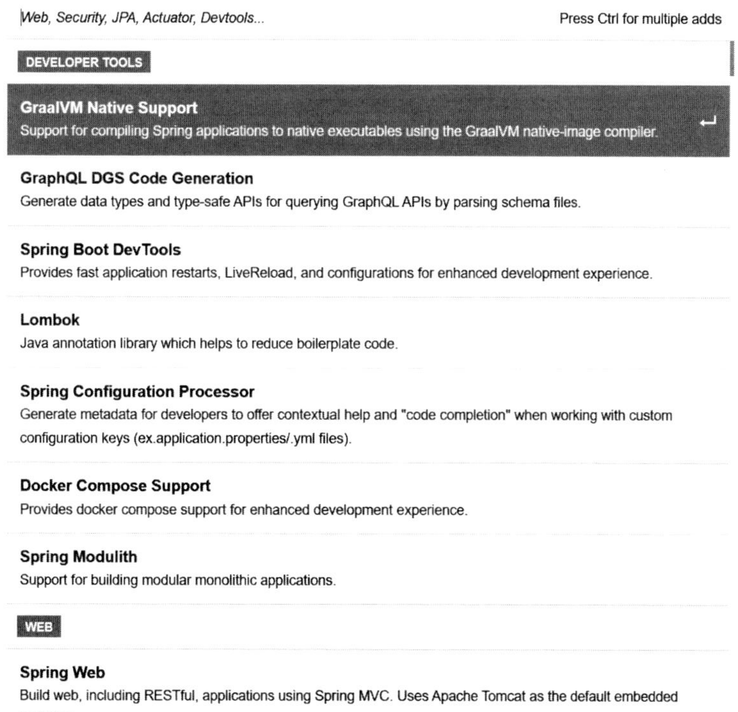

그림 4.6 스프링 이니셜라이저의 의존성 선택 화면

1 스프링 부트 버전 목록에 3.3.5 버전이 없다면 아무 버전을 선택하고 41쪽을 참고해 `pom.xml` 파일에서 3.3.5 버전으로 수정합니다.

맨 위 검색창을 활용하거나 마우스 스크롤을 내려 그림 4.7과 같이 아래 항목을 추가합니다.

- Lombok
- Spring Configuration Processor
- Spring Web

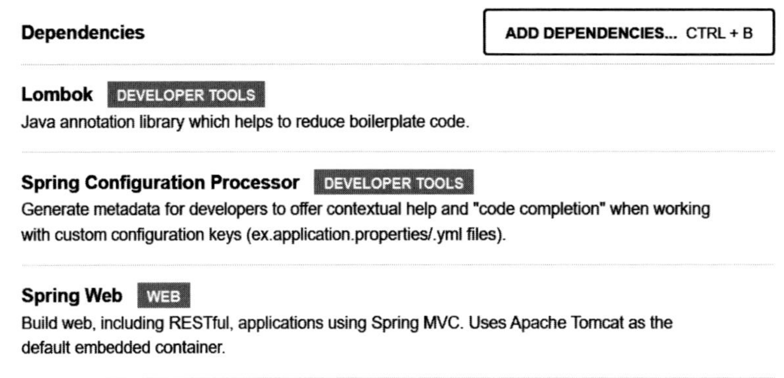

그림 4.7 의존성 선택 완료

모든 옵션을 선택하고 의존성까지 추가했다면 스프링 프로젝트를 생성할 준비가 끝났습니다. 이제 스프링 이니셜라이저 사이트 하단의 [GENERATE] 버튼을 클릭해 프로젝트를 내려받습니다. 내려받은 압축 파일을 프로젝트를 진행할 경로로 옮기고 압축을 푼 후 인텔리제이 IDEA를 실행하고 그림 4.8과 같이 프로젝트를 선택해 열어봅니다.

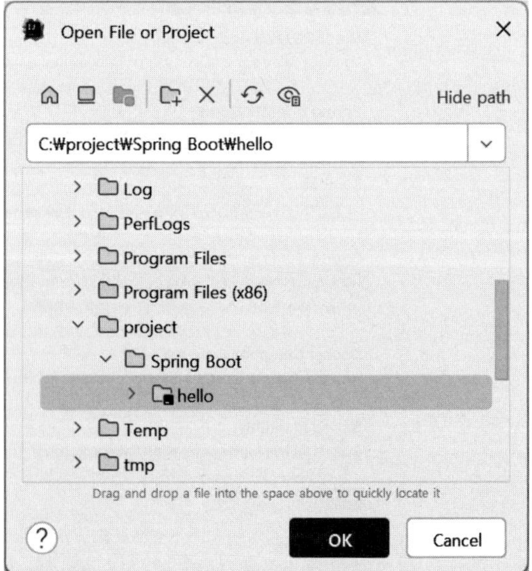

그림 4.8 프로젝트 열기

외부에서 내려받은 프로젝트를 인텔리제이 IDEA에서 열면 경고 문구가 나타나는 경우가 있습니다. 그림 4.9와 같은 경고 문구가 나온다면 [Trust Project] 버튼을 클릭합니다.

그림 4.9 프로젝트 열기 경고문

프로젝트를 처음 열면 몇 가지 초기화 작업이 진행됩니다. 그리고 그림 4.10과 같은 화면이 나오고 인텔리제이 IDEA 우측 하단에 표시된 진행 사항이 모두 완료되면 정상적으로 프로젝트를 이용할 수 있습니다.

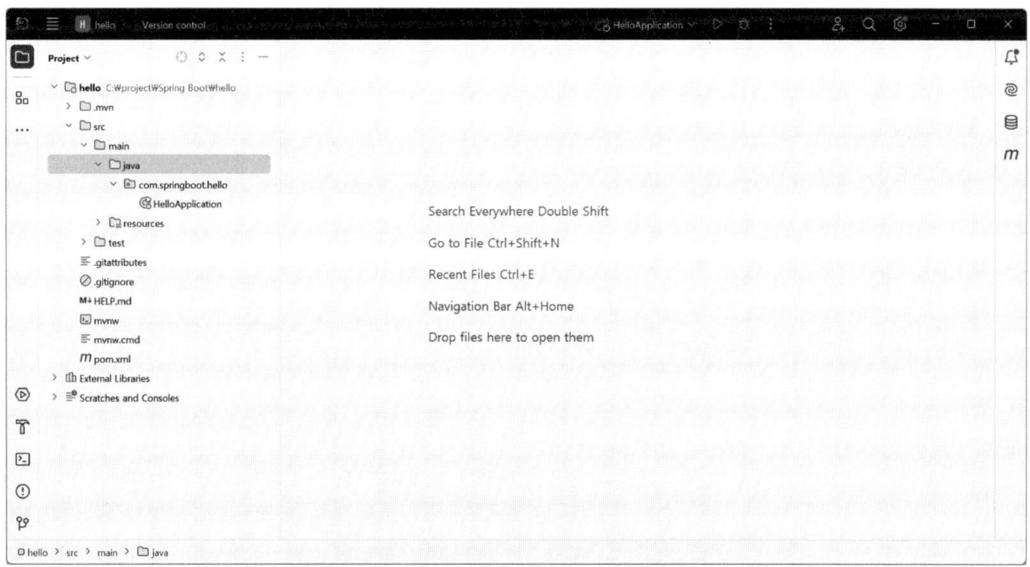

그림 4.10 인텔리제이 IDEA의 프로젝트 초기 화면

4.2 pom.xml(Project Object Model) 살펴보기

`pom.xml` 파일은 메이븐의 기능을 사용하기 위해 작성하는 파일입니다. 이 파일에는 프로젝트, 의존성 라이브러리, 빌드 등의 정보 및 해당 프로젝트를 관리하는 데 필요한 내용이 기술돼 있습니다. 이 파일을 살펴보기에 앞서 메이븐이라는 빌드 도구에 대해 먼저 살펴보겠습니다.

4.2.1 빌드 관리 도구

빌드 관리 도구는 JVM이나 WAS가 프로젝트를 인식하고 실행할 수 있게 우리가 작성한 소스코드와 프로젝트에 사용된 파일들(.xml, .jar, .properties)을 빌드하는 도구입니다. 개발 규모가 커질수록 관리할 라이브러리가 많아지고 라이브러리 간 버전 호환성을 체크해야 하는 어려움이 발생하는데, 빌드 관리 도구를 이용하면 이 같은 문제를 해결할 수 있습니다.

4.2.2 메이븐

아파치 메이븐은 자바 기반의 프로젝트를 빌드하고 관리하는 데 사용하는 도구입니다. 초창기 자바 프로젝트의 대표적 관리 도구였던 Ant를 대체하기 위해 개발됐습니다. 메이븐의 가장 큰 특징은 `pom.xml` 파일에 필요한 라이브러리를 추가하면 해당 라이브러리에 필요한 라이브러리까지 함께 내려받아 관리한다는 점입니다. 메이븐의 대표 기능은 다음과 같습니다.

- 프로젝트 관리: 프로젝트 버전과 아티팩트를 관리합니다.
- 빌드 및 패키징: 의존성을 관리하고 설정된 패키지 형식으로 빌드를 수행합니다.
- 테스트: 빌드를 수행하기 전에 단위 테스트를 통해 작성된 애플리케이션 코드의 정상 동작 여부를 확인합니다.
- 배포: 빌드가 완료된 패키지를 원격 저장소에 배포합니다.

메이븐의 생명주기

메이븐의 기능은 생명주기 순서에 따라 관리되고 동작합니다. 인텔리제이 IDEA에서 생성한 프로젝트의 경우 인텔리제이 IDEA에서 우측에 있는 'Maven' 탭을 클릭하면 그림 4.11과 같이 메이븐의 생명주기를 확인할 수 있습니다.

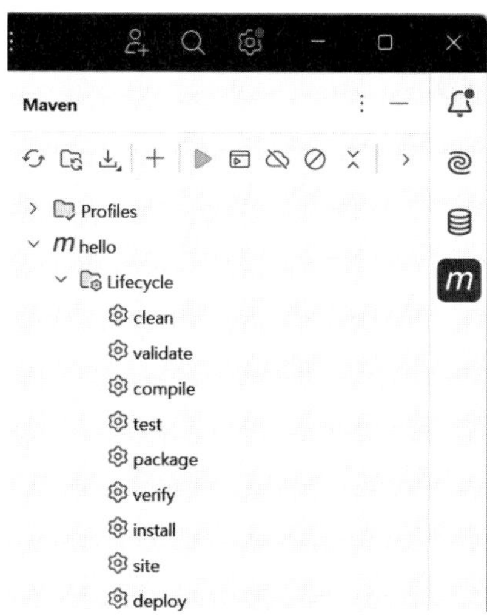

그림 4.11 인텔리제이 IDEA에서의 메이븐 생명주기

메이븐의 생명주기는 크게 기본 생명주기(Default Lifecycle), 클린 생명주기(Clean Lifecycle), 사이트 생명주기(Site Lifecycle)의 3가지로 구분합니다. 각 생명주기에는 그림 4.12와 같은 단계(phase)가 존재하며, 특정 단계를 수행하기 위해서는 이전 단계를 마쳐야 합니다.

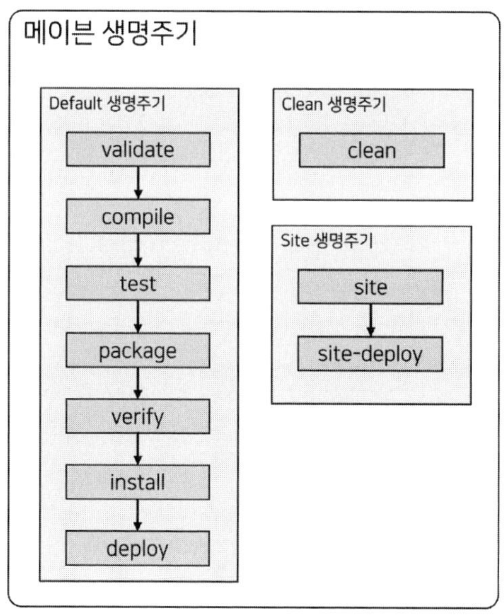

그림 4.12 메이븐 주요 생명주기

각 단계는 메이븐에서 제공하는 플러그인이 설정된 목표(goal)를 수행하는 방식으로 동작합니다. 또한 그림에서 표현되지 않은 세부 단계들이 존재합니다. 메이븐의 생명주기 단계는 순차적으로 실행되며, 각 생명주기 단계의 역할은 다음과 같습니다.

클린 생명주기

- clean: 이전 빌드가 생성한 모든 파일을 제거합니다.

기본 생명주기

- validate: 프로젝트를 빌드하는 데 필요한 모든 정보를 사용할 수 있는지 검토합니다.
- compile: 프로젝트의 소스코드를 컴파일합니다.
- test: 단위 테스트 프레임워크를 사용해 테스트를 실행합니다.
- package: 컴파일한 코드를 가져와서 JAR 등의 형식으로 패키징을 수행합니다.
- verify: 패키지가 유효하며 일정 기준을 충족하는지 확인합니다.
- install: 프로젝트를 사용하는 데 필요한 패키지를 로컬 저장소에 설치합니다.
- deploy: 프로젝트를 통합 또는 릴리스 환경에서 다른 곳에 공유하기 위해 원격 저장소에 패키지를 복사합니다.

사이트 생명주기

- site: 메이븐의 설정 파일 정보를 기반으로 프로젝트의 문서 사이트를 생성합니다.
- site-deploy: 생성된 사이트 문서를 웹 서버에 배포합니다.

메이븐에 관한 더 자세한 내용은 공식 사이트(https://maven.apache.org/)에서 확인할 수 있습니다.

스터디 가이드

여전히 메이븐도 많이 사용하지만 최근에는 그레이들(Gradle, https://gradle.org/)이라는 빌드 도구로 전환되는 추세입니다. 일례로 안드로이드에서는 그레이들을 표준 빌드 도구로 채택했습니다. 이 빌드 도구에 대해 알아보면 개발 환경을 구축하는 데 도움이 될 것입니다.

4.3 Hello World 출력하기

본격적인 애플리케이션 개발에 앞서 'Hello World!'를 출력하는 애플리케이션을 만들어 보며 스프링 부트에 입문해 봅시다.

4.3.1 컨트롤러 작성하기

먼저 앞에서 생성한 프로젝트에 패키지를 생성해야 합니다. 이 책에서는 레이어드 아키텍처에 맞춰 도메인 구분 없이 패키지를 구성하겠습니다. `com.springboot.hello` 패키지에 마우스 오른쪽 버튼을 클릭한 후 [New] → [Package]를 차례로 선택해 `'controller'`라는 이름의 하위 패키지를 생성합니다. 그러고 나서 `'controller'` 패키지에 마우스 오른쪽 버튼을 클릭한 후 [New] → [Java Class]를 클릭하고 `HelloController`라는 이름의 컨트롤러를 생성합니다(그림 4.13).

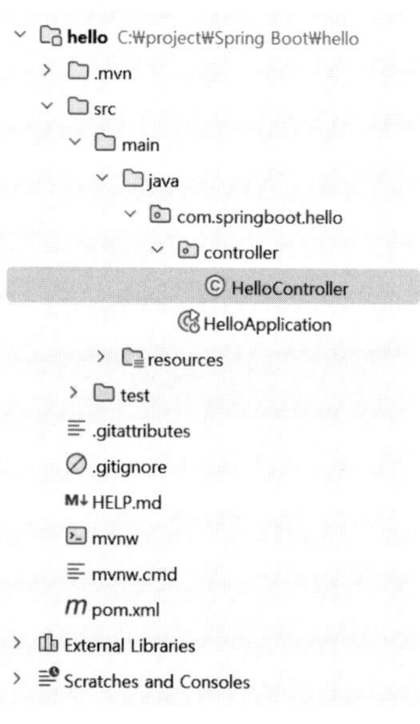

그림 4.13 패키지 및 컨트롤러 생성

컨트롤러에 포함된 로직에서는 애플리케이션의 사용자 또는 클라이언트가 입력한 값에 대한 응답을 수행합니다. 특별한 경우를 제외한 모든 요청은 컨트롤러를 통해 진행돼야 합니다. 이번 예제는 컨트롤러 내부에서 모든 로직을 처리했지만 데이터를 다루거나 별도의 로직을 처리해야 하는 경우에는 서비스 또는 데이터 액세스 레이어까지 요청을 전달하는 경우가 일반적입니다. `HelloController` 클래스에는 예제 4.2와 같은 코드를 작성합니다.

예제 4.2 컨트롤러 코드 작성하기 file controller/HelloController.java

```java
package com.springboot.hello.controller;

import org.springframework.web.bind.annotation.RequestMapping;
import org.springframework.web.bind.annotation.RestController;

@RestController
public class HelloController {

    @RequestMapping("/hello")
    public String hello(){
        return "Hello World";
    }

}
```

4.3.2 애플리케이션 실행하기

애플리케이션을 실행하는 방법은 다른 자바 프로젝트와 같습니다. 그림 4.14와 같이 인텔리제이 IDEA 우측 상단부에 위치한 실행 버튼을 누르면 애플리케이션이 실행됩니다.

그림 4.14 인텔리제이 IDEA의 실행 버튼(녹색 화살표)

애플리케이션이 정상적으로 실행되면 IDE 하단의 콘솔(Console) 탭에서 그림 4.15와 같이 실행 로그가 출력됩니다.

```
  .   ____          _            __ _ _
 /\\ / ___'_ __ _ _(_)_ __  __ _ \ \ \ \
( ( )\___ | '_ | '_| | '_ \/ _` | \ \ \ \
 \\/  ___)| |_)| | | | | || (_| |  ) ) ) )
  '  |____| .__|_| |_|_| |_\__, | / / / /
 =========|_|==============|___/=/_/_/_/

 :: Spring Boot ::                (v3.3.5)

2024-12-03T14:05:20.784+09:00  INFO 28380 --- [hello] [           main] com.springboot.hello.HelloApplication    : Starting HelloApplication using Java 21.0.
2024-12-03T14:05:20.786+09:00  INFO 28380 --- [hello] [           main] com.springboot.hello.HelloApplication    : No active profile set, falling back to 1 d
2024-12-03T14:05:21.390+09:00  INFO 28380 --- [hello] [           main] o.s.b.w.embedded.tomcat.TomcatWebServer  : Tomcat initialized with port 8080 (http)
2024-12-03T14:05:21.400+09:00  INFO 28380 --- [hello] [           main] o.apache.catalina.core.StandardService   : Starting service [Tomcat]
2024-12-03T14:05:21.400+09:00  INFO 28380 --- [hello] [           main] o.apache.catalina.core.StandardEngine    : Starting Servlet engine: [Apache Tomcat/10
2024-12-03T14:05:21.434+09:00  INFO 28380 --- [hello] [           main] o.a.c.c.C.[Tomcat].[localhost].[/]       : Initializing Spring embedded WebApplicatio
2024-12-03T14:05:21.434+09:00  INFO 28380 --- [hello] [           main] w.s.c.ServletWebServerApplicationContext : Root WebApplicationContext: initialization
2024-12-03T14:05:21.673+09:00  INFO 28380 --- [hello] [           main] o.s.b.w.embedded.tomcat.TomcatWebServer  : Tomcat started on port 8080 (http) with co
2024-12-03T14:05:21.679+09:00  INFO 28380 --- [hello] [           main] com.springboot.hello.HelloApplication    : Started HelloApplication in 1.163 seconds
```

그림 4.15 스프링 부트 실행 로그

8080번 포트를 통해 웹 서버가 열린 것을 로그의 세 번째 줄에서 확인할 수 있습니다.

```
o.s.b.w.embedded.tomcat.TomcatWebServer  : Tomcat started on port 8080 (http)
```

참고

스프링 부트에서는 기본적으로 8080번 포트를 통해 웹 애플리케이션이 실행됩니다. 필요에 따라 포트를 변경해야 한다면 그림 4.16과 같이 `src/main/resources/application.properties` 파일에서 변경할 수 있습니다.

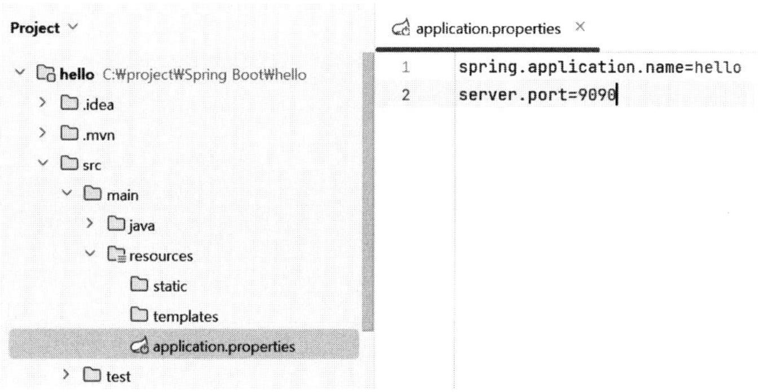

```
spring.application.name=hello
server.port=9090
```

그림 4.16 웹 애플리케이션 포트 변경(`resources/application.properties`)

포트를 변경하고 다시 애플리케이션을 실행하면 로그에서 변경된 포트 번호로 출력되는 것을 확인할 수 있습니다.

애플리케이션이 정상적으로 실행된 후에는 앞에서 작성한 `HelloController`가 올바르게 동작하는지 확인합니다. 애플리케이션이 올바르게 동작하는지 테스트하는 방법은 다양하지만 이 책에서는 다음의 두 가지 방법을 소개합니다.

4.3.3 웹 브라우저를 통한 동작 테스트

웹 브라우저로 스프링 부트가 설정한 URL에 접속하면 간단하게 실행 결과를 확인할 수 있습니다. 그림 4.17과 같이 웹 브라우저의 주소창에 '`http://localhost:8080/hello`'를 입력하면 `Hello World`가 출력되는 것을 확인할 수 있습니다.

Hello World

그림 4.17 웹 브라우저를 통한 웹 애플리케이션 호출

4.3.4 Talend API Tester를 통한 동작 테스트

웹 브라우저를 통한 동작 테스트는 간편하지만 상세한 응답을 확인할 수 없다는 단점이 있습니다. 구글 크롬의 확장 프로그램인 Talend API Tester를 사용하면 이 같은 문제를 해결할 수 있습니다. 크롬 브라우저의 주소창에 'chrome://extensions/'를 입력하거나 우측 상단의 메뉴 버튼(⋮)을 클릭한 후 [도구 더보기] → [확장 프로그램]을 선택하면 그림 4.18과 같은 크롬 브라우저에서 사용 중인 확장 프로그램들을 볼 수 있습니다.

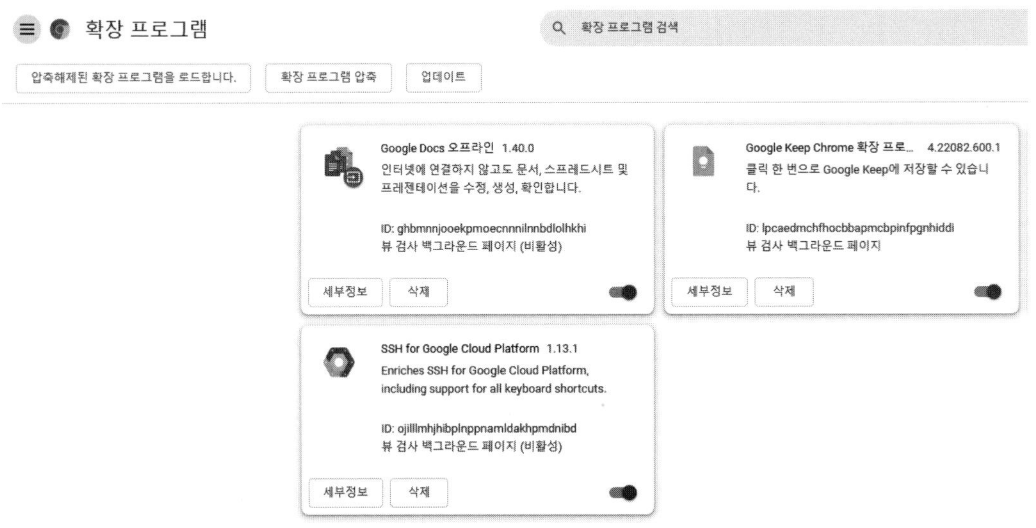

그림 4.18 크롬 브라우저의 확장 프로그램

이 페이지에서 좌측 상단의 메뉴 버튼(≡)을 클릭한 후 맨 아래에 'Chrome 웹 스토어 열기' 항목을 클릭합니다. 그러고 나서 크롬 웹 스토어에서 'Talend API'를 검색하고, 그림 4.19와 같이 'Talend API Tester – Free Edition'을 찾아 [Chrome에 추가] 버튼을 클릭해 설치합니다.

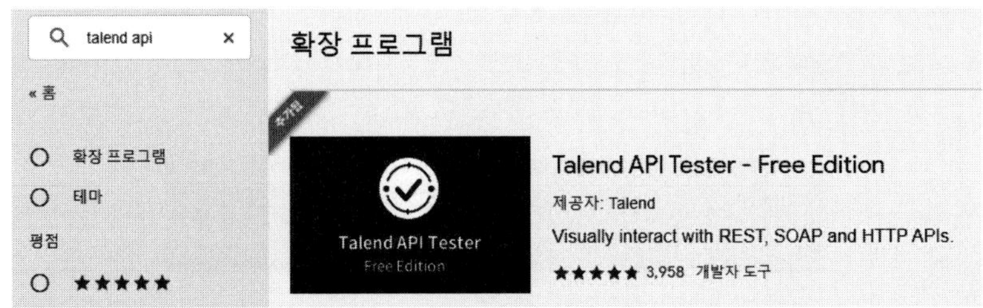

그림 4.19 크롬 웹 스토어 검색 결과

Talend API Tester는 HTTP 통신을 테스트하는 프로그램입니다. GET, POST, PUT, DELETE 등의 다양한 HTTP 메서드를 설정하고 쿼리(query)와 파라미터(parameter)를 담아 요청을 보낼 수 있습니다. 크롬 브라우저에서 Talend API Tester를 실행하면 그림 4.20과 같은 화면이 표시됩니다.

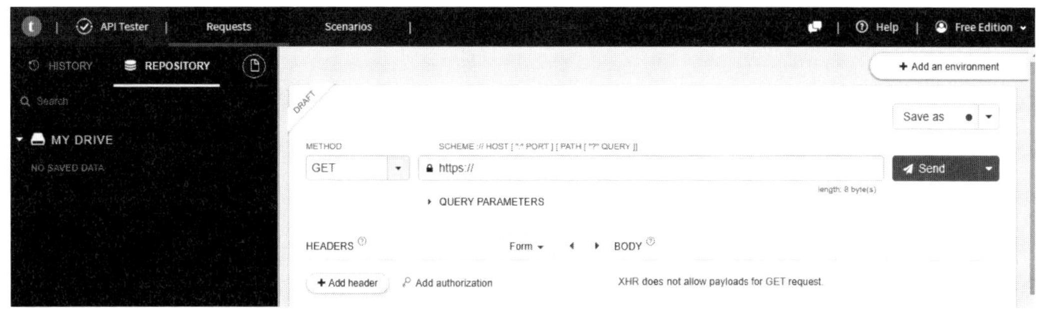

그림 4.20 Talend API Tester 실행 화면

이 화면에서 HTTP 요청을 보내려는 경로와 메서드를 설정하고 [Send] 버튼을 클릭해 요청을 보내면 같은 화면의 아래 부분에 위치한 'Response' 화면에 결괏값이 출력됩니다. 이번 장에서는 그림 4.21과 같이 설정해서 테스트를 진행하겠습니다. 한 가지 주의해야 할 점은 URL 입력란에 'https'가 기본값으로 설정돼 있는데 이를 http로 변경해야 한다는 점입니다.

그림 4.21 Talend API Tester를 통한 테스트

위와 같이 설정한 후 테스트를 진행하면 그림 4.22와 같은 응답 화면이 출력됩니다. 앞서 웹 브라우저에서 확인했을 때와 마찬가지로 'Hello World'가 정상적으로 출력되는 모습을 확인할 수 있습니다.

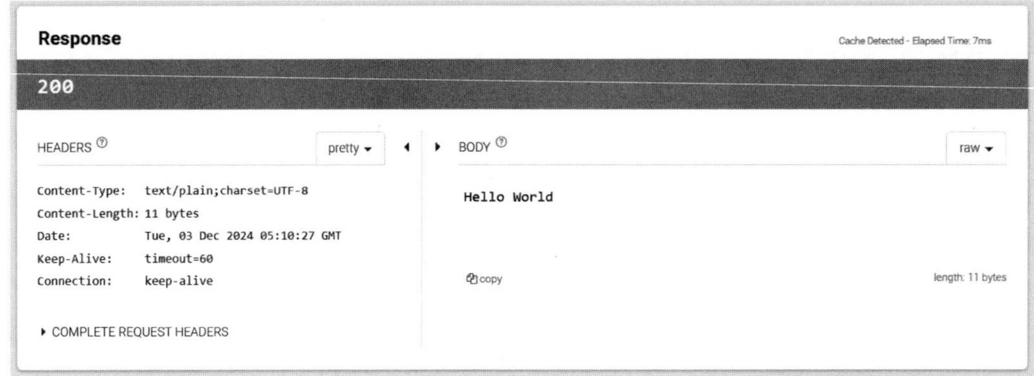

그림 4.22 Talend API Tester를 통한 테스트 결과

Talend API Tester의 장점은 HTTP 헤더를 볼 수 있다는 점입니다. REST 통신에서는 Body 값뿐만 아니라 헤더에도 값을 추가해서 요청에 필요한 데이터를 담아 보내는 경우가 많습니다. 이와 관련된 자세한 사항은 스프링 시큐리티(Spring Security)를 다루는 13장에서 실습을 통해 알아보겠습니다.

05

API를 작성하는 다양한 방법

이번 장부터 본격적인 애플리케이션 개발에 필요한 내용을 소개합니다. 각 HTTP 메서드에 해당하는 API를 개발해보고 그 과정에서 필요한 내용들을 살펴보겠습니다. 아직 데이터베이스를 설치하지 않아 정확한 기능 구현은 어렵지만 외부의 요청을 받아 응답하는 기능을 구현해서 컨트롤러가 어떻게 구성되는지 알아보겠습니다.

5.1 프로젝트 설정

먼저 5장에서 실습할 프로젝트를 생성합니다. 4장에서 소개한 방법과 동일하게 생성하면 됩니다. 다만 이번에는 groupId는 'com.springboot'로 설정하고 name과 artifactId는 'api'로 설정합니다.

5.2 GET API 만들기

GET API는 웹 애플리케이션 서버에서 값을 가져올 때 사용하는 API입니다. GET API를 작성하는 방법은 다양하며, 이번 장에서는 애플리케이션으로 들어오는 여러 요청에 대한 처리 방법의 하나로서 소개합니다.

실무에서는 HTTP 메서드에 따라 컨트롤러 클래스를 구분하지 않습니다만 여기서는 메서드별로 클래스를 생성합니다. 그림 5.1과 같이 `controller` 패키지를 생성하고 `GetController` 클래스를 생성합니다.

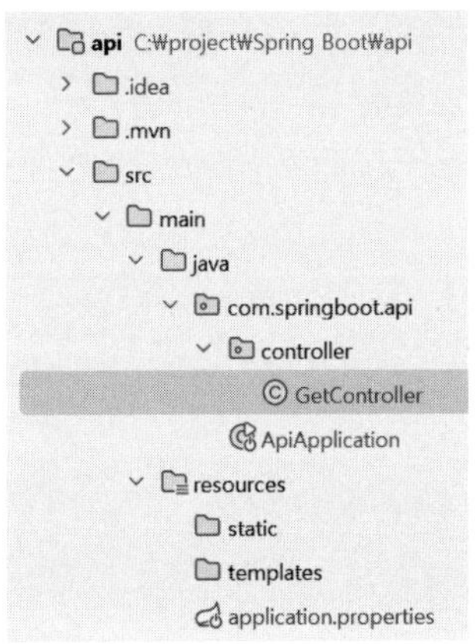

그림 5.1 `GetController` 클래스 생성(`controller/GetController.java`)

그리고 예제 5.1과 같이 컨트롤러에 `@RestController`와 `@RequestMapping`을 붙여 내부에 선언되는 메서드에서 사용할 공통 URL을 설정합니다.

예제 5.1 컨트롤러 클래스에 `@RestController`와 `@RequestMapping` 설정 file: `controller/GetController.java`

```
@RestController
@RequestMapping("/api/v1/get-api")
public class GetController {

}
```

클래스 수준에서 `@RequestMapping`을 설정하면 내부에 선언한 메서드의 URL 리소스 앞에 `@RequestMapping`의 값이 공통 값으로 추가됩니다.

5.2.1 @RequestMapping으로 구현하기

`@RequestMapping` 애너테이션을 별다른 설정 없이 선언하면 HTTP의 모든 요청을 받습니다. 그러나 GET 형식의 요청만 받기 위해서는 애너테이션에 별도 설정이 필요합니다. 예제 5.2와 같이 `@RequestMapping` 애너테이션의 `method` 요소의 값을 `RequestMethod.GET`으로 설정하면 요청 형식을 GET으로만 설정할 수 있습니다.

예제 5.2 @RequestMapping을 사용한 메서드 구현 file controller/GetController.java

```
package com.springboot.api.controller;

import org.springframework.web.bind.annotation.RequestMapping;
import org.springframework.web.bind.annotation.RequestMethod;
import org.springframework.web.bind.annotation.RestController;

@RestController
@RequestMapping("/api/v1/get-api")
public class GetController {

    // http://localhost:8080/api/v1/get-api/hello
    @RequestMapping(value = "/hello", method = RequestMethod.GET)
    public String getHello() {
        return "Hello World";
    }
}
```

스프링 4.3 버전 이후로는 새로 나온 아래의 애너테이션을 사용하기 때문에 @RequestMapping 애너테이션은 더 이상 사용되지 않습니다. 이 책에서도 이후 예제에서는 특별히 @RequestMapping을 활용해야 하는 내용이 아니라면 아래의 각 HTTP 메서드에 맞는 애너테이션을 사용할 예정입니다.

- @GetMapping
- @PostMapping
- @PutMapping
- @DeleteMapping

예제에서 작성한 메서드를 호출하고 싶다면 Talend API Tester에 그림 5.2와 같이 설정하고 'Send'를 눌러주면 됩니다. 주소는 예제에 작성된 메서드 위에 있는 주석과 동일합니다.

그림 5.2 getHello() 메서드 호출

그럼 그림 5.3과 같이 Response가 나오는 것을 볼 수 있습니다.

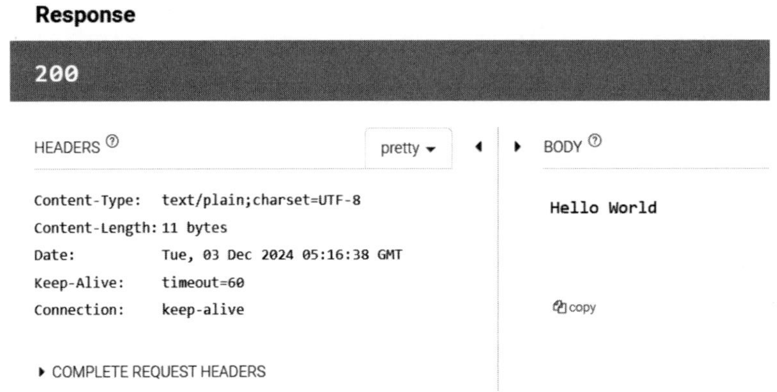

그림 5.3 getHello() 메서드 호출 결과

5.2.2 매개변수가 없는 GET 메서드 구현

별도의 매개변수 없이 GET API를 구현하는 경우 예제 5.3과 같이 코드를 작성할 수 있습니다.

예제 5.3 매개변수 없는 GET 메서드 구현 file controller/GetController.java

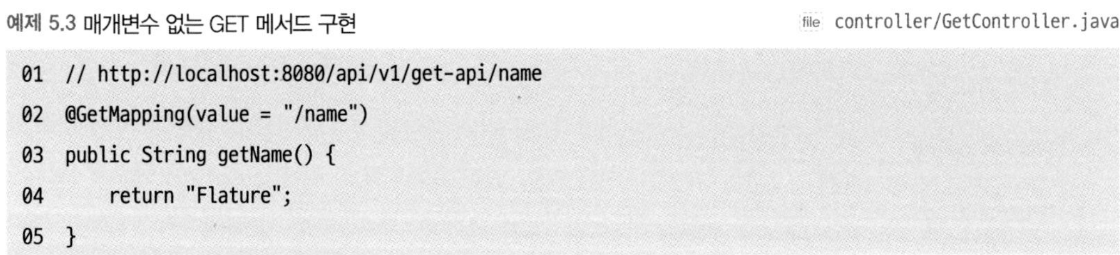

```
01 // http://localhost:8080/api/v1/get-api/name
02 @GetMapping(value = "/name")
03 public String getName() {
04     return "Flature";
05 }
```

매개변수가 없는 요청은 위 예제 코드의 1번 줄에 나와 있는 URL을 그대로 입력하고 요청할 때 스프링 부트 애플리케이션이 정해진 응답을 반환합니다.

그림 5.4 getName() 메서드 호출

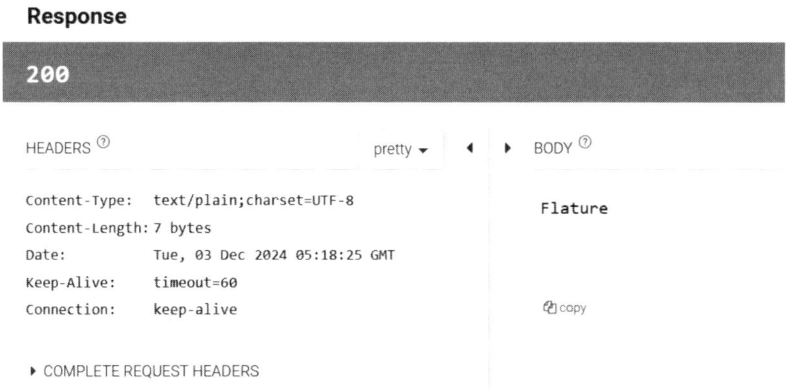

Response

200

HEADERS pretty BODY

```
Content-Type:   text/plain;charset=UTF-8
Content-Length: 7 bytes
Date:           Tue, 03 Dec 2024 05:18:25 GMT
Keep-Alive:     timeout=60
Connection:     keep-alive
```

Flature

copy

▸ COMPLETE REQUEST HEADERS

그림 5.5 getName() 메서드 호출 결과

5.2.3 @PathVariable을 활용한 GET 메서드 구현

실무 환경에서는 매개변수를 받지 않는 메서드가 거의 쓰이지 않습니다. 웹 통신의 기본 목적은 데이터를 주고받는 것이기 때문에 대부분 매개변수를 받는 메서드를 작성하게 됩니다. 매개변수를 받을 때 자주 쓰이는 방법 중 하나는 URL 자체에 값을 담아 요청하는 것입니다. 예제 5.4는 URL에 값을 담아 전달되는 요청을 처리하는 방법을 보여줍니다.

예제 5.4 @PathVariable을 활용한 GET 메서드 구현 file controller/GetController.java

```
01  // http://localhost:8080/api/v1/get-api/variable1/{String 값}
02  @GetMapping(value = "/variable1/{variable}")
03  public String getVariable1(@PathVariable String variable) {
04      return variable;
05  }
```

1번 줄에 있는 요청 예시 URL을 보면 이 메서드는 중괄호({})로 표시된 위치의 값을 받아 요청하는 것을 알 수 있습니다(실제 요청 시 중괄호는 들어가지 않으며 값만 존재합니다). 값을 간단히 전달할 때 주로 사용하는 방법이며, GET 요청에서 많이 사용됩니다.

이러한 방식으로 코드를 작성할 때는 몇 가지 지켜야 할 규칙이 있습니다. `@GetMapping` 애너테이션의 값으로 URL을 입력할 때 중괄호를 사용해 어느 위치에서 값을 받을지 지정해야 합니다. 또한 메서드의 매개변수와 그 값을 연결하기 위해 3번 줄과 같이 `@PathVariable`을 명시하며, `@GetMapping` 애너테이션과 `@PathVariable`에 지정된 변수의 이름을 동일하게 맞춰야 합니다.

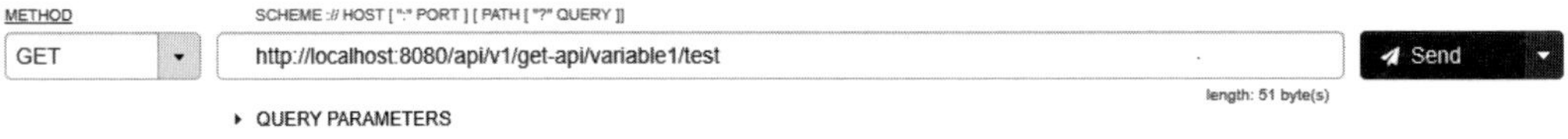

그림 5.6 getVariable1() 메서드 호출

그림 5.7 getVariable1() 메서드 호출 결과

만약 `@GetMapping` 애너테이션에 지정한 변수의 이름과 메서드 매개변수의 이름을 동일하게 맞추기 어렵다면 `@PathVariable` 뒤에 괄호를 열어 `@GetMapping` 애너테이션의 변수명을 지정합니다(예제 5.5).

예제 5.5 @PathVariable에 변수명을 매핑하는 방법 file controller/GetController.java

```
01 // http://localhost:8080/api/v1/get-api/variable2/{String 값}
02 @GetMapping(value = "/variable2/{variable}")
03 public String getVariable2(@PathVariable("variable") String var) {
04     return var;
05 }
```

예제 5.5는 2번 줄에 적혀 있는 변수명인 `variable`과 3번 줄에 적힌 매개변수명인 `var`가 서로 일치하지 않는 상황에서 두 값을 매핑하는 방법을 보여줍니다. `@PathVariable`에는 변수의 이름을 특정할 수 있는 `value` 요소가 존재하며, 이 위치에 변수 이름을 정의하면 매개변수와 매핑할 수 있습니다. 3번 줄의 `@PathVariable` 사용법을 좀 더 풀어쓰면 다음과 같습니다.

```
public String getVariable2(@PathVariable(value = "variable") String var) {
```

METHOD GET
SCHEME :// HOST [":" PORT] [PATH ["?" QUERY]]
http://localhost:8080/api/v1/get-api/variable2/test2
Send
length: 52 byte(s)
QUERY PARAMETERS

그림 5.8 getVariable2() 메서드 호출

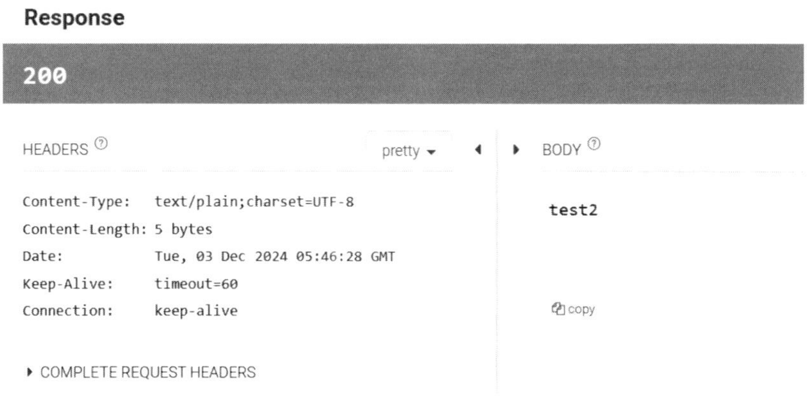

Response
200
HEADERS pretty BODY
Content-Type: text/plain;charset=UTF-8
Content-Length: 5 bytes
Date: Tue, 03 Dec 2024 05:46:28 GMT
Keep-Alive: timeout=60
Connection: keep-alive
test2
copy
COMPLETE REQUEST HEADERS

그림 5.9 getVariable2() 메서드 호출 결과

5.2.4 @RequestParam을 활용한 GET 메서드 구현

GET 요청을 구현할 때 앞에서 살펴본 방법처럼 URL 경로에 값을 담아 요청을 보내는 방법 외에도 쿼리 형식으로 값을 전달할 수도 있습니다. 즉, URI에서 '?'를 기준으로 우측에 '{키}={값}' 형태로 구성된 요청을 전송하는 방법입니다. 애플리케이션에서 이 같은 형식을 처리하려면 @RequestParam을 활용하면 되는데, 예제 5.6과 같이 매개변수 부분에 @RequestParam 애너테이션을 명시해 쿼리 값과 매핑하면 됩니다.

예제 5.6 @RequestParam을 활용한 GET 메서드 구현 file controller/GetController.java

```
// http://localhost:8080/api/v1/get-api/request1?name=value1&email=value2&organization=value3
@GetMapping(value = "/request1")
public String getRequestParam1(
    @RequestParam String name,
    @RequestParam String email,
    @RequestParam String organization) {
```

```
07      return name + " " + email + " " + organization;
08  }
```

1번 줄을 보면 '?' 오른쪽에 쿼리스트링(query string)이 명시돼 있습니다. 쿼리스트링에는 키(변수의 이름)가 모두 적혀 있기 때문에 이 값을 기준으로 메서드의 매개변수에 이름을 매핑하면 값을 가져올 수 있습니다. 키와 `@RequestParam` 뒤에 적는 이름을 동일하게 설정하기 어렵다면 `@PathVariable` 예제에서 사용한 방법처럼 `value` 요소로 매핑합니다.

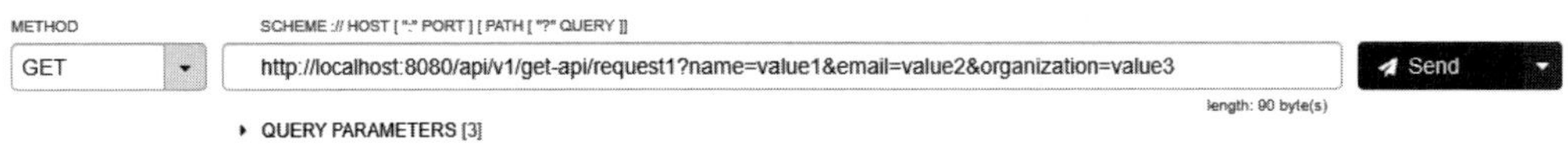

그림 5.10 `getRequestParam1()` 메서드 호출

Response

200

HEADERS

pretty

BODY

```
Content-Type:   text/plain;charset=UTF-8
Content-Length: 20 bytes
Date:           Tue, 03 Dec 2024 05:51:04 GMT
Keep-Alive:     timeout=60
Connection:     keep-alive
```

value1 value2 value3

copy

COMPLETE REQUEST HEADERS

그림 5.11 `getRequestParam1()` 메서드 호출 결과

만약 쿼리스트링에 어떤 값이 들어올지 모른다면 예제 5.7과 같이 `Map` 객체를 활용할 수도 있습니다.

예제 5.7 `@RequestParam`과 `Map`을 조합한 GET 메서드 구현 file controller/GetController.java

```
// http://localhost:8080/api/v1/get-api/request2?key1=value1&key2=value2
@GetMapping(value = "/request2")
public String getRequestParam2(@RequestParam Map<String, String> param) {
    StringBuilder sb = new StringBuilder();

    param.forEach((key, value) -> sb.append(key + " : " + value + "\n"));
```

```
    
    return sb.toString();
}
```

예제 5.7의 형태로 코드를 작성하면 값에 상관없이 요청을 받을 수 있습니다. 예를 들어, 회원 가입 관련 API에서 사용자는 회원 가입을 하면서 ID 같은 필수 항목이 아닌 취미 같은 선택 항목에 대해서는 값을 기입하지 않는 경우가 있습니다. 이러한 경우에는 매개변수의 항목이 일정하지 않을 수 있어 Map 객체로 받는 것이 효율적입니다.

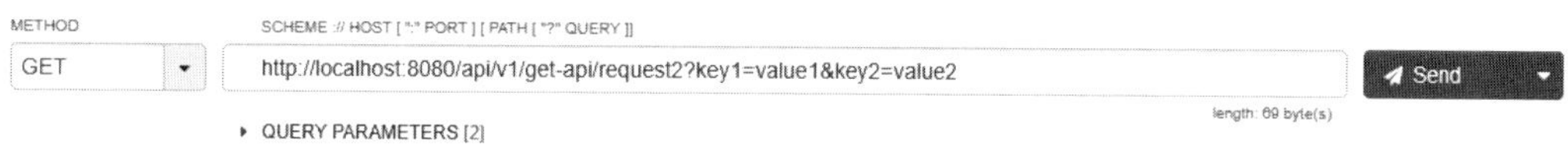

그림 5.12 getRequestParam2() 메서드 호출

그림 5.13 getRequestParam2() 메서드 호출 결과

Tip URI와 URL의 차이

URL은 우리가 흔히 말하는 웹 주소를 의미하며, 리소스가 어디에 있는지 알려주기 위한 경로를 의미합니다. 반면 URI는 특정 리소스를 식별할 수 있는 식별자를 의미합니다.

웹에서는 URL을 통해 리소스가 어느 서버에 위치해 있는지 알 수 있으며, 그 서버에 접근해서 리소스에 접근하기 위해서는 대부분 URI가 필요합니다.

5.2.5 DTO 객체를 활용한 GET 메서드 구현

DTO란?

DTO는 Data Transfer Object의 약자로, 다른 레이어 간의 데이터 교환에 활용됩니다. 간략하게 설명하자면 각 클래스 및 인터페이스를 호출하면서 전달하는 매개변수로 사용되는 데이터 객체입니다.

DTO는 데이터를 교환하는 용도로만 사용하는 객체이기 때문에 DTO에는 별도의 로직이 포함되지 않습니다. 이 책에서는 6장의 데이터베이스를 연동하는 작업을 시작으로 본격적으로 데이터를 다룰 예정이므로 DTO 클래스의 역할은 이때 좀 더 자세하게 다루도록 하겠습니다.

Tip DTO와 VO

DTO와 VO(Value Object)의 역할을 서로 엄밀하게 구분하지 않고 사용할 때가 많습니다. 이렇게 해도 대부분의 상황에서는 큰 문제가 발생하지 않지만 정확하게 구분하자면 역할과 사용법에서 차이가 있습니다.

먼저 VO는 데이터 그 자체로 의미가 있는 객체를 의미합니다. VO의 가장 특징적인 부분은 읽기전용(Read-Only)으로 설계한다는 점입니다. 즉, VO는 값을 변경할 수 없게 만들어 데이터의 신뢰성을 유지해야 합니다.

DTO는 데이터 전송을 위해 사용되는 데이터 컨테이너로 볼 수 있습니다. 즉, 같은 애플리케이션 내부에서 사용되는 것이 아니라 다른 서버(시스템)로 전달하는 경우에 사용됩니다.

본문에서는 DTO가 다른 레이어 간 데이터 교환에 활용된다고 설명했습니다. 여기서 레이어는 애플리케이션 내부에 정의된 레이어일 수도 있고 인프라 관점에서의 서버 아키텍처 상의 레이어일 수도 있습니다. 이러한 개념의 혼용이 DTO와 VO의 차이를 흐리게 만듭니다.

이 같은 용어와 개념을 정확하게 사용하는 것도 중요하지만 팀 내부적으로 용어나 개념의 역할 범위를 설정하고 합의해서 사용한다면 업무를 효율적으로 처리하는 데 도움이 됩니다.

DTO 객체는 예제 5.8과 같이 작성할 수 있습니다. 클래스 파일의 위치는 어디든 상관없지만 편의상 `com.springboot.api` 패키지 하단에 `dto`라는 패키지를 생성한 후 그 안에 생성하겠습니다.

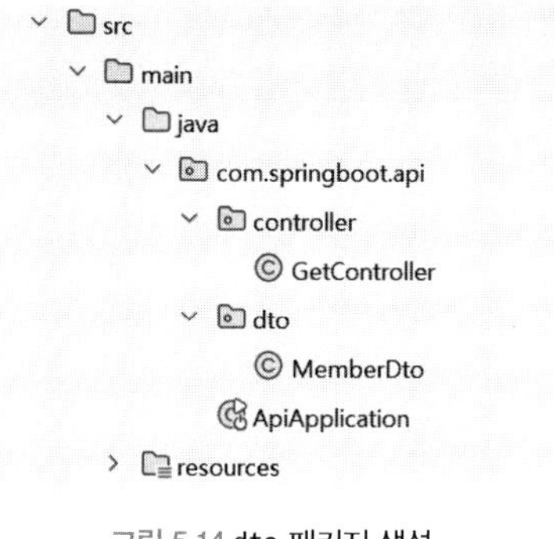

그림 5.14 dto 패키지 생성

예제 5.8 DTO 클래스의 예 file dto/MemberDto.java

```
public class MemberDto {

    private String name;
    private String email;
    private String organization;

    public String getName() {
        return name;
    }

    public void setName(String name) {
        this.name = name;
    }

    public String getEmail() {
        return email;
    }

    public void setEmail(String email) {
        this.email = email;
    }

    public String getOrganization() {
        return organization;
    }

```

```
    public void setOrganization(String organization) {
        this.organization = organization;
    }

    @Override
    public String toString() {
        return "MemberDto{" +
            "name='" + name + '\'' +
            ", email='" + email + '\'' +
            ", organization='" + organization + '\'' +
            '}';
    }

}
```

DTO 클래스에는 전달하고자 하는 필드 객체를 선언하고 게터/세터(getter/setter) 메서드를 구현합니다. DTO 클래스에 선언된 필드는 컨트롤러의 메서드에서 쿼리 파라미터의 키와 매핑됩니다. 즉, 쿼리스트링의 키가 정해져 있지만 받아야 할 파라미터가 많을 경우에는 예제 5.9와 같이 DTO 객체를 활용해 코드의 가독성을 높일 수 있습니다.

예제 5.9 DTO 객체를 활용한 GET 메서드 구현 file controller/GetController.java

```
01 // http://localhost:8080/api/v1/get-api/request3?name=value1&email=value2&organization=value3
02 @GetMapping(value="/request3")
03 public String getRequestParam3(MemberDto memberDto){
04     //return memberDto.getName() + " " + memberDto.getEmail() + " " + memberDto.getOrganization();
05     return memberDto.toString();
06 }
```

예제 5.9의 1번 줄은 예제 5.6과 동일한 형태의 쿼리스트링을 가집니다. 다만 3번 줄과 같이 예제 5.6에 비해 코드의 양을 줄일 수 있습니다.

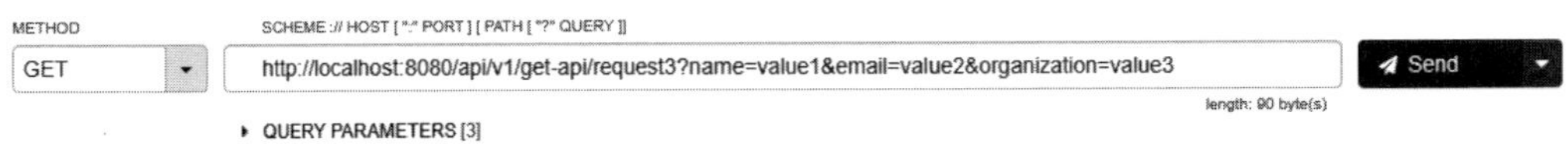

그림 5.15 getRequestParam3() 메서드 호출

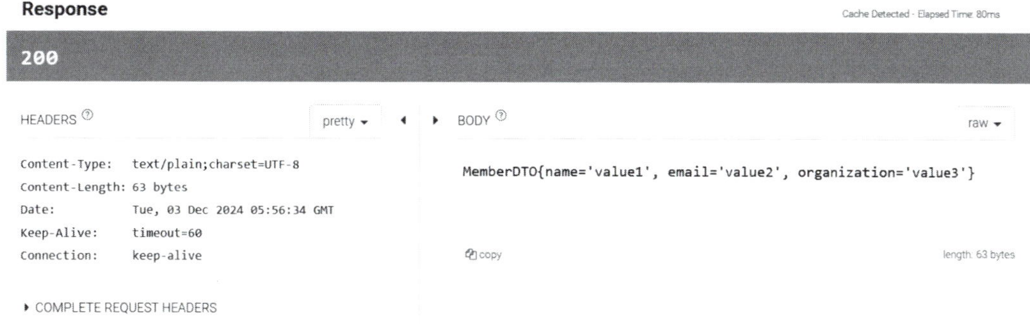

그림 5.16 getRequestParam3() 메서드 호출 결과

5.3 POST API 만들기

POST API는 웹 애플리케이션을 통해 데이터베이스 등의 저장소에 리소스를 저장할 때 사용되는 API입니다. 앞에서 살펴본 GET API에서는 URL의 경로나 파라미터에 변수를 넣어 요청을 보냈지만 POST API에서는 저장하고자 하는 리소스나 값을 HTTP 바디(body)에 담아 서버에 전달합니다. 그래서 URI가 GET API에 비해 간단합니다.

POST API를 만들기 위해 우선 예제 5.10과 같이 PostController라는 이름의 컨트롤러 클래스를 생성하고 @RequestMapping 애너테이션을 이용해 공통 URL을 설정합니다.

예제 5.10 컨트롤러 클래스에서 공통 URL 설정 file controller/PostController.java

```
package com.springboot.api.controller;

import org.springframework.web.bind.annotation.RequestMapping;
import org.springframework.web.bind.annotation.RestController;

@RestController
@RequestMapping("/api/v1/post-api")
public class PostController {

}
```

5.3.1 @RequestMapping으로 구현하기

POST API에서 `@RequestMapping`을 사용하는 방법은 GET API와 크게 다르지 않습니다. 요청 처리 메서드를 정의할 때 예제 5.11처럼 `method` 요소를 `RequestMethod.POST`로 설정하는 부분을 제외하면 GET API와 동일합니다.

예제 5.11 @RequestMapping 사용 예 file controller/PostController.java

```
@RequestMapping(value = "/domain", method = RequestMethod.POST)
public String postExample(){
    return "Hello Post API";
}
```

5.3.2 @RequestBody를 활용한 POST 메서드 구현

예제 5.11에서는 별도의 리소스를 받지 않고 단지 POST 요청만 받는 메서드를 구현했습니다. 일반적으로 POST 형식의 요청은 클라이언트가 서버에 리소스를 저장하는 데 사용합니다. 그러므로 클라이언트의 요청 트래픽에 값이 포함돼 있습니다. 즉, POST 요청에서는 리소스를 담기 위해 HTTP Body에 값을 넣어 전송합니다. 그림 5.17과 같이 Talend API Test에서 Body 영역에 값을 입력할 수 있습니다.

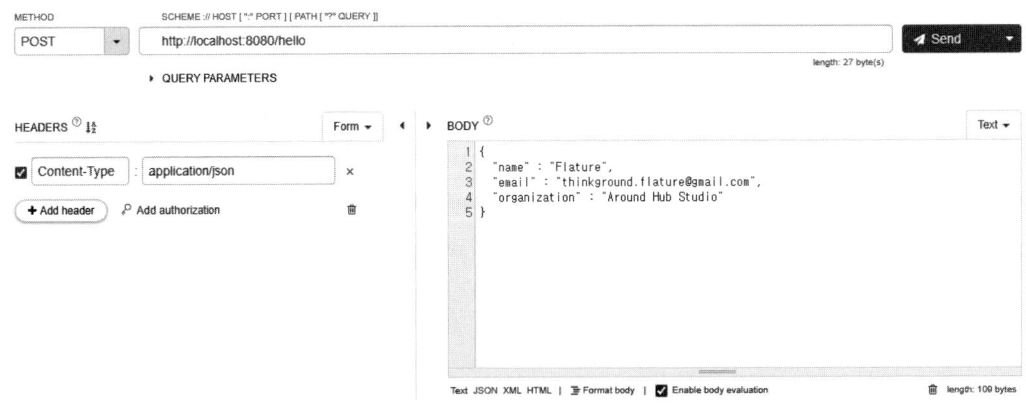

그림 5.17 Talend API Tester에서 POST 요청 작성

Body 영역에 작성되는 값은 일정한 형태를 취합니다. 일반적으로 JSON(JavaScript Object Notation) 형식으로 전송되며, 이 책에서도 가장 대중적으로 사용되는 JSON 형식으로 값을 주고받을 예정입니다. 이렇게 서버에 들어온 요청은 예제 5.12와 같이 처리할 수 있습니다.

예제 5.12 @RequestBody와 Map을 활용한 POST API 구현 file controller/PostController.java

```
01 // http://localhost:8080/api/v1/post-api/member
02 @PostMapping(value = "/member")
03 public String postMember(@RequestBody Map<String, Object> postData) {
04     StringBuilder sb = new StringBuilder();
05
06     postData.forEach((key, value) -> sb.append(key + " : " + value + "\n"));
07
08     return sb.toString();
09 }
```

예제 5.12의 2번 줄을 보면 @RequestMapping 대신 @PostMapping을 사용했습니다. 이 애너테이션을 사용하면 method 요소를 정의하지 않아도 됩니다. 그리고 3번 줄에서 @RequestBody라는 애너테이션을 사용했는데, @RequestBody는 HTTP의 Body 내용을 해당 애너테이션이 지정된 객체에 매핑하는 역할을 합니다.

Tip JSON이란?

JSON은 'JavaScript Object Notation'의 줄임말로 자바스크립트의 객체 문법을 따르는 문자 기반의 데이터 포맷입니다. 현재는 자바스크립트 외에도 다수의 프로그래밍 환경에서 사용합니다. 대체로 네트워크를 통해 데이터를 전달할 때 사용하며, 문자열 형태로 작성되기 때문에 파싱하기도 쉽다는 장점이 있습니다.

Map 객체는 요청을 통해 어떤 값이 들어오게 될지 특정하기 어려울 때 주로 사용합니다. 요청 메시지에 들어갈 값이 정해져 있다면 예제 5.13과 같이 DTO 객체를 매개변수로 삼아 작성할 수 있습니다. 이 예제의 DTO 객체는 예제 5.8에서 사용한 것과 동일하므로 생략합니다.

예제 5.13 DTO 객체를 활용한 POST API 구현 file controller/PostController.java

```
// http://localhost:8080/api/v1/post-api/member2
@PostMapping(value = "/member2")
public String postMemberDto(@RequestBody MemberDto memberDto) {
    return memberDto.toString();
}
```

위와 같이 작성하면 MemberDto의 멤버 변수를 요청 메시지의 키와 매핑해 값을 가져옵니다.

5.4 PUT API 만들기

PUT API는 웹 애플리케이션 서버를 통해 데이터베이스 같은 저장소에 존재하는 리소스 값을 업데이트하는 데 사용합니다. POST API와 비교하면 요청을 받아 실제 데이터베이스에 반영하는 과정(서비스 로직)에서 차이가 있지만 컨트롤러 클래스를 구현하는 방법은 POST API와 거의 동일합니다. 리소스를 서버에 전달하기 위해 HTTP Body를 활용해야 하기 때문입니다.

먼저 예제 5.14와 같이 `PutController`라는 컨트롤러 클래스를 작성합니다.

예제 5.14 `PutController` 클래스 file controller/PutController.java

```
@RestController
@RequestMapping("/api/v1/put-api")
public class PutController {

}
```

5.4.1 @RequestBody를 활용한 PUT 메서드 구현

PUT API는 POST 메서드와 마찬가지로 값을 HTTP Body에 담아 전달합니다. 서버에서는 이 값을 받기 위해 예제 5.15와 같이 `@RequestBody`를 사용합니다.

예제 5.15 `@RequestBody`와 `Map`을 활용한 PUT 메서드 구현 file controller/PutController.java

```
// http://localhost:8080/api/v1/put-api/member
@PutMapping(value = "/member")
public String postMember(@RequestBody Map<String, Object> putData) {
    StringBuilder sb = new StringBuilder();

    putData.forEach((key, value) -> sb.append(key + " : " + value + "\n"));

    return sb.toString();
}
```

서버에 어떤 값이 들어올지 모르는 경우에는 Map 객체를 활용해 값을 받을 수 있습니다. 대부분의 경우 API를 개발한 쪽에서 작성한 명세(specification)를 웹 사이트를 통해 클라이언트나 사용자에게 올바른 사용법을 안내합니다. 만약 서버에 들어오는 요청에 담겨 있는 값이 정해져 있는 경우에는 예제 5.16과 같이 DTO 객체를 활용해 구현합니다.

예제 5.16 DTO 객체를 활용한 PUT 메서드 구현 file controller/PutController.java

```
01 // http://localhost:8080/api/v1/put-api/member1
02 @PutMapping(value = "/member1")
03 public String postMemberDto1(@RequestBody MemberDto memberDto) {
04     return memberDto.toString();
05 }
06
07 // http://localhost:8080/api/v1/put-api/member2
08 @PutMapping(value = "/member2")
09 public MemberDto postMemberDto2(@RequestBody MemberDto memberDto) {
10     return memberDto;
11 }
```

위의 예제는 2개의 메서드(1~5번 줄, 7~11번 줄)로 구성돼 있습니다. 첫 번째 메서드인 postMemberDto1은 리턴 값이 String 타입이고, 두 번째 메서드인 postMemberDto2는 DTO 객체 타입입니다. 이전 예제에서는 String 타입만 소개했는데, 여기서는 DTO 객체를 반환할 때는 어떤 차이가 있는지 보겠습니다.

먼저 스프링 부트 프로젝트를 가동시킨 후 첫 번째 메서드를 테스트하기 위해 Talend API Tester에 그림 5.18과 같이 작성하고 요청을 보냅니다.

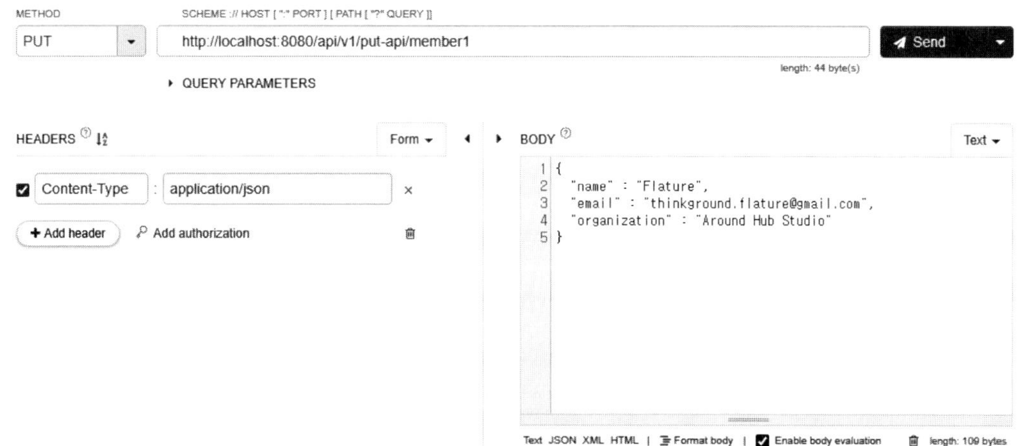

그림 5.18 Talend API Tester에서 PUT 요청 작성

이 요청을 보내면 String 타입으로 값을 전달받게 되며, 4번째 줄에 작성한대로 리턴 값으로 설정한 DTO 객체의 toString 메서드 결괏값이 출력됩니다(그림 5.19).

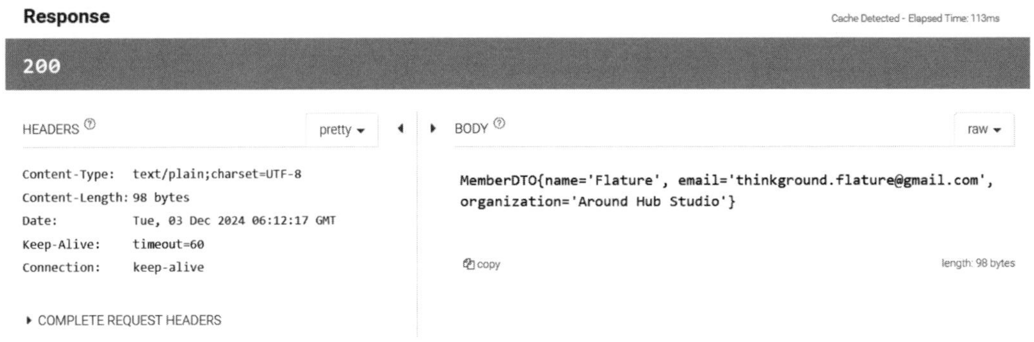

그림 5.19 첫 번째 메서드의 응답 결과

출력 결과를 보면 그림 5.18에서 보낸 요청 내용이 그대로 결괏값으로 전달된 것을 볼 수 있습니다. toString 메서드로 인해 나름의 형식이 갖춰져 전달됐지만 HEADERS 항목의 content-type을 보면 'text/plain'으로서 결괏값으로 일반 문자열이 전달됐음을 확인할 수 있습니다.

이번에는 동일한 값을 담고 URL만 변경해서 두 번째 메서드에 대한 테스트를 진행하겠습니다. 그림 5.20와 같이 Talend API Tester를 설정합니다.

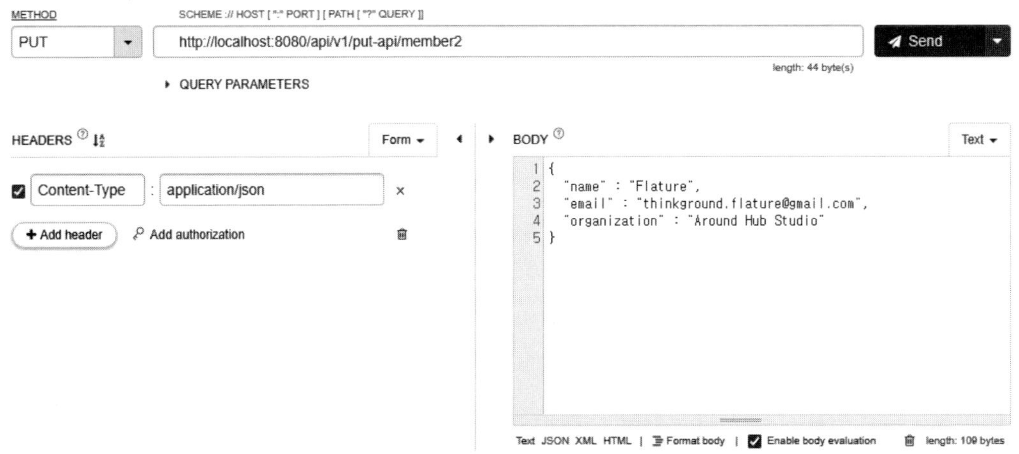

그림 5.20 두 번째 메서드에 대한 PUT 요청 작성

요청을 전송하면 그림 5.21과 같은 결괏값을 받을 수 있습니다.

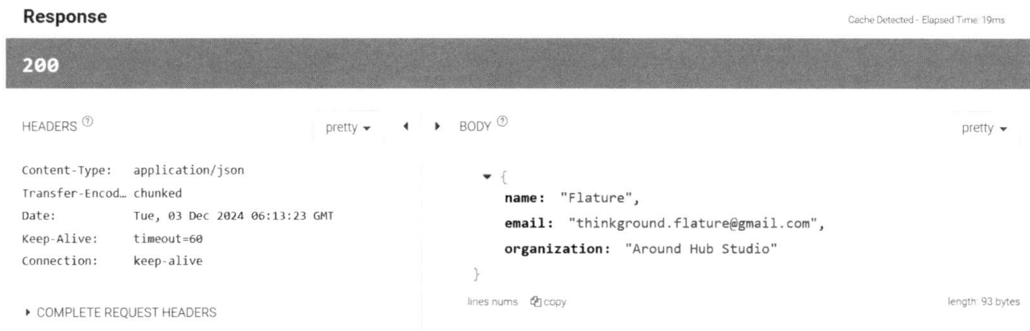

그림 5.21 두 번째 메서드의 응답 결과

우측의 BODY 값은 Talend API가 정렬해 출력한 결괏값으로서 실제로는 형식만 유지한 채 전달됩니다. 또한 HEADERS 영역의 Content-Type 항목도 `member1` 메서드로 전달받은 값은 `'text/plain'`이었던 반면 지금은 `'application/json'` 형식으로 전달된 것을 확인할 수 있습니다. 4장에서 컨트롤러를 작성할 때 언급한 것처럼 `@RestController` 애너테이션이 지정된 클래스는 `@ResponseBody`를 생략할 수 있는데, 이 `@ResponseBody` 애너테이션은 자동으로 값을 JSON과 같은 형식으로 변환해서 전달하는 역할을 수행합니다.

5.4.2 ResponseEntity를 활용한 PUT 메서드 구현

스프링 프레임워크에는 `HttpEntity`라는 클래스가 있습니다. `HttpEntity`는 다음과 같이 헤더(Header)와 Body로 구성된 HTTP 요청과 응답을 구성하는 역할을 수행합니다.

`HttpEntity` 클래스 일부 발췌

```
public class HttpEntity<T> {

  private final HttpHeaders headers;

  @Nullable
  private final T body;

  ...
}
```

RequestEntity와 ResponseEntity는 HttpEntity를 상속받아 구현한 클래스입니다. 그중 ResponseEntity는 서버에 들어온 요청에 대해 응답 데이터를 구성해서 전달할 수 있게 합니다. 다음과 같이 ResponseEntity는 HttpEntity로부터 HttpHeaders와 Body를 가지고 자체적으로 HttpStatus를 구현합니다.

ResponseEntity 클래스 일부 발췌

```
public class ResponseEntity<T> extends HttpEntity<T> {

  private final HttpStatusCode status;

  ... 생략 ...
}
```

이 클래스를 활용하면 응답 코드 변경은 물론 Header와 Body를 더욱 쉽게 구성할 수 있습니다. 이 클래스는 PUT 메서드를 구현하는 이번 절에서 소개하고 있지만 다른 메서드에서도 모두 사용할 수 있는 클래스입니다.

예제 5.17은 메서드의 리턴 타입에 ResponseEntity를 적용한 예입니다.

예제 5.17 ResponseEntity를 활용한 PUT 메서드 구현

```
01 // http://localhost:8080/api/v1/put-api/member3
02 @PutMapping(value = "/member3")
03 public ResponseEntity<MemberDto> postMemberDto3(@RequestBody MemberDto memberDto) {
04     return ResponseEntity
05         .status(HttpStatus.ACCEPTED)
06         .body(memberDto);
07 }
```

예제의 3번 줄에서는 메서드의 리턴 타입을 ResponseEntity로 설정하고 4~6번 줄에서 리턴 값을 만듭니다. status에 넣을 수 있는 값은 다양한데, 예제에서 사용한 HttpStatus.ACCEPTED는 응답 코드 202를 가지고 있습니다. 즉, 이 메서드를 대상으로 요청을 수행하면 그림 5.22와 같이 응답 코드가 202로 변경됩니다.

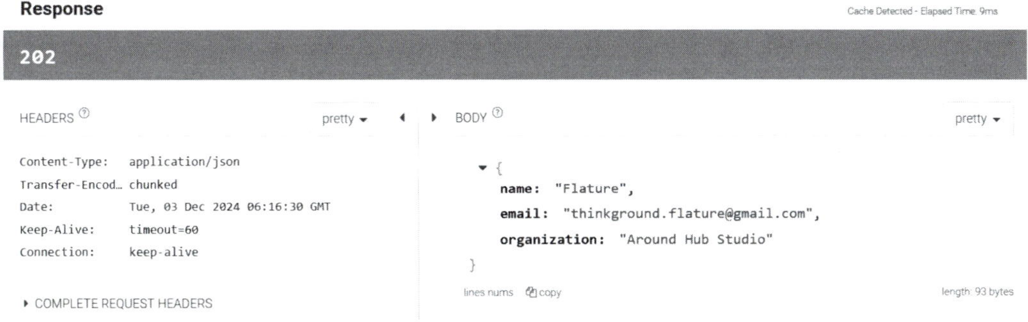

그림 5.22 ResponseEntity를 적용한 메서드의 응답 내용

5.5 DELETE API 만들기

DELETE API는 웹 애플리케이션 서버를 거쳐 데이터베이스 등의 저장소에 있는 리소스를 삭제할 때 사용합니다. 서버에서는 클라이언트로부터 리소스를 식별할 수 있는 값을 받아 데이터베이스나 캐시에 있는 리소스를 조회하고 삭제하는 역할을 수행합니다. 이때 컨트롤러를 통해 값을 받는 단계에서는 간단한 값을 받기 때문에 GET 메서드와 같이 URI에 값을 넣어 요청을 받는 형식으로 구현됩니다.

먼저 예제 5.18과 같이 컨트롤러 클래스를 작성합니다. 이 컨트롤러에서 작성하는 메서드는 GET 메서드를 작성하는 방법과 동일하므로 간단하게 소개하겠습니다.

예제 5.18 DeleteController 클래스 file controller/DeleteController.java

```
@RestController
@RequestMapping("/api/v1/delete-api")
public class DeleteController {

}
```

5.5.1 @PathVariable과 @RequestParam을 활용한 DELETE 메서드 구현

@PathVariable을 이용하면 예제 5.19와 같이 URI에 포함된 값을 받아 로직을 처리할 수 있습니다.

예제 5.19 @PathVariable을 활용한 DELETE 메서드 구현 file controller/DeleteController.java

```
// http://localhost:8080/api/v1/delete-api/{String 값}
@DeleteMapping(value = "/{variable}")
public String DeleteVariable(@PathVariable String variable) {
    return variable;
}
```

@DeleteMapping 애너테이션에 정의한 value의 이름과 메서드의 매개변수 이름을 동일하게 설정해야 삭제할 값이 주입됩니다. 또는 @RequestParam 애너테이션을 통해 쿼리스트링 값도 받을 수 있습니다(예제 5.20).

예제 5.20 @RequestParam을 활용한 DELETE 메서드 구현 file controller/DeleteController.java

```
// http://localhost:8080/api/v1/delete-api/request1?email=value
@DeleteMapping(value = "/request1")
public String getRequestParam1(@RequestParam String email) {
    return "e-mail : " + email;
}
```

5.6 [한걸음 더] REST API 명세를 문서화하는 방법 - Swagger

API를 개발하면 명세를 관리해야 합니다. 명세란 해당 API가 어떤 로직을 수행하는지 설명하고 이 로직을 수행하기 위해 어떤 값을 요청하며, 이에 따른 응답값으로는 무엇을 받을 수 있는지를 정리한 자료입니다.

API는 개발 과정에서 계속 변경되므로 작성한 명세 문서도 주기적인 업데이트가 필요합니다. 또한 명세 작업은 번거롭고 시간 또한 오래 걸립니다. 이 같은 문제를 해결하기 위해 등장한 것이 바로 Swagger[1]라는 오픈소스 프로젝트입니다.

Swagger를 사용하기 위해서는 먼저 예제 5.21과 같이 pom.xml 파일에 의존성을 추가해야 합니다.

1 https://swagger.io/

예제 5.21 pom.xml 파일에 Swagger 의존성 추가 file: pom.xml

```
<dependencies>
  ... 생략 ...

  <dependency>
    <groupId>org.springdoc</groupId>
    <artifactId>springdoc-openapi-starter-webmvc-ui</artifactId>
    <version>2.6.0</version>
  </dependency>
</dependencies>
```

그러고 나서 예제 5.22와 같이 Swagger와 관련된 설정 코드를 작성합니다. 이 클래스는 설정(Configuration)에 관한 클래스로 com.springboot.api 하단에 config라는 패키지를 생성한 후에 그 안에 생성하는 것이 좋습니다.

예제 5.22 Swagger 설정 코드 file: config/SwaggerConfiguration.java

```
@Configuration
public class SwaggerConfiguration {
    @Bean
    public OpenAPI openAPI() {
        return new OpenAPI().components(new Components()).info(apiInfo());
    }

    private Info apiInfo() {
        return new Info()
                .title("Spring Boot Open API Test with Swagger")
                .description("설명 부분")
                .version("1.0.0");
    }
}
```

예제 5.21과 예제 5.22의 내용을 구현하면 Swagger 사용을 위한 기본적인 설정이 완료됩니다.

인텔리제이 IDEA에서 애플리케이션을 실행한 후 웹 브라우저를 통해 http://localhost:8080/swagger-ui/index.html로 접속하면 그림 5.23과 같이 Swagger 페이지가 출력됩니다.

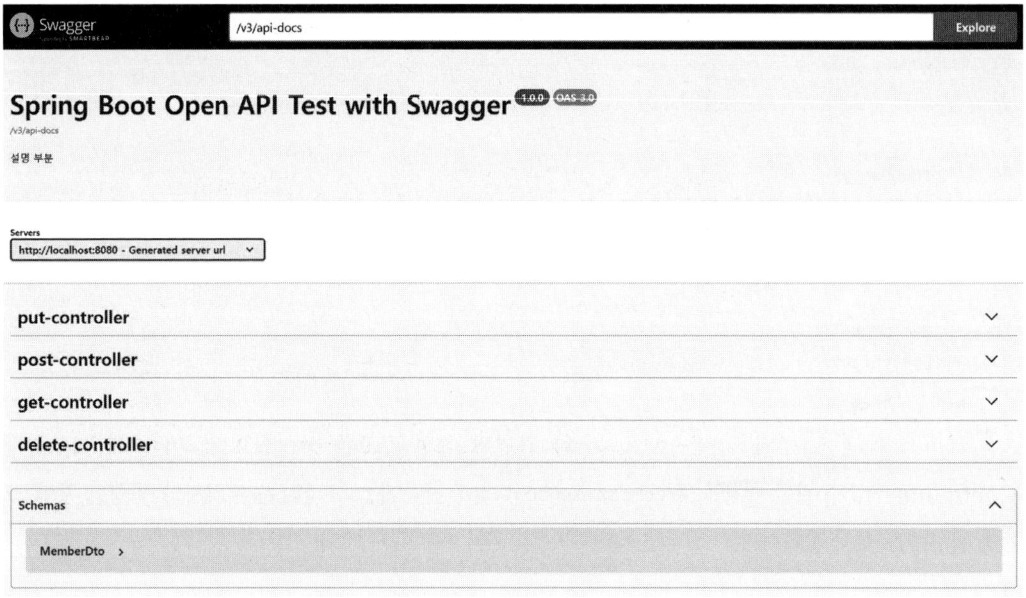

그림 5.23 Swagger 페이지

Swagger를 더 잘 활용하기 위해 이번 장에서 작성한 API 중 @RequestParam을 활용한 GET 메서드에 대한 명세의 세부 내용을 설정해보겠습니다. GetController에 작성한 메서드(예제 5.6)를 예제 5.23과 같이 수정해봅시다.

예제 5.23 기존 코드에 Swagger 명세를 추가

```
@Operation(summary = "GET 메서드 예제", description = "@RequestParam을 활용한 GET 메서드")
@GetMapping(value = "/request1")
public String getRequestParam1(
        @Parameter(name = "name", description = "이름", required = true) @RequestParam String name,
        @Parameter(name = "email", description = "이메일", required = true) @RequestParam String email,
        @Parameter(name = "organization", description = "회사", required = true) @RequestParam String organization) {
    return name + " " + email + " " + organization;
}
```

1번 줄과 4~6번 줄에 추가된 애너테이션은 Swagger가 사용하는 대표 애너테이션입니다. 간략한 설명은 다음과 같습니다.

- `@Operation`: 대상 API의 설명을 작성하기 위한 애너테이션입니다.
- `@Parameter`: 매개변수에 대한 설명 및 설정을 위한 애너테이션입니다. 메서드의 매개변수뿐 아니라 DTO 객체를 매개변수로 사용할 경우 DTO 클래스 내의 매개변수에도 정의할 수 있습니다.

위와 같이 설정한 후 해당 API의 명세를 Swagger 페이지에서 살펴보면 그림 5.24와 같습니다.

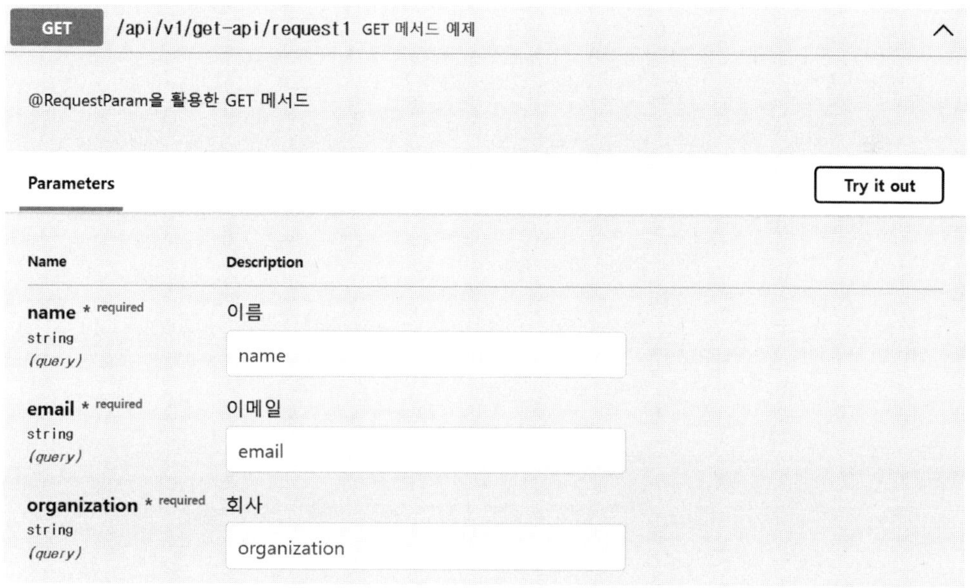

그림 5.24 Swagger 페이지에서 확인한 API 명세

`@Operation`에 작성한 내용은 그림 상단에 표기되고 `@Parameter`에 정의한 내용은 아래 'Parameters' 영역의 'Description' 항목에 추가됐습니다. 위 그림처럼 Swagger는 해당 API가 무엇인지 설명하고 어떤 값이 필요한지를 한눈에 보여줍니다.

Swagger에서는 API 명세 관리뿐 아니라 직접 통신도 시도할 수 있습니다. 위 화면에서 [Try it out] 버튼을 클릭하면 그림 5.25와 같은 화면이 표시됩니다.

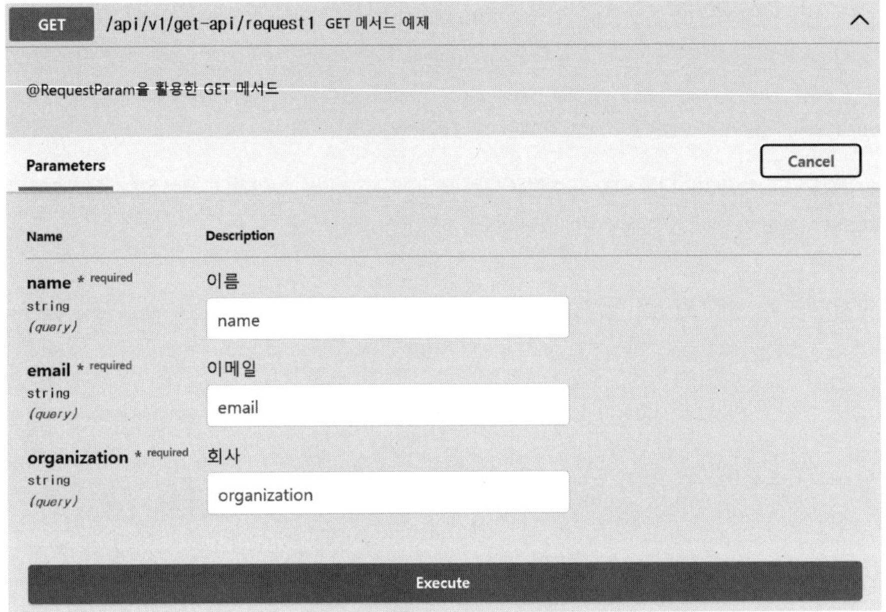

그림 5.25 Swagger를 통한 통신 테스트

각 항목의 값을 기입하고 [Execute] 버튼을 누르면 그림 5.26과 같이 자동으로 완성된 요청 URL을 확인할 수 있고, 그에 대한 결괏값도 받아볼 수 있습니다.

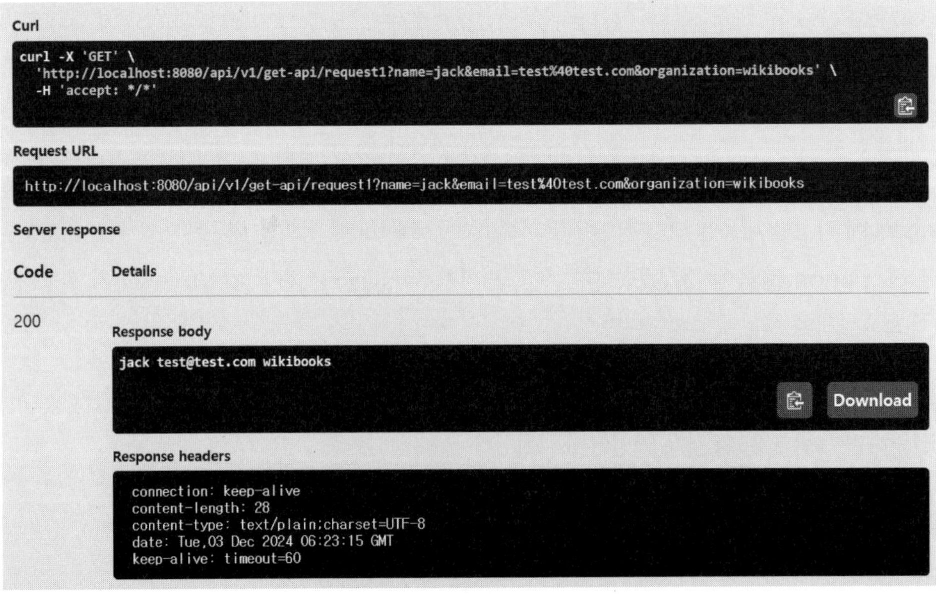

그림 5.26 Swagger를 통한 통신 테스트 결과

이렇게 해서 Swagger 사용법을 익혔으므로 이후 내용에서는 Talend API Tester가 아닌 Swagger 페이지를 통해 테스트를 진행하겠습니다.

5.7 [한걸음 더] 로깅 라이브러리 - Logback

로깅(logging)이란 애플리케이션이 동작하는 동안 시스템의 상태나 동작 정보를 시간순으로 기록하는 것을 의미합니다.

로깅은 개발 영역 중 '비기능 요구사항'에 속합니다. 즉, 사용자나 고객에게 필요한 기능은 아니라는 의미입니다. 하지만 로깅은 디버깅하거나 개발 이후 발생한 문제를 해결할 때 원인을 분석하는 데 꼭 필요한 요소입니다.

자바 진영에서 가장 많이 사용되는 로깅 프레임워크는 Logback[2]입니다. Logback이란 log4j 이후에 출시된 로깅 프레임워크로서 slf4j[3]를 기반으로 구현됐으며, 과거에 사용되던 log4j에 비해 월등한 성능을 자랑합니다. 또한 스프링 부트의 spring-boot-starter-web 라이브러리 내부에 내장돼 있어 별도의 의존성을 추가하지 않아도 사용할 수 있습니다.

Logback의 특징은 다음과 같습니다.

- 크게 5개의 로그 레벨(TRACE, DEBUG, INFO, WARN, ERROR)을 설정할 수 있습니다.
  - ERROR: 로직 수행 중에 시스템에 심각한 문제가 발생해서 애플리케이션의 작동이 불가능한 경우를 의미합니다.
  - WARN: 시스템 에러의 원인이 될 수 있는 경고 레벨을 의미합니다.
  - INFO: 애플리케이션의 상태 변경과 같은 정보 전달을 위해 사용됩니다.
  - DEBUG: 애플리케이션의 디버깅을 위한 메시지를 표시하는 레벨을 의미합니다.
  - TRACE: DEBUG 레벨보다 더 상세한 메시지를 표현하기 위한 레벨을 의미합니다.
- 실제 운영 환경과 개발 환경에서 각각 다른 출력 레벨을 설정해서 로그를 확인할 수 있습니다.
- Logback의 설정 파일을 일정 시간마다 스캔해서 애플리케이션을 재가동하지 않아도 설정을 변경할 수 있습니다.
- 별도의 프로그램 지원 없이도 자체적으로 로그 파일을 압축할 수 있습니다.
- 저장된 로그 파일에 대한 보관 기간 등을 설정해서 관리할 수 있습니다.

2 https://logback.qos.ch/
3 https://www.slf4j.org/

Tip

각 로그 레벨에 대해서는 아파치 Log4j의 레벨과 관련된 내용을 보면 도움이 됩니다.

- https://logging.apache.org/log4j/1.2/apidocs/org/apache/log4j/Level.html

5.7.1 Logback 설정

이제 Logback을 사용하기 위한 설정 파일을 만들어보겠습니다. 일반적으로 클래스패스(classpath)에 있는 설정 파일을 자동으로 참조하므로 Logback 설정 파일은 리소스 폴더 안에 생성합니다. 파일명의 경우 일반적인 자바 또는 스프링 프로젝트에서는 `logback.xml`이라는 이름으로 참조하지만 스프링 부트에서는 `logback-spring.xml` 파일을 참조합니다. 따라서 그림 5.27과 같이 `logback-spring.xml` 파일을 추가합니다.

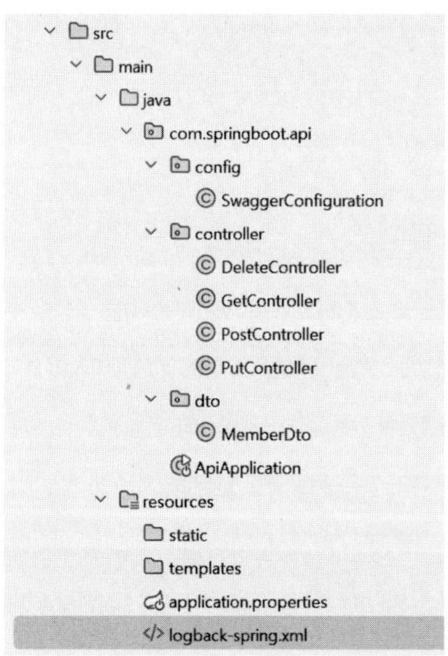

그림 5.27 Logback 설정 파일 추가

이 설정 파일은 XML 형식을 띠고 있습니다. 파일을 생성한 후 내부에 예제 5.24와 같이 몇 가지 정해진 규칙을 따라 내용을 추가하면 됩니다.

예제 5.24 Logback 설정 파일 예시

file resources/logback-spring.xml

```
<?xml version="1.0" encoding="UTF-8"?>
<configuration>
    <property name="LOG_PATH" value="./logs"/>

    <!-- Appenders -->
    <appender name="console" class="ch.qos.logback.core.ConsoleAppender">
        <filter class="ch.qos.logback.classic.filter.ThresholdFilter">
            <level>INFO</level>
        </filter>
        <encoder>
            <pattern>[%d{yyyy-MM-dd HH:mm:ss.SSS}] [%-5level] [%thread] %logger %msg%n</pattern>
        </encoder>
    </appender>

    <appender name="INFO_LOG" class="ch.qos.logback.core.rolling.RollingFileAppender">
        <filter class="ch.qos.logback.classic.filter.ThresholdFilter">
            <level>INFO</level>
        </filter>
        <file>${LOG_PATH}/info.log</file>
        <append>true</append>
        <rollingPolicy class="ch.qos.logback.core.rolling.TimeBasedRollingPolicy">
            <fileNamePattern>${LOG_PATH}/info_${type}.%d{yyyy-MM-dd}.gz</fileNamePattern>
            <maxHistory>30</maxHistory>
        </rollingPolicy>
        <encoder>
            <pattern>[%d{yyyy-MM-dd HH:mm:ss.SSS}] [%-5level] [%thread] %logger %msg%n</pattern>
        </encoder>
    </appender>

    <!-- TRACE > DEBUG > INFO > WARN > ERROR > OFF -->
    <!-- Root Logger -->
    <root level="INFO">
        <appender-ref ref="console"/>
        <appender-ref ref="INFO_LOG"/>
    </root>
</configuration>
```

설정 파일에 기재된 내용들을 각 영역별로 소개하면 다음과 같습니다.

- 3번 줄: Property 영역
- 6~13, 15~28번 줄: Appender 영역
- 10~12, 25~27번 줄: Encoder 영역
- 11, 26번 줄: Pattern 영역
- 32~35번 줄: Root 영역

여기서는 각 영역 가운데 Logback 설정에서 가장 중요한 Appender 영역과 Root 영역에 대해 좀 더 자세히 알아보겠습니다.

Appender 영역

Appender 영역은 로그의 형태를 설정하고 어떤 방법으로 출력할지를 설정하는 곳입니다. Appender 자체는 하나의 인터페이스를 의미하며, 하위에 여러 구현체가 존재합니다. Appender의 상속 구조는 그림 5.28과 같습니다.

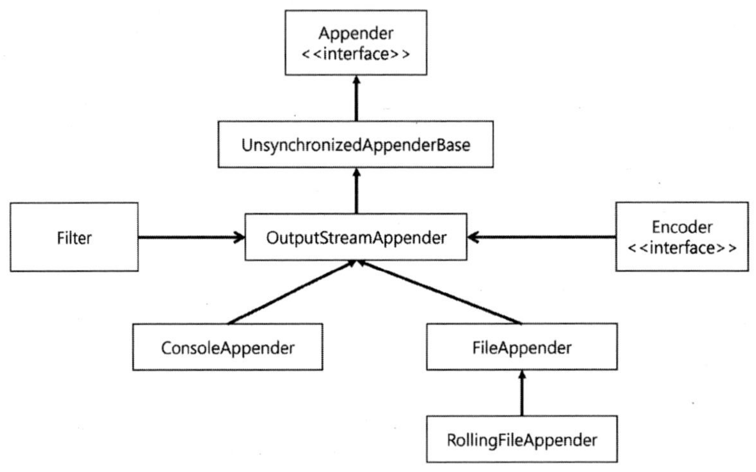

그림 5.28 Logback의 Appender 구조

Logback의 설정 파일을 이용하면 그림 5.27에 등장하는 각 구현체를 등록해서 로그를 원하는 형식으로 출력할 수 있습니다. Appender의 대표적인 구현체는 다음과 같습니다.

- ConsoleAppender: 콘솔에 로그를 출력
- FileAppender: 파일에 로그를 저장
- RollingFileAppender: 여러 개의 파일을 순회하면서 로그를 저장
- SMTPAppender: 메일로 로그를 전송
- DBAppender: 데이터베이스에 로그를 저장

로그를 어떤 방식으로 저장할지 지정하는 방법을 살펴봅시다. 예제 5.24의 6번, 15번 줄을 보면 appender 요소의 class 속성에 각 구현체를 정의하는 것을 볼 수 있습니다. 그리고 하단에 filter 요소로 각 Appender가 어떤 레벨로 로그를 기록하는지 지정합니다.

```
09    <appender name="console" class="ch.qos.logback.core.ConsoleAppender">
10      <filter class="ch.qos.logback.classic.filter.ThresholdFilter">
11        <level>INFO</level>
12      </filter>
13      <encoder>
14        <pattern>[%d{yyyy-MM-dd HH:mm:ss.SSS}] [%-5level] [%thread] %logger %msg%n</pattern>
15      </encoder>
... 중략 ...
18    <appender name="INFO_LOG" class="ch.qos.logback.core.rolling.RollingFileAppender">
19      <filter class="ch.qos.logback.classic.filter.ThresholdFilter">
20        <level>INFO</level>
21      </filter>
... 중략 ...
29      <encoder>
30        <pattern>[%d{yyyy-MM-dd HH:mm:ss.SSS}] [%-5level] [%thread] %logger %msg%n</pattern>
31      </encoder>
```

다음으로 encoder 요소를 통해 로그의 표현 형식을 패턴(pattern)으로 정의합니다. 사용 가능한 패턴은 몇 가지 정해져 있으며, 대표적인 패턴은 다음과 같습니다.

패턴	의미
%Logger{length}	로거의 이름
%-5level	로그 레벨. -5는 출력 고정폭의 값
%msg(%message)	로그 메시지

패턴	의미
%d	로그 기록 시간
%p	로깅 레벨
%F	로깅이 발생한 애플리케이션 파일명
%M	로깅이 발생한 메서드 이름
%I	로깅이 발생한 호출지의 정보
%thread	현재 스레드명
%t	로깅이 발생한 스레드명
%c	로깅이 발생한 카테고리
%C	로깅이 발생한 클래스명
%m	로그 메시지
%n	줄바꿈
%r	애플리케이션 실행 후 로깅이 발생한 시점까지의 시간
%L	로깅이 발생한 호출 지점의 라인 수

위와 같은 패턴을 활용해 다음과 같은 패턴을 만들 수 있습니다.

로그 형식 예 file resources/logback-spring.xml

```
<pattern>[%d{yyyy-MM-dd HH:mm:ss.SSS}] [%-5level] [%thread] %logger %msg%n</pattern>
```

Root 영역

설정 파일에 정의된 Appender를 활용하려면 Root 영역에서 Appender를 참조해서 로깅 레벨을 설정합니다. 만약 특정 패키지에 대해 다른 로깅 레벨을 설정하고 싶다면 root 대신 logger를 사용해 예제 5.25와 같이 지정할 수 있습니다.

예제 5.25 logger 예제 file resources/logback-spring.xml

```
<root level="INFO">
  <appender-ref ref="console"/>
  <appender-ref ref="INFO_LOG"/>
</root>
```

또는

```
<logger name="com.springboot.api.controller" level="DEBUG" additivity="false">
  <appender-ref ref="console"/>
  <appender-ref ref="INFO_LOG"/>
</logger>
```

logger 요소의 name 속성에는 패키지 단위로 로깅이 적용될 범위를 지정하고 level 속성으로 로그 레벨을 지정합니다. additivity 속성은 앞에서 지정한 패키지 범위에 하위 패키지를 포함할지 여부를 결정합니다. 기본값은 true이며, 이 경우 하위 패키지를 모두 포함합니다.

Tip

Logback에 관한 더 자세한 내용은 공식 사이트의 매뉴얼을 참고합니다.

- https://logback.qos.ch/manual/introduction.html

5.7.2 Logback 적용하기

이제 실습 중인 프로젝트에 Logback를 적용해 보겠습니다. 예제 5.24에서 15~28번 및 34번 줄을 지워 파일로 저장되는 로그는 없도록 설정을 변경한 후 진행하겠습니다. 위 Appender를 지우려면 따로 설정한 Root나 Logger 영역에서도 레퍼런스로 잡혀 있지는 않은지 확인한 후 제거해야 합니다.

Logback은 출력할 메시지를 Appender에게 전달할 Logger 객체를 각 클래스에 정의해서 사용합니다. 이번 절에서는 예제 5.1에서 작성했던 GetController에 Logger를 적용해보겠습니다. 예제 5.26과 같이 GetController의 LOGGER 전역 변수로 Logger 객체를 정의합니다.

예제 5.26 Logger 선언 file controller/GetController.java

```
@RestController
@RequestMapping("/api/v1/get-api")
public class GetController {

    private final Logger LOGGER = LoggerFactory.getLogger(GetController.class);

    ..(후략)
}
```

5번 줄과 같이 Logger는 LoggerFactory를 통해 객체를 생성합니다. 이때 클래스의 이름을 함께 지정해서 클래스의 정보를 Logger에서 가져가게 합니다.

더 쉬운 방법으로 애너테이션을 이용하는 방법이 있습니다. 다음과 같이 @Slf4j를 클래스 수준에서 지정해서 예제 5.26과 동일한 기능을 구현할 수 있습니다.

```
@Slf4j
public class GetController {
 ... 중략 ...
}
```

이어서 로그를 출력하는 코드를 삽입해보겠습니다. 예제 5.27과 같이 코드를 삽입합니다.

예제 5.27 로그 출력 코드 삽입 file controller/GetController.java

```
01 // http://localhost:8080/api/v1/get-api/hello
02 @RequestMapping(value = "/hello", method = RequestMethod.GET)
03 public String getHello() {
04     LOGGER.info("getHello 메서드가 호출되었습니다.");
05     return "Hello World";
06 }
07
08 // http://localhost:8080/api/v1/get-api/name
09 @GetMapping(value = "/name")
10 public String getName() {
11     LOGGER.info("getName 메서드가 호출되었습니다.");
12     return "Flature";
13 }
```

만약 @Slf4j를 사용한다면 logger 객체가 log로 명명돼 있기 때문에 LOGGER 대신 log를 사용하면 됩니다.

4번, 11번 줄과 같이 GetController의 코드를 수정하면 info 레벨에서 로그가 출력됩니다. 실제로 로그가 출력되는지 확인하기 위해 Swagger 페이지에 접속해서 테스트를 진행해보겠습니다. 그림 5.29와 같이 Logger를 삽입한 메서드를 선택한 후 [Execute] 버튼을 눌러 테스트를 실행합니다.

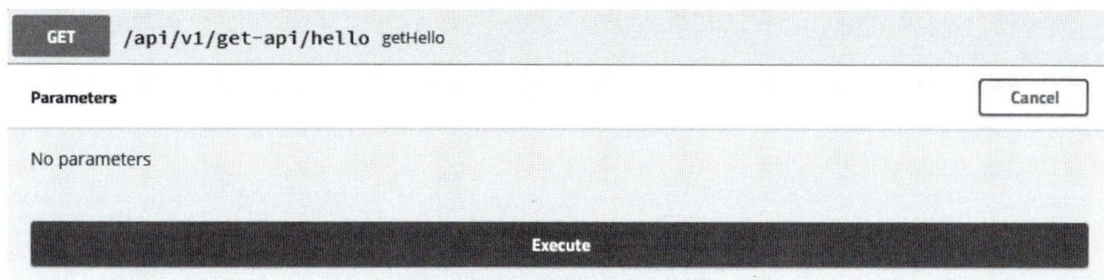

그림 5.29 Swagger 테스트

그 결과, 그림 5.30과 같이 인텔리제이 IDEA의 콘솔 화면에 로그가 출력됩니다.

```
[2024-12-03 15:58:44.321] [INFO ] [http-nio-8080-exec-1] org.springframework.web.servlet.DispatcherServlet Completed initialization in 1 ms
[2024-12-03 15:58:44.342] [INFO ] [http-nio-8080-exec-1] com.springboot.api.controller.GetController getHello 메서드가 호출되었습니다.
```

그림 5.30 로그가 출력된 콘솔

로그를 통해 컨트롤러에 들어오는 값을 확인하고 싶다면 예제 5.28과 같이 코드를 작성합니다.

예제 5.28 변수의 값을 로그로 출력

```
01 // http://localhost:8080/api/v1/get-api/variable1/{String 값}
02 @GetMapping(value = "/variable1/{variable}")
03 public String getVariable1(@PathVariable String variable) {
04     LOGGER.info("@PathVariable을 통해 들어온 값 : {}", variable);
05     return variable;
06 }
```

4번 줄과 같이 변수를 지정해 변수로 들어오는 값을 로깅할 수도 있습니다. 변수의 값이 들어갈 부분을 중괄호({})로 지정하면 포매팅을 통해 로그 메시지가 구성됩니다.

스터디 가이드

자바에서 문자열을 합치는 방법은 여러 가지가 있습니다. 다음과 같은 방법을 알아보고 연산 속도를 비교해보면 더 좋은 코드를 작성하는 데 도움이 됩니다.

1. + 연산자
2. String 클래스의 concat() 메서드 활용
3. String 클래스의 append() 메서드 활용
4. String 클래스의 format() 메서드 활용

예제 5.28의 메서드를 Swagger를 통해 'WIKIBOOKS'라는 단어를 입력하고 호출하면 그림 5.31과 같은 출력 결과를 확인할 수 있습니다.

```
[2024-12-03 16:00:55.028] [INFO ] [http-nio-8080-exec-1] org.springframework.web.servlet.DispatcherServlet Completed initialization in 1 ms
[2024-12-03 16:00:55.053] [INFO ] [http-nio-8080-exec-1] com.springboot.api.controller.GetController @PathVariable을 통해 들어온 값 : WIKIBOOKS
```

그림 5.31 로그에 변수의 값을 출력

스터디 가이드 로그로 무엇을 기록해야 할까?

이번 장에서는 로깅을 설정하고 출력하는 방법을 다뤄봤습니다. 이제 로그에 어떤 내용을 포함해야 할지 고민해 봅시다. 애플리케이션마다 출력해야 할 로그가 다르기 때문에 한번쯤 고민해볼 만한 주제입니다.

5.8 정리

5장에서는 컨트롤러를 작성해서 외부에 인터페이스를 노출하는 방법을 알아봤습니다. 아직 다른 계층을 공부하지 않았기 때문에 단순한 API를 작성하는 예제만 다뤘지만 컨트롤러를 통해 값을 받는 방법은 이번 장에서 거의 대부분의 케이스를 다뤘기 때문에 컨트롤러를 작성하는 데 자신감이 생길 것입니다.

이번 장에서는 Swagger와 Logback도 다뤄봤습니다. Swagger가 제공하는 다양한 애너테이션을 통해 Swagger 페이지가 명세로써의 역할도 수행할 수 있게 잘 다듬는 연습은 매우 중요합니다. 그리고 어떤 정보를 로그로 기록하는 것이 향후 애플리케이션의 유지보수에 효과적일지도 고민해 보기 바랍니다.

다음 장에서는 스프링 부트에서 데이터베이스를 연동하고 사용하는 방법을 다룹니다. 다음 장과 이번 장을 연계해서 컨트롤러에서 시작해서 데이터베이스까지 이어지는 비즈니스 로직을 살펴보고 컨트롤러가 왜 필요한지 이해하는 방향으로 복습하기를 권장합니다.

06

데이터베이스 연동

애플리케이션은 데이터(리소스)를 주고받는 것이 주 목적입니다. 엔터프라이즈급 애플리케이션에서 정상적으로 로직이 동작하기 위해서는 데이터베이스가 꼭 필요합니다. 이 책에서는 그중에서도 가장 널리 사용되는 마리아DB(MariaDB)[1]를 애플리케이션에 적용해 보겠습니다.

6.1 마리아DB 설치

마리아DB를 내려받기 위해 다운로드 페이지(https://mariadb.org/download/)에 접속하면 그림 6.1과 같은 화면을 볼 수 있습니다.

1 https://mariadb.org/

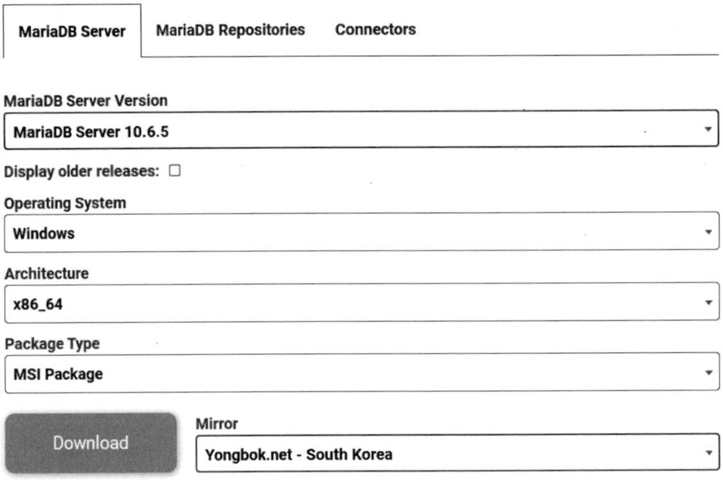

MariaDB Server MariaDB Repositories Connectors

MariaDB Server Version
MariaDB Server 10.6.5
Display older releases:
Operating System
Windows
Architecture
x86_64
Package Type
MSI Package
Download
Mirror
Yongbok.net - South Korea

그림 6.1 마리아DB 다운로드 페이지

개발 환경에 맞춰 다음과 같이 설정하고 설치 파일을 내려받습니다.

- MariaDB Server Version: MariaDB Server 10.6.5
- Operating System: Windows
- Architecture: x86_64
- Package Type: MSI Package

만약 마리아DB 서버 버전이 책에 명시한 버전(10.6.5)으로 표시되지 않는다면 [MariaDB Server Version] 항목 하단의 [Display older releases]에 체크해서 버전을 동일하게 맞추는 것이 좋습니다. 최신 버전의 마리아DB를 사용해도 무관하지만 이 책의 내용과 호환성을 보장하기 위해서입니다.

설치 프로그램 다운로드가 완료되면 설치를 진행합니다. 그림 6.2와 같은 창이 나오면 별도의 조작 없이 [Next]를 눌러 진행합니다.

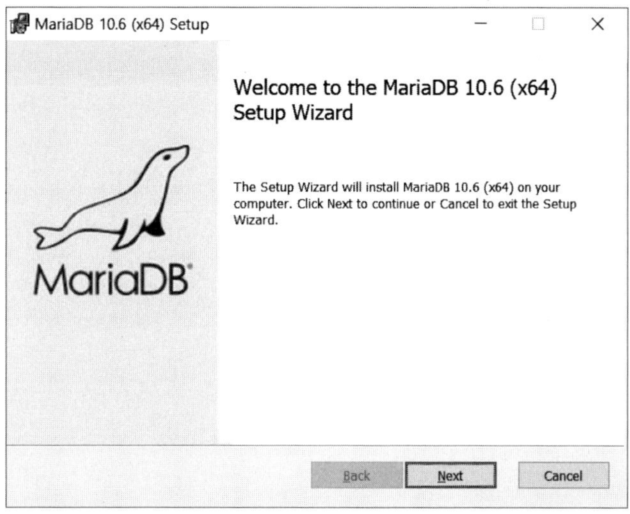

그림 6.2 마리아DB 설치

계속 단계를 넘어가다 보면 그림 6.3과 같은 화면이 등장합니다. 처음 데이터베이스를 설치하면 root 계정이 부여되는데, 그 계정의 패스워드를 지정하는 단계입니다. 패스워드는 원하는 대로 설정하되 꼭 잊지 않게 보관해야 합니다. 참고로 실무에서는 보안상 root 패스워드는 사용하지 않습니다만 이 책에서는 실습용으로 데이터베이스를 사용할 것이기 때문에 그대로 root 계정을 사용하겠습니다.

다음으로 가장 대중적으로 사용되는 문자 인코딩 방식인 UTF-8을 기본값으로 설정하기 위해 [Use UTF8 as default server's character set]에 체크합니다.

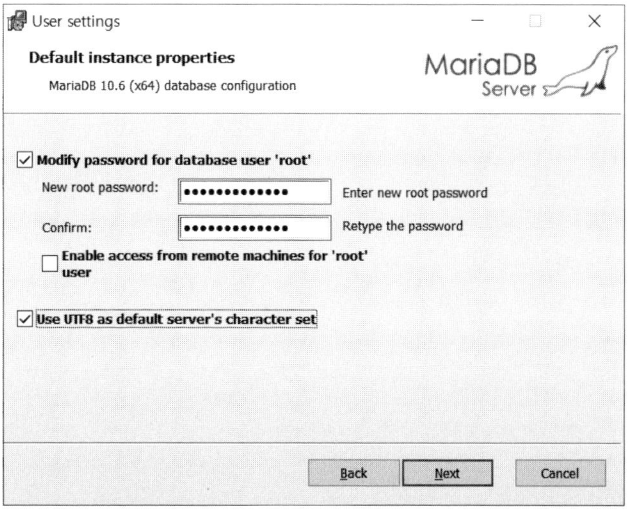

User settings
Default instance properties
MariaDB 10.6 (x64) database configuration
MariaDB Server
Modify password for database user 'root'
New root password: Enter new root password
Confirm: Retype the password
Enable access from remote machines for 'root' user
Use UTF8 as default server's character set
Back Next Cancel

그림 6.3 마리아DB의 root 패스워드 및 기본 인코딩 설정

다음 단계에서는 그림 6.4와 같이 서버 이름과 포트 번호를 설정해야 합니다. 이 단계에서는 따로 설정을 수정할 필요 없이 그림과 동일한지 확인한 후 넘어가면 됩니다. 마리아DB는 기본 포트 번호로 3306을 사용하며, 만약 별도로 데이터베이스를 설치한 적이 있다면 포트가 겹치기 때문에 자동으로 3307번으로 매핑됩니다.

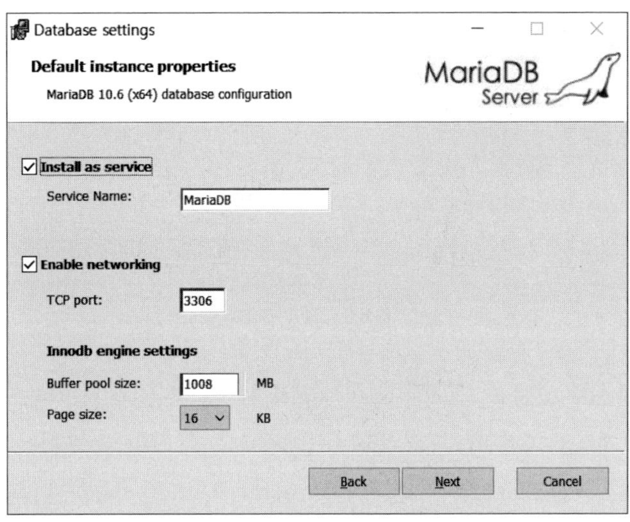

그림 6.4 마리아DB의 서버 이름 및 포트 번호 설정

그 밖의 단계는 모두 [Next]를 눌러 기본 설정을 그대로 유지한 채로 설치를 마칩니다. 마리아DB를 이 방식으로 설치하면 서드파티 도구로 HeidiSQL[2]이 함께 설치됩니다. HeidiSQL은 데이터베이스에 접속해서 관리하는 GUI 도구로 앞으로 계속 사용할 예정입니다. 이 프로그램을 실행하면 그림 6.5와 같은 창이 나타납니다.

2 https://www.heidisql.com/

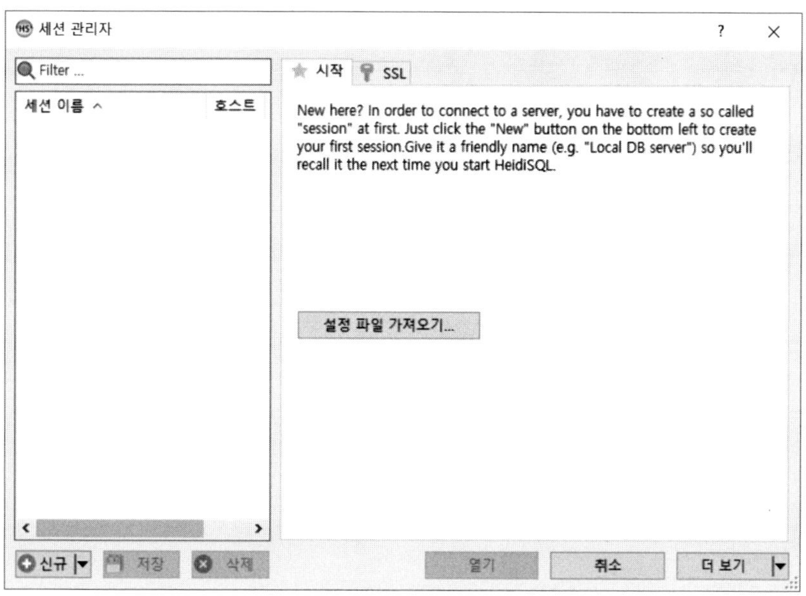

그림 6.5 HeidiSQL 실행 화면

앞으로 사용할 데이터베이스의 접속 정보를 등록하기 위해 좌측 하단의 [신규] 버튼을 누릅니다. 그림 6.6과 같이 세션 목록에 새 항목이 등록되면서 우측에 접속 정보를 설정할 수 있는 항목들이 등장합니다.

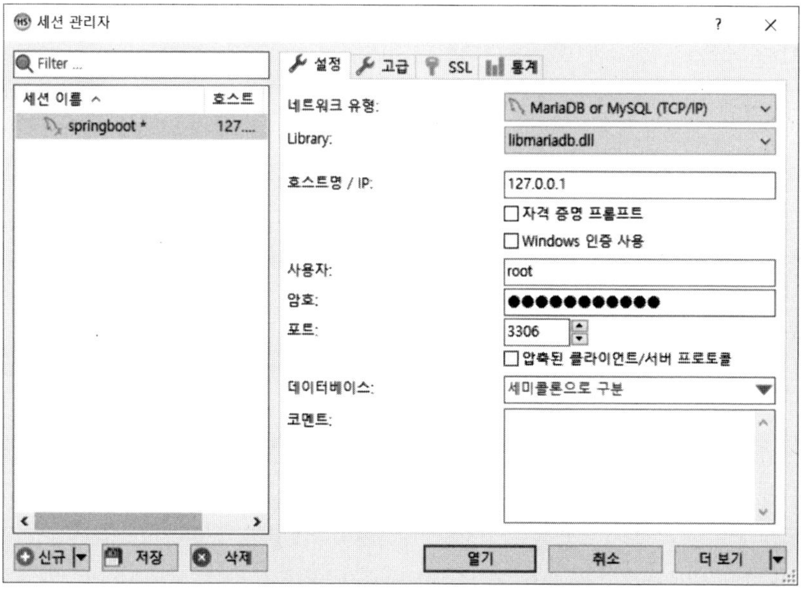

그림 6.6 HeidiSQL 접속 설정

세션 목록에 나온 항목에 이름을 지정하고 우측의 입력 항목에 다음과 같이 입력하고 좌측 하단의 [저장] 버튼을 클릭합니다.

- 세션 이름: springboot(다른 이름으로 지정해도 상관없습니다)
- 호스트명 / IP: 127.0.0.1 또는 localhost
- 사용자: root
- 암호: 마리아DB 설치 단계에서 지정한 패스워드
- 포트: 3306(다를 경우 설치 단계에서 확인한 포트를 입력)

그런 다음, [열기] 버튼을 클릭하면 그림 6.7과 같이 데이터베이스에 정상적으로 접속됩니다.

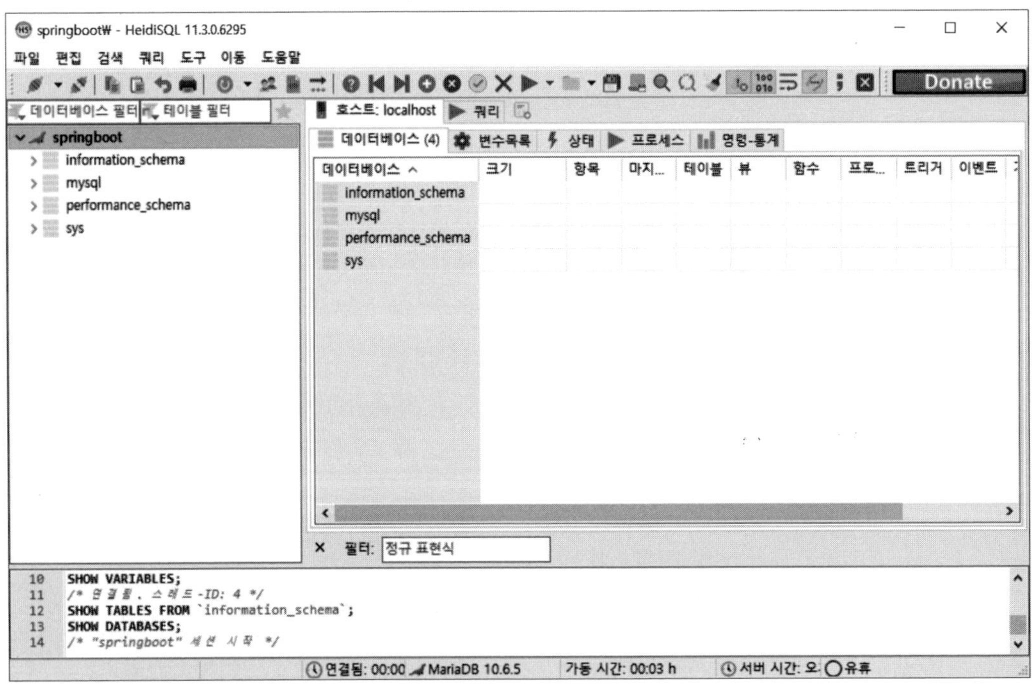

그림 6.7 HeidiSQL을 이용한 데이터베이스 접속

데이터베이스에 접속하면 기본적으로 데이터베이스 4개가 존재합니다. 이 4개의 데이터베이스에는 마리아DB의 환경 설정 등과 같은 정보를 담고 있어 데이터베이스를 튜닝할 때 외에는 건드리지 않습니다. 이 화면에서 스프링 부트 애플리케이션에서 사용할 데이터베이스를 하나 생성합니다.

그림 6.8과 같이 데이터베이스를 생성하는 쿼리를 입력하고 도구모음 창에 위치한 파란색 세모 모양의 실행 버튼(▶)을 누르거나 F9 키를 누르면 쿼리가 실행되면서 데이터베이스가 생성됩니다.

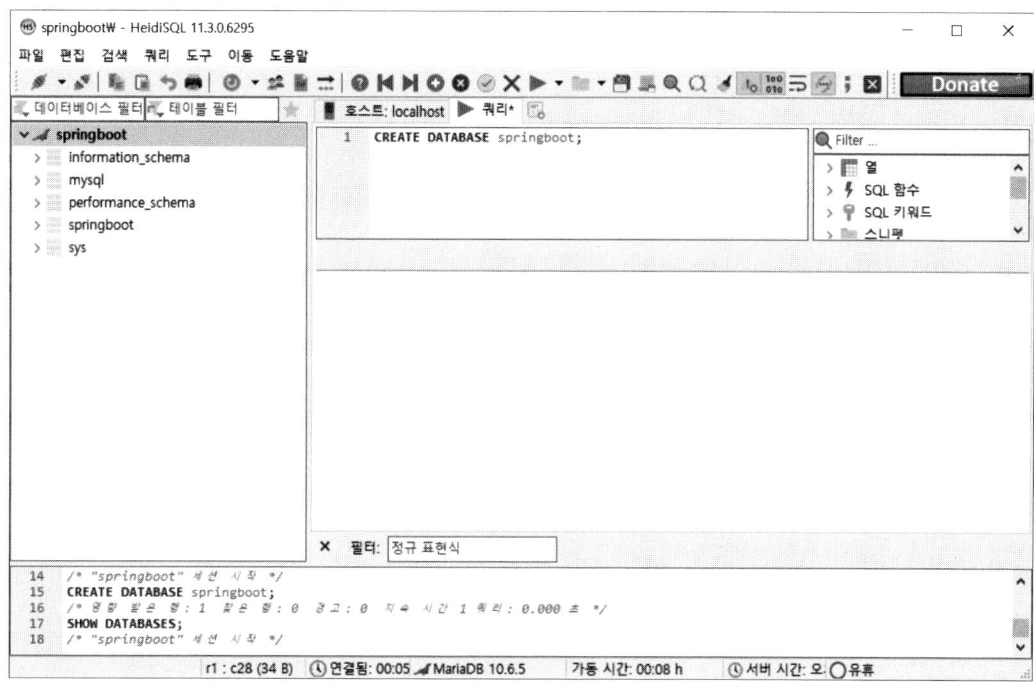

그림 6.8 데이터베이스 생성

앞에서 사용한 데이터베이스를 생성하는 쿼리는 다음과 같습니다.

데이터베이스 생성 쿼리

```
CREATE DATABASE springboot;
```

6.2 ORM

ORM은 Object Relational Mapping의 줄임말로 객체 관계 매핑을 의미합니다. 자바와 같은 객체지향 언어에서 의미하는 객체와 RDB(Relational Database)의 테이블을 자동으로 매핑하는 방법입니다. 지금 이야기하는 객체지향 언어에서의 객체는 클래스를 의미합니다. 클래스는 데이터베이스의 테이블과 매핑하기 위해 만들어진 것이 아니기 때문에 RDB 테이블과 어쩔 수 없는 불일치가 존재합니다. ORM

은 이 둘의 불일치와 제약사항을 해결하는 역할입니다. 간략하게 애플리케이션의 클래스와 데이터베이스의 테이블을 매핑하는 것을 그림으로 나타내면 그림 6.9와 같습니다.

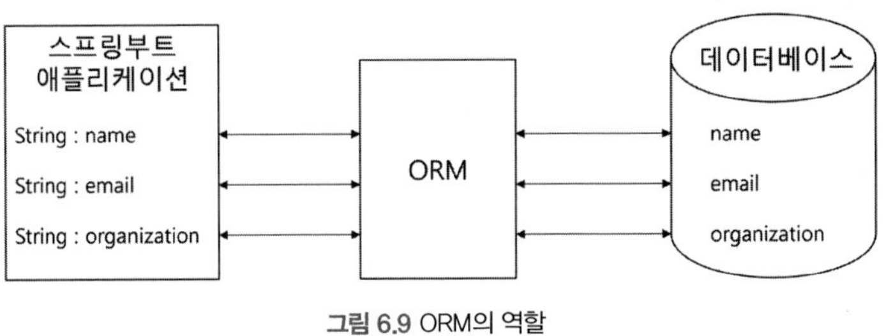

그림 6.9 ORM의 역할

ORM을 이용하면 쿼리문 작성이 아닌 코드(메서드)로 데이터를 조작할 수 있습니다.

ORM의 장점은 다음과 같습니다.

ORM을 사용하면서 데이터베이스 쿼리를 객체지향적으로 조작할 수 있습니다.

- 쿼리문을 작성하는 양이 현저히 줄어 개발 비용이 줄어듭니다.
- 객체지향적으로 데이터베이스에 접근할 수 있어 코드의 가독성을 높입니다.

재사용 및 유지보수가 편리합니다.

- ORM을 통해 매핑된 객체는 모두 독립적으로 작성되어 있어 재사용이 용이합니다.
- 객체들은 각 클래스로 나뉘어 있어 유지보수가 수월합니다.

데이터베이스에 대한 종속성이 줄어듭니다.

- ORM을 통해 자동 생성된 SQL문은 객체를 기반으로 데이터베이스 테이블을 관리하기 때문에 데이터베이스에 종속적이지 않습니다.
- 데이터베이스를 교체하는 상황에서도 비교적 적은 리스크를 부담합니다.

ORM의 단점은 다음과 같습니다.

ORM만으로 온전한 서비스를 구현하기에는 한계가 있습니다.

- 복잡한 서비스의 경우 직접 쿼리를 구현하지 않고 코드로 구현하기 어렵습니다.
- 복잡한 쿼리를 정확한 설계 없이 ORM만으로 구성하게 되면 속도 저하 등의 성능 문제가 발생할 수 있습니다.

애플리케이션의 객체 관점과 데이터베이스의 관계 관점의 불일치가 발생합니다.

- 세분성(Granularity): ORM의 자동 설계 방법에 따라 데이터베이스에 있는 테이블의 수와 애플리케이션의 엔티티(Entity) 클래스의 수가 다른 경우가 생깁니다. (클래스가 테이블의 수보다 많아질 수 있습니다.)
- 상속성(Inheritance): RDBMS에는 상속이라는 개념이 없습니다.
- 식별성(Identity): RDBMS는 기본키(primary key)로 동일성을 정의합니다. 하지만 자바는 두 객체의 값이 같아도 다르다고 판단할 수 있습니다. 식별과 동일성의 문제입니다.
- 연관성(Associations): 객체지향 언어는 객체를 참조함으로써 연관성을 나타내지만 RDBMS에서는 외래키(foreign key)를 삽입함으로써 연관성을 표현합니다. 또한 객체지향 언어에서 객체를 참조할 때는 방향성이 존재하지만 RDBMS에서 외래키를 삽입하는 것은 양방향의 관계를 가지기 때문에 방향성이 없습니다.
- 탐색(Navigation): 자바와 RDBMS는 어떤 값(객체)에 접근하는 방식이 다릅니다. 자바에서는 특정 값에 접근하기 위해 객체 참조 같은 연결 수단을 활용합니다. 이 방식은 객체를 연결하고 또 연결해서 접근하는 그래프 형태의 접근 방식입니다. (예: 어떤 멤버의 회사 주소를 구하기 위해 `member.getOrganization().getAddress()`와 같이 접근할 수 있습니다.) 반면 RDBMS에서는 쿼리를 최소화하고 조인(JOIN)을 통해 여러 테이블을 로드하고 값을 추출하는 접근 방식을 채택하고 있습니다.

6.3 JPA

JPA(Java Persistence API)는 자바 진영의 ORM 기술 표준으로 채택된 인터페이스의 모음입니다. ORM이 큰 개념이라면 JPA는 더 구체화된 스펙을 포함합니다. 즉, JPA 또한 실제로 동작하는 것이 아니고 어떻게 동작해야 하는지 메커니즘을 정리한 표준 명세로 생각하면 됩니다. 그림 6.9에서 JPA의 역할이 ORM이라고 보면 무난합니다.

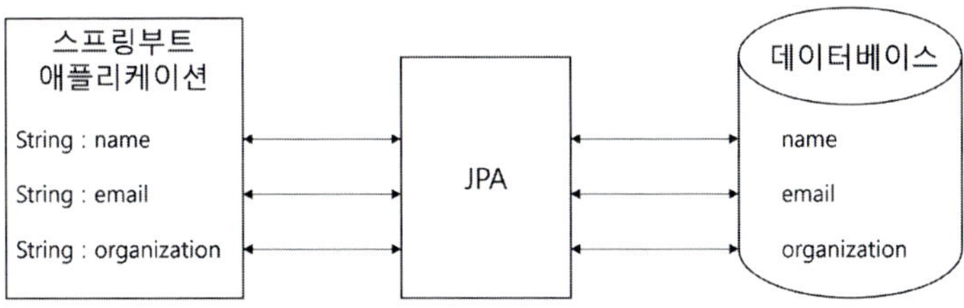

그림 6.10 ORM의 구체화된 자바 표준 스펙인 JPA

JPA의 메커니즘을 보면 내부적으로 JDBC를 사용합니다. 개발자가 직접 JDBC를 구현하면 SQL에 의존하게 되는 문제 등이 있어 개발의 효율성이 떨어지는데, JPA는 이 같은 문제점을 보완해서 개발자 대신 적절한 SQL을 생성하고 데이터베이스를 조작해서 객체를 자동 매핑하는 역할을 수행합니다.

JPA 기반의 구현체는 대표적으로 세 가지가 있습니다. 그림 6.11과 같이 하이버네이트(Hibernate), 이클립스 링크(EclipseLink), 데이터 뉴클리어스(DataNucleus)이며, 그중 가장 많이 사용되는 구현체는 하이버네이트입니다.

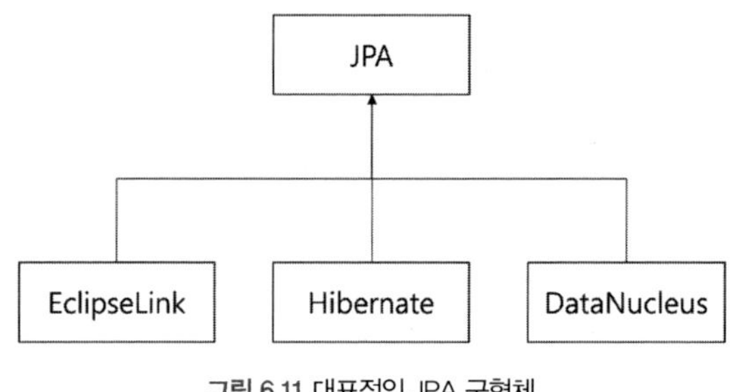

그림 6.11 대표적인 JPA 구현체

6.4 하이버네이트

하이버네이트[3]는 자바의 ORM 프레임워크로, JPA가 정의하는 인터페이스를 구현하고 있는 JPA 구현체 중 하나입니다. 이 책은 하이버네이트의 기능을 더욱 편하게 사용하도록 모듈화한 Spring Data JPA를 활용하기 때문에 JPA 자체를 직접 사용할 일은 거의 없습니다. 그러나 앞으로 사용할 기능들의 개념에 대해서는 6.5절에서 한번 살펴보겠습니다.

6.4.1 Spring Data JPA

Spring Data JPA는 JPA를 편리하게 사용할 수 있도록 지원하는 스프링 하위 프로젝트 중 하나입니다. Spring Data JPA는 CRUD 처리에 필요한 인터페이스를 제공하며, 하이버네이트의 엔티티 매니저(EntityManager)를 직접 다루지 않고 리포지터리를 정의해 사용함으로써 스프링이 적합한 쿼리를 동적으로 생성하는 방식으로 데이터베이스를 조작합니다. 이를 통해 하이버네이트에서 자주 사용되는 기능을 더 쉽게 사용할 수 있게 구현한 라이브러리입니다.

3 https://hibernate.org/

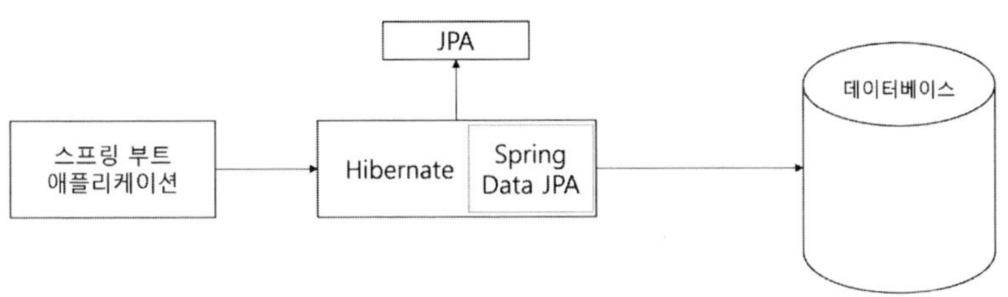

그림 6.12 Spring Data JPA의 도식화

6.5 영속성 컨텍스트

영속성 컨텍스트(Persistence Context)는 애플리케이션과 데이터베이스 사이에서 엔티티와 레코드의 괴리를 해소하는 기능과 객체를 보관하는 기능을 수행합니다. 엔티티 객체가 영속성 컨텍스트에 들어오면 JPA는 엔티티 객체의 매핑 정보를 데이터베이스에 반영하는 작업을 수행합니다. 이처럼 엔티티 객체가 영속성 컨텍스트에 들어와 JPA의 관리 대상이 되는 시점부터는 해당 객체를 영속 객체(Persistence Object)라고 부릅니다. 간단하게 애플리케이션과 데이터베이스와의 관계를 표현하면 그림 6.13과 같습니다.

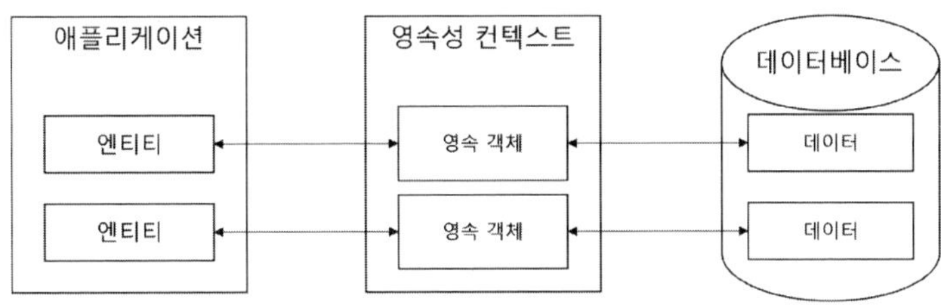

그림 6.13 영속성 컨텍스트

영속성 컨텍스트는 세션 단위의 생명주기를 가집니다. 데이터베이스에 접근하기 위한 세션이 생성되면 영속성 컨텍스트가 만들어지고, 세션이 종료되면 영속성 컨텍스트도 없어집니다. 엔티티 매니저는 이러한 일련의 과정에서 영속성 컨텍스트에 접근하기 위한 수단으로 사용됩니다.

6.5.1 엔티티 매니저

엔티티 매니저(EntityManager)는 이름 그대로 엔티티를 관리하는 객체입니다. 엔티티 매니저는 데이터베이스에 접근해서 CRUD 작업을 수행합니다. Spring Data JPA를 사용하면 리포지터리를 사용해서 데이터베이스에 접근하는데, 실제 내부 구현체인 SimpleJpaRepository가 예제 6.1과 같이 리포지터리에서 엔티티 매니저를 사용하는 것을 알 수 있습니다.

예제 6.1 SimpleJpaRepository의 EntityManager 의존성 주입 코드

```
public SimpleJpaRepository(JpaEntityInformation<T, ?> entityInformation, EntityManager
entityManager) {
  this.escapeCharacter = EscapeCharacter.DEFAULT;
  Assert.notNull(entityInformation, "JpaEntityInformation must not be null");
  Assert.notNull(entityManager, "EntityManager must not be null");
  this.entityInformation = entityInformation;
  this.entityManager = entityManager;
  this.provider = PersistenceProvider.fromEntityManager(entityManager);
}
```

엔티티 매니저는 엔티티 매니저 팩토리(EntityManagerFactory)가 만듭니다. 엔티티 매니저 팩토리는 데이터베이스에 대응하는 객체로서 스프링 부트에서는 자동 설정 기능이 있기 때문에 application.properties에서 작성한 최소한의 설정만으로도 동작하지만 JPA의 구현체 중 하나인 하이버네이트에서는 persistence.xml이라는 설정 파일을 구성하고 사용해야 하는 객체입니다. 예제 6.2는 persistence.xml 파일의 예를 보여줍니다.

예제 6.2 엔티티 매니저 팩토리 사용을 위한 persistence.xml 파일 설정

```
<?xml version="1.0" encoding="UTF-8" ?>

<persistence xmlns="http://xmlns.jcp.org/xml/ns/persistence"
  xmlns:xsi="http://www.w3.org/2001/XMLSchema-instance"
  xsi:schemaLocation="http://xmlns.jcp.org/xml/ns/persistence/persistence_2_1.xsd"
  version="2.1">

  <persistence-unit name="entity_manager_factory" transaction-type="RESOURCE_LOCAL">

    <properties>
      <property name="javax.persistence.jdbc.driver" value="org.mariadb.jdbc.Driver"/>
      <property name="javax.persistence.jdbc.user" value="root"/>
      <property name="javax.persistence.jdbc.password" value="password"/>
      <property name="javax.persistence.jdbc.url" value="jdbc:mariadb://localhost:3306/
springboot"/>
```

```
15
16          <property name="hibernate.dialect" value="org.hibernate.dialect.MariaDB103Dialect"/>
17
18          <property name="hibernate.show_sql" value="true"/>
19          <property name="hibernate.format_sql" value="true"/>
20
21        </properties>
22
23      </persistence-unit>
24
25    </persistence>
```

8번 줄과 같이 persistence-unit을 설정하면 해당 유닛의 이름을 가진 엔티티 매니저 팩토리가 생성됩니다. 엔티티 매니저 팩토리는 애플리케이션에서 단 하나만 생성되며, 모든 엔티티가 공유해서 사용합니다.

엔티티 매니저 팩토리로 생성된 엔티티 매니저는 엔티티를 영속성 컨텍스트에 추가해서 영속 객체로 만드는 작업을 수행하고, 영속성 컨텍스트와 데이터베이스를 비교하면서 실제 데이터베이스를 대상으로 작업을 수행합니다.

6.5.2 엔티티의 생명주기

엔티티 객체는 영속성 컨텍스트에서 다음과 같은 4가지 상태로 구분됩니다.

비영속(New)

- 영속성 컨텍스트에 추가되지 않은 엔티티 객체의 상태를 의미합니다.

영속(Managed)

- 영속성 컨텍스트에 의해 엔티티 객체가 관리되는 상태입니다.

준영속(Detached)

- 영속성 컨텍스트에 의해 관리되던 엔티티 객체가 컨텍스트와 분리된 상태입니다.

삭제(Removed)

- 데이터베이스에서 레코드를 삭제하기 위해 영속성 컨텍스트에 삭제 요청을 한 상태입니다.

6.6 데이터베이스 연동

앞에서 생성한 데이터베이스를 사용하기 위해서는 스프링 부트 애플리케이션과 연동해야 합니다. 이번 절에서 사용할 프로젝트를 생성하겠습니다.

6.6.1 프로젝트 생성

5장에서 생성한 방식과 동일하게 프로젝트를 생성합니다. 버전은 이전과 같은 3.3.5 버전이며 groupId는 기존과 동일하게 'com.springboot'로 설정하고 name은 'jpa', artifactId는 'jpa'로 설정합니다. 의존성 선택 단계에서는 다음의 라이브러리를 선택합니다.

- Developer Tools: Lombok, Spring Configuration Processor
- Web: Spring Web
- SQL: Spring Data JPA, MariaDB Driver

그리고 5.6절에서 진행했던 Swagger 의존성을 `pom.xml` 파일에 추가합니다. 새로 프로젝트를 만들었다면 이전 장에서 사용한 프로젝트에서 다음과 같은 파일들을 가져옵니다.

소스 코드

- config/SwaggerConfiguration.java

리소스

- logback-spring.xml

Spring Data JPA 의존성을 추가한 후에는 별도의 설정이 필요합니다. 즉, 애플리케이션이 정상적으로 실행될 수 있게 연동할 데이터베이스의 정보를 `application.properties`에 작성해야 합니다. 이 설정 없이는 스프링 부트 애플리케이션이 실행되지 않습니다. 예제 6.3과 같이 데이터베이스와 관련된 내용을 추가합니다.

예제 6.3 application.properties 파일에 데이터베이스 관련 설정 추가 file resources/application.properties

```
spring.datasource.driverClassName=org.mariadb.jdbc.Driver
spring.datasource.url=jdbc:mariadb://localhost:3306/springboot
spring.datasource.username=root
```

```
04 spring.datasource.password=password
05
06 spring.jpa.hibernate.ddl-auto=create
07 spring.jpa.show-sql=true
08 spring.jpa.properties.hibernate.format_sql=true
```

예제 6.3의 1번 줄인 `spring.datasource.driverClassName`에는 연동하려는 데이터베이스의 드라이버를 정의합니다. 마리아DB의 경우 `org.mariadb.jdbc.Driver`를 입력하고, `pom.xml`에도 `mariadb-java-client` 의존성이 필요합니다.

그리고 2번 줄의 `spring.datasource.url` 항목에서 마리아DB의 경로임을 명시하고 경로와 데이터베이스명을 입력합니다.

3~4번 줄에는 데이터베이스를 설치할 때 설정한 계정 정보를 기입합니다. 사실 프로퍼티 파일에 패스워드가 그대로 들어가는 것은 보안상 취약하기에 일반적으로는 패스워드를 암호화해서 사용합니다. 다만 이 책에서는 간편한 실습을 위해 암호화는 진행하지 않겠습니다.

이렇게 해서 1~4번 줄은 데이터베이스를 연동하는 데 사용하는 값을 설정합니다.

6~8번 줄은 하이버네이트를 사용할 때 활성화할 수 있는 선택사항입니다. 6번 줄의 `ddl-auto`은 의미 그대로 데이터베이스를 자동으로 조작하는 옵션입니다. 여기서 사용할 수 있는 옵션과 설명은 다음과 같습니다.

- `create`: 애플리케이션이 가동되고 `SessionFactory`가 실행될 때 기존 테이블을 지우고 새로 생성합니다. 이 책에서는 모든 예제를 `create`로 설정하고 진행했습니다.
- `create-drop`: `create`와 동일한 기능을 수행하나 애플리케이션을 종료하는 시점에 테이블을 지웁니다.
- `update`: `SessionFactory`가 실행될 때 객체를 검사해서 변경된 스키마를 갱신합니다. 기존에 저장된 데이터는 유지됩니다.
- `validate`: `update`처럼 객체를 검사하지만 스키마는 건드리지 않습니다. 검사 과정에서 데이터베이스의 테이블 정보와 객체의 정보가 다르면 에러가 발생합니다.
- `none`: `ddl-auto` 기능을 사용하지 않습니다.

운영 환경에서는 `create`, `create-drop`, `update` 기능은 사용하지 않습니다. 데이터베이스에 축적된 데이터를 지워버릴 수도 있고, 사람의 실수로 객체의 정보가 변경됐을 때 운영 환경의 데이터베이스 정보까지 변경될 수 있기 때문입니다. 운영 환경에서는 대체로 `validate`나 `none`을 사용합니다. 반면 개발 환경에서는 `create` 또는 `update`를 사용하는 편입니다. 이번 장에서는 개발 환경을 학습하고 있으므로 `create`를 사용합니다.

7번 줄의 `show-sql`은 로그에 하이버네이트가 생성한 쿼리문을 출력하는 옵션입니다. 아무 설정이 없으면 저장에 용이한 형태로 출력되기 때문에 사람이 보기에는 불편하게 한 줄로 출력됩니다. 8번 줄에서 사용한 `format_sql` 옵션으로 사람이 보기 좋게 포매팅할 수 있습니다.

6.7 엔티티 설계

Spring Data JPA를 사용하면 데이터베이스에 테이블을 생성하기 위해 직접 쿼리를 작성할 필요가 없습니다. 이 기능을 가능하게 하는 것이 엔티티입니다. JPA에서 엔티티는 데이터베이스의 테이블에 대응하는 클래스입니다. 엔티티에는 데이터베이스에 쓰일 테이블과 칼럼을 정의합니다. 엔티티에 애너테이션을 사용하면 테이블 간의 연관관계를 정의할 수 있습니다.

그림 6.14의 테이블은 예제 6.4와 같은 간단하게 엔티티 클래스로 구현할 수 있습니다. `data.entity` 패키지를 생성하고 그 안에 예제 6.4의 `Product` 엔티티 클래스를 생성합니다.

상품 테이블	
상품번호	int
상품이름	varchar
상품 가격	int
상품 재고	int
상품 생성 일자	DateTime
상품 정보 변경 일자	DateTime

그림 6.14 데이터베이스 테이블

예제 6.4 엔티티 클래스 file data/entity/Product.java

```
package com.springboot.jpa.data.entity;

import javax.persistence.*;
import java.time.LocalDateTime;
```

```

@Entity
@Table(name = "product")
public class Product {

    @Id
    @GeneratedValue(strategy = GenerationType.IDENTITY)
    private Long number;

    @Column(nullable = false)
    private String name;

    @Column(nullable = false)
    private Integer price;

    @Column(nullable = false)
    private Integer stock;

    private LocalDateTime createdAt;

    private LocalDateTime updatedAt;

    ... 게터/세터 메서드 생략 ...
}
```

참고로 엔티티 클래스에는 위의 내용과 함께 게터/세터 메서드가 필요하나 예제에서는 코드 길이 문제로 생략했습니다. 위와 같이 클래스를 생성하고 application.properties에 정의한 spring.jpa.hibernate.ddl-auto의 값을 create 같은 테이블을 생성하는 옵션으로 설정하면 쿼리문을 작성하지 않아도 데이터베이스에 테이블이 자동으로 만들어집니다.

6.7.1 엔티티 관련 기본 애너테이션

엔티티를 작성할 때는 애너테이션을 많이 사용합니다. 그중에는 테이블과 매핑하기 위해 사용하는 애너테이션도 있고, 다른 테이블과의 연관관계를 정의하기 위해 사용하는 애너테이션, 자동으로 값을 주입하기 위한 애너테이션도 있습니다. 여기서는 먼저 기본적으로 많이 사용하는 애너테이션을 소개하고, 다른 애너테이션은 이후 내용을 진행하면서 필요할 때마다 소개하겠습니다.

@Entity

해당 클래스가 엔티티임을 명시하기 위한 애너테이션입니다. 클래스 자체는 테이블과 일대일로 매칭되며, 해당 클래스의 인스턴스는 매핑되는 테이블에서 하나의 레코드를 의미합니다.

@Table

엔티티 클래스는 테이블과 매핑되므로 특별한 경우가 아니면 `@Table` 애너테이션이 필요하지 않습니다. `@Table` 애너테이션을 사용할 때는 클래스의 이름과 테이블의 이름을 다르게 지정해야 하는 경우입니다. `@Table` 애너테이션을 명시하지 않으면 테이블의 이름과 클래스의 이름이 동일하다는 의미이며, 서로 다른 이름을 쓰려면 `@Table(name = 값)` 형태로 데이터베이스의 테이블명을 명시해야 합니다. 대체로 자바의 명명법과 데이터베이스가 사용하는 명명법이 다르기 때문에 자주 사용됩니다.

@Id

엔티티 클래스의 필드는 테이블의 칼럼과 매핑됩니다. `@Id` 애너테이션이 선언된 필드는 테이블의 기본값 역할로 사용됩니다. 모든 엔티티는 `@Id` 애너테이션이 필요합니다. 꼭 기억해 주세요.

@GeneratedValue

일반적으로 `@Id` 애너테이션과 함께 사용됩니다. 이 애너테이션은 해당 필드의 값을 어떤 방식으로 자동으로 생성할지 결정할 때 사용합니다. 값 생성 방식은 다음과 같습니다.

GeneratedValue를 사용하지 않는 방식(직접 할당)

- 애플리케이션에서 자체적으로 고유한 기본값을 생성할 경우 사용하는 방식입니다.
- 내부에 정해진 규칙에 의해 기본값을 생성하고 식별자로 사용합니다.

AUTO

- `@GeneratedValue`의 기본 설정값
- 기본값을 사용하는 데이터베이스에 맞게 자동 생성합니다.

IDENTITY

- 기본값 생성을 데이터베이스에 위임하는 방식입니다.
- 데이터베이스의 `AUTO_INCREMENT`를 사용해 기본값을 생성합니다.

SEQUENCE

- @SequenceGenerator 애너테이션으로 식별자 생성기를 설정하고 이를 통해 값을 자동 주입받습니다.
- SequenceGenerator를 정의할 때는 name, sequenceName, allocationSize를 활용합니다.
- @GeneratedValue에 생성기를 설정합니다.

TABLE

- 어떤 DBMS를 사용하더라도 동일하게 동작하기를 원할 경우 사용합니다.
- 식별자로 사용할 숫자의 보관 테이블을 별도로 생성해서 엔티티를 생성할 때마다 값을 갱신하며 사용합니다.
- @TableGenerator 애너테이션으로 테이블 정보를 설정합니다.

@Column

엔티티 클래스의 필드는 자동으로 테이블 칼럼으로 매핑됩니다. 그래서 별다른 설정을 하지 않을 예정이라면 이 애너테이션을 명시하지 않아도 괜찮습니다. @Column 애너테이션은 그림 6.15와 같이 필드에 몇 가지 설정을 더할 때 사용합니다.

```
public @interface Column {
    String name() default "";

    boolean unique() default false;

    boolean nullable() default true;

    boolean insertable() default true;

    boolean updatable() default true;

    String columnDefinition() default "";

    String table() default "";

    int length() default 255;

    int precision() default 0;

    int scale() default 0;
}
```

그림 6.15 @Column 애너테이션의 요소 목록

`@Column` 애너테이션에서 많이 사용하는 요소는 다음과 같습니다.

- `name`: 데이터베이스의 칼럼명을 설정하는 속성입니다. 명시하지 않으면 필드명으로 지정됩니다.
- `nullable`: 레코드를 생성할 때 칼럼 값에 null 처리가 가능한지를 명시하는 속성입니다.
- `length`: 데이터베이스에 저장하는 데이터의 최대 길이를 설정합니다.
- `unique`: 해당 칼럼을 유니크로 설정합니다.

@Transient

엔티티 클래스에는 선언돼 있는 필드지만 데이터베이스에서는 필요 없을 경우 이 애너테이션을 사용해 데이터베이스에서 이용하지 않게 할 수 있습니다.

6.8 리포지터리 인터페이스 설계

Spring Data JPA는 `JpaRepository`를 기반으로 더욱 쉽게 데이터베이스를 사용할 수 있는 아키텍처를 제공합니다. 스프링 부트로 `JpaRepository`를 상속하는 인터페이스를 생성하면 기존의 다양한 메서드를 손쉽게 활용할 수 있습니다.

6.8.1 리포지터리 인터페이스 생성

여기서 이야기하는 리포지터리(Repository)는 Spring Data JPA가 제공하는 인터페이스입니다. 엔티티를 데이터베이스의 테이블과 구조를 생성하는 데 사용했다면 리포지터리는 엔티티가 생성한 데이터베이스에 접근하는 데 사용됩니다.

리포지터리를 생성하기 위해서는 접근하려는 테이블과 매핑되는 엔티티에 대한 인터페이스를 생성하고, 예제 6.5와 같이 `JpaRepository`를 상속받으면 됩니다.

예제 6.5 리포지터리 생성 file data/repository/ProductRepository.java

```java
public interface ProductRepository extends JpaRepository<Product, Long> {

}
```

이때 리포지터리 인터페이스는 `data.repository` 패키지를 생성한 후 그림 6.16과 같이 해당 패키지에 생성하면 됩니다.

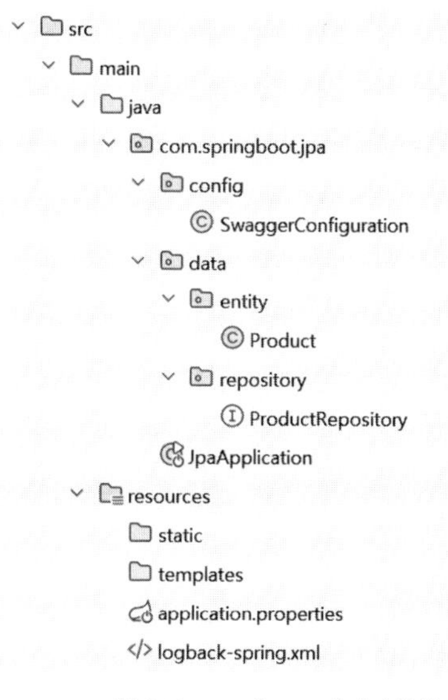

그림 6.16 repository 패키지 생성

`ProductRepository`가 `JpaRepository`를 상속받을 때는 대상 엔티티와 기본값 타입을 지정해야 합니다. 예제 6.4의 엔티티를 사용하기 위해서는 위와 같이 대상 엔티티를 `Product`로 설정하고 해당 엔티티의 `@Id` 필드 타입인 `Long`을 설정하면 됩니다.

생성된 리포지터리는 예제 6.6과 같이 `JpaRepository`를 상속받으면서 별도의 메서드 구현 없이도 많은 기능을 제공합니다.

예제 6.6 JpaRepository에서 제공하는 기본 메서드

```
@NoRepositoryBean
public interface JpaRepository<T, ID> extends ListCrudRepository<T, ID>, ListPagingAndSortingRepository<T, ID>, QueryByExampleExecutor<T> {
    void flush();
    <S extends T> S saveAndFlush(S entity);
    <S extends T> List<S> saveAllAndFlush(Iterable<S> entities);
```

```
    /** @deprecated */
    @Deprecated
    default void deleteInBatch(Iterable<T> entities) {
      this.deleteAllInBatch(entities);
    }

    void deleteAllInBatch(Iterable<T> entities);

    void deleteAllByIdInBatch(Iterable<ID> ids);

    void deleteAllInBatch();

    /** @deprecated */
    @Deprecated
    T getOne(ID id);

    /** @deprecated */
    @Deprecated
    T getById(ID id);

    T getReferenceById(ID id);

    <S extends T> List<S> findAll(Example<S> example);

    <S extends T> List<S> findAll(Example<S> example, Sort sort);
}
```

JpaRepository의 상속 구조를 보면 그림 6.17과 같습니다.

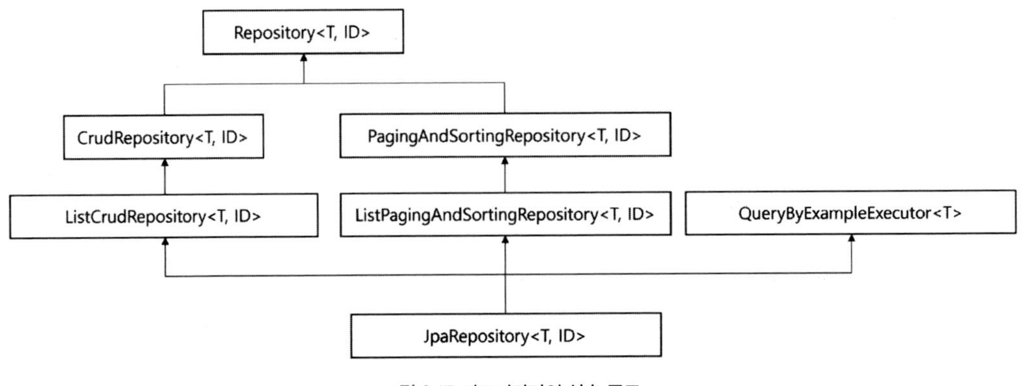

그림 6.17 리포지터리의 상속 구조

그림 6.17에서 타 리포지터리를 상속받고 있는 리포지터리 인터페이스에는 예제 6.6과 같이 각 메서드가 구현돼 있습니다. 타 리포지터리에 만들어진 메서드는 모두 앞에서 생성한 `ProductRepository`에서도 사용할 수 있습니다.

6.8.2 리포지터리 메서드의 생성 규칙

리포지터리에서는 몇 가지 명명규칙에 따라 커스텀 메서드도 생성할 수 있습니다. 일반적으로 CRUD(Create, Read, Update, Delete)에서 따로 생성해서 사용하는 메서드는 대부분 Read 부분에 해당하는 Select 쿼리밖에 없습니다. 엔티티를 저장하거나 갱신 또는 삭제할 때는 별도의 규칙이 필요하지 않기 때문입니다. 다만 리포지터리에서 기본적으로 제공하는 조회 메서드는 기본값으로 단일 조회하거나 전체 엔티티를 조회하는 것만 지원하고 있기 때문에 필요에 따라 다른 조회 메서드가 필요합니다.

메서드에 이름을 붙일 때는 첫 단어를 제외한 이후 단어들의 첫 글자를 대문자로 설정해야 JPA에서 정상적으로 인식하고 쿼리를 자동으로 만들어줍니다. 조회 메서드(find)에 조건으로 붙일 수 있는 몇 가지 기능을 소개하면 다음과 같습니다.

- FindBy: SQL문의 `where` 절 역할을 수행하는 구문입니다. `findBy` 뒤에 엔티티의 필드값을 입력해서 사용합니다.

  예) `findByName(String name)`
- And, Or: 조건을 여러 개 설정하기 위해 사용합니다.

  예) `findByNameAndEmail(String name, String email)`
- Like/NotLike: SQL문의 `like`와 동일한 기능을 수행하며, 특정 문자를 포함하는지 여부를 조건으로 추가합니다. 비슷한 키워드로 `Containing`, `Contains`, `isContaing`이 있습니다.
- StartsWith/StartingWith: 특정 키워드로 시작하는 문자열 조건을 설정합니다.
- EndsWith/EndingWith: 특정 키워드로 끝나는 문자열 조건을 설정합니다.
- IsNull/IsNotNull: 레코드 값이 Null이거나 Null이 아닌 값을 검색합니다.
- True/False: Boolean 타입의 레코드를 검색할 때 사용합니다.
- Before/After: 시간을 기준으로 값을 검색합니다.
- LessThan/GreaterThan: 특정 값(숫자)을 기준으로 대소 비교를 할 때 사용합니다.
- Between: 두 값(숫자) 사이의 데이터를 조회합니다.

- OrderBy: SQL 문에서 `order by`와 동일한 기능을 수행합니다. 예를 들어, 가격순으로 이름 조회를 수행한다면 `List<Product> findByNameOrderByPriceAsc(String name);`와 같이 작성합니다.
- countBy: SQL 문의 `count`와 동일한 기능을 수행하며, 결괏값의 개수(count)를 추출합니다.

자세한 쿼리 메서드는 7장에서 다루겠습니다.

6.9 DAO 설계

DAO(Data Access Object)는 데이터베이스에 접근하기 위한 로직을 관리하기 위한 객체입니다. 비즈니스 로직의 동작 과정에서 데이터를 조작하는 기능은 DAO 객체가 수행합니다. 다만 스프링 데이터 JPA에서 DAO의 개념은 리포지터리가 대체하고 있습니다.

규모가 작은 서비스에서는 DAO를 별도로 설계하지 않고 바로 서비스 레이어에서 데이터베이스에 접근해서 구현하기도 하지만, 이번 장에서는 DAO를 서비스 레이어와 리포지터리의 중간 계층을 구성하는 역할로 사용할 예정입니다. 이 책에서는 간단한 데이터베이스 호출만 다루고 있기 때문에 큰 의미는 없지만 실제로 업무에 필요한 비즈니스 로직을 개발하다 보면 데이터를 다루는 중간 계층을 두는 것이 유지보수 측면에서 용이한 경우가 많습니다. 물론 서비스 레이어에서 리포지터리의 메서드를 호출하고 그 결과에 대해 처리할 수 있지만 비즈니스 로직을 수행하는 과정에서 데이터베이스에 관한 작업을 처리하는 것은 기능을 분리하고 관리하기에 좋은 코드라고 보기 어렵습니다.

객체지향적인 설계에서는 서비스와 비즈니스 레이어를 분리해서 서비스 레이어에서는 서비스 로직을 수행하고 비즈니스 레이어에서는 비즈니스 로직을 수행해야 한다는 의견도 많습니다. 그러나 이번 장에서는 이런 관점은 간단하게만 다루고 서비스 객체가 비즈니스 로직까지 포함하는 방향으로 진행하겠습니다. 도메인(엔티티) 객체를 중심으로 다뤄지는 로직은 비즈니스 로직으로 볼 수 있습니다.

스터디 가이드 DAO vs. 리포지터리

DAO와 리포지터리는 역할이 비슷합니다. 그렇기 때문에 아직도 DAO와 리포지터리를 비교하거나 어떤 차이가 있는지 논쟁하는 경우가 많습니다. 실제로 리포지터리는 Spring Data JPA에서 제공하는 기능이기 때문에 기존의 스프링 프레임워크나 스프링 MVC의 사용자는 리포지터리라는 개념을 사용하지 않고 DAO 객체로 데이터베이스에 접근했습니다. 이런 측면에서 각 컴포넌트의 역할을 고민하는 시간을 가져보면 좋을 것 같습니다.

6.9.1 DAO 클래스 생성

DAO 클래스는 일반적으로 '인터페이스–구현체' 구성으로 생성합니다. DAO 클래스는 의존성 결합을 낮추기 위한 디자인 패턴이며, 서비스 레이어에 DAO 객체를 주입받을 때 인터페이스를 선언하는 방식으로 구성할 수 있습니다. 그림 6.18과 같이 `data.dao.impl` 구조로 패키지를 생성한 후 `dao` 패키지와 `impl` 패키지에 각각 `ProductDAO` 인터페이스와 `ProductDAOImpl` 클래스를 생성합니다.

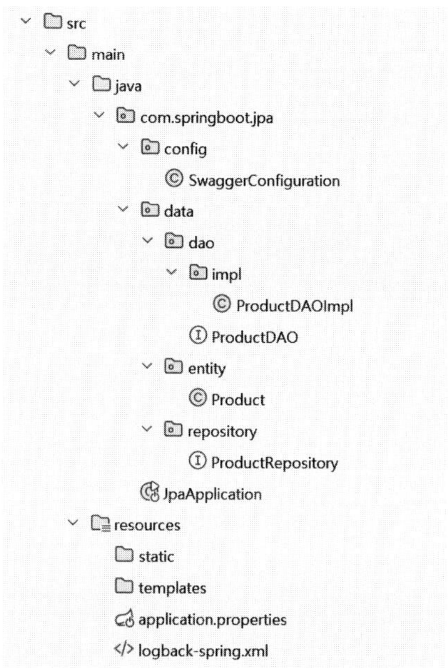

그림 6.18 DAO 관련 패키지 및 인터페이스, 클래스

다음으로 인터페이스를 구성합니다. 우선 기본적인 CRUD를 다루기 위해 예제 6.7과 같이 인터페이스에 메서드를 정의합니다.

예제 6.7 ProductDAO 인터페이스 file data/dao/ProductDAO.java

```java
package com.springboot.jpa.data.dao;

import com.springboot.jpa.data.entity.Product;

public interface ProductDAO {

    Product insertProduct(Product product);
```

```

    Product selectProduct(Long number);

    Product updateProductName(Long number, String name) throws Exception;

    void deleteProduct(Long number) throws Exception;

}
```

일반적으로 데이터베이스에 접근하는 메서드는 리턴 값으로 데이터 객체를 전달합니다. 이때 데이터 객체를 엔티티 객체로 전달할지, DTO 객체로 전달할지에 대해서는 개발자마다 의견이 분분합니다. 일반적인 설계 원칙에서 엔티티 객체는 데이터베이스에 접근하는 계층에서만 사용하도록 정의합니다. 다른 계층으로 데이터를 전달할 때는 DTO 객체를 사용합니다. 그러나 이 부분은 회사나 부서마다 견해 차이가 있으므로 각자 정해진 원칙에 따라 진행하는 것이 좋습니다.

이렇게 인터페이스의 설계를 마쳤다면 해당 인터페이스의 구현체를 만들어야 합니다. 우선 기능 구현을 위해 예제 6.8과 같은 구현체 클래스를 작성합니다. 해당 예제는 전체 코드가 길어져 `import` 구문을 생략했습니다.

예제 6.8 ProductDAO 인터페이스의 구현체 클래스 file data/dao/impl/ProductDAOImpl.java

```java
package com.springboot.jpa.data.dao.impl;

@Component
public class ProductDAOImpl implements ProductDAO {

    private final ProductRepository productRepository;

    @Autowired
    public ProductDAOImpl(ProductRepository productRepository) {
        this.productRepository = productRepository;
    }

    @Override
    public Product insertProduct(Product product) {
        return null;
    }
```

```
17
18      @Override
19      public Product selectProduct(Long number) {
20          return null;
21      }
22
23      @Override
24      public Product updateProductName(Long number, String name) throws Exception {
25          return null;
26      }
27
28      @Override
29      public void deleteProduct(Long number) throws Exception {
30
31      }
32  }
```

예제 6.8의 ProductDAOImpl 클래스를 스프링이 관리하는 빈으로 등록하려면 3번 줄과 같이 @Component 또는 @Service 애너테이션을 지정해야 합니다. 빈으로 등록된 객체는 다른 클래스가 인터페이스를 가지고 의존성을 주입받을 때 이 구현체를 찾아 주입하게 됩니다.

마찬가지로 DAO 객체에서도 데이터베이스에 접근하기 위해 리포지터리 인터페이스를 사용해 의존성 주입을 받아야 합니다. 6~11번 줄과 같이 리포지터리를 정의하고 생성자를 통해 의존성 주입을 받으면 됩니다.

이제 인터페이스에 정의한 메서드를 구현해야 합니다. 먼저 13~15번 줄에 정의돼 있는 insertProduct() 메서드를 구현하겠습니다. 이 메서드에서는 Product 엔티티를 데이터베이스에 저장하는 기능을 수행하며, 예제 6.9와 같이 작성할 수 있습니다.

예제 6.9 insertProduct() 메서드 file data/dao/impl/ProductDAOImpl.java

```
@Override
public Product insertProduct(Product product) {
    Product savedProduct = productRepository.save(product);

    return savedProduct;
}
```

3번 줄과 5번 줄을 합쳐서 좀 더 간결하게 작성할 수도 있지만 예외 처리를 하거나 코드 사이에 로그를 삽입해야 할 수 있기 때문에 서로 구분해서 작성했습니다. 6.8절에서 리포지터리를 생성할 때 인터페이스에서 따로 메서드를 구현하지 않아도 JPA에서 기본 메서드를 제공하므로 3번 줄과 같이 `save` 메서드를 활용할 수 있습니다.

다음으로 조회 메서드를 작성하겠습니다. 조회 메서드에 해당하는 `selectProduct()` 메서드는 예제 6.10과 같습니다.

예제 6.10 selectProduct() 메서드 file data/dao/impl/ProductDAOImpl.java

```
@Override
public Product selectProduct(Long number) {
    Product selectedProduct = productRepository.getById(number);

    return selectedProduct;
}
```

`selectProduct()` 메서드가 사용한 리포지터리의 메서드는 `getById()`입니다. 리포지터리에서는 단건 조회를 위한 기본 메서드로 두 가지를 제공하는데, 바로 `getById()` 메서드와 `findById()` 메서드입니다. 두 메서드는 조회한다는 기능 측면에서는 동일하지만 세부 내용이 다릅니다. 각 메서드의 자세한 설명은 다음과 같습니다.

getById()

내부적으로 `EntityManager`의 `getReference()` 메서드를 호출합니다. `getReference()` 메서드를 호출하면 프락시 객체를 리턴합니다. 실제 쿼리는 프락시 객체를 통해 최초로 데이터에 접근하는 시점에 실행됩니다. 이때 데이터가 존재하지 않는 경우에는 `EntityNotFoundException`이 발생합니다. `JpaRepository`의 실제 구현체인 `SimpleJpaRepository`의 `getById()` 메서드는 예제 6.11과 같습니다.

예제 6.11 SimpleJpaRepository의 getById() 메서드

```
@Override
public T getById(ID id) {
  Assert.notNull(id, ID_MUST_NOT_BE_NULL);
  return em.getReference(getDomainClass(), id);
}
```

findById()

내부적으로 EntityManager의 find() 메서드를 호출합니다. 이 메서드는 영속성 컨텍스트의 캐시에서 값을 조회한 후 영속성 컨텍스트에 값이 존재하지 않는다면 실제 데이터베이스에서 데이터를 조회합니다. 리턴 값으로 Optional 객체를 전달합니다. SimpleJpaRepository의 findById() 메서드는 예제 6.12와 같습니다.

예제 6.12 SimpleJpaRepository의 findById() 메서드

```
@Override
public Optional<T> findById(ID id) {

  Assert.notNull(id, ID_MUST_NOT_BE_NULL);

  Class<T> domainType = getDomainClass();

  if (metadata == null) {
    return Optional.ofNullable(em.find(domainType, id));
  }

  LockModeType type = metadata.getLockModeType();

  Map<String, Object> hints = new HashMap<>();
  getQueryHints().withFetchGraphs(em).forEach(hints::put);

  return Optional.ofNullable(type == null ? em.find(domainType, id, hints) : em.find(domainType, id, type, hints));
}
```

조회 기능을 구현하기 위해서는 어떤 메서드를 사용하더라도 무관합니다. 비즈니스 로직을 구현하는 데 적합한 방식을 선정해 활용하면 됩니다.

다음으로 업데이트 메서드를 구현해보겠습니다. 여기서는 Product 데이터의 상품명을 업데이트하는 기능을 구현합니다. 업데이트 메서드에 해당하는 updateProductName() 메서드는 예제 6.13과 같이 작성할 수 있습니다.

예제 6.13 updateProductName() 메서드 file data/dao/impl/ProductDAOImpl.java

```
@Override
public Product updateProductName(Long number, String name) throws Exception {
    Optional<Product> selectedProduct = productRepository.findById(number);

    Product updatedProduct;
    if (selectedProduct.isPresent()) {
        Product product = selectedProduct.get();

        product.setName(name);
        product.setUpdatedAt(LocalDateTime.now());

        updatedProduct = productRepository.save(product);
    } else {
        throw new Exception();
    }

    return updatedProduct;
}
```

JPA에서 데이터의 값을 변경할 때는 다른 메서드와는 다른 점이 있습니다. JPA는 값을 갱신할 때 update 라는 키워드를 사용하지 않습니다. 여기서는 영속성 컨텍스트를 활용해 값을 갱신하는데, find() 메서드를 통해 데이터베이스에서 값을 가져오면 가져온 객체가 영속성 컨텍스트에 추가됩니다. 영속성 컨텍스트가 유지되는 상황에서 객체의 값을 변경하고 다시 save()를 실행하면 JPA에서는 더티 체크(Dirty Check)라고 하는 변경 감지를 수행합니다. SimpleJpaRepository에 구현돼 있는 save() 메서드를 살펴보면 예제 6.14와 같습니다.

예제 6.14 SimpleJpaRepository의 save() 메서드

```
@Transactional
@Override
public <S extends T> S save(S entity) {

  Assert.notNull(entity, "Entity must not be null.");

  if (entityInformation.isNew(entity)) {
    em.persist(entity);
```

```
09        return entity;
10      } else {
11        return em.merge(entity);
12      }
13  }
```

위 예제의 1번 줄에는 `@Transactional` 애너테이션이 선언돼 있습니다. 이 애너테이션이 지정돼 있으면 메서드 내 작업을 마칠 경우 자동으로 `flush()` 메서드를 실행합니다. 이 과정에서 변경이 감지되면 대상 객체에 해당하는 데이터베이스의 레코드를 업데이트하는 쿼리가 실행됩니다.

다음으로 삭제 메서드를 구현합니다. 삭제 메서드에 해당하는 `deleteProduct()` 메서드는 예제 6.15와 같이 구현할 수 있습니다.

예제 6.15 `deleteProduct()` 메서드 file data/dao/impl/ProductDAOImpl.java

```
@Override
public void deleteProduct(Long number) throws Exception {
    Optional<Product> selectedProduct = productRepository.findById(number);

    if (selectedProduct.isPresent()) {
        Product product = selectedProduct.get();

        productRepository.delete(product);
    } else {
        throw new Exception();
    }
}
```

데이터베이스의 레코드를 삭제하기 위해서는 삭제하고자 하는 레코드와 매핑된 영속 객체를 영속성 컨텍스트에 가져와야 합니다. `deleteProduct()` 메서드는 `findById()` 메서드를 통해 객체를 가져오는 작업을 수행하고 `delete()` 메서드를 통해 해당 객체를 삭제하게끔 삭제 요청을 합니다. `SimpleJpaRepository`의 `delete()` 메서드를 보면 예제 6.16과 같습니다.

예제 6.16 `SimpleJpaRepository`의 `delete()` 메서드

```
@Override
@Transactional
@SuppressWarnings("unchecked")
```

```
04 public void delete(T entity) {
05
06   Assert.notNull(entity, "Entity must not be null!");
07
08   if (entityInformation.isNew(entity)) {
09     return;
10   }
11
12   Class<?> type = ProxyUtils.getUserClass(entity);
13
14   T existing = (T) em.find(type, entityInformation.getId(entity));
15
16   // if the entity to be deleted doesn't exist, delete is a NOOP
17   if (existing == null) {
18     return;
19   }
20
21   em.remove(em.contains(entity) ? entity : em.merge(entity));
22 }
```

SimpleJpaRepository의 **delete()** 메서드는 8번 줄에서 **delete()** 메서드로 전달받은 엔티티가 영속성 컨텍스트에 있는지 파악하고, 해당 엔티티를 영속성 컨텍스트에 영속화하는 작업을 거쳐 데이터베이스의 레코드와 매핑합니다. 그렇게 매핑된 영속 객체를 대상으로 삭제 요청을 수행하는 메서드를 실행해 작업을 마치고 커밋(commit) 단계에서 삭제를 진행합니다.

6.10 DAO 연동을 위한 컨트롤러와 서비스 설계

앞에서 설계한 구성 요소들을 클라이언트의 요청과 연결하려면 컨트롤러와 서비스를 생성해야 합니다. 이를 위해 먼저 DAO의 메서드를 호출하고 그 외 비즈니스 로직을 수행하는 서비스 레이어를 생성한 후 컨트롤러를 생성하겠습니다.

6.10.1 서비스 클래스 만들기

서비스 레이어에서는 도메인 모델(Domain Model)을 활용해 애플리케이션에서 제공하는 핵심 기능을 제공합니다. 여기서 말하는 핵심 기능을 구현하려면 세부 기능을 정의해야 합니다. 세부 기능이 모여 핵심 기능을 구현하기 때문입니다. 이러한 모든 로직을 서비스 레이어에서 포함하기란 쉽지 않은 일입니다. 이 같은 아키텍처의 한계를 극복하기 위해 아키텍처를 서비스 로직과 비즈니스 로직으로 분리하기도 합니다. 도메인을 활용한 세부 기능들을 비즈니스 레이어의 로직에서 구현하고, 서비스 레이어에서는 기능들을 종합해서 핵심 기능을 전달하도록 구성하는 경우가 대표적입니다.

다만 이 책의 목적은 과도한 기능 구현보다는 어떻게 프로젝트를 구성하고 스프링 부트의 기능을 온전히 사용할 수 있는지를 고민하는 것이므로 서비스 레이어에서 비즈니스 로직을 처리하는 아키텍처로 진행합니다.

서비스 객체는 DAO와 마찬가지로 추상화해서 구성합니다. 그림 6.19와 같이 `service` 패키지와 클래스, 인터페이스를 구성합니다.

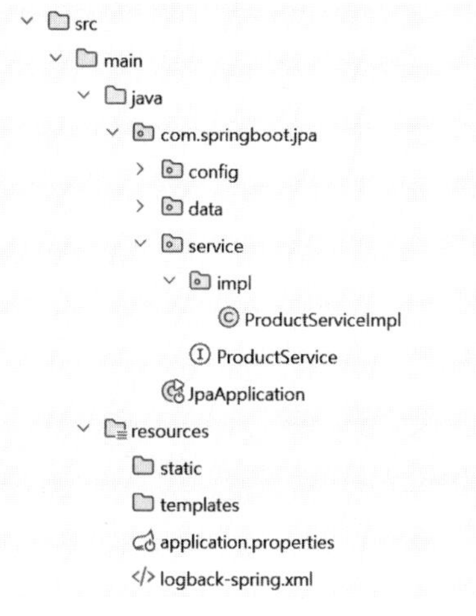

그림 6.19 서비스 패키지 및 클래스 생성

서비스 인터페이스를 작성하기 전에 필요한 DTO 클래스를 생성하겠습니다. `data` 패키지 안에 `dto` 패키지를 생성하고 `ProductDto`와 `ProductResponseDto` 클래스를 생성합니다.

예제 6.17 ProductDto 클래스 file data/dto/ProductDto.java

```
public class ProductDto {

    private String name;
    private int price;
    private int stock;
```

```java

    public ProductDto(String name, int price, int stock) {
        this.name = name;
        this.price = price;
        this.stock = stock;
    }

    public String getName() {
        return name;
    }

    public void setName(String name) {
        this.name = name;
    }

    public int getPrice() {
        return price;
    }

    public void setPrice(int price) {
        this.price = price;
    }

    public int getStock() {
        return stock;
    }

    public void setStock(int stock) {
        this.stock = stock;
    }
}
```

예제 6.18 ProductResponseDto 클래스 file data/dto/ProductResponseDto.java

```java
public class ProductResponseDto {

    private Long number;
    private String name;
    private int price;
```

```
    private int stock;

    public ProductResponseDto() {}

    public ProductResponseDto(Long number, String name, int price, int stock) {
        this.number = number;
        this.name = name;
        this.price = price;
        this.stock = stock;
    }

    public Long getNumber() {
        return number;
    }

    public void setNumber(Long number) {
        this.number = number;
    }

    public String getName() {
        return name;
    }

    public void setName(String name) {
        this.name = name;
    }

    public int getPrice() {
        return price;
    }

    public void setPrice(int price) {
        this.price = price;
    }

    public int getStock() {
        return stock;
    }
```

```
    
    public void setStock(int stock) {
        this.stock = stock;
    }
}
```

필요에 따라 빌더 메서드와 hashCode/equals 메서드도 추가할 수 있습니다.

Tip 빌더 메서드

빌더 메서드는 빌더(Builder) 패턴을 따르는 메서드입니다. 데이터 클래스를 사용할 때 생성자로 초기화할 경우 모든 필드에 값을 넣거나 null을 명시적으로 사용해야 합니다. 이러한 단점을 보완하기 위해 나온 패턴이 빌더 패턴이며, 이 패턴을 이용하면 필요한 데이터만 설정할 수 있어 유연성을 확보할 수 있습니다. 빌더 패턴을 따르는 빌더 메서드는 다음과 같은 방법으로 작성할 수 있습니다.

```
public class ProductResponseDto {

    private Long number;
    private String name;
    private int price;
    private int stock;

    public static ProductResponseDtoBuilder builder() {
        return new ProductResponseDtoBuilder();
    }

    public static class ProductResponseDtoBuilder {
        private Long number;
        private String name;
        private int price;
        private int stock;

        ProductResponseDtoBuilder() {
        }

        public ProductResponseDtoBuilder number(Long number) {
            this.number = number;
            return this;
        }
```

```java

        public ProductResponseDtoBuilder name(String name) {
            this.name = name;
            return this;
        }

        public ProductResponseDtoBuilder price(int price) {
            this.price = price;
            return this;
        }

        public ProductResponseDtoBuilder stock(int stock) {
            this.stock = stock;
            return this;
        }

        public ProductResponseDto build() {
            return new ProductResponseDto(number, name, price, stock);
        }

        public String toString() {
            return "ProductResponseDto.ProductResponseDtoBuilder(number=" + this.number + ",
name=" + this.name + ", price=" + this.price + ", stock=" + this.stock + ")";
        }
    }
}
```

그리고 서비스 인터페이스를 작성합니다. 기본적인 CRUD의 기능을 호출하기 위해 간단하게 메서드를 정의하겠습니다. 예제 6.19와 같이 코드를 작성할 수 있습니다.

예제 6.19 ProductService 인터페이스 설계 file service/ProductService.java

```java
public interface ProductService {

    ProductResponseDto getProduct(Long number);

    ProductResponseDto saveProduct(ProductDto productDto);

```

```
    ProductResponseDto changeProductName(Long number, String name) throws Exception;

    void deleteProduct(Long number) throws Exception;

}
```

위 인터페이스는 DAO에서 구현한 기능을 서비스 인터페이스에서 호출해 결괏값을 가져오는 작업을 수행하도록 설계했습니다. 서비스에서는 클라이언트가 요청한 데이터를 적절하게 가공해서 컨트롤러에게 넘기는 역할을 합니다. 이 과정에서 여러 메서드를 사용하는데, 지금은 간단하게 CRUD만 구현하기 때문에 코드가 단순해 보일 수 있습니다.

위 예제를 보면 리턴 타입이 DTO 객체인 것을 볼 수 있습니다. DAO 객체에서 엔티티 타입을 사용하는 것을 고려하면 서비스 레이어에서 DTO 객체와 엔티티 객체를 각 레이어에 변환해서 전달하는 역할도 수행한다고 볼 수 있습니다. 다만 이 부분은 실무 환경에서 내부적으로 어떻게 정의하느냐에 따라 달라질 수 있습니다.

정리해보면 데이터베이스와 밀접한 관련이 있는 데이터 액세스 레이어까지는 엔티티 객체를 사용하고, 클라이언트와 가까워지는 다른 레이어에서는 데이터를 교환하는 데 DTO 객체를 사용하는 것이 일반적입니다. 이 책에서 구현하는 스프링 부트 애플리케이션의 구조는 그림 6.20과 같습니다.

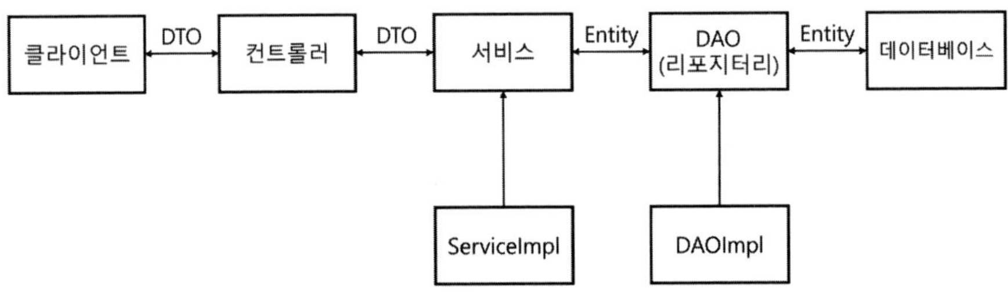

그림 6.20 스프링 부트 애플리케이션의 구조

그림 6.20은 서비스와 DAO의 사이에서 엔티티로 데이터를 전달하는 것으로 표현했지만 회사나 개발 그룹 내 규정에 따라 DTO를 사용하기도 합니다. 위 구조는 각 레이어 사이의 큰 데이터의 전달을 표현한 것이고, 단일 데이터나 소량의 데이터를 전달하는 경우 DTO나 엔티티를 사용하지 않고 직접 값을 넘겨주기도 합니다.

지금까지 서비스 인터페이스를 생성했습니다. 이제 구현체 클래스를 작성해 봅시다. 구현체 클래스의 기본 형태는 예제 6.20과 같습니다.

예제 6.20 서비스 인터페이스 구현체 클래스 file service/impl/ProductServiceImpl.java

```
01 @Service
02 public class ProductServiceImpl implements ProductService {
03
04     private final ProductDAO productDAO;
05
06     @Autowired
07     public ProductServiceImpl(ProductDAO productDAO) {
08         this.productDAO = productDAO;
09     }
10
11     @Override
12     public ProductResponseDto getProduct(Long number) {
13         return null;
14     }
15
16     @Override
17     public ProductResponseDto saveProduct(ProductDto productDto) {
18         return null;
19     }
20
21     @Override
22     public ProductResponseDto changeProductName(Long number, String name) throws Exception {
23         return null;
24     }
25
26     @Override
27     public void deleteProduct(Long number) throws Exception {
28
29     }
30 }
```

인터페이스 구현체 클래스에서는 4~9번 줄과 같이 DAO 인터페이스를 선언하고 `@Autowired`를 지정한 생성자를 통해 의존성을 주입받습니다. 그리고 인터페이스에서 정의한 메서드를 오버라이딩합니다.

이제 오버라이딩된 메서드를 구현할 차례입니다. 먼저 조회 메서드에 해당하는 `getProduct()` 메서드를 구현하겠습니다. `getProduct()` 메서드는 예제 6.21과 같이 구현할 수 있습니다.

예제 6.21 getProduct() 메서드 구현 file service/impl/ProductServiceImpl.java

```
01 @Service
02 public class ProductServiceImpl implements ProductService {
03
04     private final ProductDAO productDAO;
05
06     @Autowired
07     public ProductServiceImpl(ProductDAO productDAO) {
08         this.productDAO = productDAO;
09     }
10
11     @Override
12     public ProductResponseDto getProduct(Long number) {
13         Product product = productDAO.selectProduct(number);
14
15         ProductResponseDto productResponseDto = new ProductResponseDto();
16         productResponseDto.setNumber(product.getNumber());
17         productResponseDto.setName(product.getName());
18         productResponseDto.setPrice(product.getPrice());
19         productResponseDto.setStock(product.getStock());
20
21         return productResponseDto;
22     }
23 }
```

현재 서비스 레이어에는 DTO 객체와 엔티티 객체가 공존하도록 설계돼 있어 변환 작업이 필요합니다. 6~9번 줄에서는 DTO 객체를 생성하고 값을 넣어 초기화하는 작업을 수행하는데, 이런 부분은 빌더(Builder) 패턴을 활용하거나 엔티티 객체나 DTO 객체 내부에 변환하는 메서드를 추가해서 간단하게 전환할 수 있습니다.

다음으로 `ProductServiceImpl`에서 저장 메서드에 해당하는 `saveProduct()` 메서드를 구현하겠습니다(예제 6.22).

예제 6.22 saveProduct() 메서드 구현 file: service/impl/ProductServiceImpl.java

```
@Service
public class ProductServiceImpl implements ProductService {

    private final ProductDAO productDAO;

    @Autowired
    public ProductServiceImpl(ProductDAO productDAO) {
        this.productDAO = productDAO;
    }

    @Override
    public ProductResponseDto saveProduct(ProductDto productDto) {
        Product product = new Product();
        product.setName(productDto.getName());
        product.setPrice(productDto.getPrice());
        product.setStock(productDto.getStock());
        product.setCreatedAt(LocalDateTime.now());
        product.setUpdatedAt(LocalDateTime.now());

        Product savedProduct = productDAO.insertProduct(product);

        ProductResponseDto productResponseDto = new ProductResponseDto();
        productResponseDto.setNumber(savedProduct.getNumber());
        productResponseDto.setName(savedProduct.getName());
        productResponseDto.setPrice(savedProduct.getPrice());
        productResponseDto.setStock(savedProduct.getStock());

        return productResponseDto;
    }
}
```

저장 메서드는 로직이 간단합니다. 전달받은 DTO 객체를 통해 엔티티 객체를 생성해서 초기화한 후 DAO 객체로 전달하면 됩니다. 다만 저장 메서드의 리턴 타입을 어떻게 지정할지는 고민해야 합니다. 일반적으로 저장 메서드는 void 타입으로 작성하거나 작업의 성공 여부를 나타내는 boolean 타입으로 지정하는 경우가 많습니다. 리턴 타입은 해당 비즈니스 로직이 어떤 성격을 띠느냐에 따라 결정하는 것이 바람직합니다.

saveProduct() 메서드는 상품 정보를 전달하고 애플리케이션을 거쳐 데이터베이스에 저장하는 역할을 수행합니다. 현재 데이터를 조회하는 메서드는 데이터베이스에서 인덱스를 통해 값을 찾아야 하는데, void로 저장 메서드를 구현할 경우에는 클라이언트가 저장한 데이터의 인덱스 값을 알 방법이 없습니다. 그렇기 때문에 데이터를 저장하면서 가져온 인덱스를 DTO에 담아 결괏값으로 클라이언트에 전달하는 22~26번 줄의 코드를 작성했습니다. 만약 이 같은 방식이 아니라 void 형식으로 메서드를 작성한다면 조회 메서드를 추가로 구현하고 클라이언트에서 한 번 더 요청해야 합니다.

이번에는 업데이트 메서드를 구현합니다. 업데이트 메서드에 해당하는 changeProductName() 메서드는 예제 6.23과 같이 구현할 수 있습니다.

예제 6.23 changeProductName() 메서드 구현 file service/impl/ProductServiceImpl.java

```java
@Service
public class ProductServiceImpl implements ProductService {

    private final ProductDAO productDAO;

    @Autowired
    public ProductServiceImpl(ProductDAO productDAO) {
        this.productDAO = productDAO;
    }

    @Override
    public ProductResponseDto changeProductName(Long number, String name) throws Exception {
        Product changedProduct = productDAO.updateProductName(number, name);

        ProductResponseDto productResponseDto = new ProductResponseDto();
        productResponseDto.setNumber(changedProduct.getNumber());
        productResponseDto.setName(changedProduct.getName());
        productResponseDto.setPrice(changedProduct.getPrice());
        productResponseDto.setStock(changedProduct.getStock());

        return productResponseDto;
    }
}
```

changeProductName() 메서드는 상품정보 중 이름을 변경하는 작업을 수행합니다. 이름을 변경하기 위해 먼저 클라이언트로부터 대상을 식별할 수 있는 인덱스 값과 변경하려는 이름을 받아옵니다. 좀 더 견고하게 코드를 작성하기 위해서는 기존 이름도 받아와 식별자로 가져온 상품정보와 일치하는지 검증하는 단계를 추가하기도 합니다.

이 기능의 핵심이 되는 비즈니스 로직은 레코드의 이름 칼럼을 변경하는 것입니다. 실제 레코드 값을 변경하는 작업은 예제 6.13과 같이 DAO에서 진행하기 때문에 서비스 레이어에서는 해당 메서드를 호출해서 결괏값만 받아옵니다.

마지막으로 삭제 메서드를 구현하겠습니다. 삭제 메서드에도 동일하게 검증 로직을 추가해도 되지만 우선 삭제 기능만 수행하도록 구현하겠습니다(예제 6.24).

예제 6.24 deleteProduct() 메서드 구현 file service/impl/ProductServiceImpl.java

```
@Override
public void deleteProduct(Long number) throws Exception {
    productDAO.deleteProduct(number);
}
```

상품정보를 삭제하는 메서드는 리포지터리에서 제공하는 delete() 메서드를 사용할 경우 리턴받는 타입이 지정돼 있지 않기 때문에 리턴 타입을 void로 지정해 메서드를 구현합니다.

6.10.2 컨트롤러 생성

서비스 객체의 설계를 마친 후에는 비즈니스 로직과 클라이언트의 요청을 연결하는 컨트롤러를 생성해야 합니다. 5장에서 컨트롤러를 생성하는 방법에 대해 다뤘으므로 여기서는 간단하게 설명하고 넘어가겠습니다. 컨트롤러의 패키지와 컨트롤러는 그림 6.21과 같이 구성합니다.

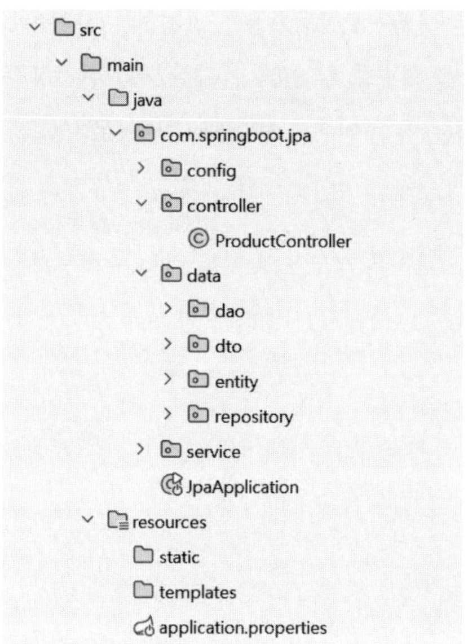

그림 6.21 컨트롤러 패키지 및 클래스 생성

컨트롤러는 클라이언트로부터 요청을 받고 해당 요청에 대해 서비스 레이어에 구현된 적절한 메서드를 호출해서 결괏값을 받습니다. 이처럼 컨트롤러는 요청과 응답을 전달하는 역할만 맡는 것이 좋습니다. 컨트롤러는 예제 6.25와 같이 작성합니다.

예제 6.25 ProductController 클래스 file controller/ProductController.java

```
@RestController
@RequestMapping("/product")
public class ProductController {

    private final ProductService productService;

    @Autowired
    public ProductController(ProductService productService) {
        this.productService = productService;
    }

    @GetMapping()
    public ResponseEntity<ProductResponseDto> getProduct(Long number) {
        ProductResponseDto productResponseDto = productService.getProduct(number);

```

```
16            return ResponseEntity.status(HttpStatus.OK).body(productResponseDto);
17        }
18
19        @PostMapping()
20        public ResponseEntity<ProductResponseDto> createProduct(@RequestBody ProductDto productDto) {
21            ProductResponseDto productResponseDto = productService.saveProduct(productDto);
22
23            return ResponseEntity.status(HttpStatus.OK).body(productResponseDto);
24        }
25
26        @PutMapping()
27        public ResponseEntity<ProductResponseDto> changeProductName(
28            @RequestBody ChangeProductNameDto changeProductNameDto) throws Exception {
29            ProductResponseDto productResponseDto = productService.changeProductName(
30                changeProductNameDto.getNumber(),
31                changeProductNameDto.getName());
32
33            return ResponseEntity.status(HttpStatus.OK).body(productResponseDto);
34
35        }
36
37        @DeleteMapping()
38        public ResponseEntity<String> deleteProduct(Long number) throws Exception {
39            productService.deleteProduct(number);
40
41            return ResponseEntity.status(HttpStatus.OK).body("정상적으로 삭제되었습니다.");
42        }
43
44    }
```

32번 줄에서 사용된 ChangeProductNameDto는 예제 6.26과 같이 구현합니다.

예제 6.26 ChangeProductNameDto 클래스 file data/dto/ChangeProductNameDto.java

```java
package com.springboot.jpa.data.dto;

public class ChangeProductNameDto {

    private Long number;
```

```java

    private String name;

    public ChangeProductNameDto(Long number, String name) {
        this.number = number;
        this.name = name;
    }

    public ChangeProductNameDto() {
    }

    public Long getNumber() {
        return this.number;
    }

    public String getName() {
        return this.name;
    }

    public void setNumber(Long number) {
        this.number = number;
    }

    public void setName(String name) {
        this.name = name;
    }

}
```

6.10.3 Swagger API를 통한 동작 확인

여기까지 진행하면 그림 6.22와 같이 프로젝트의 구조가 완성됩니다.

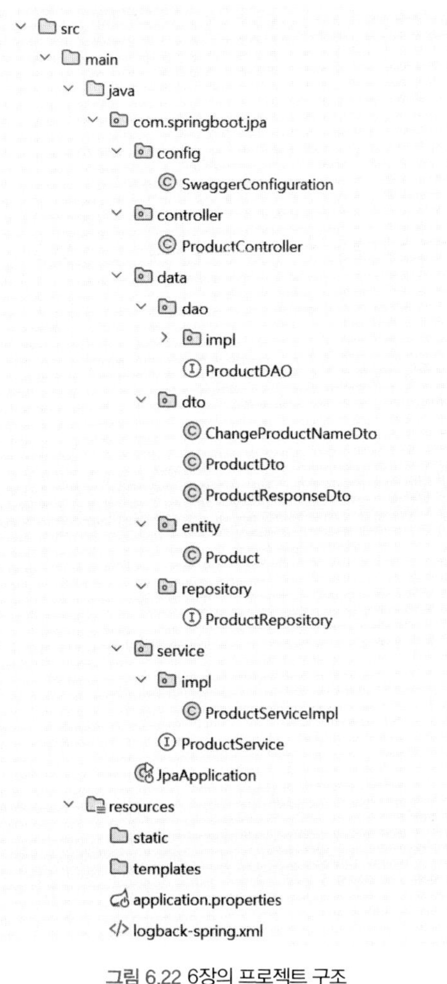

그림 6.22 6장의 프로젝트 구조

지금까지 구현한 코드에는 상품정보를 조회, 저장, 삭제할 수 있는 기능을 비롯해 상품정보 중 상품의 이름을 수정하는 기능이 포함돼 있습니다. 각 기능에 대한 요청은 '컨트롤러 - 서비스 - DAO - 리포지터리'의 계층을 따라 이동하고, 그것의 역순으로 응답을 전달하는 구조입니다.

그럼 Swagger API를 통해 애플리케이션의 클라이언트 입장에서 기능을 요청해보고 어떻게 결과가 나타나는지 살펴보겠습니다. 앞의 5.6절을 참조해서 컨트롤러의 각 기능에 API 명세를 작성합니다. 작성 방법은 전과 동일하며, `basePackage`를 정의하는 코드에서 패키지명을 현재 실습 중인 패키지 경로로 수정하면 됩니다. 이후 Swagger API를 사용하기 위해 그림 6.23과 같이 애플리케이션을 실행하고 웹 브라우저를 통해 Swagger 페이지(`http://localhost:8080/swagger-ui/index.html`)로 접속합니다.

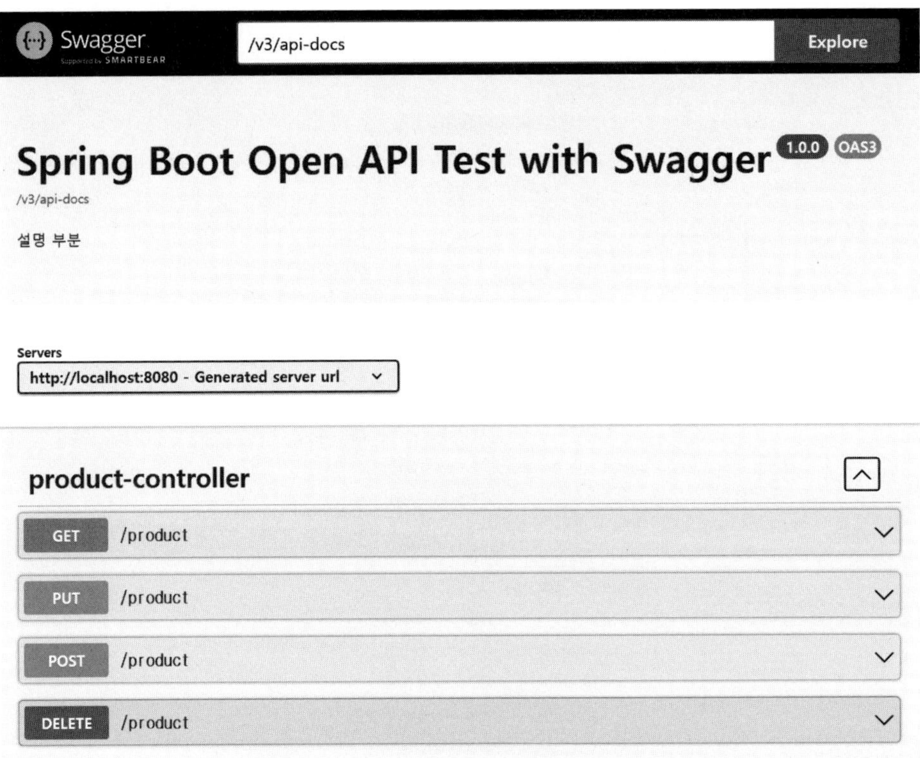

그림 6.23 Swagger API 페이지

먼저 상품정보를 저장하겠습니다. 상품정보를 저장하기 위해서는 POST 메서드를 사용하는 `createProduct()` 메서드를 사용해야 합니다. 위 그림에서 POST API를 클릭하고 [Try it out]을 눌러 그림 6.24와 같이 값을 입력합니다.

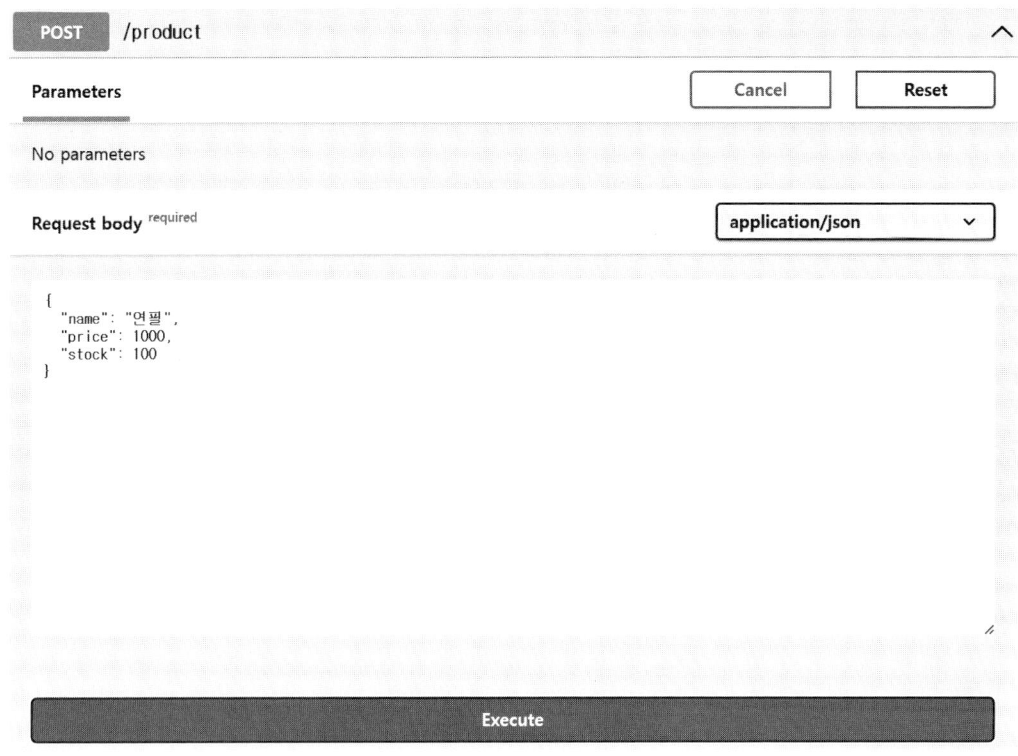

그림 6.24 POST 메서드의 Body 값 입력

위와 같이 상품 이름은 '연필'로 설정하고 가격은 1000, 재고수량은 100으로 입력합니다. 그러고 나서 하단의 [Execute] 버튼을 누르면 다음과 같은 하이버네이트 로그가 출력됩니다.

```
Hibernate:
    insert
    into
        product
        (created_at, name, price, stock, updated_at)
    values
        (?, ?, ?, ?, ?)
```

정상적으로 insert 쿼리가 생성되어 실행된 것을 볼 수 있습니다. 실제로 데이터베이스에 데이터가 저장됐는지 HeidiSQL을 통해 데이터베이스를 확인합니다(그림 6.25).

number	created_at	name	price	stock	updated_at
4	2024-12-03 16:49:11.972266	연필	1,000	100	2024-12-03 16:49:11.972266

그림 6.25 데이터베이스에 추가된 데이터

createProduct 명령어를 최초로 실행한 상태라면 number 칼럼의 값은 1로 나올 것입니다. 그리고 Swagger에서 입력한 이름과 가격, 재고수량이 정상적으로 입력되고 ProductService에서 구현했던 saveProduct() 메서드를 통해 created_at과 updated_at 칼럼에 시간이 포함된 데이터가 추가됐습니다.

이제 이 값을 가져오겠습니다. 앞에서 만든 조회 메서드는 number의 값을 가지고 데이터를 조회하기 때문에 Swagger 페이지에서 그림 6.26과 같이 데이터베이스에서 확인한 값을 입력합니다.

GET /product

Parameters | Cancel

Name	Description
number * required integer($int64) *(query)*	4

Execute

그림 6.26 GET 메서드의 파라미터 값 입력

그리고 나서 [Execute] 버튼을 누르면 결과 페이지에서 그림 6.27과 같이 정상적으로 응답 Body에 값이 담긴 것을 확인할 수 있습니다.

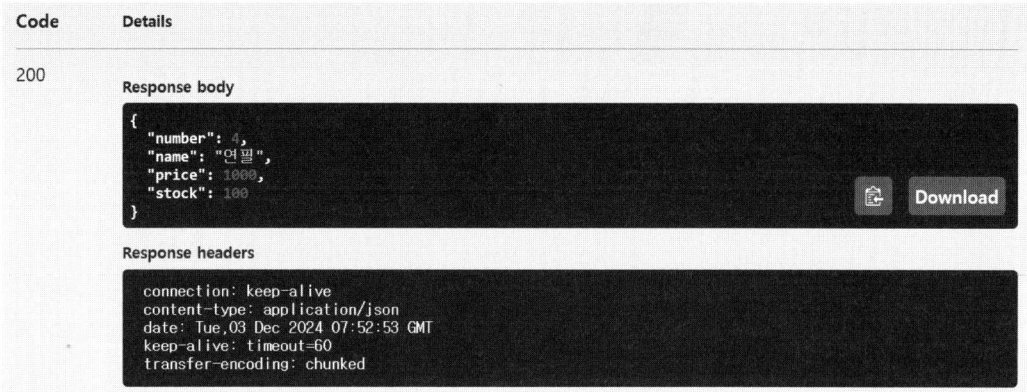

그림 6.27 GET 메서드로 조회한 결과

인텔리제이 IDEA에서 로그를 확인해보면 다음과 같은 `select` 쿼리가 실행된 것을 확인할 수 있습니다.

```
Hibernate:
    select
        p1_0.number,
        p1_0.created_at,
        p1_0.name,
        p1_0.price,
        p1_0.stock,
        p1_0.updated_at
    from
        product p1_0
    where
        p1_0.number=?
```

그럼 이번에는 `updateProductName()` 메서드를 통해 상품의 이름을 변경하겠습니다. Swagger 페이지에서 그림 6.28과 같이 값을 입력합니다.

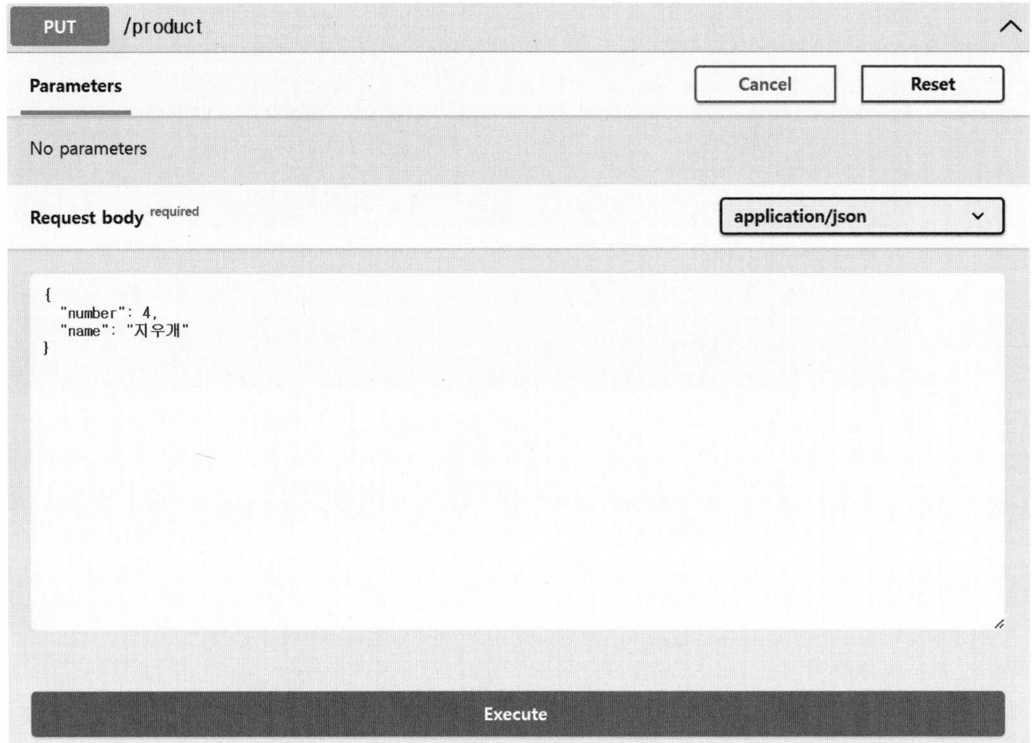

그림 6.28 PUT 메서드의 Body 값 입력

위와 같이 Body 값에 식별자 번호를 입력하고 바꾸고자 하는 이름을 기입한 후 [Execute] 버튼을 클릭합니다. 그럼 이름이 변경된 상태의 값이 응답으로 오는 것을 확인할 수 있습니다(그림 6.29).

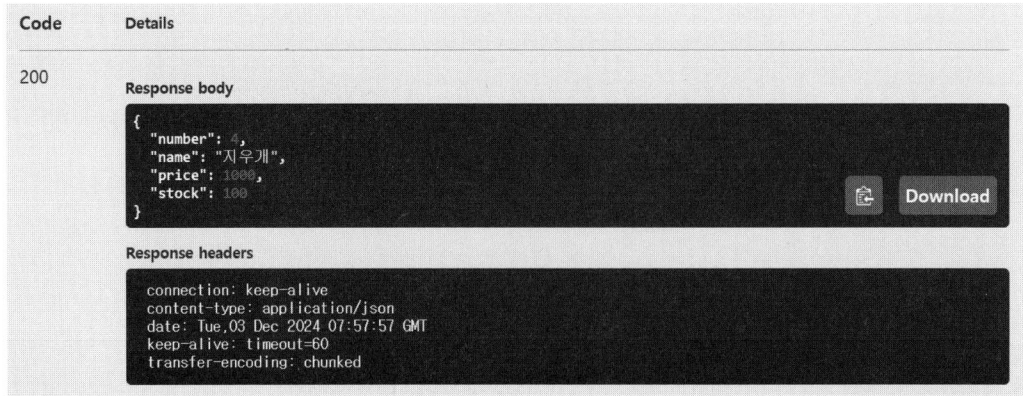

그림 6.29 PUT 메서드를 통해 전달된 응답

마찬가지로 인텔리제이 IDEA에서 로그를 확인해보면 다음과 같은 쿼리가 실행된 것을 확인할 수 있습니다.

```
Hibernate:
    select
        p1_0.number,
        p1_0.created_at,
        p1_0.name,
        p1_0.price,
        p1_0.stock,
        p1_0.updated_at
    from
        product p1_0
    where
        p1_0.number=?
Hibernate:
    update
        product
    set
        created_at=?,
        name=?,
        price=?,
        stock=?,
        updated_at=?
    where
        number=?
```

쿼리를 보면 업데이트를 위해 대상 영속 객체를 조회한 후 갱신을 위한 update 쿼리를 실행하는 것을 볼 수 있습니다.

다음으로 앞에서 생성했던 상품정보를 삭제하겠습니다. 그림 6.30과 같이 데이터베이스에서 확인했던 number 값을 파라미터에 입력합니다.

DELETE /product

Parameters

Cancel

Name	Description
number * required integer($int64) (query)	4

Execute

그림 6.30 DELETE 메서드의 파라미터 값 입력

값을 입력한 후 [Execute] 버튼을 누르고 결과 화면을 확인합니다(그림 6.31).

Code	Details
200	Response body 정상적으로 삭제되었습니다. Download Response headers connection: keep-alive content-length: 38 content-type: text/plain;charset=UTF-8 date: Tue,03 Dec 2024 08:00:12 GMT keep-alive: timeout=60

그림 6.31 DELETE 메서드의 응답 결과

컨트롤러에서 `deleteProduct()` 메서드를 작성할 때 정상적으로 삭제가 되면 문자열 값을 Body 값에 담아 전달하도록 구현했기 때문에 'Response Body' 부분에 삭제 확인 메시지가 담겨 있습니다. 상품정보를 삭제하기 위해 생성된 쿼리는 다음과 같습니다.

```
Hibernate:
    select
        p1_0.number,
        p1_0.created_at,
        p1_0.name,
        p1_0.price,
```

```
            p1_0.stock,
            p1_0.updated_at
        from
            product p1_0
        where
            p1_0.number=?
    Hibernate:
        delete
        from
            product
        where
            number=?
```

삭제할 데이터를 특정하기 위해 select 쿼리를 통해 데이터를 영속성 컨텍스트로 가져오고, 해당 객체를 삭제 요청해서 commit 단계에서 정상적으로 삭제하는 동작이 수행됐습니다.

이렇게 해서 제품 정보에 대한 기본 CRUD 조작을 실습했습니다. 다음 장에서는 조금 더 복잡한 JPA의 기능을 사용할 예정입니다.

6.11 [한걸음 더] 반복되는 코드의 작성을 생략하는 방법 - 롬복

롬복(Lombok)[4]은 데이터(모델) 클래스를 생성할 때 반복적으로 사용하는 게터/세터 같은 메서드를 애너테이션으로 대체하는 기능을 제공하는 라이브러리입니다. 자바에서 데이터 클래스를 작성하면 대개 많은 멤버 변수를 선언하고, 각 멤버 변수별로 게터/세터 메서드를 만들어 코드가 길어지고 가독성이 낮아집니다. 인텔리제이 IDEA나 이클립스 같은 IDE에서는 이러한 메서드를 자동으로 생성하는 기능을 제공하긴 하지만 가독성이 떨어진다는 점에서는 마찬가지입니다.

이러한 경우 롬복을 활용하면 다음과 같은 장점이 있습니다.

- 애너테이션 기반으로 코드를 자동 생성하므로 생산성이 높아집니다.
- 반복되는 코드를 생략할 수 있어 가독성이 좋아집니다.
- 롬복을 안다면 간단하게 코드를 유추할 수 있어 유지보수에 용이합니다.

4 https://projectlombok.org/

반면 몇 가지 이유로 롬복을 사용하는 것을 좋아하지 않는 개발자도 있습니다. 롬복을 선호하지 않는 가장 큰 이유는 코드를 애너테이션이 자동 생성하기 때문에 메서드를 개발자의 의도대로 정확하게 구현하지 못하는 경우가 발생한다는 것입니다.

6.11.1 롬복 설치

이 책에서는 프로젝트를 생성하는 단계에서 롬복을 의존성에 추가해 둔 상태입니다. pom.xml 파일에 예제 6.27과 같은 코드가 추가돼 있는지 확인해 봅시다.

예제 6.27 롬복 의존성 추가 file pom.xml

```
<dependencies>
  ...
  <dependency>
    <groupId>org.projectlombok</groupId>
    <artifactId>lombok</artifactId>
    <optional>true</optional>
  </dependency>
  ...
</dependencies>
```

인텔리제이 IDEA에서 롬복 라이브러리를 정상적으로 사용하려면 의존성 추가 외에도 몇 가지 설정이 필요 합니다. 인텔리제이 IDEA 메뉴에서 [File] → [Settings]를 선택해 Setting 창이 나타나면 왼쪽의 [Plugins]를 선택합니다(그림 6.32).

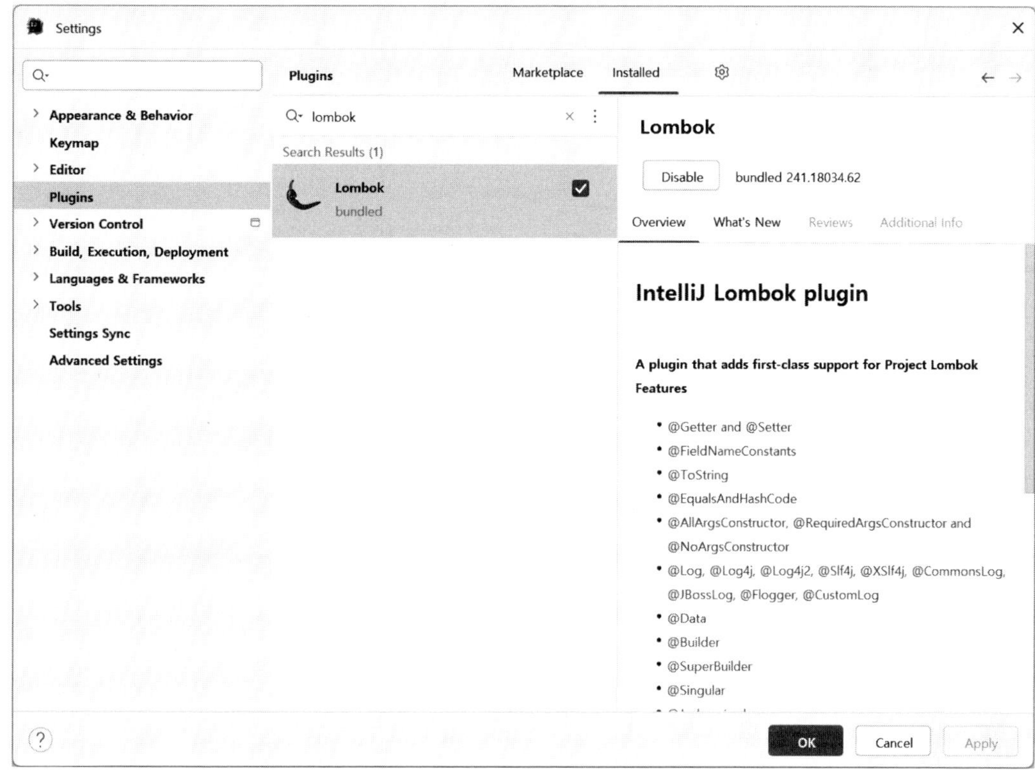

그림 6.32 인텔리제이 IDEA에서 롬복 플러그인 설치

Marketplace에서 'lombok'을 검색해 설치하면 [Installed] 탭에서 Lombok이 활성화돼 있는 것을 확인할 수 있습니다. Lombok이 설치된 것을 확인했다면 그림 6.33과 같이 Setting 창에서 [Build, Execution, Deployment] → [Compiler] → [Annotation Processors]를 차례로 선택합니다.

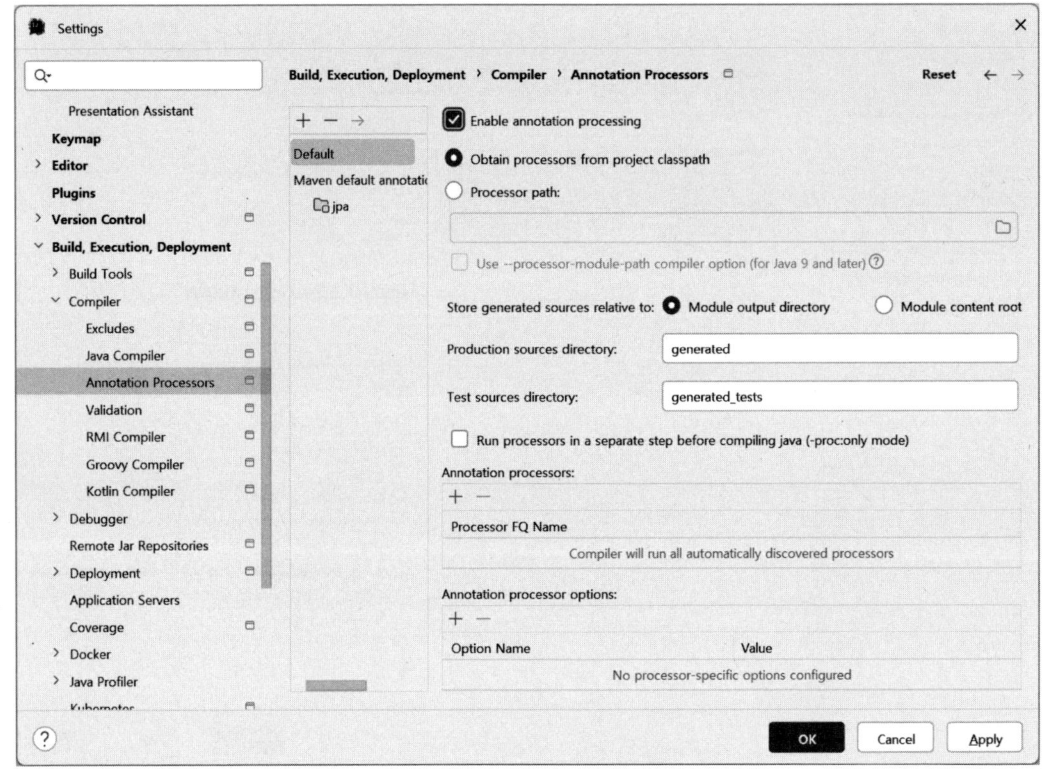

그림 6.33 Annotation Processors 설정

위 화면에서 [Enable annotation processing] 항목에 체크하고 [OK] 버튼을 눌러야 롬복을 정상적으로 사용할 수 있습니다.

6.11.2 롬복 적용

앞에서 설명한 설치와 설정 과정을 모두 마쳤다면 정상적으로 롬복을 사용할 수 있습니다. 지금까지 프로젝트 실습을 진행하면서 생성한 데이터 클래스에 롬복을 적용하면서 각 애너테이션의 기능을 살펴보겠습니다.

먼저 `Product` 엔티티 클래스에 롬복을 적용해 보겠습니다. 예제 6.28은 앞에서 살펴본 `Product` 엔티티 클래스입니다.

예제 6.28 Product 엔티티 클래스 file data/entity/Product.java

```
@Entity
@Table(name = "product")
public class Product {

    @Id
    @GeneratedValue(strategy = GenerationType.IDENTITY)
    private Long number;

    @Column(nullable = false)
    private String name;

    @Column(nullable = false)
    private Integer price;

    @Column(nullable = false)
    private Integer stock;

    private LocalDateTime createdAt;

    private LocalDateTime updatedAt;

    public Product(Long number, String name, Integer price, Integer stock,
        LocalDateTime createdAt, LocalDateTime updatedAt) {
        this.number = number;
        this.name = name;
        this.price = price;
        this.stock = stock;
        this.createdAt = createdAt;
        this.updatedAt = updatedAt;
    }

    public Product() {
    }
    ... 게터/세터 메서드 생략 ...
}
```

참고로 위 예제에서는 코드를 조금 더 보기 편하게 게터/세터 메서드를 생략했는데, 만약 게터/세터 메서드가 모두 포함돼 있었다면 최소 100줄 이상이 될 것입니다. 위 코드를 예제 6.29와 같이 애너테이션을 이용해 많은 코드를 대체할 수 있습니다.

예제 6.29 롬복이 적용된 Product 엔티티 클래스 file data/entity/Product.java

```
package com.springboot.jpa.data.entity;

@Entity
@Getter
@Setter
@NoArgsConstructor
@AllArgsConstructor
@Table(name = "product")
public class Product {

    @Id
    @GeneratedValue(strategy = GenerationType.IDENTITY)
    private Long number;

    @Column(nullable = false)
    private String name;

    @Column(nullable = false)
    private Integer price;

    @Column(nullable = false)
    private Integer stock;

    private LocalDateTime createdAt;

    private LocalDateTime updatedAt;

}
```

예제 6.28과 예제 6.29를 비교해보면 심지어 게터/세터 메서드를 생략한 예제 6.28보다 예제 6.29의 코드 라인 수가 적습니다. 물론 애너테이션으로 메서드를 자동 생성했기 때문에 필요한 모든 코드는 갖춰져 있습니다.

롬복의 애너테이션이 실제로 어떤 메서드를 생성하는지는 인텔리제이 IDEA에서 확인할 수 있습니다. 그림 6.34와 같이 `Product` 클래스에 마우스 오른쪽 버튼을 클릭한 후 [Refactor] → [Delombok] → [All Lombok annotations]를 클릭하면 롬복의 애너테이션이 실제 코드로 리팩터링됩니다. 코드를 확인한 후에는 이후 실습을 진행하기 위해 Ctrl + Z를 눌러 롬복을 적용한 상태로 되돌리기 바랍니다. Delombok을 수행한 결과는 다음에 나오는 롬복의 주요 애너테이션 소개에서 다루겠습니다.

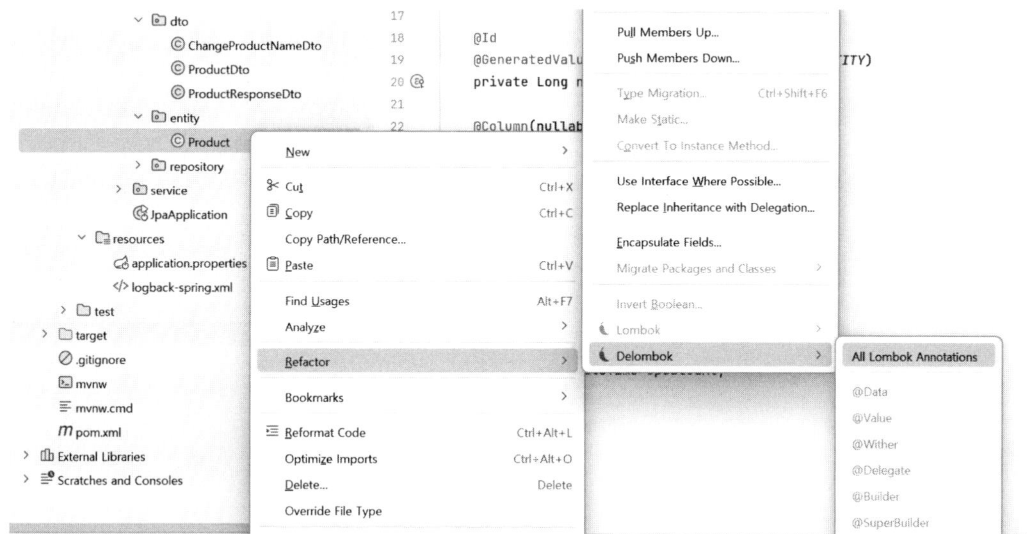

그림 6.34 롬복의 Delombok 기능

Delombok을 하지 않고 생성된 메서드가 어떤 종류가 있는지 확인하려면 그림 6.35와 같이 애너테이션을 작성하고 인텔리제이 IDEA 좌측에 있는 [Structure]를 클릭하면 해당 클래스에 정의된 메서드 목록을 볼 수 있습니다.

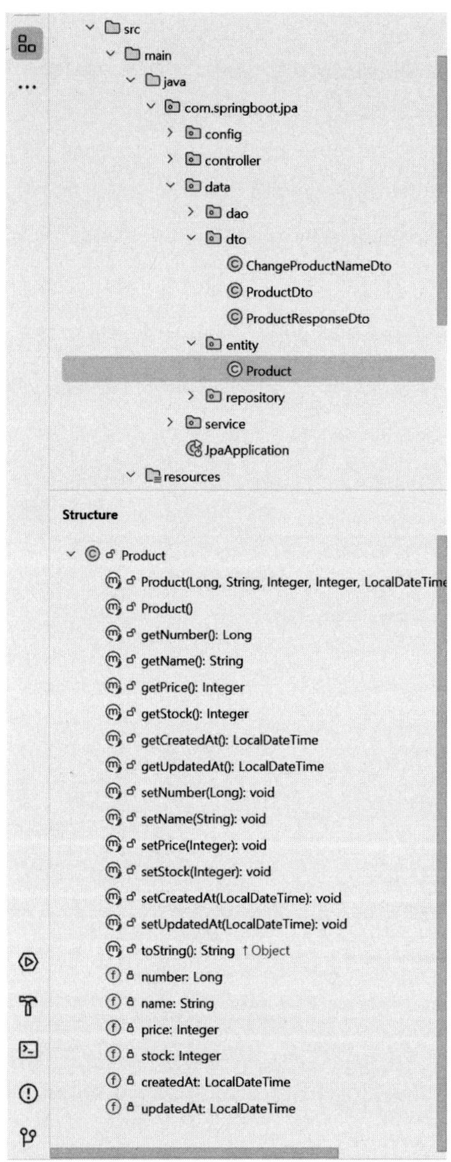

그림 6.35 인텔리제이 IDEA의 Structure를 통한 메서드 확인

6.11.3 롬복의 주요 애너테이션

롬복은 다양한 애너테이션을 제공하고 있습니다. 이번 절에서는 그중 많이 사용하는 애너테이션들을 소개합니다.

@Getter, @Setter

클래스에 선언돼 있는 필드에 대한 게터/세터 메서드를 생성합니다. 예제 6.29의 `Product` 클래스에서 쓰인 `@Getter`, `@Setter`를 실제 코드로 추출한 결과는 예제 6.30과 같습니다.

예제 6.30 `@Getter/@Setter`로 자동 생성되는 메서드 file data/entity/Product.java

```
public String getName() {
    return this.name;
}

public Integer getPrice() {
    return this.price;
}

public Integer getStock() {
    return this.stock;
}

public LocalDateTime getCreatedAt() {
    return this.createdAt;
}

public LocalDateTime getUpdatedAt() {
    return this.updatedAt;
}

public void setNumber(Long number) {
    this.number = number;
}

public void setName(String name) {
    this.name = name;
}

public void setPrice(Integer price) {
    this.price = price;
}

```

```
public void setStock(Integer stock) {
    this.stock = stock;
}

public void setCreatedAt(LocalDateTime createdAt) {
    this.createdAt = createdAt;
}

public void setUpdatedAt(LocalDateTime updatedAt) {
    this.updatedAt = updatedAt;
}
```

@Getter/@Setter 애너테이션을 통해 Product 클래스가 가지고 있는 필드에 대해 각각 게터/세터 메서드가 생성되는 것을 볼 수 있습니다. 인텔리제이 IDEA 등의 IDE가 제공하는 자동 생성 메서드와 기능 차이는 없지만 코드의 라인 수를 줄이는 데는 효과적입니다.

생성자 자동 생성 애너테이션

데이터 클래스의 초기화를 위한 생성자를 자동으로 만들어주는 애너테이션은 다음의 세 가지가 있습니다.

- NoArgsConstructor: 매개변수가 없는 생성자를 자동 생성합니다.
- AllArgsConstructor: 모든 필드를 매개변수로 갖는 생성자를 자동 생성합니다.
- RequiredArgsConstructor: 필드 중 final이나 @NotNull이 설정된 변수를 매개변수로 갖는 생성자를 자동 생성합니다.

현재 Product 클래스에는 @RequiredArgsConstructor로 정의될 필드가 없기 때문에 다른 두 개의 애너테이션을 Delombok해서 나온 코드는 예제 6.31과 같습니다.

예제 6.31 Product 클래스의 생성자 자동 생성 file data/entity/Product.java

```
public Product(Long number, String name, Integer price, Integer stock, LocalDateTime createdAt,
    LocalDateTime updatedAt) {
    this.number = number;
    this.name = name;
    this.price = price;
```

```
06         this.stock = stock;
07         this.createdAt = createdAt;
08         this.updatedAt = updatedAt;
09     }
10
11     public Product() {
12     }
```

@AllArgsConstructor 애너테이션을 통해 1~9번 줄의 생성자가 생성되고, @NoArgsConstructor 애너테이션을 통해 11~12번 줄의 생성자가 생성됩니다.

@ToString

이름 그대로 toString() 메서드를 생성하는 애너테이션입니다. Product 클래스에 @toString()을 적용해 Delombok을 수행하면 예제 6.32와 같은 코드가 생성됩니다.

예제 6.32 자동 생성되는 toString() 메서드 file data/entity/Product.java

```
public String toString() {
    return "Product(number=" + this.getNumber() + ", name=" + this.getName() + ", price="
        + this.getPrice() + ", stock=" + this.getStock() + ", createdAt=" + this.getCreatedAt()
        + ", updatedAt=" + this.getUpdatedAt() + ")";
}
```

toString() 메서드는 필드의 값을 문자열로 조합해서 리턴합니다. 또한 민감한 정보처럼 숨겨야 할 정보가 있다면 예제 6.33과 같이 @ToString 애너테이션이 제공하는 exclude 속성을 사용해 특정 필드를 자동 생성에서 제외할 수 있습니다.

예제 6.33 @ToString 애너테이션의 exclude 속성 활용 file data/entity/Product.java

```
@ToString(exclude = "name")
@Table(name = "product")
public class Product {
... 생략 ...
}
```

@EqualsAndHashCode

@EqualsAndHashCode는 객체의 동등성(Equality)과 동일성(Identity)을 비교하는 연산 메서드를 생성합니다. **Product** 클래스에 **@EqualsAndHashCode** 애너테이션을 적용한 후 Delombok을 수행하면 예제 6.34와 같은 코드가 생성됩니다.

예제 6.34 자동 생성되는 equals()와 hashCode() 메서드 file data/entity/Product.java

```
public boolean equals(final Object o) {
    if (o == this) {
        return true;
    }
    if (!(o instanceof Product)) {
        return false;
    }
    final Product other = (Product) o;
    if (!other.canEqual((Object) this)) {
        return false;
    }
    final Object this$number = this.getNumber();
    final Object other$number = other.getNumber();
    if (this$number == null ? other$number != null : !this$number.equals(other$number)) {
        return false;
    }
    final Object this$name = this.getName();
    final Object other$name = other.getName();
    if (this$name == null ? other$name != null : !this$name.equals(other$name)) {
        return false;
    }
    final Object this$price = this.getPrice();
    final Object other$price = other.getPrice();
    if (this$price == null ? other$price != null : !this$price.equals(other$price)) {
        return false;
    }
    final Object this$stock = this.getStock();
    final Object other$stock = other.getStock();
    if (this$stock == null ? other$stock != null : !this$stock.equals(other$stock)) {
        return false;
    }
```

```
    final Object this$createdAt = this.getCreatedAt();
    final Object other$createdAt = other.getCreatedAt();
    if (this$createdAt == null ? other$createdAt != null
        : !this$createdAt.equals(other$createdAt)) {
        return false;
    }
    final Object this$updatedAt = this.getUpdatedAt();
    final Object other$updatedAt = other.getUpdatedAt();
    if (this$updatedAt == null ? other$updatedAt != null
        : !this$updatedAt.equals(other$updatedAt)) {
        return false;
    }
    return true;
}

protected boolean canEqual(final Object other) {
    return other instanceof Product;
}

public int hashCode() {
    final int PRIME = 59;
    int result = 1;
    final Object $number = this.getNumber();
    result = result * PRIME + ($number == null ? 43 : $number.hashCode());
    final Object $name = this.getName();
    result = result * PRIME + ($name == null ? 43 : $name.hashCode());
    final Object $price = this.getPrice();
    result = result * PRIME + ($price == null ? 43 : $price.hashCode());
    final Object $stock = this.getStock();
    result = result * PRIME + ($stock == null ? 43 : $stock.hashCode());
    final Object $createdAt = this.getCreatedAt();
    result = result * PRIME + ($createdAt == null ? 43 : $createdAt.hashCode());
    final Object $updatedAt = this.getUpdatedAt();
    result = result * PRIME + ($updatedAt == null ? 43 : $updatedAt.hashCode());
    return result;
}
```

두 메서드는 각각 다음과 같은 연산을 수행합니다.

- equals: 두 객체의 내용이 같은지 동등성을 비교합니다.
- hashCode: 두 객체가 같은 객체인지 동일성을 비교합니다.

만약 부모 클래스가 있어서 상속을 받는 상황이라면 부모 클래스의 필드까지 비교할 필요가 있는 경우도 발생합니다. 이 경우에는 @EqualsAndHashCode에서 제공하는 callSuper 속성을 예제 6.35와 같이 설정하면 부모 클래스의 필드를 비교 대상에 포함할 수 있습니다.

예제 6.35 @EqualsAndHashCode의 callSuper 속성 사용

```
@Entity
@EqualsAndHashCode(callSuper = true)
@Table(name = "product")
public class Product extends BaseEntity {
    ... 생략 ...
}
```

callSuper의 기본값은 false이며, true일 경우 부모 객체의 값도 비교 대상에 포함합니다.

스터디 가이드 **동등성과 동일성**

equals와 hashCode를 공부할 때 반드시 나오는 개념으로 '동등성(equality)'과 '동일성(identity)'이 있습니다. 동등성은 비교 대상이 되는 두 객체가 가진 값이 같음을 의미하고, 동일성은 두 객체가 같은 객체임을 의미합니다.

두 메서드는 일반적으로 클래스 단위의 객체를 비교하는 데 사용하고 Object 클래스의 메서드를 오버라이딩해 구현합니다. 동등성과 동일성이 원시(primitive) 타입의 자료형과 레퍼런스(reference) 타입의 자료형에서 어떻게 사용되는지 알아보면 자바를 이해하는 데 도움이 됩니다. 그중 String 타입은 특별한 사례입니다. String은 레퍼런스 타입이지만 원시 타입처럼 사용됩니다. String에서의 동등성과 동일성의 비교 원리도 함께 알아보세요.

@Data

@Data는 앞서 설명한 @Getter/@Setter, @RequiredArgsConstructor, @ToString, @EqualsAndHashCode를 모두 포괄하는 애너테이션입니다. 즉, 앞에서 살펴본 각각의 애너테이션에서 생성하는 대부분의 코드가 필요하다면 @Data 애너테이션으로 앞에서 설명한 코드를 전부 한 번에 생성할 수 있습니다.

Tip

롬복과 관련된 자세한 기능은 공식 사이트의 features 항목(https://projectlombok.org/features/all)에서 확인할 수 있습니다.

07

테스트 코드 작성하기

이번 장에서는 스프링 부트 애플리케이션을 개발하면서 테스트 코드를 통해 우리가 개발한 코드를 어떻게 테스트할 수 있는지 알아보겠습니다.

최근에는 애플리케이션을 개발할 때 테스트 코드로 로직을 확인하는 과정이 점점 더 중요하게 여겨지고 있습니다. 여기서 테스트 코드란 말 그대로 우리가 작성한 코드나 비즈니스 로직 자체를 테스트하기 위해 작성한 코드를 의미합니다. 많은 개발자들이 어떻게 하면 테스트 코드를 더 잘 작성하고 활용할 수 있는지를 고민하고 있으며, 그 결과로 애자일 방법론 중 하나인 테스트 주도 개발(TDD; Test-Driven Development)도 등장했습니다. 사실 테스트 코드를 작성하는 것과 테스트 주도 개발은 엄연히 다릅니다만 테스트 주도 개발은 개발 관점을 다르게 볼 수 있는 기회가 될 수 있으므로 이 책에서도 간단하게 언급하고 넘어가겠습니다.

7.1 테스트 코드를 작성하는 이유

개발 단계에서 테스트 코드를 작성하는 이유는 정말 다양합니다. 대표적으로는 다음과 같은 이유가 있습니다.

- 개발 과정에서 문제를 미리 발견할 수 있습니다.
- 리팩터링의 리스크가 줄어듭니다.

- 애플리케이션을 가동해서 직접 테스트하는 것보다 테스트를 빠르게 진행할 수 있습니다.
- 하나의 명세 문서로서의 기능을 수행합니다.
- 몇 가지 프레임워크에 맞춰 테스트 코드를 작성하면 좋은 코드를 생산할 수 있습니다.
- 코드가 작성된 목적을 명확하게 표현할 수 있으며, 불필요한 내용이 추가되는 것을 방지합니다.

테스트 코드를 작성하는 가장 큰 이유는 개발 과정에서 문제를 미리 발견할 수 있다는 것입니다. 테스트 코드를 먼저 작성하고 비즈니스 로직을 먼저 작성하든, 테스트 코드를 먼저 작성하든 테스트 코드를 작성하고 테스트하는 것은 코드에 잠재된 문제를 발견하는 데 큰 도움이 됩니다. 물론 우리가 애플리케이션을 사용하면서 발생할 수 있는 여러 상황에 맞춰 테스트 코드를 작성했다는 전제하에 가능한 이야기입니다. 일부러 오류가 발생할 수 있는 테스트 코드를 작성해서 예외 처리가 잘 작동하는지를 확인하거나, 정확히 의도한 비즈니스 로직에 맞춰 테스트 코드를 작성해서 결괏값이 잘 나오는지 검토하는 등 개발 단계에서는 여러 테스트 코드를 통해 애플리케이션 코드를 검증하게 됩니다.

테스트 코드를 작성하는 두 번째 이유는 리팩터링의 리스크가 줄어든다는 점입니다. 일반적으로 한번 애플리케이션이 개발되면 거기에서 멈추지 않고 서비스 업데이트를 위해 계속해서 코드를 추가하고 수정하는 작업을 진행합니다. 코드를 추가하거나 수정하는 것은 그 코드와 연관된 다른 코드에 영향을 주는 작업입니다. 만약 테스트 코드가 작성돼 있지 않다면 코드를 수정하는 과정에서 수시로 매뉴얼에 따라 애플리케이션의 동작을 검토해야 합니다. 그러나 테스트 코드가 작성돼 있다면 테스트 코드를 실행해보는 것만으로도 혹시 모를 부작용에 대비할 수 있습니다.

테스트 코드의 또 다른 중요한 점은 명세 문서로서의 기능을 수행한다는 점입니다. 개발자들은 대부분 협업을 통해 프로젝트를 진행합니다. 다른 사람이 작성한 코드를 바로 이해한다는 건 쉽지 않습니다. 각자 코드를 개발하고 합치는 과정에서는 어쩔 수 없이 충돌이 발생합니다. 그러므로 코드를 이해하기 쉽게 개발자가 직접 명세를 작성하고 공유하는 과정을 거쳐야 하는데, 이때 테스트 코드는 큰 도움이 됩니다. 동작 검증을 위해 작성돼 있는 테스트 코드를 애플리케이션 코드와 비교하면서 보면 작성자의 의도가 파악되어 동료의 코드를 이해하기가 쉬워집니다.

7.2 단위 테스트와 통합 테스트

테스트 방법은 여러 기준으로 분류할 수 있습니다. 그중 테스트 대상 범위를 기준으로 구분하면 크게 단위 테스트(Unit Test)와 통합 테스트(Integration Test)로 구분됩니다.

- 단위 테스트: 애플리케이션의 개별 모듈을 독립적으로 테스트하는 방식입니다.
- 통합 테스트: 애플리케이션을 구성하는 다양한 모듈을 결합해 전체적인 로직이 의도한 대로 동작하는지 테스트하는 방식입니다.

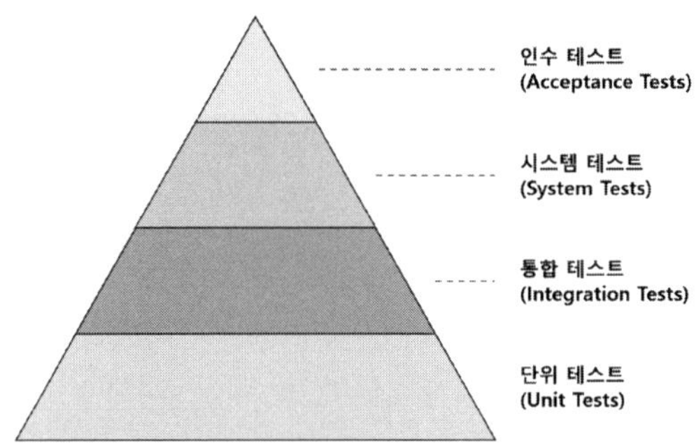

그림 7.1 V 모델(V-model)에서의 확인(Validation) 단계[1]

7.2.1 단위 테스트의 특징

단위 테스트는 테스트 대상의 범위를 기준으로 가장 작은 단위의 테스트 방식입니다. 일반적으로 메서드 단위로 테스트를 수행하게 되며, 메서드 호출을 통해 의도한 결괏값이 나오는지 확인하는 수준으로 테스트를 진행합니다. 단위 테스트는 테스트 비용이 적게 들기 때문에 테스트 피드백을 빠르게 받을 수 있습니다.

7.2.2 통합 테스트의 특징

통합 테스트는 모듈을 통합하는 과정에서의 호환성 등을 포함해 애플리케이션이 정상적으로 동작하는지 확인하기 위해 수행하는 테스트 방식입니다. 앞에서 언급한 단위 테스트와 비교하자면 단위 테스트는 모듈을 독립적으로 테스트하는 반면 통합 테스트는 여러 모듈을 함께 테스트해서 정상적인 로직 수행이 가능한지를 확인합니다. 그리고 단위 테스트는 일반적으로 특정 모듈에 대한 테스트만 진행하기 때문에 데이터베이스나 네트워크 같은 외부 요인들을 제외하고 진행하는 데 비해 통합 테스트는 외부 요인들을 포함하고 테스트를 진행하므로 애플리케이션이 온전히 동작하는지를 테스트하게 됩니다. 다만 테스트를 수행할 때마다 모든 컴포넌트가 동작해야 하기 때문에 테스트 비용이 커지는 단점이 있습니다.

---

1 https://ko.wikipedia.org/wiki/V_모델

Tip 테스트 비용이란?

테스트 비용이란 용어는 소프트웨어 공학에서 많이 사용됩니다. 여기서 말하는 비용은 금전적인 비용을 포함해서 시간, 인력과 같은 개발에 필요한 것들을 포괄합니다. 통계적으로 하나의 서비스를 개발할 때는 개발 과정에서 60%, 테스트 과정에서 40%의 비용이 든다고 알려져 있습니다.

7.3 테스트 코드를 작성하는 방법

테스트 코드를 작성하는 방법은 다양합니다. 이 책에서는 그중 많은 사람들이 사용하는 'Given-When-Then' 패턴과 'F.I.R.S.T' 전략을 소개합니다.

7.3.1 Given-When-Then 패턴

Given-When-Then 패턴은 테스트 코드를 표현하는 방식 중 하나입니다. 단어에서 유추할 수 있듯이 다음과 같은 단계를 설정해서 각 단계의 목적에 맞게 코드를 작성합니다.

Given

테스트를 수행하기 전에 테스트에 필요한 환경을 설정하는 단계입니다. 테스트에 필요한 변수를 정의하거나 Mock 객체를 통해 특정 상황에 대한 행동을 정의합니다.

When

테스트의 목적을 보여주는 단계입니다. 실제 테스트 코드가 포함되며, 테스트를 통한 결괏값을 가져오게 됩니다.

Then

테스트의 결과를 검증하는 단계입니다. 일반적으로 When 단계에서 나온 결괏값을 검증하는 작업을 수행합니다. 결괏값이 아니더라도 이 테스트를 통해 나온 결과에서 검증해야 하는 부분이 있다면 이 단계에 포함합니다.

Given-When-Then 패턴은 테스트 주도 개발에서 파생된 BDD(Behavior-Driven-Development; 행위 주도 개발)를 통해 탄생한 테스트 접근 방식입니다. 일반적으로 단위 테스트보다는 비교적 많은 환경을 포함해서 테스트하는 인수 테스트에서 사용하는 것에 적합하다고 알려져 있지만 개인적으로는 단위 테스트에서도 유용하게 활용할 수 있다고 생각합니다.

Given-When-Then 패턴은 간단한 테스트로 여겨지는 단위 테스트에서는 잘 사용하지 않습니다. 그 이유 중 하나는 불필요하게 코드가 길어진다는 것입니다. 하지만 이 패턴을 통해 테스트 코드를 작성한다면 7.1절에서 다룬 테스트 코드를 작성하는 이유 중 하나인 '명세' 문서의 역할을 수행한다는 측면에서 많은 도움이 됩니다.

7.3.2 좋은 테스트를 작성하는 5가지 속성(F.I.R.S.T)

F.I.R.S.T는 테스트 코드를 작성하는 데 도움이 될 수 있는 5가지 규칙을 의미합니다. 이 규칙은 대체로 단위 테스트에 적용할 수 있는 규칙이며, 간단하게 설명하면 다음과 같습니다.

빠르게(Fast)

테스트는 빠르게 수행돼야 합니다. 테스트가 느리면 코드를 개선하는 작업이 느려져 코드 품질이 떨어질 수 있습니다. 테스트 속도에 절대적인 기준은 없지만 목적을 단순하게 설정해서 작성하거나 외부 환경을 사용하지 않는 단위 테스트를 작성하는 것 등을 빠른 테스트라고 할 수 있습니다.

고립된, 독립적(Isolated)

하나의 테스트 코드는 목적으로 여기는 하나의 대상에 대해서만 수행돼야 합니다. 만약 하나의 테스트가 다른 테스트 코드와 상호작용하거나 관리할 수 없는 외부 소스를 사용하게 되면 외부 요인으로 인해 테스트가 수행되지 않을 수 있습니다.

반복 가능한(Repeatable)

테스트는 어떤 환경에서도 반복 가능하도록 작성해야 합니다. 이 의미는 앞의 Isolated 규칙과 비슷한 의미를 갖고 있습니다. 테스트는 개발 환경의 변화나 네트워크의 연결 여부와 상관없이 수행돼야 합니다.

자가 검증(Self-Validating)

테스트는 그 자체만으로도 테스트의 검증이 완료돼야 합니다. 테스트가 성공했는지 실패했는지 확인할 수 있는 코드를 함께 작성해야 합니다. 만약 결괏값과 기댓값을 비교하는 작업을 코드가 아니라 개발자가 직접 확인하고 있다면 좋지 못한 테스트 코드입니다.

적시에(Timely)

테스트 코드는 테스트하려는 애플리케이션 코드를 구현하기 전에 완성돼야 합니다. 너무 늦게 작성된 테스트 코드는 정상적인 역할을 수행하기 어려울 수 있습니다. 또한 테스트 코드로 인해 발견된 문제를 해결하기 위해 소모되는 개발 비용도 커지기 쉽습니다. 다만 이 개념은 테스트 주도 개발의 원칙을 따르는 테스트 작성 규칙으로, 테스트 주도 개발을 기반으로 애플리케이션을 개발하는 것이 아니라면 이 규칙은 제외하고 진행하기도 합니다.

7.4 JUnit을 활용한 테스트 코드 작성

JUnit[2]은 자바 언어에서 사용되는 대표적인 테스트 프레임워크로서 단위 테스트를 위한 도구를 제공합니다. 또한 단위 테스트뿐만 아니라 통합 테스트를 할 수 있는 기능도 제공합니다. JUnit의 가장 큰 특징은 애너테이션 기반의 테스트 방식을 지원한다는 것입니다. 즉, JUnit을 사용하면 몇 개의 애너테이션만으로 간편하게 테스트 코드를 작성할 수 있습니다. 또한 JUnit을 활용하면 단정문(assert)을 통해 테스트 케이스의 기댓값이 정상적으로 도출됐는지 검토할 수 있다는 장점이 있습니다.

참고로 이 책에서 사용할 JUnit 5 버전은 스프링 부트 2.2 버전부터 사용 가능하며, 이 책에서 사용 중인 스프링 부트는 3.3.5 버전입니다.

7.4.1 JUnit의 세부 모듈

JUnit 5는 크게 Jupiter, Platform, Vintage의 세 모듈로 구성됩니다.

JUnit Platform

JUnit Platform은 JVM에서 테스트를 시작하기 위한 뼈대 역할을 합니다. 테스트를 발견하고 테스트 계획을 생성하는 테스트 엔진(TestEngine)의 인터페이스를 가지고 있습니다. 테스트 엔진은 테스트를 발견하고 테스트를 수행하며, 그 결과를 보고하는 역할을 수행합니다. 또한 각종 IDE와의 연동을 보조하는 역할을 수행합니다(IDE 콘솔 출력 등). Platform에는 TestEngine API, Console Launcher, JUnit 4 Based Runner 등이 포함돼 있습니다.

JUnit Jupiter

테스트 엔진 API의 구현체를 포함하고 있으며, JUnit 5에서 제공하는 Jupiter 기반의 테스트를 실행하기 위한 테스트 엔진을 가지고 있습니다. 테스트의 실제 구현체는 별도 모듈의 역할을 수행하는데, 그중 하나가 Jupiter Engine입니다. Jupiter Engine은 Jupiter API를 활용해서 작성한 테스트 코드를 발견하고 실행하는 역할을 수행합니다.

JUnit Vintage

JUnit 3, 4에 대한 테스트 엔진 API를 구현하고 있습니다. 기존에 작성된 JUnit 3, 4 버전의 테스트 코드를 실행할 때 사용되며 Vintage Engine을 포함하고 있습니다.

2 https://junit.org/junit5/

이처럼 JUnit은 하나의 Platform 모듈을 기반으로 Jupiter와 Vintage 모듈이 구현체의 역할을 수행합니다. JUnit의 구조를 간단하게 그림으로 표현하면 다음과 같습니다.

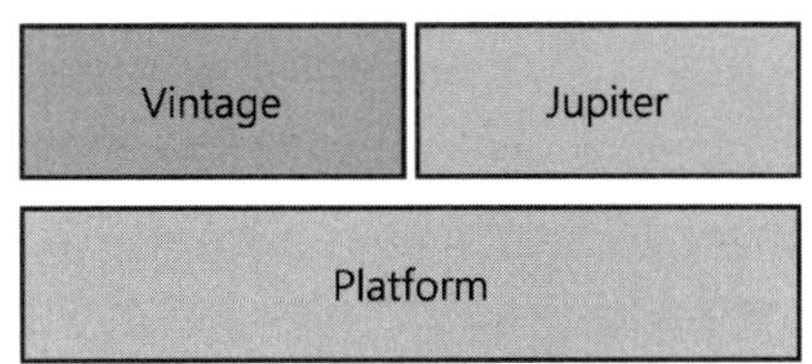

그림 7.2 JUnit 5의 모듈 구조

Tip

JUnit 5에 대한 자세한 내용은 아래의 사용자 가이드를 참고합니다.

- https://junit.org/junit5/docs/current/user-guide/

7.4.2 스프링 부트 프로젝트 생성

이번 장에서 사용할 프로젝트를 먼저 설정하겠습니다. groupId는 'com.springboot'로 설정하고 name은 'test', artifactId는 'test'로 설정합니다. 그리고 다음과 같이 의존성을 추가합니다.

- Developer Tools: Lombok, Spring Configuration Processor
- Web: Spring Web
- SQL: Spring Data JPA, MariaDB Driver

그리고 6장에서 만들었던 프로젝트의 코드 일부를 다음과 같이 가져옵니다.

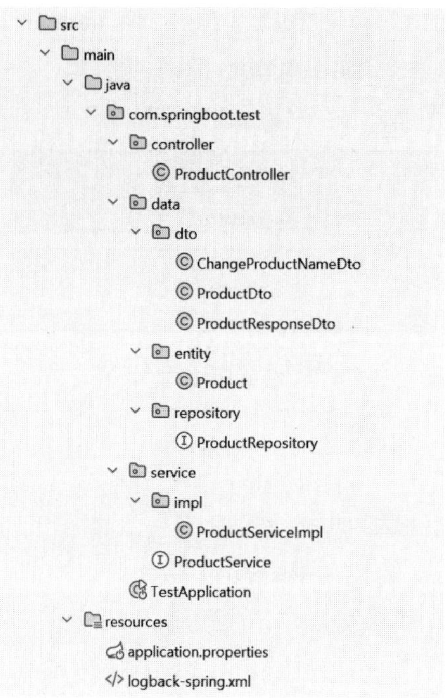

그림 7.3 프로젝트 생성

6장에서는 프로젝트의 구조 설계를 설명하기 위해 DAO 레이어를 추가했습니다. 다만 이 책에서 다루는 예제들은 간단한 코드로 구성돼 있기 때문에 그 특징을 살리기에는 부족합니다. 그렇기 때문에 이번 장부터 DAO 레이어는 제외하고 서비스 레이어에서 바로 리포지터리를 사용하는 구조로 진행하겠습니다. 이에 따라 `ProductServiceImpl` 클래스를 다음과 같이 수정합니다.

예제 7.1 ProductServiceImpl 클래스 수정 file service/impl/ProductServiceImpl.java

```java
@Service
public class ProductServiceImpl implements ProductService {

    private final Logger LOGGER = LoggerFactory.getLogger(ProductServiceImpl.class);
    private final ProductRepository productRepository;

    @Autowired
    public ProductServiceImpl(ProductRepository productRepository) {
        this.productRepository = productRepository;
    }

```

```
    @Override
    public ProductResponseDto getProduct(Long number) {
        LOGGER.info("[getProduct] input number : {}", number);
        Product product = productRepository.findById(number).get();

        LOGGER.info("[getProduct] product number : {}, name : {}", product.getNumber(),
            product.getName());
        ProductResponseDto productResponseDto = new ProductResponseDto();
        productResponseDto.setNumber(product.getNumber());
        productResponseDto.setName(product.getName());
        productResponseDto.setPrice(product.getPrice());
        productResponseDto.setStock(product.getStock());

        return productResponseDto;
    }

    @Override
    public ProductResponseDto saveProduct(ProductDto productDto) {
        LOGGER.info("[saveProduct] productDTO : {}", productDto.toString());
        Product product = new Product();
        product.setName(productDto.getName());
        product.setPrice(productDto.getPrice());
        product.setStock(productDto.getStock());

        Product savedProduct = productRepository.save(product);
        LOGGER.info("[saveProduct] savedProduct : {}", savedProduct);

        ProductResponseDto productResponseDto = new ProductResponseDto();
        productResponseDto.setNumber(savedProduct.getNumber());
        productResponseDto.setName(savedProduct.getName());
        productResponseDto.setPrice(savedProduct.getPrice());
        productResponseDto.setStock(savedProduct.getStock());

        return productResponseDto;
    }

    @Override
    public ProductResponseDto changeProductName(Long number, String name) {
```

```
        Product foundProduct = productRepository.findById(number).get();
        foundProduct.setName(name);
        Product changedProduct = productRepository.save(foundProduct);

        ProductResponseDto productResponseDto = new ProductResponseDto();
        productResponseDto.setNumber(changedProduct.getNumber());
        productResponseDto.setName(changedProduct.getName());
        productResponseDto.setPrice(changedProduct.getPrice());
        productResponseDto.setStock(changedProduct.getStock());

        return productResponseDto;
    }

    @Override
    public void deleteProduct(Long number) {
        productRepository.deleteById(number);
    }
}
```

그리고 Product 엔티티 클래스를 다음과 같이 수정합니다.

예제 7.2 Product 엔티티 클래스 file entity/Product.java

```
package com.springboot.test.data.entity;

import lombok.*;

import javax.persistence.*;
import java.time.LocalDateTime;

@Entity
@Builder
@Getter
@Setter
@NoArgsConstructor
@AllArgsConstructor
@EqualsAndHashCode
@ToString(exclude = "name")
@Table(name = "product")
```

```java
public class Product {

    @Id
    @GeneratedValue(strategy = GenerationType.IDENTITY)
    private Long number;

    @Column(nullable = false)
    private String name;

    @Column(nullable = false)
    private Integer price;

    @Column(nullable = false)
    private Integer stock;

    private LocalDateTime createdAt;

    private LocalDateTime updatedAt;

}
```

7.4.3 스프링 부트의 테스트 설정

스프링 부트는 테스트 환경을 쉽게 설정할 수 있게 spring-boot-starter-test 프로젝트를 지원합니다. 이 프로젝트를 사용하려면 예제 7.3과 같이 pom.xml 파일에 관련 의존성을 추가해야 합니다.

예제 7.3 pom.xml 파일에 spring-boot-starter-test 의존성 추가 file pom.xml

```xml
</dependencies>
  ... 생략 ...
  <dependency>
    <groupId>org.springframework.boot</groupId>
    <artifactId>spring-boot-starter-test</artifactId>
    <scope>test</scope>
  </dependency>
  ... 생략 ...
</dependencies>
```

예제에서 추가한 라이브러리는 그림 7.4와 같은 의존성을 가지고 있습니다.

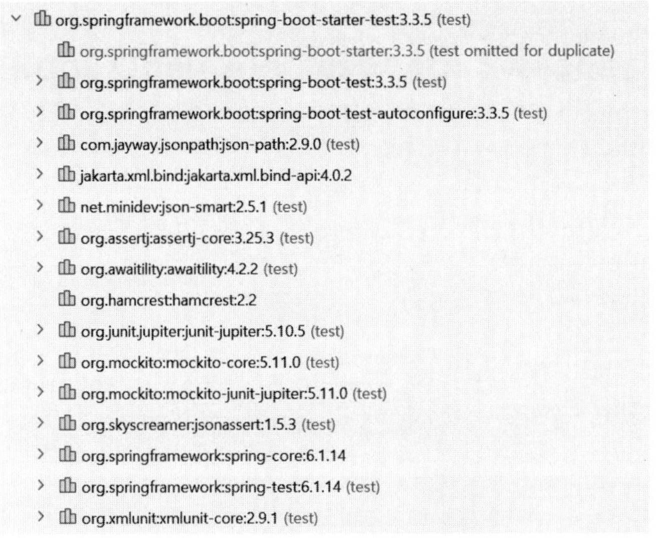

그림 7.4 spring-boot-starter-test 의존성 내역

스프링 부트에서 제공하는 `spring-boot-starter-test` 라이브러리는 JUnit, Mockito, assertJ 등의 다양한 테스트 도구를 제공합니다. 또한 자동 설정을 지원하므로 편리하게 쓸 수 있습니다. `spring-boot-starter-test` 라이브러리에서 제공하는 대표적인 라이브러리는 다음과 같습니다.

- JUnit 5: 자바 애플리케이션의 단위 테스트를 지원합니다.
- Spring Test & Spring Boot Test: 스프링 부트 애플리케이션에 대한 유틸리티와 통합 테스트를 지원합니다.
- AssertJ: 다양한 단정문(assert)을 지원하는 라이브러리입니다.
- Hamcrest: Matcher를 지원하는 라이브러리입니다.
- Mockito: 자바 Mock 객체를 지원하는 프레임워크입니다.
- JSONassert: JSON용 단정문 라이브러리입니다.
- JsonPath: JSON용 XPath를 지원합니다.

7.4.4 JUnit의 생명주기

JUnit의 동작 방식을 확인하기 위해 생명주기를 알아보겠습니다. 생명주기와 관련되어 테스트 순서에 관여하게 되는 대표적인 애너테이션은 다음과 같습니다.

- @Test: 테스트 코드를 포함한 메서드를 정의합니다.
- @BeforeAll: 테스트를 시작하기 전에 호출되는 메서드를 정의합니다.
- @BeforeEach: 각 테스트 메서드가 실행되기 전에 동작하는 메서드를 정의합니다.
- @AfterAll: 테스트를 종료하면서 호출되는 메서드를 정의합니다.
- @AfterEach: 각 테스트 메서드가 종료되면서 호출되는 메서드를 정의합니다.

이러한 애너테이션의 동작을 알아보기 위해 예제 7.4와 같이 코드를 작성해 보겠습니다. test 디렉터리에 TestLifeCycle.java 파일을 생성합니다.

예제 7.4 테스트 생명주기 예제 file test/com.springboot.test/TestLifeCycle.java

```
public class TestLifeCycle {

    @BeforeAll
    static void beforeAll() {
        System.out.println("## BeforeAll Annotation 호출 ##");
        System.out.println();
    }

    @AfterAll
    static void afterAll() {
        System.out.println("## AfterAll Annotation 호출 ##");
        System.out.println();
    }

    @BeforeEach
    void beforeEach() {
        System.out.println("## BeforeEach Annotation 호출 ##");
        System.out.println();
    }

    @AfterEach
    void afterEach() {
        System.out.println("## AfterEach Annotation 호출 ##");
        System.out.println();
    }
```

```

    @Test
    void test1() {
        System.out.println("## test1 시작 ##");
        System.out.println();
    }

    @Test
    @DisplayName("Test Case 2!!!")
    void test2() {
        System.out.println("## test2 시작 ##");
        System.out.println();
    }

    @Test
    @Disabled
    void test3() {
        System.out.println("## test3 시작 ##");
        System.out.println();
    }

}
```

예제를 실행하면 다음과 같은 콘솔 로그가 출력됩니다.

```
## BeforeAll Annotation 호출 ##

## BeforeEach Annotation 호출 ##

## test1 시작 ##

## AfterEach Annotation 호출 ##

## BeforeEach Annotation 호출 ##

## test2 시작 ##

## AfterEach Annotation 호출 ##
```

```

void com.springboot.test.TestLifeCycle.test3() is @Disabled

## AfterAll Annotation 호출 ##
```

@BeforeAll과 @AfterAll 애너테이션이 지정된 메서드는 전체 테스트 동작에서 처음과 마지막에만 각각 수행됩니다. @BeforeEach와 @AfterEach 애너테이션이 지정된 메서드는 각 테스트가 실행될 때 @Test 애너테이션이 지정된 테스트 메서드를 기준으로 실행되는 것을 볼 수 있습니다. 또한 test3()에는 @Disabled 애너테이션을 지정했는데, 이 애너테이션이 지정된 테스트는 실행되지 않는 것을 볼 수 있습니다. 그렇기 때문에 test3() 메서드에 대한 @BeforeEach와 @AfterEach 애너테이션도 실행되지 않았습니다. 다만 테스트 메서드로는 인식되고 있어 test3() 메서드가 비활성화됐다는 로그가 출력됐습니다.

7.4.5 스프링 부트에서의 테스트

이번 장의 앞부분에서 설명한 것처럼 테스트 방식은 매우 다양합니다. 전체적인 비즈니스 로직이 정상적으로 동작하는지 테스트하고 싶다면 통합 테스트를 하고, 각 모듈을 테스트하고 싶다면 단위 테스트를 해야 합니다. 특히 스프링 부트를 사용하는 애플리케이션에서는 스프링 부트가 자동 지원하는 기능들을 사용하고 있기 때문에 일부 모듈에서만 단위 테스트를 수행하기 어려운 경우도 있습니다. 그래서 이번 장에서는 레이어별로 사용하기 적합한 방식의 테스트 가이드를 소개할 예정입니다. 다만 목적에 따라 여기서 소개하는 내용이 적합할 수도 있고 적합하지 않을 수 있으니 다양한 테스트를 구성해보길 권장합니다.

7.4.6 컨트롤러 객체의 테스트

컨트롤러는 클라이언트로부터 요청을 받아 요청에 걸맞은 서비스 컴포넌트로 요청을 전달하고 그 결괏값을 가공해서 클라이언트에게 응답하는 역할을 수행합니다. 즉, 애플리케이션을 구성하는 여러 레이어 중 가장 웹에 가까이에 있는 모듈이라고 볼 수 있습니다. 이번 절에서는 프로젝트에 생성한 ProductController를 대상으로 getProduct()와 createProduct() 메서드에 대한 테스트 코드를 작성하겠습니다. 현재 ProductController의 getProduct() 메서드는 예제 7.5와 같습니다.

예제 7.5 ProductController의 getProduct() 메서드 file controller/ProductController.java

```
@RestController
@RequestMapping("/product")
public class ProductController {

    private final ProductService productService;

    @Autowired
    public ProductController(ProductService productService) {
        this.productService = productService;
    }

    @GetMapping()
    public ResponseEntity<ProductResponseDto> getProduct(Long number) {
        ProductResponseDto productResponseDto = productService.getProduct(number);
        return ResponseEntity.status(HttpStatus.OK).body(productResponseDto);
    }

    ... 생략 ...

}
```

ProductController는 ProductService의 객체를 의존성 주입받습니다. 앞으로 나올 다른 클래스에서도 최소 1개 이상의 객체를 의존성 주입받는 코드가 등장할 예정입니다. 테스트하는 입장에서 ProductController만 테스트하고 싶다면 ProductService는 외부 요인에 해당합니다. 독립적인 테스트 코드를 작성하기 위해서는 Mock 객체를 활용해야 합니다. 이러한 내용을 포함해서 위 예제의 ProductController의 getProduct() 메서드를 테스트하고 싶다면 다음과 같이 테스트 코드를 작성할 수 있습니다. 테스트 클래스는 test/java/com.springboot.test 패키지에 controller 패키지를 생성하고 ProductControllerTest.java 파일로 생성합니다.

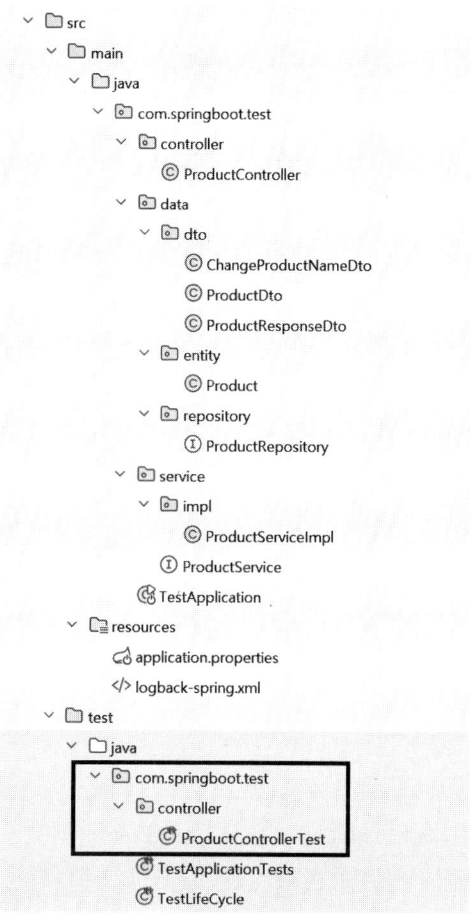

그림 7.5 테스트 클래스 생성

예제 7.6 getProduct() 메서드에 대한 테스트 file test/com.springboot.test/controller/ProductControllerTest.java

```
package com.springboot.test.controller;

import com.springboot.test.data.dto.ProductResponseDto;
import com.springboot.test.service.impl.ProductServiceImpl;
import org.junit.jupiter.api.DisplayName;
import org.junit.jupiter.api.Test;
import org.springframework.beans.factory.annotation.Autowired;
import org.springframework.boot.test.autoconfigure.web.servlet.WebMvcTest;
import org.springframework.boot.test.mock.mockito.MockBean;
```

```
import org.springframework.test.web.servlet.MockMvc;

import static org.mockito.BDDMockito.given;
import static org.mockito.Mockito.verify;
import static org.springframework.test.web.servlet.request.MockMvcRequestBuilders.get;
import static org.springframework.test.web.servlet.result.MockMvcResultHandlers.print;
import static org.springframework.test.web.servlet.result.MockMvcResultMatchers.jsonPath;
import static org.springframework.test.web.servlet.result.MockMvcResultMatchers.status;

@WebMvcTest(ProductController.class)
public class ProductControllerTest {

    @Autowired
    private MockMvc mockMvc;

    @MockBean
    ProductServiceImpl productService;

    @Test
    @DisplayName("MockMvc를 통한 Product 데이터 가져오기 테스트")
    void getProductTest() throws Exception {

        given(productService.getProduct(123L)).willReturn(
                new ProductResponseDto(123L, "pen", 5000, 2000));

        String productId = "123";

        mockMvc.perform(
                        get("/product?number=" + productId))
                .andExpect(status().isOk())
                .andExpect(jsonPath(
                        "$.number").exists())
                .andExpect(jsonPath("$.name").exists())
                .andExpect(jsonPath("$.price").exists())
                .andExpect(jsonPath("$.stock").exists())
                .andDo(print());

        verify(productService).getProduct(123L);
```

```
48      }
49
50  }
```

예제에서 사용된 애너테이션은 다음과 같습니다.

@WebMvcTest(테스트 대상 클래스.class)

웹에서 사용되는 요청과 응답에 대한 테스트를 수행할 수 있습니다. 대상 클래스만 로드해 테스트를 수행하며, 만약 대상 클래스를 추가하지 않으면 `@Controller`, `@RestController`, `@ControllerAdvice` 등의 컨트롤러 관련 빈 객체가 모두 로드됩니다. `@SpringBootTest`보다 가볍게 테스트하기 위해 사용됩니다.

@MockBean

`@MockBean`은 실제 빈 객체가 아닌 Mock(가짜) 객체를 생성해서 주입하는 역할을 수행합니다. `@MockBean`이 선언된 객체는 실제 객체가 아니기 때문에 실제 행위를 수행하지 않습니다. 그렇기 때문에 해당 객체는 개발자가 Mockito의 `given()` 메서드를 통해 동작을 정의해야 합니다.

@Test

테스트 코드가 포함돼 있다고 선언하는 애너테이션이며, JUnit Jupiter에서는 이 애너테이션을 감지해서 테스트 계획에 포함시킵니다.

@DisplayName

테스트 메서드의 이름이 복잡해서 가독성이 떨어질 경우 이 애너테이션을 통해 테스트에 대한 표현을 정의할 수 있습니다.

일반적으로 `@WebMvcTest` 애너테이션을 사용한 테스트는 슬라이스(Slice) 테스트라고 부릅니다. 슬라이스 테스트는 단위 테스트와 통합 테스트의 중간 개념으로 이해하면 되는데, 레이어드 아키텍처를 기준으로 각 레이어별로 나누어 테스트를 진행한다는 의미입니다. 단위 테스트를 수행하기 위해서는 모든 외부 요인을 차단하고 테스트를 진행해야 하지만 컨트롤러는 개념상 웹과 맞닿은 레이어로서 외부 요인을 차단하고 테스트하면 의미가 없기 때문에 슬라이스 테스트를 진행하는 경우가 많습니다.

예제 코드의 25~26번 줄에서는 `@MockBean` 애너테이션을 통해 `ProductController`가 의존성을 가지고 있던 `ProductService` 객체에 Mock 객체를 주입했습니다. Mock 객체에는 테스트 과정에서 맡을 동작을 정의해야 합니다. 34~35번 줄과 같이 Mockito에서 제공하는 `given()` 메서드를 통해 이 객체에서 어떤 메서드가 호출되고 어떤 파라미터를 주입받는지 가정한 후 `willReturn()` 메서드를 통해 어떤 결과를 리턴할 것인지 정의하는 구조로 코드를 작성합니다. 메서드 이름에서 알 수 있듯이 이 부분의 코드가 앞에서 설명한 Given에 해당합니다.

23번 줄에서 사용된 `MockMvc`는 컨트롤러의 API를 테스트하기 위해 사용된 객체입니다. 정확하게는 서블릿 컨테이너의 구동 없이 가상의 MVC 환경에서 모의 HTTP 서블릿을 요청하는 유틸리티 클래스입니다. 예제 7.4의 37~45번 줄에서 이 객체의 전반적인 사용법을 보여주는 테스트 코드를 볼 수 있습니다.

`perform()` 메서드를 이용하면 서버로 URL 요청을 보내는 것처럼 통신 테스트 코드를 작성해서 컨트롤러를 테스트할 수 있습니다. `perform()` 메서드는 `MockMvcRequestBuilders`에서 제공하는 HTTP 메서드로 URL을 정의해서 사용합니다. `MockMvcRequestBuilders`는 GET, POST, PUT, DELETE에 매핑되는 메서드를 제공합니다. 이 메서드는 `MockHttpServletRequestBuilder` 객체를 리턴하며, HTTP 요청 정보를 설정할 수 있게 됩니다.

그리고 `perform()` 메서드의 결괏값으로 `ResultActions` 객체가 리턴되는데, 예제의 39~44번 줄과 같이 `andExpect()` 메서드를 사용해 결괏값 검증을 수행할 수 있습니다. `andExpect()` 메서드에서는 `ResultMatcher`를 활용하는데, 이를 위해 `MockMvcResultMatchers` 클래스에 정의돼 있는 메서드를 활용해 생성할 수 있습니다.

요청과 응답의 전체 내용을 확인하려면 45번 줄과 같이 `andDo()` 메서드를 사용합니다. `MockMvc`의 코드는 모두 합쳐져 있어 구분하기는 애매하지만 전체적인 'When-Then'의 구조를 갖추고 있음을 확인할 수 있습니다.

마지막으로 `verify()` 메서드는 지정된 메서드가 실행됐는지 검증하는 역할입니다. 일반적으로 `given()`에 정의된 동작과 대응합니다.

Tip

슬라이스 테스트를 위해 사용할 수 있는 대표적인 애너테이션은 다음과 같습니다. 필요한 경우에 선택적으로 사용하면 도움이 될 것입니다.

- @DataJdbcTest
- @DataJpaTest
- @DataMongoTest
- @DataRedisTest
- @JdbcTest
- @JooqTest
- @JsonTest
- @RestClientTest
- @WebFluxTest
- @WebMvcTest
- @WebServiceClientTest

다음으로 createProduct() 메서드의 테스트 코드를 작성하겠습니다. ProductController에 작성돼 있는 createProduct() 메서드는 예제 7.7과 같이 구현돼 있습니다.

예제 7.7 ProductController의 createProduct() 메서드 file controller/ProductController.java

```
@RestController
@RequestMapping("/product")
public class ProductController {

    private final ProductService productService;

    @Autowired
    public ProductController(ProductService productService) {
        this.productService = productService;
    }

    @PostMapping()
    public ResponseEntity<ProductResponseDto> createProduct(@RequestBody ProductDto productDto) {

```

```
        ProductResponseDto productResponseDto = productService.saveProduct(productDto);

        return ResponseEntity.status(HttpStatus.OK).body(productResponseDto);
    }
}
```

예제의 createProduct() 메서드는 @RequestBody로 값을 받고 있습니다. 이에 따른 테스트 코드는 예제 7.8과 같이 작성할 수 있습니다.

예제 7.8 createProduct() 메서드에 대한 테스트 file test/com.springboot.test/controller/ProductControllerTest.java

```
package com.springboot.test.controller;

import com.google.gson.Gson;
import com.springboot.test.data.dto.ProductDto;
import com.springboot.test.data.dto.ProductResponseDto;
import com.springboot.test.service.impl.ProductServiceImpl;
import org.junit.jupiter.api.DisplayName;
import org.junit.jupiter.api.Test;
import org.springframework.beans.factory.annotation.Autowired;
import org.springframework.boot.test.autoconfigure.web.servlet.WebMvcTest;
import org.springframework.boot.test.mock.mockito.MockBean;
import org.springframework.http.MediaType;
import org.springframework.test.web.servlet.MockMvc;

import static org.mockito.BDDMockito.given;
import static org.mockito.Mockito.verify;
import static org.springframework.test.web.servlet.request.MockMvcRequestBuilders.post;
import static org.springframework.test.web.servlet.result.MockMvcResultHandlers.print;
import static org.springframework.test.web.servlet.result.MockMvcResultMatchers.jsonPath;
import static org.springframework.test.web.servlet.result.MockMvcResultMatchers.status;

@WebMvcTest(ProductController.class)
public class ProductControllerTest {

    @Autowired
    private MockMvc mockMvc;

```

```
    @MockBean
    ProductServiceImpl productService;

    @Test
    @DisplayName("Product 데이터 생성 테스트")
    void createProductTest() throws Exception {
        //Mock 객체에서 특정 메서드가 실행되는 경우 실제 Return을 줄 수 없기 때문에 아래와 같이 가정 사항을 만들어줌
        given(productService.saveProduct(new ProductDto("pen", 5000, 2000)))
                .willReturn(new ProductResponseDto(12315L, "pen", 5000, 2000));

        ProductDto productDto = ProductDto.builder()
                .name("pen")
                .price(5000)
                .stock(2000)
                .build();

        Gson gson = new Gson();
        String content = gson.toJson(productDto);

        mockMvc.perform(
                        post("/product")
                                .content(content)
                                .contentType(MediaType.APPLICATION_JSON))
                .andExpect(status().isOk())
                .andExpect(jsonPath("$.number").exists())
                .andExpect(jsonPath("$.name").exists())
                .andExpect(jsonPath("$.price").exists())
                .andExpect(jsonPath("$.stock").exists())
                .andDo(print());

        verify(productService).saveProduct(new ProductDto("pen", 5000, 2000));
    }

}
```

여기서 사용된 ProductDto는 예제 7.9와 같습니다.

예제 7.9 ProductDto 클래스 file data/dto/ProductDto.java

```
@Data
@NoArgsConstructor
@AllArgsConstructor
@ToString
@Builder
public class ProductDto {

    private String name;

    private int price;

    private int stock;

}
```

예제 7.8의 테스트 코드를 실행하려면 pom.xml 파일에 Gson[3]에 대한 의존성을 추가해야 합니다. Gson은 구글에서 개발한 JSON 파싱 라이브러리로서 자바 객체를 JSON 문자열로 변환하거나 JSON 문자열을 자바 객체로 변환하는 역할을 합니다. ObjectMapper를 사용해도 무관하지만 여기서는 현업에서 많이 사용하는 라이브러리를 소개하기 위해 사용했습니다. Gson의 의존성은 예제 7.10과 같이 추가합니다.

예제 7.10 pom.xml 파일에 Gson 라이브러리 추가 file pom.xml

```
<dependencies>

  ... 생략 ...

  <dependency>
    <groupId>com.google.code.gson</groupId>
    <artifactId>gson</artifactId>
  </dependency>

  ... 생략 ...
```

3 https://github.com/google/gson

```

</dependencies>
```

예제 7.8의 createProduct()를 테스트하는 코드는 getProduct()를 테스트하는 코드와 거의 비슷하게 구성돼 있습니다. 35~36번 줄에서 given() 메서드를 통해 ProductService의 saveProduct() 메서드의 동작 규칙을 설정하고, 38~42번 줄에서는 테스트에 필요한 객체를 생성합니다. 실제 테스트를 수행하는 코드는 47~56번 줄로, 리소스 생성 기능을 테스트하기 때문에 post 메서드를 통해 URL을 구성합니다. 그리고 @RequetBody의 값을 넘겨주기 위해 content() 메서드에 DTO의 값을 담아 테스트를 진행합니다. 마지막으로 POST 요청을 통해 도출된 결괏값에 대해 각 항목이 존재하는지 jsonPath().exists()를 통해 검증합니다. 검증한 결과, 대응하는 값이 없다면 오류가 발생하게 됩니다.

Tip

Mockito에 대한 자세한 내용은 공식 사이트에서 확인할 수 있습니다.

- https://site.mockito.org/

7.4.7 서비스 객체의 테스트

이번에는 서비스 레이어에 해당하는 ProductService 객체를 테스트하겠습니다. 앞에서도 언급했듯이 실습 예제에서는 DAO의 역할이 명확하게 드러나지 않기 때문에 DAO 객체는 생략합니다.

먼저 getProduct() 메서드에 대해 테스트 코드를 작성하겠습니다. 아무 의존성을 주입받지 않은 상태에서 단위 테스트를 작성하면 예제 7.11과 같이 작성할 수 있습니다. 단위 테스트를 수행할 클래스는 test/java/com.springboot.test 내에 service/impl 패키지를 생성하고 ProductServiceTest.java 파일을 생성합니다.

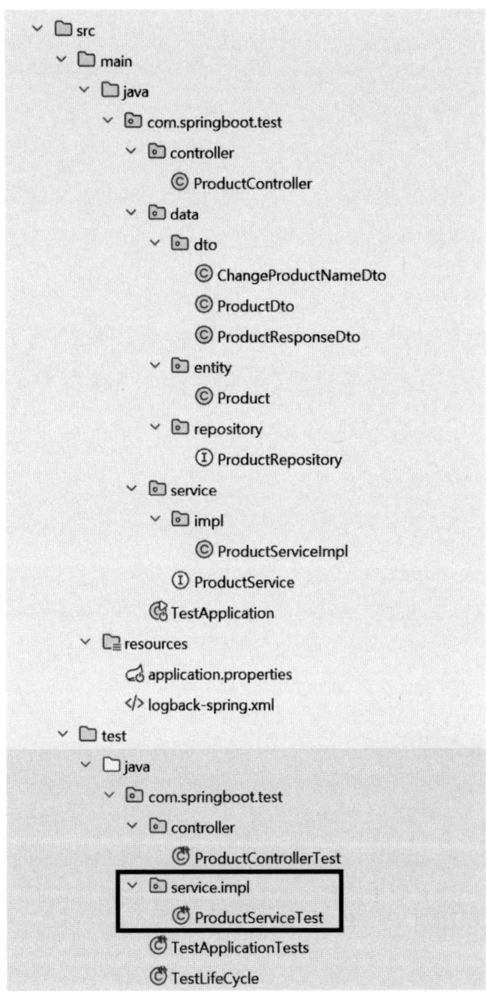

그림 7.6 서비스 객체에 대한 테스트 클래스 생성

예제 7.11 getProduct() 메서드의 단위 테스트 file test/com.springboot.test/service/impl/ProductServiceTest.java

```
package com.springboot.test.service.impl;

import com.springboot.test.data.dto.ProductResponseDto;
import com.springboot.test.data.entity.Product;
import com.springboot.test.data.repository.ProductRepository;
import org.junit.jupiter.api.Assertions;
import org.junit.jupiter.api.BeforeEach;
import org.junit.jupiter.api.Test;
```

```java
import org.mockito.Mockito;

import java.util.Optional;

import static org.mockito.Mockito.verify;

public class ProductServiceTest {

    private ProductRepository productRepository = Mockito.mock(ProductRepository.class);
    private ProductServiceImpl productService;

    @BeforeEach
    public void setUpTest() {
        productService = new ProductServiceImpl(productRepository);
    }

    @Test
    void getProductTest() {
        Product givenProduct = new Product();
        givenProduct.setNumber(123L);
        givenProduct.setName("펜");
        givenProduct.setPrice(1000);
        givenProduct.setStock(1234);

        Mockito.when(productRepository.findById(123L))
            .thenReturn(Optional.of(givenProduct));

        ProductResponseDto productResponseDto = productService.getProduct(123L);

        Assertions.assertEquals(productResponseDto.getNumber(), givenProduct.getNumber());
        Assertions.assertEquals(productResponseDto.getName(), givenProduct.getName());
        Assertions.assertEquals(productResponseDto.getPrice(), givenProduct.getPrice());
        Assertions.assertEquals(productResponseDto.getStock(), givenProduct.getStock());

        verify(productRepository).findById(123L);
    }

}
```

단위 테스트를 위해서는 외부 요인을 모두 배제하도록 코드를 작성해야 합니다. 이번 예제에서는 `@SpringBootTest`, `@WebMvcTest` 등의 `@...Test` 애너테이션이 선언돼 있지 않습니다.

이후 17번 줄을 보면 Mockito의 `mock()` 메서드를 통해 Mock 객체로 `ProductRepository`를 주입받았습니다. 이 객체를 기반으로 20~23번 줄과 같이 각 테스트 전에 `ProductService` 객체를 초기화해서 사용합니다.

25~44번 줄은 본격적인 테스트 코드입니다. 테스트 코드는 Given-When-Then 패턴을 기반으로 작성됐습니다. Given 구문에 해당하는 27~34번 줄에서는 테스트에 사용될 `Product` 엔티티 객체를 생성하고 `ProductRepository`의 동작에 대한 결괏값 리턴을 설정합니다.

그리고 36번 줄에서 테스트하고자 하는 `ProductService`의 `getProduct()` 메서드를 호출해서 동작을 테스트합니다.

테스트에서 리턴받은 `ProductResponseDto` 객체에 대해서 38~41번 줄과 같이 Assertion을 통해 값을 검증함으로써 테스트의 목적을 달성하는지 확인합니다. 마지막으로는 검증 보완을 위해 42번 줄과 같이 `verify()` 메서드로 부가 검증을 시도합니다.

이어서 `saveProduct()` 메서드에 대한 테스트 코드를 작성하겠습니다(예제 7.12).

예제 7.12 `saveProduct()` 메서드의 단위 테스트 file test/com.springboot.test/service/impl/ProductServiceTest.java

```
package com.springboot.test.service.impl;

import com.springboot.test.data.dto.ProductDto;
import com.springboot.test.data.dto.ProductResponseDto;
import com.springboot.test.data.entity.Product;
import com.springboot.test.data.repository.ProductRepository;
import org.junit.jupiter.api.Assertions;
import org.junit.jupiter.api.BeforeEach;
import org.junit.jupiter.api.Test;
import org.mockito.Mockito;

import static org.mockito.AdditionalAnswers.returnsFirstArg;
import static org.mockito.ArgumentMatchers.any;
import static org.mockito.Mockito.verify;

```

```
16 public class ProductServiceTest {
17
18     private ProductRepository productRepository = Mockito.mock(ProductRepository.class);
19     private ProductServiceImpl productService;
20
21     @BeforeEach
22     public void setUpTest() {
23         productService = new ProductServiceImpl(productRepository);
24     }
25
26     @Test
27     void saveProductTest() {
28         Mockito.when(productRepository.save(any(Product.class)))
29                 .then(returnsFirstArg());
30
31         ProductResponseDto productResponseDto = productService.saveProduct(
32                 new ProductDto("펜", 1000, 1234));
33
34         Assertions.assertEquals(productResponseDto.getName(), "펜");
35         Assertions.assertEquals(productResponseDto.getPrice(), 1000);
36         Assertions.assertEquals(productResponseDto.getStock(), 1234);
37
38         verify(productRepository).save(any());
39     }
40 }
41
```

예제에서 살펴볼 내용은 28번 줄의 any()입니다. any()는 Mockito의 ArgumentMatchers에서 제공하는 메서드로서 Mock 객체의 동작을 정의하거나 검증하는 단계에서 조건으로 특정 매개변수의 전달을 설정하지 않고 메서드의 실행만을 확인하거나 좀 더 큰 범위의 클래스 객체를 매개변수로 전달받는 등의 상황에 사용합니다. 28번 줄에서 any(Product.class)로 동작을 설정했는데, 일반적으로 given()으로 정의된 Mock 객체의 메서드 동작 감지는 매개변수의 비교를 통해 이뤄지나 레퍼런스 변수의 비교는 주솟값으로 이뤄지기 때문에 any()를 사용해 클래스만 정의하는 경우도 있습니다.

지금까지 소개한 테스트는 Mock 객체를 활용한 방식이었습니다. 큰 차이는 없지만 Mock 객체를 직접 생성하지 않고 @MockBean 어노테이션을 사용해 스프링 컨테이너에 Mock 객체를 주입받는 방식을 소개하겠습니다. 예제 7.13을 봅시다.

file test/com.springboot.test/service/impl/ProductServiceTest2.java

예제 7.13 @MockBean 애너테이션을 사용한 테스트 환경 설정

```
01 @ExtendWith(SpringExtension.class)
02 @Import({ProductServiceImpl.class})
03 class ProductServiceTest2 {
04
05     @MockBean
06     ProductRepository productRepository;
07
08     @Autowired
09     ProductService productService;
10
11     ... 테스트 코드 생략 ...
12 }
```

예제 7.13에서 작성될 테스트 코드는 기존의 테스트 코드에서 변경되는 부분은 없어 생략했습니다. 동작을 설정하는 ProductRepository에 대한 초기화 작업을 어떻게 진행하는지를 비교하기 위한 코드입니다. 예제 7.12에서는 Mockito를 통해 리포지터리를 Mock 객체로 대체하는 작업을 수행하고 서비스 객체를 직접 초기화했습니다.

반면 예제 7.13에서는 스프링에서 제공하는 테스트 애너테이션을 통해 Mock 객체를 생성하고 의존성 주입을 받고 있습니다. 둘의 차이라면 스프링의 기능에 의존하느냐 의존하지 않느냐의 차이 뿐입니다. 두 예제 모두 Mock 객체를 활용한 테스트 방식인 것은 동일하나 @MockBean을 사용하는 방식은 스프링에 Mock 객체를 등록해서 주입받는 형식이며 Mockito.mock()을 사용하는 방식은 스프링 빈에 등록하지 않고 직접 객체를 초기화해서 사용하는 방식입니다. 둘 다 테스트 속도에는 큰 차이는 없지만 아무래도 스프링을 사용하지 않는 Mock 객체를 직접 생성하는 방식이 더 빠르게 동작합니다.

예제 7.13에서는 스프링에서 객체를 주입받기 위해 @ExtendWith(SpringExtension.class)를 사용해 JUnit 5의 테스트에서 스프링 테스트 컨텍스트를 사용하도록 설정합니다. 그리고 8번 줄에서 @Autowired 애너테이션으로 주입받는 ProductService를 주입받기 위해 직접 2번 줄에서 클래스를 @Import 애너테이션을 통해 사용합니다.

Tip

SpringExtension 클래스는 JUnit 5의 Jupiter 테스트에 스프링 테스트 컨텍스트 프레임워크(Spring TestContext Framework)를 통합하는 역할을 수행합니다. 자세한 내용은 다음 URL을 참고합니다.

- https://docs.spring.io/spring-framework/docs/current/javadoc-api/org/springframework/test/context/junit/jupiter/SpringExtension.html

7.4.8 리포지터리 객체의 테스트

리포지터리는 개발자가 구현하는 레이어 중에서 가장 데이터베이스와 가깝습니다. 그리고 JpaRepository를 상속받아 기본적인 쿼리 메서드를 사용할 수 있습니다. 그렇기 때문에 리포지터리 테스트는 특히 구현하는 목적에 대해 고민하고 작성해야 합니다.

리포지터리 객체의 테스트 코드를 작성할 때 고려할 내용을 몇 가지 이야기하겠습니다. 먼저 findById(), save() 같은 기본 메서드에 대한 테스트는 큰 의미가 없습니다. 리포지터리의 기본 메서드는 테스트 검증을 마치고 제공된 것이기 때문입니다.

데이터베이스의 연동 여부는 테스트 시 고려해 볼 사항입니다. 굳이 따지자면 데이터베이스는 외부 요인에 속합니다. 만약 단위 테스트를 고려한다면 데이터베이스를 제외할 수 있습니다. 혹은 테스트용으로 다른 데이터베이스를 사용하는 경우도 있습니다. 왜냐하면 데이터베이스를 사용한 테스트는 테스트 과정에서 데이터베이스에 테스트 데이터가 적재되기 때문입니다. 그렇기 때문에 데이터베이스를 연동한 테스트는 테스트 데이터를 제거하는 코드까지 포함해서 작성하는 것이 좋습니다. 다만 이처럼 테스트 데이터의 적재를 신경 써야 하는 테스트 환경이라면 잘못된 테스트 코드가 실행되면서 발생할 수 있는 사이드 이펙트를 고려해서 데이터베이스 연동 없이 테스트하는 편이 좋을 수도 있습니다.

이 책에서는 마리아DB를 사용합니다. 여기서는 데이터베이스를 제외한 테스트 상황을 가정해서 테스트 데이터베이스로 H2 DB[4]를 사용하는 방법을 간략하게 소개하고 기본 테스트 환경에서는 마리아DB를 그대로 사용할 예정입니다. 그리고 실습을 위한 코드이므로 JpaRepository에서 제공하는 기본 메서드로 예제를 진행하겠습니다.

먼저 H2 DB를 사용한 테스트 코드를 작성하겠습니다. 별도의 설정이 없다면 테스트 환경에서는 임베디드 데이터베이스를 사용합니다. H2 DB를 사용하려면 pom.xml 파일에 예제 7.14의 의존성을 추가해야 합니다.

4 https://www.h2database.com/

예제 7.14 H2 DB에 대한 의존성 추가 file pom.xml

```
<dependencies>
  ... 생략 ...
  <dependency>
    <groupId>com.h2database</groupId>
    <artifactId>h2</artifactId>
    <scope>test</scope>
  </dependency>
  ... 생략 ...
</dependencies>
```

데이터베이스에 값을 저장하는 테스트 코드는 예제 7.15와 같이 작성합니다. 테스트 코드를 작성하기 위해 test/com.springboot.test 내에 data/repository 패키지를 생성한 후 ProductRepositoryTestByH2.java 파일을 생성합니다.

예제 7.15 데이터베이스 저장 테스트 file test/com.springboot.test/data/repository/ProductRepositoryTestByH2.java

```
@DataJpaTest
public class ProductRepositoryTestByH2 {

    @Autowired
    private ProductRepository productRepository;

    @Test
    void saveTest() {
        // given
        Product product = new Product();
        product.setName("펜");
        product.setPrice(1000);
        product.setStock(1000);

        // when
        Product savedProduct = productRepository.save(product);

        // then
        assertEquals(product.getName(), savedProduct.getName());
        assertEquals(product.getPrice(), savedProduct.getPrice());
        assertEquals(product.getStock(), savedProduct.getStock());
```

```
22         }
23 }
```

예제의 1번 줄에서는 @DataJpaTest 애너테이션을 사용하고 있습니다. @DataJpaTest는 다음과 같은 기능을 제공합니다.

- JPA와 관련된 설정만 로드해서 테스트를 진행합니다.
- 기본적으로 @Transactional 애너테이션을 포함하고 있어 테스트 코드가 종료되면 자동으로 데이터베이스의 롤백이 진행됩니다.
- 기본값으로 임베디드 데이터베이스를 사용합니다. 다른 데이터베이스를 사용하려면 별도의 설정을 거쳐 사용 가능합니다.

@DataJpaTest 애너테이션을 선언했기 때문에 4~5번 줄에서는 리포지터리를 정상적으로 주입받을 수 있습니다.

7~22번 줄은 Given-When-Then 패턴으로 작성된 테스트 코드입니다. Given 구문에서는 테스트에서 사용할 Product 엔티티를 만들고, When 구문에서 생성된 엔티티를 기반으로 save() 메서드를 호출해서 테스트를 진행합니다. 이후 정상적인 테스트가 이뤄졌는지 체크하기 위해 save() 메서드의 리턴 객체와 Given에서 생성한 엔티티 객체의 값이 일치하는지 assertEquals() 메서드를 통해 검증합니다.

데이터 조회에 대한 테스트는 예제 7.16과 같습니다.

예제 7.16 데이터베이스 조회 테스트 file test/com.springboot.test/data/repository/ProductRepositoryTestByH2.java

```
@DataJpaTest
public class ProductRepositoryTestByH2 {

    @Autowired
    private ProductRepository productRepository;

    @Test
    void selectTest() {
        // given
        Product product = new Product();
        product.setName("펜");
        product.setPrice(1000);
```

```
13         product.setStock(1000);
14 
15         Product savedProduct = productRepository.saveAndFlush(product);
16 
17         // when
18         Product foundProduct = productRepository.findById(savedProduct.getNumber()).get();
19 
20         // then
21         assertEquals(product.getName(), foundProduct.getName());
22         assertEquals(product.getPrice(), foundProduct.getPrice());
23         assertEquals(product.getStock(), foundProduct.getStock());
24     }
25 }
```

데이터베이스 조회 테스트를 위해서는 먼저 데이터베이스에 테스트 데이터를 추가해야 합니다. 따라서 15번 줄과 같이 Given 절에서 객체를 데이터베이스에 저장하는 작업을 수행합니다. 그후 18번 줄의 조회 메서드를 호출해서 테스트를 진행하고 이후 코드에서 데이터를 비교하며 검증을 수행합니다.

예제 7.15와 예제 7.16의 테스트를 실행하면 H2 DB에서 실행되는 것을 확인할 수 있습니다. 기존에 사용하고 있던 마리아DB에서 테스트하기 위해서는 별도의 설정이 필요합니다. 이번 실습을 위해 같은 패키지 경로에 `ProductRepositoryTest.java` 파일을 생성하고 예제 7.17과 같이 코드를 작성합니다.

file test/com.springboot.test/data/repository/ProductRepositoryTest.java

예제 7.17 테스트 데이터베이스 변경을 위한 애너테이션 추가

```
@DataJpaTest
@AutoConfigureTestDatabase(replace = Replace.NONE)
class ProductRepositoryTest {

    @Autowired
    private ProductRepository productRepository;

    @Test
    void save() {
        Product product = new Product();
        product.setName("펜");
        product.setPrice(1000);
        product.setStock(1000);
```

```
14
15          Product savedProduct = productRepository.save(product);
16
17          assertEquals(product.getName(), savedProduct.getName());
18          assertEquals(product.getPrice(), savedProduct.getPrice());
19          assertEquals(product.getStock(), savedProduct.getStock());
20      }
21
22  }
```

위 예제의 2번 줄에 있는 replace 요소는 @AutoConfigureTestDatabase 애너테이션의 값을 조정하는 작업을 수행합니다. replace 속성의 기본값은 Replace.ANY이며, 이 경우 임베디드 메모리 데이터베이스를 사용합니다. 이 속성값을 Replace.NONE으로 변경하면 애플리케이션에서 실제로 사용하는 데이터베이스로 테스트가 가능합니다.

그리고 지금까지 다룬 @DataJpaTest를 사용하지 않고 @SpringBootTest 애너테이션으로도 테스트할 수 있습니다. 이번 실습을 위해 같은 패키지 경로에 ProductRepository2.java 파일을 생성합니다. @SpringBootTest 애너테이션을 사용한 CRUD 테스트는 예제 7.18과 같습니다.

file test/com.springboot.test/data/repository/ProductRepositoryTest2.java

예제 7.18 @SpringBootTest 애너테이션을 활용한 테스트

```
@SpringBootTest
public class ProductRepositoryTest2 {

    @Autowired
    ProductRepository productRepository;

    @Test
    public void basicCRUDTest() {
        /* create */
        // given
        Product givenProduct = Product.builder()
            .name("노트")
            .price(1000)
            .stock(500)
            .build();
```

```

        // when
        Product savedProduct = productRepository.save(givenProduct);

        // then
        Assertions.assertThat(savedProduct.getNumber())
            .isEqualTo(givenProduct.getNumber());
        Assertions.assertThat(savedProduct.getName())
            .isEqualTo(givenProduct.getName());
        Assertions.assertThat(savedProduct.getPrice())
            .isEqualTo(givenProduct.getPrice());
        Assertions.assertThat(savedProduct.getStock())
            .isEqualTo(givenProduct.getStock());

        /* read */
        // when
        Product selectedProduct = productRepository.findById(savedProduct.getNumber())
            .orElseThrow(RuntimeException::new);

        // then
        Assertions.assertThat(selectedProduct.getNumber())
            .isEqualTo(givenProduct.getNumber());
        Assertions.assertThat(selectedProduct.getName())
            .isEqualTo(givenProduct.getName());
        Assertions.assertThat(selectedProduct.getPrice())
            .isEqualTo(givenProduct.getPrice());
        Assertions.assertThat(selectedProduct.getStock())
            .isEqualTo(givenProduct.getStock());

        /* update */
        // when
        Product foundProduct = productRepository.findById(selectedProduct.getNumber())
            .orElseThrow(RuntimeException::new);

        foundProduct.setName("장난감");

        Product updatedProduct = productRepository.save(foundProduct);

```

```
        // then
        assertEquals(updatedProduct.getName(), "장난감");

        /* delete */
        // when
        productRepository.delete(updatedProduct);

        // then
        assertFalse(productRepository.findById(selectedProduct.getNumber()).isPresent());
    }
}
```

이 예제에서는 CRUD의 모든 기능을 한 테스트 코드에 작성했습니다. 기본 메서드를 테스트하기 때문에 Given 구문을 한 번만 사용해 전체 테스트에 활용했습니다. @SpringBootTest 애너테이션을 활용하면 스프링의 모든 설정을 가져오고 빈 객체도 전체를 스캔하기 때문에 의존성 주입에 대해 고민할 필요 없이 테스트가 가능합니다. 다만 테스트의 속도가 느리므로 다른 방법으로 테스트할 수 있다면 대안을 고려해보는 것이 좋습니다.

7.5 JaCoCo를 활용한 테스트 커버리지 확인

코드 커버리지(code coverage)는 소프트웨어의 테스트 수준이 충분한지를 표현하는 지표 중 하나입니다. 테스트를 진행했을 때 대상 코드가 실행됐는지 표현하는 방법으로도 사용됩니다.

커버리지를 확인하기 위한 다양한 커버리지 도구 중 가장 보편적으로 사용되는 도구는 JaCoCo[5]입니다. JaCoCo는 Java Code Coverage의 약자로, JUnit 테스트를 통해 애플리케이션의 코드가 얼마나 테스트됐는지 Line과 Branch를 기준으로 한 커버리지로 리포트합니다. JaCoCo는 런타임으로 테스트 케이스를 실행하고 커버리지를 체크하는 방식으로 동작하며, 리포트는 HTML, XML, CSV 같은 다양한 형식으로 확인할 수 있습니다. 이번 절에서는 이러한 JaCoCo에 대해 알아보고 프로젝트에 적용하겠습니다.

5 https://www.jacoco.org/jacoco/

7.5.1 JaCoCo 플러그인 설정

JaCoCo의 플러그인 설정은 `pom.xml` 파일에서 합니다. 먼저 다음과 같이 의존성을 추가합니다.

예제 7.19 pom.xml 의존성 추가

```
<dependency>
    <groupId>org.jacoco</groupId>
    <artifactId>jacoco-maven-plugin</artifactId>
    <version>0.8.7</version>
</dependency>
```

기본적인 설정 형식은 다음과 같습니다.

예제 7.20 pom.xml 파일에 JaCoCo 플러그인 추가 file pom.xml

```
<plugin>
    <groupId>org.jacoco</groupId>
    <artifactId>jacoco-maven-plugin</artifactId>
    <version>0.8.7</version>
    <configuration>
        <excludes>
            <exclude>**/ProductServiceImpl.class</exclude>
        </excludes>
    </configuration>
    <executions>
        <execution>
            <goals>
                <goal>prepare-agent</goal>
            </goals>
        </execution>
        <execution>
            <id>jacoco-report</id>
            <phase>test</phase>
            <goals>
                <goal>report</goal>
            </goals>
        </execution>
        <execution>
            <id>jacoco-check</id>
```

```
                <goals>
                    <goal>check</goal>
                </goals>
                <configuration>
                    <rules>
                        <rule>
                            <element>BUNDLE</element>
                            <limits>
                                <limit>
                                    <counter>INSTRUCTION</counter>
                                    <value>COVEREDRATIO</value>
                                    <minimum>0.80</minimum>
                                </limit>
                            </limits>
                            <element>METHOD</element>
                            <limits>
                                <limit>
                                    <counter>LINE</counter>
                                    <value>TOTALCOUNT</value>
                                    <maximum>50</maximum>
                                </limit>
                            </limits>
                        </rule>
                    </rules>
                </configuration>
            </execution>
    </executions>
</plugin>
```

예제 7.20의 플러그인 설정은 pom.xml 파일 내 <build> 태그 안에 추가합니다. 먼저 살펴볼 내용은 <configuration> 태그입니다.

예제 7.21 <configuration> 설정 file pom.xml

```
<configuration>
  <excludes>
    <exclude>**/ProductServiceImpl.class</exclude>
  </excludes>
</configuration>
```

위 설정 내용은 일부 클래스를 커버리지 측정 대상에서 제외하는 것입니다. 예제 7.21에서는 경로와 무관하게 `ProductServiceImpl.class`를 커버리지 측정 대상에서 제외하도록 설정돼 있습니다.

다음으로 살펴볼 내용은 다음과 같이 `<executions>` 태그에 설정하는 플러그인의 실행 내용입니다.

예제 7.22 <executions> 설정 file pom.xml

```
<executions>
    <execution>
        <goals>
            <goal>prepare-agent</goal>
        </goals>
    </execution>
    <execution>
        <id>jacoco-report</id>
        <phase>test</phase>
        <goals>
            <goal>report</goal>
        </goals>
    </execution>
    <execution>
        <id>jacoco-check</id>
        <goals>
            <goal>check</goal>
        </goals>
        <configuration>
            <rules>
                <rule>
                    <element>BUNDLE</element>
                    <limits>
                        <limit>
                            <counter>INSTRUCTION</counter>
                            <value>COVEREDRATIO</value>
                            <minimum>0.80</minimum>
                        </limit>
                    </limits>
                    <element>METHOD</element>
                    <limits>
                        <limit>
```

```
                        <counter>LINE</counter>
                        <value>TOTALCOUNT</value>
                        <maximum>50</maximum>
                    </limit>
                </limits>
            </rule>
        </rules>
    </configuration>
  </execution>
</executions>
```

<execution>은 기본적으로 <goal>을 포함하며, 설정한 값에 따라 추가 설정이 필요한 내용을 <configuration>과 <rule>을 통해 작성합니다. 먼저 <execution>에서 설정할 수 있는 <goal>의 속성값은 다음과 같습니다.

- help: jacoco-maven-plugin에 대한 도움말을 보여줍니다.
- prepare-agent: 테스트 중인 애플리케이션에 VM 인수를 전달하는 JaCoCo 런타임 에이전트의 속성을 준비합니다. 에이전트는 maven-surefire-plugin을 통해 테스트한 결과를 가져오는 역할을 수행합니다.
- prepare-agent-integration: prepare-agent와 유사하지만 통합 테스트에 적합한 기본값을 제공합니다.
- merge: 실행 데이터 파일 세트(.exec)를 단일 파일로 병합합니다.
- report: 단일 프로젝트 테스트를 마치면 생성되는 코드 검사 보고서를 다양한 형식(HTML, XML, CSV) 중에서 선택할 수 있게 합니다.
- report-integration: report와 유사하나 통합 테스트에 적합한 기본값을 제공합니다.
- report-aggregate: Reactor 내의 여러 프로젝트에서 구조화된 보고서(HTML, XML, CSV)를 생성합니다. 보고서는 해당 프로젝트가 의존하는 모듈에서 생성됩니다.
- check: 코드 커버리지의 메트릭 충족 여부를 검사합니다. 메트릭은 테스트 커버리지를 측정하는 데 필요한 지표를 의미합니다. 메트릭은 check가 설정된 <execution> 태그 내에서 <rule>을 통해 설정합니다.
- dump: TCP 서버 모드에서 실행 중인 JaCoCo 에이전트에서 TCP/IP를 통한 덤프를 생성합니다.
- instrument: 오프라인 측정을 수행하는 명령입니다. 테스트를 실행한 후 restore-instrumented-classes Goal로 원본 클래스 파일들을 저장해야 합니다.
- restore-instrumented-class: 오프라인 측정 전 원본 파일을 저장하는 기능을 수행합니다.

다음으로 JaCoCo에서 설정할 수 있는 Rule을 살펴보겠습니다. `<configuration>` 태그 안에 설정하며, 다양한 속성을 활용할 수 있습니다.

먼저 `Element`는 코드 커버리지를 체크하는 데 필요한 범위 기준을 설정합니다. 사용 가능한 속성은 총 6가지입니다.

- BUNDLE(기본값): 패키지 번들(프로젝트 내 모든 파일)
- PACKAGE: 패키지
- CLASS: 클래스
- GROUP: 논리적 번들 그룹
- SOURCEFILE: 소스 파일
- METHOD: 메서드

값을 지정하지 않은 상태의 기본값은 `BUNDLE`입니다. `BUNDLE`은 `Element`를 기준으로 `<limits>` 태그 내 `<counter>`와 `<value>`를 활용해 커버리지 측정 단위와 방식을 설정합니다.

다음으로 `Counter`는 커버리지를 측정하는 데 사용하는 지표입니다. `Counter`에서 사용할 수 있는 커버리지 측정 단위는 총 6가지입니다.

- LINE: 빈 줄을 제외한 실제 코드의 라인 수
- BRANCH: 조건문 등의 분기 수
- CLASS: 클래스 수
- METHOD: 메서드 수
- INSTRUCTION(기본값): 자바의 바이트코드 명령 수
- COMPLEXITY: 복잡도. 복잡도는 맥케이브 순환 복잡도[6] 정의를 따릅니다.

마지막으로 `Value` 태그로는 커버리지 지표를 설정합니다. 측정한 커버리지를 어떤 방식으로 보여주는지 설정하며, 총 5가지 방식 중에서 선택할 수 있습니다.

---

6 https://en.wikipedia.org/wiki/Cyclomatic_complexity

- TOTALCOUNT: 전체 개수
- MISSEDCOUNT: 커버되지 않은 개수
- COVEREDCOUNT: 커버된 개수
- MISSEDRATIO: 커버되지 않은 비율
- COVEREDRATIO(기본값): 커버된 비율

Value의 속성을 지정하지 않는 경우의 기본값은 COVEREDRATIO입니다. 위 내용을 기반으로 예제 7.23을 봅시다.

예제 7.23 JaCoCo Configuration 설정 file pom.xml

```
01 <configuration>
02     <rules>
03         <rule>
04             <element>BUNDLE</element>
05             <limits>
06                 <limit>
07                     <counter>INSTRUCTION</counter>
08                     <value>COVEREDRATIO</value>
09                     <minimum>0.80</minimum>
10                 </limit>
11             </limits>
12             <element>METHOD</element>
13             <limits>
14                 <limit>
15                     <counter>LINE</counter>
16                     <value>TOTALCOUNT</value>
17                     <maximum>50</maximum>
18                 </limit>
19             </limits>
20         </rule>
21     </rules>
22 </configuration>
```

예제에서는 limit이 각 Element 단위로 설정돼 있습니다. 4~11번 줄을 보면 패키지 번들 단위로 바이트코드 명령 수를 기준으로 커버리지가 최소한 80% 달성하는 것을 limit으로 설정했습니다. 그리고

12~19번 줄에서는 메서드 단위로 전체 라인 수를 최대 50줄로 설정했습니다. 만약 설정한 기준을 벗어나는 경우에는 에러가 발생합니다.

7.5.2 JaCoCo 테스트 커버리지 확인

JaCoCo 플러그인으로 테스트 커버리지를 측정하려면 메이븐의 테스트 단계가 선행돼야 합니다. 메이븐의 생명주기는 그림 7.7과 같이 Maven 탭에서 확인할 수 있으며, JaCoCo는 test 단계 뒤에 있는 package 단계에서 실행할 수 있습니다.

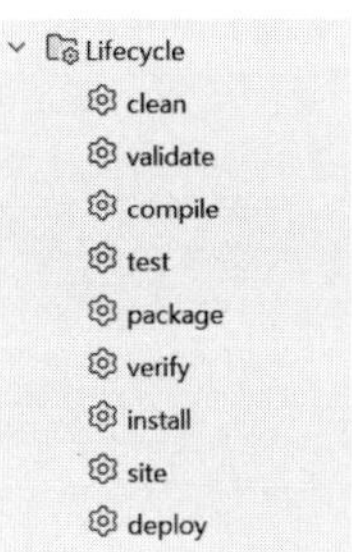

그림 7.7 인텔리제이 IDEA의 메이븐 생명주기 탭

그림 7.7에서 package를 더블클릭해서 빌드를 진행하면 그림 7.8과 같이 `target` 폴더 내 `site` → `jacoco` 폴더가 생성됩니다. 만약 정상적으로 동작하지 않는다면 프로젝트 경로에 한글이 없는지 확인해야 합니다.

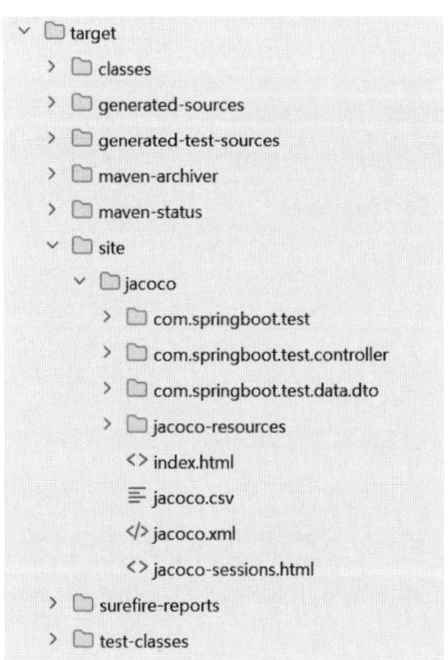

그림 7.8 JaCoCo 결과 파일이 생성되는 위치

기본적으로 JaCoCo 리포트 파일은 HTML, CSV, XML 형식으로 제공됩니다. 일반적으로 곧바로 보고서를 보기 위해서는 HTML 파일을 주로 이용합니다. 웹 브라우저를 통해 HTML 파일을 열면 그림 7.9와 같이 리포트 결과를 확인할 수 있습니다.

test

Element	Missed Instructions	Cov.	Missed Branches	Cov.	Missed	Cxty	Missed	Lines	Missed	Methods	Missed	Classes
com.springboot.test.data.dto		0%		n/a	6	6	12	12	6	6	1	1
com.springboot.test.controller		57%		n/a	2	5	6	14	2	5	0	1
com.springboot.test		37%		n/a	1	2	2	3	1	2	0	1
Total	53 of 86	38%	0 of 0	n/a	9	13	20	29	9	13	1	3

그림 7.9 JaCoCo 리포트 페이지

위 페이지를 구성하는 각 칼럼은 다음과 같은 의미를 가지고 있습니다.

- Element: 우측 테스트 커버리지를 측정한 단위를 표현합니다. 링크를 따라 들어가면 세부 사항을 볼 수 있습니다.
- Missed Instructions – Cov.(Coverage): 테스트를 수행한 후 바이트코드의 커버리지를 퍼센티지와 바(Bar) 형식으로 제공합니다.
- Missed Branches – Cov.(Coverage): 분기에 대한 테스트 커버리지를 퍼센티지와 바 형식으로 제공합니다.
- Missed – Cxty(Complexity): 복잡도에 대한 커버리지 대상 개수와 커버되지 않은 수를 제공합니다.
- Missed – Lines: 테스트 대상 라인 수와 커버되지 않은 라인 수를 제공합니다.
- Missed – Methods: 테스트 대상 메서드 수와 커버되지 않은 메서드 수를 제공합니다.
- Missed – Classes: 테스트 대상 클래스 수와 커버되지 않은 메서드 수를 제공합니다.

그림 7.9의 리포트 첫 페이지는 Element가 패키지 단위로 표현돼 있습니다. 총 5개 단위의 패키지가 보이는데, 예제 7.21에서 테스트 대상에서 서비스 클래스를 제외했기 때문에 리포트 페이지에서 제외된 것을 볼 수 있습니다. 해당 설정을 삭제하고 다시 빌드를 수행하면 서비스 클래스도 테스트 범위에 해당되는 것을 볼 수 있습니다.

JaCoCo의 리포트를 통해 볼 수 있는 세부 내용을 살펴보기 위해 `ProductController`를 살펴보겠습니다. HTML 파일에서 `com.springboot.test.controller` 패키지를 누르면 `ProductController` 클래스가 Element에 표시되며 테스트 커버리지 통계를 보여줍니다. 다시 해당 부분을 클릭하면 컨트롤러에 작성돼 있는 Method가 Element의 기준이 되고, 여기서 메서드를 클릭하면 그림 7.10과 같이 코드 레벨에서의 테스트 커버리지를 확인할 수 있습니다.

```
@RestController
@RequestMapping("/product")
public class ProductController {

    private final Logger LOGGER = LoggerFactory.getLogger(ProductController.class);

    private final ProductService productService;

    @Autowired
    public ProductController(ProductService productService) {
        this.productService = productService;
    }

    @GetMapping()
    public ResponseEntity<ProductResponseDto> getProduct(Long number) {

        ProductResponseDto productResponseDto = productService.getProduct(number);

        return ResponseEntity.status(HttpStatus.OK).body(productResponseDto);
    }

    @PostMapping()
    public ResponseEntity<ProductResponseDto> createProduct(@RequestBody ProductDto productDto) {

        ProductResponseDto productResponseDto = productService.saveProduct(productDto);

        return ResponseEntity.status(HttpStatus.OK).body(productResponseDto);
    }

    @PutMapping()
    public ResponseEntity<ProductResponseDto> changeProductName(
        @RequestBody ChangeProductNameDto changeProductNameDto) throws Exception {

        ProductResponseDto productResponseDto = productService.changeProductName(
            changeProductNameDto.getNumber(),
            changeProductNameDto.getName());

        return ResponseEntity.status(HttpStatus.OK).body(productResponseDto);

    }

    @DeleteMapping()
    public ResponseEntity<String> deleteProduct(Long number) throws Exception {
        productService.deleteProduct(number);

        return ResponseEntity.status(HttpStatus.OK).body("정상적으로 삭제되었습니다.");
    }
```

그림 7.10 코드 레벨의 테스트 커버리지

여기서 각 코드 라인은 초록색과 빨간색으로 표시돼 있습니다. 테스트 대상이 단순한 예제 코드라 색깔이 분명하게 출력됐으나 `if`문 같은 조건문이 있다면 코드가 분기되는 지점에 노란색이 칠해지는 등 좀 더 복잡한 결과물이 출력됩니다.

초록색은 테스트에서 실행됐다는 의미이고, 빨간색은 테스트 코드에서 실행되지 않은 라인을 의미합니다. 조건문의 경우 `true`와 `false`에 대한 모든 케이스가 테스트됐다면 초록색으로 표시되며, 둘 중 하나만 테스트됐다면 노란색으로 표시됩니다.

Tip

JaCoCo와 관련된 내용을 더 알고 싶다면 공식 문서를 참고합니다.

- https://www.jacoco.org/jacoco/trunk/doc/

7.6 테스트 주도 개발(TDD)

TDD란 'Test-Driven Development'의 줄임말로 '테스트 주도 개발'이라는 의미를 가지고 있습니다. 테스트 주도 개발은 반복 테스트를 이용한 소프트웨어 개발 방법론으로서 테스트 코드를 먼저 작성한 후 테스트를 통과하는 코드를 작성하는 과정을 반복하는 소프트웨어 개발 방식입니다. 애자일 방법론 중 하나인 익스트림 프로그래밍(eXtreme Programming)의 Test-First 개념에 기반을 둔, 개발 주기가 짧은 개발 프로세스로 단순한 설계를 중시합니다.

Tip 애자일 소프트웨어 개발 방법론이란?

애자일은 신속한 반복 작업을 통해 실제 작동 가능한 소프트웨어를 개발하는 개발 방식입니다. 원래 애자일 방법론 자체는 일하는 방법에 대한 관점으로 소프트웨어 개발에만 국한되지는 않습니다.

애자일 소프트웨어 개발 방법론의 핵심은 신속한 개발 프로세스를 통해 수시로 변하는 고객의 요구사항에 대응해서 제공하는 서비스의 가치를 극대화하는 것입니다.

7.6.1 테스트 주도 개발의 개발 주기

테스트 주도 개발의 개발 주기는 그림 7.11과 같이 표현할 수 있습니다.

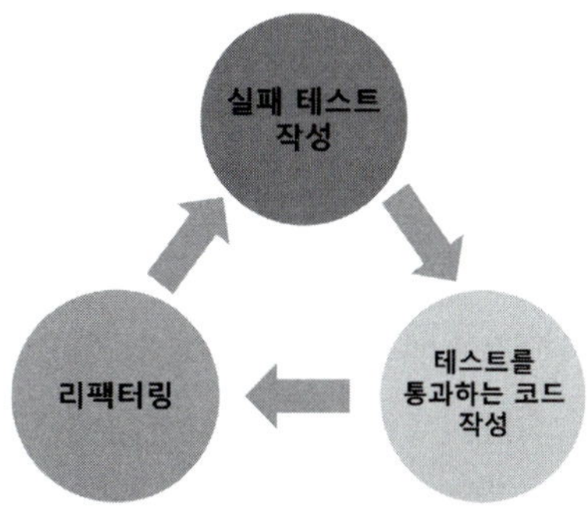

그림 7.11 테스트 주도 개발의 개발 주기

테스트 주도 개발에서는 위 그림과 같이 총 3개의 단계로 개발 주기를 표현합니다.

- 실패 테스트 작성(Write a failing test): 실패하는 경우의 테스트 코드를 먼저 작성합니다.
- 테스트를 통과하는 코드 작성(Make a test pass): 테스트 코드를 성공시키기 위한 실제 코드를 작성합니다.
- 리팩터링(Refactor): 중복 코드를 제거하거나 일반화하는 리팩터링을 수행합니다.

일반적인 개발 방법은 설계를 진행한 후 그에 맞게 애플리케이션 코드를 작성하고 마지막으로 테스트 코드를 작성하는 흐름으로 진행됩니다. 반면 테스트 주도 개발에서는 설계 이후 바로 테스트 코드를 작성하고 애플리케이션 코드를 작성한다는 점에서 차이가 있습니다.

7.6.2 테스트 주도 개발의 효과

테스트 주도 개발에 따라 개발을 진행하면 다음과 같은 이점을 얻을 수 있습니다.

디버깅 시간 단축

테스트 코드 기반으로 개발이 진행되기 때문에 문제가 발생했을 때 어디에서 잘못됐는지 확인하기가 쉽습니다.

생산성 향상

테스트 코드를 통해 지속적으로 애플리케이션 코드의 불안정성에 대한 피드백을 받기 때문에 리팩터링 횟수가 줄고 생산성이 높아집니다.

재설계 시간 단축

작성돼 있는 테스트 코드를 기반으로 코드를 작성하기 때문에 재설계가 필요할 경우 테스트 코드를 조정하는 것으로 재설계 시간을 단축할 수 있습니다.

기능 추가와 같은 추가 구현이 용이

테스트 코드를 통해 의도한 기능을 미리 설계하고 코드를 작성하기 때문에 목적에 맞는 코드를 작성하는 데 비교적 용이합니다.

이처럼 테스트 주도 개발은 다양한 장점을 가지고 있습니다. 그러나 아직 테스트 주도 개발 프로세스를 잘 지키며 개발하는 조직은 많지 않습니다. 기존 개발 방식에 익숙해져 있는 상황에서 모든 프로세스를 바꾸기가 쉽지 않기 때문입니다. 테스트 주도 개발이라는 새로운 개발 방법에 적응하는 과정에서 발생하게 될 생산성 저하의 우려로 개발 조직이 쉽게 도전하기 어려운 것이 사실입니다.

7.7 정리

이번 장에서는 테스트의 개념과 이론을 살펴보고 테스트 코드를 작성하는 방법을 알아봤습니다. 테스트 코드의 중요성이 부각된 것은 비교적 최근의 일이며, 아직 많은 회사에서는 테스트 코드를 작성하는 것을 비용으로 생각하고 간과하기도 합니다.

그러나 대부분의 개발 조직에서 테스트 코드의 중요성에 대해서는 인정하는 분위기이며, 저 또한 테스트 코드를 잘 작성하는 것은 애플리케이션 개발에서 매우 중요한 요소라고 생각합니다.

이번 장에서 다룬 테스트 코드 작성법을 기반으로 테스트 코드를 많이 작성해보는 것을 권장합니다. 여러 시나리오에 맞춰 다양한 테스트 코드를 작성하다 보면 다양한 예외 상황에 대처하는 순발력과 대처 능력도 길러집니다.

7장의 마지막에서 살펴본 JaCoCo를 활용한 테스트 커버리지 관리는 현업에서는 SonarQube[7]라는 솔루션과 함께 사용되는 경우가 많습니다. SonarQube는 코드 품질 관리 도구로서 많은 회사에서 채택해서 사용하고 있으므로 기회가 된다면 JaCoCo와 연동하는 것도 좋겠습니다.

7 https://www.sonarqube.org/

08

Spring Data JPA 활용

6장에서는 Spring Data JPA의 기본 기능을 살펴봤습니다. 또한 리포지터리를 활용해 데이터베이스에 접근하고 기본적인 CRUD 기능을 사용해 봤습니다.

이번 장에서는 Spring Data JPA에서 제공하는 기능들을 더 알아보고 다양한 활용법을 살펴보겠습니다. 그 과정에서 리포지터리 예제를 작성하고 리포지터리의 활용법을 테스트 코드를 통해 살펴보겠습니다.

Tip

Spring Data JPA의 자세한 내용은 공식 사이트(https://docs.spring.io/spring-data/jpa/docs/current/reference/html)에서 확인할 수 있습니다.

8.1 프로젝트 생성

이번 장에서는 내용에 집중하기 위해 새로운 프로젝트를 생성하겠습니다. 스프링 버전은 이전과 같은 3.3.5 버전으로 진행하며, 다음과 같은 내용을 설정합니다.

- groupId: com.springboot
- artifactId: advanced_jpa

- name: advanced_jpa
- Developer Tools: Lombok, Spring Configuration Processor
- Web: Spring Web
- SQL: Spring Data JPA, MariaDB Driver

그리고 jpa를 다뤘던 6장에서 다음과 같이 자바 파일을 가져와 기본적인 프로젝트를 생성합니다.

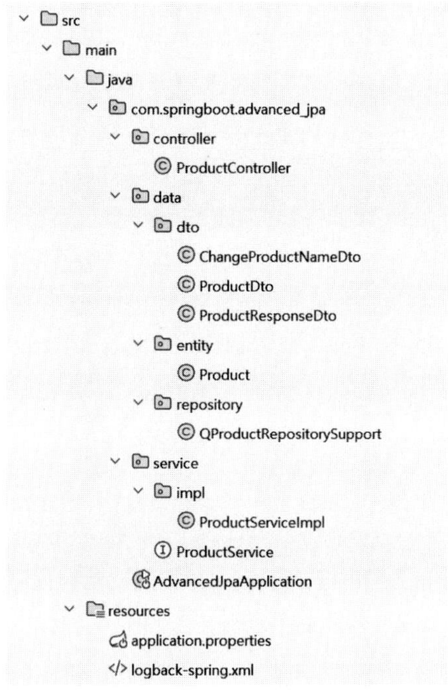

그림 8.1 프로젝트 구조

8.2 JPQL

JPQL은 JPA Query Language의 줄임말로 JPA에서 사용할 수 있는 쿼리를 의미합니다. JPQL의 문법은 SQL과 매우 비슷해서 데이터베이스 쿼리에 익숙한 분들이라면 어렵지 않게 사용할 수 있습니다. SQL과의 차이점은 SQL에서는 테이블이나 칼럼의 이름을 사용하는 것과 달리 JPQL은 그림 8.1과 같이 엔티티 객체를 대상으로 수행하는 쿼리이기 때문에 매핑된 엔티티의 이름과 필드의 이름을 사용한다는 것입니다.

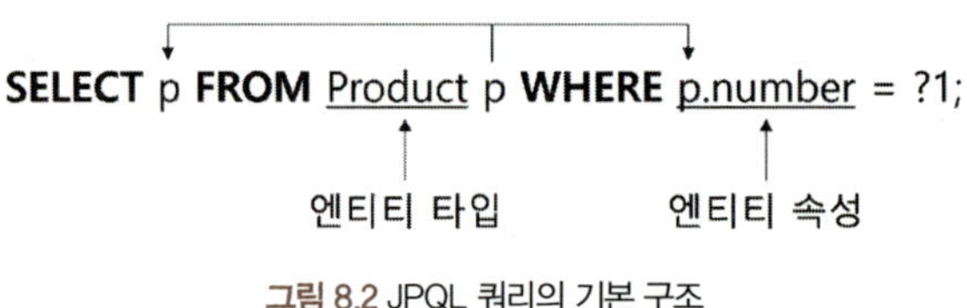

그림 8.2 JPQL 쿼리의 기본 구조

8.3 쿼리 메서드 살펴보기

리포지터리는 `JpaRepository`를 상속받는 것만으로도 다양한 CRUD 메서드를 제공합니다. 하지만 이러한 기본 메서드들은 식별자 기반으로 생성되기 때문에 결국 별도의 메서드를 정의해서 사용하는 경우가 많습니다. 이때 간단한 쿼리문을 작성하기 위해 사용되는 것이 쿼리 메서드입니다.

8.3.1 쿼리 메서드의 생성

쿼리 메서드는 크게 동작을 결정하는 주제(Subject)와 서술어(Predicate)로 구분합니다. 'find…By', 'exists…By'와 같은 키워드로 쿼리의 주제를 정하며 'By'는 서술어의 시작을 나타내는 구분자 역할을 합니다. 서술어 부분은 검색 및 정렬 조건을 지정하는 영역입니다. 기본적으로 엔티티의 속성으로 정의할 수 있고, AND나 OR를 사용해 조건을 확장하는 것도 가능합니다.

리포지터리의 쿼리 메서드 생성 예

```
// (리턴타입) + {주제 + 서술어(속성)} 구조의 메서드
List<Person> findByLastnameAndEmail(String lastName, String email);
```

서술어에 들어가는 엔티티의 속성 식(Expression)은 위의 예시와 같이 엔티티에서 관리하고 있는 속성(필드)만 참조할 수 있습니다.

8.3.2 쿼리 메서드의 주제 키워드

쿼리 메서드의 주제 부분에 사용할 수 있는 주요 키워드는 다음과 같습니다.

- find...By
- read…By

- get…By
- query…By
- search…By
- stream…By

보다시피 조회하는 기능을 수행하는 키워드입니다. '…'으로 표시한 영역에는 도메인(엔티티)을 표현할 수 있습니다. 그러나 리포지터리에서 이미 도메인을 설정한 후에 메서드를 사용하기 때문에 중복으로 판단해 생략하기도 합니다. 리턴 타입으로는 Collection이나 Stream에 속한 하위 타입을 설정할 수 있습니다. 예제 8.1과 같이 ProductRepository에 쿼리 메서드를 작성합니다.

예제 8.1 find...By 키워드를 활용한 쿼리 메서드 file advanced_jpa/data/repository/ProductRepository.java

```
// find...By
Optional<Product> findByNumber(Long number);
List<Product> findAllByName(String name);
Product queryByNumber(Long number);
```

exists…By

특정 데이터가 존재하는지 확인하는 키워드입니다. 리턴 타입으로는 boolean 타입을 사용합니다(예제 8.2).

예제 8.2 exists...By 키워드를 활용한 쿼리 메서드 file advanced_jpa/data/repository/ProductRepository.java

```
// exists...By
boolean existsByNumber(Long number);
```

count…By

조회 쿼리를 수행한 후 쿼리 결과로 나온 레코드의 개수를 리턴합니다(예제 8.3).

예제 8.3 count...By 키워드를 활용한 쿼리 메서드 file advanced_jpa/data/repository/ProductRepository.java

```
// count..By
long countByName(String name);
```

delete…By, remove…By

삭제 쿼리를 수행합니다. 리턴 타입이 없거나 삭제한 횟수를 리턴합니다(예제 8.4).

예제 8.4 delete와 remove를 활용한 쿼리 메서드 file advanced_jpa/data/repository/ProductRepository.java

```
// delete...By, remove...By
void deleteByNumber(Long number);
long removeByName(String name);
```

…First〈number〉…, …Top〈number〉…

쿼리를 통해 조회된 결괏값의 개수를 제한하는 키워드입니다. 두 키워드는 동일한 동작을 수행하며, 주제와 By 사이에 위치합니다. 일반적으로 이 키워드는 한 번의 동작으로 여러 건을 조회할 때 사용되며, 단 건으로 조회하기 위해서는 `<number>`를 생략하면 됩니다(예제 8.5).

예제 8.5 First, Top 키워드를 활용한 쿼리 메서드 file advanced_jpa/data/repository/ProductRepository.java

```
// …First<number>…, …Top<number>…
List<Product> findFirst5ByName(String name);
List<Product> findTop10ByName(String name);
```

8.3.3 쿼리 메서드의 조건자 키워드

JPQL의 서술어 부분에서 사용할 수 있는 몇 가지 조건자 키워드를 소개하겠습니다.

Is

값의 일치를 조건으로 사용하는 조건자 키워드입니다. 생략되는 경우가 많으며 `Equals`와 동일한 기능을 수행합니다(예제 8.6).

예제 8.6 Is, Equals 키워드를 사용한 쿼리 메서드 file advanced_jpa/data/repository/ProductRepository.java

```
// findByNumber 메서드와 동일하게 동작
Product findByNumberIs(Long number);
Product findByNumberEquals(Long number);
```

(Is)Not

값의 불일치를 조건으로 사용하는 조건자 키워드입니다. `Is`는 생략하고 `Not` 키워드만 사용할 수도 있습니다(예제 8.7)

예제 8.7 Not 키워드를 사용한 쿼리 메서드 file advanced_jpa/data/repository/ProductRepository.java

```
Product findByNumberIsNot(Long number);
Product findByNumberNot(Long number);
```

(Is)Null, (Is)NotNull

값이 null인지 검사하는 조건자 키워드입니다(예제 8.8).

예제 8.8 Null 키워드를 사용한 쿼리 메서드 file advanced_jpa/data/repository/ProductRepository.java

```
List<Product> findByUpdatedAtNull();
List<Product> findByUpdatedAtIsNull();
List<Product> findByUpdatedAtNotNull();
List<Product> findByUpdatedAtIsNotNull();
```

(Is)True, (Is)False

`boolean` 타입으로 지정된 칼럼값을 확인하는 키워드입니다. 예제 8.9는 `Product` 엔티티에 `boolean` 타입을 사용하는 칼럼이 없기 때문에 실제 코드에 반영하면 에러가 발생하므로 사용법만 참고합니다.

예제 8.9 True, False 키워드를 사용한 쿼리 메서드

```
Product findByisActiveTrue();
Product findByisActiveIsTrue();
Product findByisActiveFalse();
Product findByisActiveIsFalse();
```

And, Or

여러 조건을 묶을 때 사용합니다.

예제 8.10 And, Or 키워드를 사용한 쿼리 메서드 file advanced_jpa/data/repository/ProductRepository.java

```
Product findByNumberAndName(Long number, String name);
Product findByNumberOrName(Long number, String name);
```

(Is)GreaterThan, (Is)LessThan, (Is)Between

숫자나 datetime 칼럼을 대상으로 한 비교 연산에 사용할 수 있는 조건자 키워드입니다. GreaterThan, LessThan 키워드는 비교 대상에 대한 초과/미만의 개념으로 비교 연산을 수행하고, 경곗값을 포함하려면 Equal 키워드를 추가하면 됩니다.

예제 8.11 GreaterThan, LessThan, Between 키워드를 사용한 쿼리 메서드 file advanced_jpa/data/repository/ProductRepository.java

```
List<Product> findByPriceIsGreaterThan(Long price);
List<Product> findByPriceGreaterThan(Long price);
List<Product> findByPriceGreaterThanEqual(Long price);
List<Product> findByPriceIsLessThan(Long price);
List<Product> findByPriceLessThan(Long price);
List<Product> findByPriceLessThanEqual(Long price);
List<Product> findByPriceIsBetween(Long lowPrice, Long highPrice);
List<Product> findByPriceBetween(Long lowPrice, Long highPrice);
```

(Is)StartingWith(==StartsWith), (Is)EndingWith(==EndsWith), (Is)Containing(==Contains), (Is)Like

칼럼값에서 일부 일치 여부를 확인하는 조건자 키워드입니다. SQL 쿼리문에서 값의 일부를 포함하는 값을 추출할 때 사용하는 '%' 키워드와 동일한 역할을 하는 키워드입니다. 자동으로 생성되는 SQL문을 보면 Containing 키워드는 문자열의 양 끝, StartingWith 키워드는 문자열의 앞, EndingWith 키워드는 문자열의 끝에 '%'가 배치됩니다. 여기서 별도로 고려해야 하는 키워드는 Like 키워드인데, 이 키워드는 코드 수준에서 메서드를 호출하면서 전달하는 값에 %를 명시적으로 입력해야 합니다(예제 8.12).

예제 8.12 부분 일치 키워드를 사용한 쿼리 메서드 file advanced_jpa/data/repository/ProductRepository.java

```
List<Product> findByNameLike(String name);
List<Product> findByNameIsLike(String name);

```

```
List<Product> findByNameContains(String name);
List<Product> findByNameContaining(String name);
List<Product> findByNameIsContaining(String name);

List<Product> findByNameStartsWith(String name);
List<Product> findByNameStartingWith(String name);
List<Product> findByNameIsStartingWith(String name);

List<Product> findByNameEndsWith(String name);
List<Product> findByNameEndingWith(String name);
List<Product> findByNameIsEndingWith(String name);
```

8.4 정렬과 페이징 처리

애플리케이션에서 자주 사용되는 정렬과 페이징 처리는 앞서 소개한 쿼리 메서드를 작성하는 방법을 기반으로 수행할 수 있습니다. 물론 기본 쿼리 메서드인 이름을 통한 정렬과 페이징 처리도 가능하지만 다른 방법들도 많이 쓰입니다. 이번 장에서는 기본적인 정렬과 페이징 처리 방법을 알아보겠습니다.

8.4.1 정렬 처리하기

일반적인 쿼리문에서 정렬을 사용할 때는 `ORDER BY` 구문을 사용합니다. 쿼리 메서드도 정렬 기능에 동일한 키워드가 사용됩니다. 예제 8.13과 같이 작성하면 정렬 기능을 사용할 수 있습니다.

예제 8.13 쿼리 메서드의 정렬 처리 file advanced_jpa/data/repository/ProductRepository.java

```
01 // Asc : 오름차순, Desc : 내림차순
02 List<Product> findByNameOrderByNumberAsc(String name);
03 List<Product> findByNameOrderByNumberDesc(String name);
```

예제 8.13과 같이 기본 쿼리 메서드를 작성한 후 `OrderBy` 키워드를 삽입하고 정렬하고자 하는 칼럼과 오름차순/내림차순을 설정하면 정렬이 수행됩니다. 2번 줄의 쿼리 메서드를 해석하면 '상품정보를 이름으로 검색한 후 상품 번호로 오름차순 정렬을 수행'한다는 뜻입니다. 오름차순으로 정렬하려면 `Asc` 키워드를, 내림차순으로 정렬하려면 `Desc` 키워드를 사용합니다.

2번 줄의 메서드를 호출했을 때 나오는 하이버네이트 로그는 아래와 같습니다.

```
01 Hibernate:
02     select
03         p1_0.number,
04         p1_0.created_at,
05         p1_0.name,
06         p1_0.price,
07         p1_0.stock,
08         p1_0.updated_at
09     from
10         product p1_0
11     where
12         p1_0.name=?
13     order by
14         p1_0.number
```

13번 줄에 order by 구문이 포함돼 있고 메서드에 이름에 나와 있는 것처럼 Number에 대해 오름차순으로 정렬하고 있습니다.

다른 쿼리 메서드들은 조건 구문에서 조건을 여러 개 사용하기 위해 And와 Or 키워드를 사용했습니다. 하지만 정렬 구문은 And나 Or 키워드를 사용하지 않고 예제 8.14와 같이 우선순위를 기준으로 차례대로 작성하면 됩니다.

예제 8.14 쿼리 메서드에서 여러 정렬 기준 사용 file advanced_jpa/data/repository/ProductRepository.java

```
01 // And를 붙이지 않음
02 List<Product> findByNameOrderByPriceAscStockDesc(String name);
```

2번 줄의 메서드는 먼저 Price를 기준으로 오름차순 정렬한 후 후순위로 재고수량을 기준으로 내림차순 정렬을 수행합니다. 이렇게 작성한 메서드가 호출되면 하이버네이트에서는 다음과 같이 쿼리를 작성합니다.

```
Hibernate:
    select
        p1_0.number,
        p1_0.created_at,
```

```
        p1_0.name,
        p1_0.price,
        p1_0.stock,
        p1_0.updated_at
    from
        product p1_0
    where
        p1_0.name=?
    order by
        p1_0.price,
        p1_0.stock desc
```

이렇게 쿼리 메서드의 이름에 정렬 키워드를 삽입해서 정렬을 수행하는 것도 가능하지만 메서드의 이름이 길어질수록 가독성이 떨어지는 문제가 생깁니다. 이를 해결하기 위해 예제 8.15와 같이 매개변수를 활용해 정렬할 수도 있습니다.

예제 8.15 매개변수를 활용한 쿼리 정렬 file advanced_jpa/data/repository/ProductRepository.java

```
List<Product> findByName(String name, Sort sort);
```

예제 8.15는 앞서 소개한 정렬 키워드가 들어간 메서드와 거의 동일한 기능을 수행합니다. 다만 이 메서드는 이름에 키워드를 넣지 않고 Sort 객체를 활용해 매개변수로 받아들인 정렬 기준을 가지고 쿼리문을 작성하게 됩니다. 예제 8.15의 Sort 객체를 테스트해보기 위해 test/com.springboot.advanced_jpa 패키지 내에 data/repository 패키지를 생성한 후 ProductRepositoryTest를 생성해서 다음과 같이 작성합니다.

```
package com.springboot.advanced_jpa.data.repository;
import com.springboot.advanced_jpa.data.entity.Product;
import org.junit.jupiter.api.Test;
import org.springframework.beans.factory.annotation.Autowired;
import org.springframework.boot.test.context.SpringBootTest;
import org.springframework.data.domain.Sort;
import org.springframework.data.domain.Sort.Order;
```

```java
import java.time.LocalDateTime;

@SpringBootTest
class ProductRepositoryTest {

    @Autowired
    ProductRepository productRepository;

    @Test
    void sortingAndPagingTest() {
        Product product1 = new Product();
        product1.setName("펜");
        product1.setPrice(1000);
        product1.setStock(100);
        product1.setCreatedAt(LocalDateTime.now());
        product1.setUpdatedAt(LocalDateTime.now());

        Product product2 = new Product();
        product2.setName("펜");
        product2.setPrice(5000);
        product2.setStock(300);
        product2.setCreatedAt(LocalDateTime.now());
        product2.setUpdatedAt(LocalDateTime.now());

        Product product3 = new Product();
        product3.setName("펜");
        product3.setPrice(500);
        product3.setStock(50);
        product3.setCreatedAt(LocalDateTime.now());
        product3.setUpdatedAt(LocalDateTime.now());

        Product savedProduct1 = productRepository.save(product1);
        Product savedProduct2 = productRepository.save(product2);
        Product savedProduct3 = productRepository.save(product3);

    }
}
```

그리고 20번 줄의 sortingAndPagingTest() 메서드 하단에 예제 8.16과 같이 작성해서 메서드에 전달할 수 있습니다.

file test/com.springboot.advanced_jpa/data/repository/ProductRepositoryTest.java

예제 8.16 쿼리 메서드에 Sort 객체 전달

```
01 productRepository.findByName("펜", Sort.by(Order.asc("price")));
02 productRepository.findByName("펜", Sort.by(Order.asc("price"), Order.desc("stock")));
```

위 예제를 포함하여 앞으로 나올 테스트 코드의 결괏값을 확인하고 싶다면 System.out.println()을 붙여주면 됩니다. Sort 클래스는 내부 클래스로 정의돼 있는 Order 객체를 활용해 정렬 기준을 생성합니다. Order 객체에는 asc와 desc 메서드가 포함돼 있어 이 메서드를 통해 오름차순/내림차순을 지정하며, 여러 정렬 기준을 사용할 경우에는 2번 줄처럼 콤마(,)를 사용해 구분합니다. 이렇게 작성된 두 개의 메서드를 실행하면 하이버네이트에서는 다음과 같은 쿼리를 생성합니다.

```
Hibernate:
    select
        p1_0.number,
        p1_0.created_at,
        p1_0.name,
        p1_0.price,
        p1_0.stock,
        p1_0.updated_at
    from
        product p1_0
    where
        p1_0.name=?
    order by
        p1_0.price

Hibernate:
    select
        p1_0.number,
        p1_0.created_at,
        p1_0.name,
        p1_0.price,
        p1_0.stock,
        p1_0.updated_at
```

```
    from
        product p1_0
    where
        p1_0.name=?
    order by
        p1_0.price,
        p1_0.stock desc
```

매개변수를 활용한 쿼리 메서드를 사용하면 쿼리 메서드를 정의하는 단계에서 코드가 줄어드는 장점이 있습니다. 그러나 호출하는 위치에서는 여전히 정렬 기준이 길어져 가독성이 떨어집니다. 해당 코드는 정렬 기준을 설정하기 위한 필수적인 구문이기 때문에 코드의 양을 줄이기는 어렵습니다. 하지만 예제 8.17과 같이 Sort 부분을 하나의 메서드로 분리해서 쿼리 메서드를 호출하는 코드를 작성하는 방법도 가능합니다.

file test/com.springboot.advanced_jpa/data/repository/ProductRepositoryTest.java

예제 8.17 쿼리 메서드에서 정렬 부분을 분리

```
@SpringBootTest
class ProductRepositoryTest {

    @Autowired
    ProductRepository productRepository;

    @Test
    void sortingAndPagingTest() {
        ... 상단 코드 생략 ...

        System.out.println(productRepository.findByName("펜", getSort()));

    }

    private Sort getSort() {
        return Sort.by(
                Order.asc("price"),
                Order.desc("stock")
        );
    }
}
```

8.4.2 페이징 처리

페이징이란 데이터베이스의 레코드를 개수로 나눠 페이지를 구분하는 것을 의미합니다. 예를 들면, 25개의 레코드가 있다면 레코드를 7개씩, 총 4개의 페이지로 구분하고 그중에서 특정 페이지를 가져오는 것입니다. 흔히 볼 수 있는 웹 페이지에서 각 페이지를 구분해서 데이터를 제공할 때 그에 맞게 데이터를 요청하는 것이라고 생각하면 됩니다.

JPA에서는 이 같은 페이징 처리를 위해 Page와 Pageable을 사용합니다. 예제 8.18과 같이 페이징 처리가 가능한 쿼리 메서드를 작성할 수 있습니다.

예제 8.18 페이징 처리를 위한 쿼리 메서드 예시 file advanced_jpa/data/repository/ProductRepository.java

```
Page<Product> findByName(String name, Pageable pageable);
```

위와 같이 리턴 타입으로 Page를 설정하고 매개변수에는 Pageable 타입의 객체를 정의합니다. 해당 메서드를 사용하기 위해서는 예제 8.19와 같이 호출합니다.

예제 8.19 페이징 쿼리 메서드를 호출하는 방법 file test/com.springboot.advanced_jpa/data/repository/ProductRepositoryTest.java

```
Page<Product> productPage = productRepository.findByName("펜", PageRequest.of(0, 2));
```

위 코드에서는 메서드를 호출할 때 리턴 타입으로 Page 객체를 받아야 하기 때문에 Page<Product>로 타입을 선언해서 객체를 리턴받았습니다. 그리고 Pageable 파라미터를 전달하기 위해 PageRequest 클래스를 사용했습니다. PageRequest는 Pageable의 구현체입니다.

일반적으로 PageRequest는 of 메서드를 통해 PageRequest 객체를 생성합니다. of 메서드는 매개변수에 따라 다양한 형태로 오버로딩돼 있는데 다음과 같은 매개변수 조합을 지원합니다.

of 메서드	매개변수 설명	비고
of(int page, int size)	페이지 번호(0부터 시작), 페이지당 데이터 개수	데이터를 정렬하지 않음
of(int page, int size, Sort)	페이지 번호, 페이지당 데이터 개수, 정렬	sort에 의해 정렬
of(int page, int size, Direction, String... properties)	페이지 번호, 페이지당 데이터 개수, 정렬 방향, 속성(칼럼)	Sort.by(direction, properties)에 의해 정렬

예제 8.19의 메서드가 호출될 때 하이버네이트에서 생성하는 쿼리는 다음과 같습니다.

```
Hibernate:
    select
        p1_0.number,
        p1_0.created_at,
        p1_0.name,
        p1_0.price,
        p1_0.stock,
        p1_0.updated_at
    from
        product p1_0
    where
        p1_0.name=?
    limit
        ?
Hibernate:
    select
        count(p1_0.number)
    from
        product p1_0
    where
        p1_0.name=?
```

쿼리 로그를 보면 select 쿼리에 limit 쿼리가 포함돼 있는 것을 볼 수 있습니다. 만약 페이지 번호를 0이 아닌 1 이상의 숫자로 설정하면 offset 키워드도 포함되어 레코드 목록을 구분해서 가져오게 됩니다. 이렇게 리턴받은 객체를 출력하면 다음과 같은 출력 결과를 확인할 수 있습니다.

```
Page 1 of 2 containing com.springboot.advanced_jpa.data.entity.Product instances
```

Page 객체를 그대로 출력하면 해당 객체의 값을 보여주지 않고 위와 같이 몇 번째 페이지에 해당하는지만 확인할 수 있습니다. 각 페이지를 구성하는 세부적인 값을 보려면 예제 8.20과 같이 작성합니다.

예제 8.20 Page 객체의 데이터 출력 file test/com.springboot.advanced_jpa/data/repository/ProductRepositoryTest.java

```
01 Page<Product> productPage = productRepository.findByName("펜", PageRequest.of(0, 2));
02 System.out.println(productPage.getContent());
```

2번 줄과 같이 getContent() 메서드를 사용해 출력하면 배열 형태로 값이 출력됩니다.

8.5 @Query 애너테이션 사용하기

데이터베이스에서 값을 가져올 때는 앞 절에서 소개한 것처럼 메서드의 이름만으로 쿼리 메서드를 생성할 수도 있고 이번 절에서 살펴볼 `@Query` 애너테이션을 사용해 직접 JPQL을 작성할 수도 있습니다.

JPQL을 사용하면 JPA 구현체에서 자동으로 쿼리 문장을 해석하고 실행하게 됩니다. 만약 데이터베이스를 다른 데이터베이스로 변경할 일이 없다면 직접 해당 데이터베이스에 특화된 SQL을 작성할 수 있으며, 주로 튜닝된 쿼리를 사용하고자 할 때 직접 SQL을 작성합니다. 이 책에서는 JPQL을 직접 다루는 방법을 알아볼 텐데, 먼저 기본적인 JPQL을 사용해 상품정보를 조회하는 메서드를 리포지터리에 추가합니다(예제 8.21).

예제 8.21 @Query 애너테이션을 사용하는 메서드 file data/repository/ProductRepository.java

```
01 @Query("SELECT p FROM Product AS p WHERE p.name = ?1")
02 List<Product> findByName(String name);
```

1번 줄과 같이 `@Query` 애너테이션을 사용해 JPQL 형식의 쿼리문을 작성합니다(참고로 쿼리문에서 SQL 예약어에 해당하는 단어는 대문자로 작성했는데 소문자로 작성해도 됩니다). `FROM` 뒤에서 엔티티 타입을 지정하고 별칭을 생성합니다(`AS`는 생략 가능합니다). `WHERE`문에서는 SQL과 마찬가지로 조건을 지정합니다. 조건문에서 사용한 `'?1'`은 파라미터를 전달받기 위한 인자에 해당합니다. 1은 첫 번째 파라미터를 의미합니다. 하지만 이 같은 방식을 사용할 경우 파라미터의 순서가 바뀌면 오류가 발생할 가능성이 있어 `@Param` 애너테이션을 사용하는 것이 좋습니다(예제 8.22).

예제 8.22 @Query 애너테이션과 @Param 애너테이션을 사용한 메서드 file data/repository/ProductRepository.java

```
@Query("SELECT p FROM Product p WHERE p.name = :name")
List<Product> findByNameParam(@Param("name") String name);
```

보다시피 파라미터를 바인딩하는 방식으로 메서드를 구현하면 코드의 가독성이 높아지고 유지보수가 수월해집니다. 앞에서 살펴본 두 예제(예제 8.21, 8.22)는 하이버네이트에서 다음과 같이 동일한 쿼리를 생성해서 실행합니다.

```
Hibernate:
    select
        p1_0.number,
```

```
            p1_0.created_at,
            p1_0.name,
            p1_0.price,
            p1_0.stock,
            p1_0.updated_at
        from
            product p1_0
        where
            p1_0.name=?
```

그리고 `@Query`를 사용하면 엔티티 타입이 아니라 원하는 칼럼의 값만 추출할 수 있습니다(예제 8.23).

예제 8.23 특정 칼럼만 추출하는 쿼리 file data/repository/ProductRepository.java

```
@Query("SELECT p.name, p.price, p.stock FROM Product p WHERE p.name = :name")
List<Object[]> findByNameParam2(@Param("name") String name);
```

이처럼 SELECT에 가져오고자 하는 칼럼을 지정하면 됩니다. 이때 메서드에서는 `Object` 배열의 리스트 형태로 리턴 타입을 지정해야 합니다. 위 메서드를 호출했을 때 생성되는 쿼리는 다음과 같습니다.

```
Hibernate:
    select
        p1_0.name,
        p1_0.price,
        p1_0.stock
    from
        product p1_0
    where
        p1_0.name=?
```

8.6 Querydsl 적용하기

앞에서는 `@Query` 애너테이션을 사용해 직접 JPQL의 쿼리를 작성하는 방법을 알아봤습니다. 메서드의 이름을 기반으로 생성하는 JPQL의 한계는 `@Query` 애너테이션을 통해 대부분 해소할 수 있지만 직접 문자열을 입력하기 때문에 컴파일 시점에 에러를 잡지 못하고 런타임 에러가 발생할 수 있습니다. 쿼리의 문자열이 잘못된 경우에는 애플리케이션이 실행된 후 로직이 실행되고 나서야 오류를 발견할 수 있습니다. 이러한 이유로 개발 환경에서는 문제가 없는 것처럼 보이다가 실제 운영 환경에 애플리케이션을 배포하고 나서 오류가 발견되는 리스크를 유발합니다.

이 같은 문제를 해결하기 위해 사용되는 것이 Querydsl입니다. Querydsl은 문자열이 아니라 코드로 쿼리를 작성할 수 있도록 도와줍니다.

8.6.1 Querydsl이란?

Querydsl[1]은 정적 타입을 이용해 SQL과 같은 쿼리를 생성할 수 있도록 지원하는 프레임워크입니다. 문자열이나 XML 파일을 통해 쿼리를 작성하는 대신 Querydsl이 제공하는 플루언트(Fluent) API를 활용해 쿼리를 생성할 수 있습니다.

Tip

Querydsl에 대한 자세한 내용은 아래 URL에서 확인하세요.

- 한글판(4.0.1 버전): http://querydsl.com/static/querydsl/4.0.1/reference/ko-KR/html_single/
- 실습 버전(영문): https://querydsl.com/static/querydsl/5.0.0/reference/html_single/

8.6.2 Querydsl의 장점

Querydsl을 사용하면 다음과 같은 장점이 있습니다.

- IDE가 제공하는 코드 자동 완성 기능을 사용할 수 있습니다.
- 문법적으로 잘못된 쿼리를 허용하지 않습니다. 따라서 정상적으로 활용된 Querydsl은 문법 오류를 발생시키지 않습니다.
- 고정된 SQL 쿼리를 작성하지 않기 때문에 동적으로 쿼리를 생성할 수 있습니다.
- 코드로 작성하므로 가독성 및 생산성이 향상됩니다.
- 도메인 타입과 프로퍼티를 안전하게 참조할 수 있습니다.

1 http://querydsl.com/

8.6.3 Querydsl을 사용하기 위한 프로젝트 설정

Querydsl을 사용하려면 몇 가지 설정이 필요합니다. 먼저 `pom.xml` 파일에 예제 8.24와 같이 의존성을 추가합니다.

예제 8.24 Querydsl 관련 의존성 추가 file pom.xml

```
<dependencies>
  ... 생략 ...
  <dependency>
    <groupId>com.querydsl</groupId>
    <artifactId>querydsl-apt</artifactId>
    <scope>provided</scope>
  </dependency>

  <dependency>
    <groupId>com.querydsl</groupId>
    <artifactId>querydsl-jpa</artifactId>
  </dependency>
  ... 생략 ...
</dependencies>
```

또한 `<plugins>` 태그에 Querydsl을 사용하기 위한 APT 플러그인을 추가해야 합니다. 예제 8.25와 같이 플러그인 설정을 추가합니다.

예제 8.25 Querydsl에서 `JPAAnnotationProcessor` 사용을 위한 APT 플러그인 추가 file pom.xml

```
<plugin>
  <groupId>com.mysema.maven</groupId>
  <artifactId>apt-maven-plugin</artifactId>
  <version>1.1.3</version>
  <executions>
    <execution>
      <goals>
        <goal>process</goal>
      </goals>
      <configuration>
        <outputDirectory>target/generated-sources/java</outputDirectory>
        <processor>com.querydsl.apt.jpa.JPAAnnotationProcessor</processor>
```

```
13          <options>
14            <querydsl.entityAccessors>true</querydsl.entityAccessors>
15          </options>
16        </configuration>
17      </execution>
18    </executions>
19  </plugin>
```

12번 줄의 `JPAAnnotationProcessor`는 `@Entity` 애너테이션으로 정의된 엔티티 클래스를 찾아서 쿼리 타입을 생성합니다.

Tip APT란?

APT(Annotation Processing Tool)는 애너테이션으로 정의된 코드를 기반으로 새로운 코드를 생성하는 기능입니다. JDK 1.6부터 도입된 기능이며, 클래스를 컴파일하는 기능도 제공합니다.

이렇게 설정을 마치고 그림 8.3과 같이 메이븐의 compile 단계를 클릭해 빌드 작업을 수행합니다.

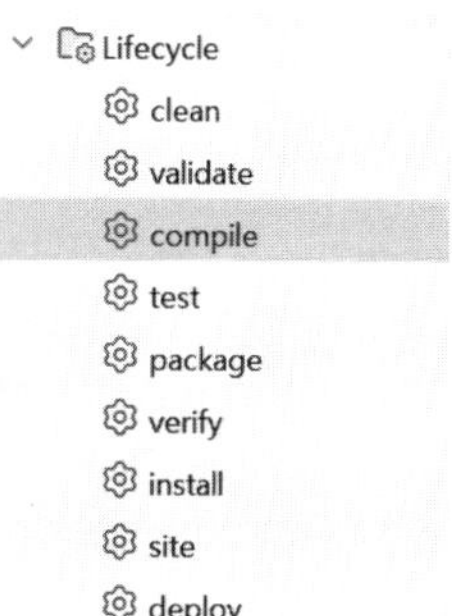

그림 8.3 메이븐 컴파일 단계 수행

빌드가 완료되면 예제 8.25의 11번 줄에 작성했던 `outputDirectory`에 설정한 `generated-source` 경로에 그림 8.4와 같이 Q도메인 클래스가 생성된 것을 볼 수 있습니다.

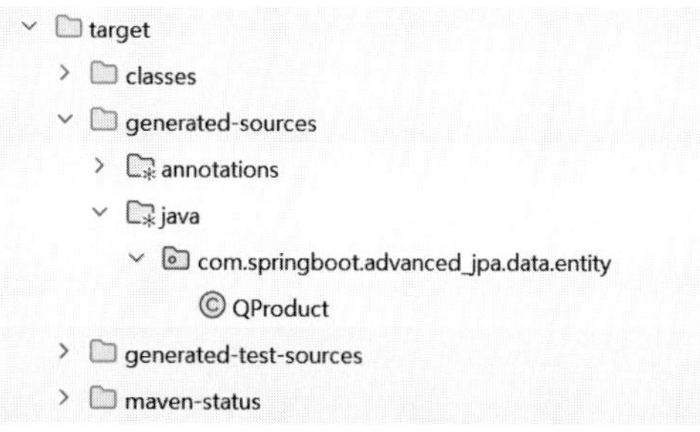

그림 8.4 생성된 Q도메인 클래스

Querydsl은 지금까지 작성했던 엔티티 클래스와 Q도메인(Qdomain)이라는 쿼리 타입의 클래스를 자체적으로 생성해서 메타데이터로 사용하는데, 이를 통해 SQL과 같은 쿼리를 생성해서 제공합니다.

만약 Q도메인 클래스(`QProduct`)가 제대로 생성되지 않았다면 프로젝트 폴더를 마우스 오른쪽 버튼으로 클릭한 후 [Maven] → [Generate Sources and Update Folders]를 선택합니다.

또한 코드가 정상적으로 동작하지 않는다면 IDE의 설정을 조정해야 합니다. 인텔리제이 IDEA에서 [Ctrl + Alt + Shift + S]를 클릭하거나 메뉴에서 [File] → [Project Structure]를 차례로 선택해 설정 창을 연 다음 [Modules] 탭을 클릭합니다. 그러고 나서 그림 8.5와 같이 `generated-sources`를 눌러 [Mark as] 항목에 있는 [Sources]를 눌러 IDE에서 소스파일로 인식할 수 있게 설정합니다.

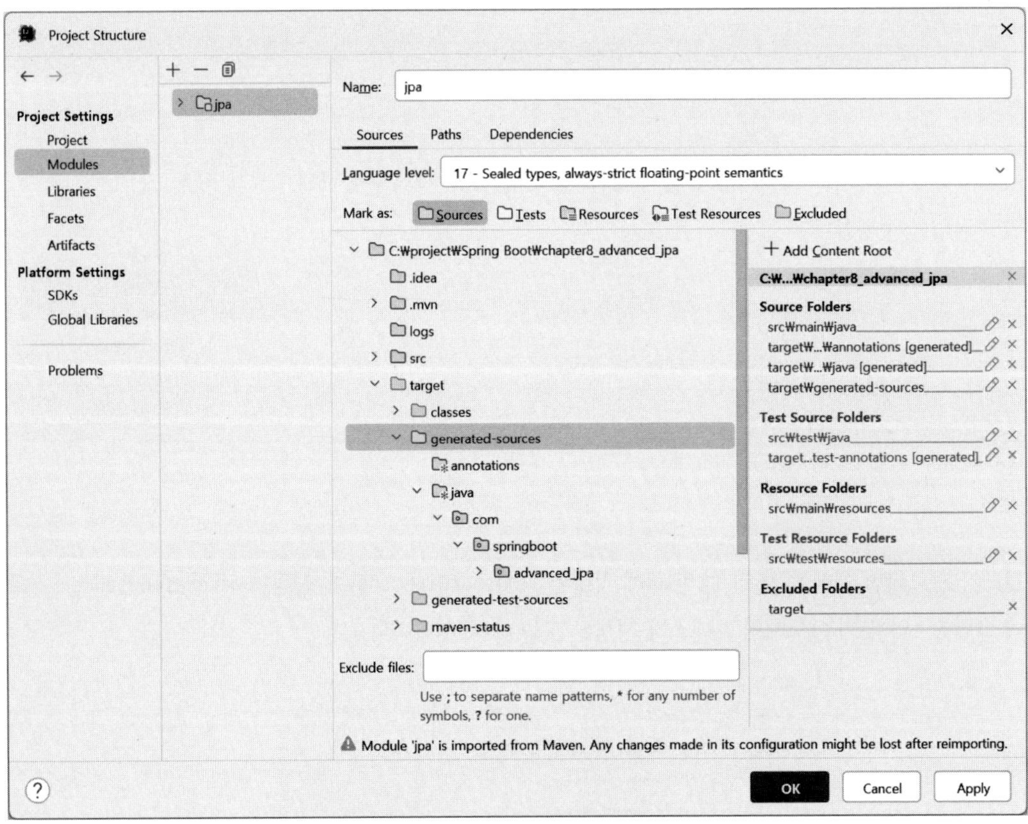

그림 8.5 `generated-sources`에 대해 Source로 인식하도록 설정

8.6.4 기본적인 Querydsl 사용법

앞의 프로젝트 설정을 마치면 Querydsl을 사용할 준비가 끝났습니다. 우선 테스트 코드로 기본적인 Querydsl 사용법을 알아보겠습니다. 예제 8.26과 같이 테스트 코드를 작성해서 Querydsl의 동작을 확인할 수 있습니다.

file test/com.springboot.advanced_jpa/data/repository/ProductRepositoryTest.java

예제 8.26 JPAQuery를 활용한 Querydsl 테스트 코드

```
@PersistenceContext
EntityManager entityManager;

@Test
void queryDslTest() {
    JPAQuery<Product> query = new JPAQuery(entityManager);
    QProduct qProduct = QProduct.product;

    List<Product> productList = query
        .from(qProduct)
        .where(qProduct.name.eq("펜"))
        .orderBy(qProduct.price.asc())
        .fetch();

    for (Product product : productList) {
        System.out.println("----------------");
        System.out.println();
        System.out.println("Product Number : " + product.getNumber());
        System.out.println("Product Name : " + product.getName());
        System.out.println("Product Price : " + product.getPrice());
        System.out.println("Product Stock : " + product.getStock());
        System.out.println();
        System.out.println("----------------");
    }
}
```

예제 8.26은 Querydsl에 의해 생성된 Q도메인 클래스를 활용하는 코드입니다. 다만 Q도메인 클래스와 대응되는 테스트 클래스가 없으므로 엔티티 클래스에 대응되는 리포지터리의 테스트 클래스(ProductRepositoryTest)에 포함해도 무관합니다.

그럼 위 코드를 자세히 살펴보겠습니다. Querydsl을 사용하기 위해서는 6번 줄과 같이 `JPAQuery` 객체를 사용합니다. `JPAQuery`는 엔티티 매니저(EntityManager)를 활용해 생성합니다. 이렇게 생성된 `JPAQuery`는 9~13번 줄과 같이 빌더 형식으로 쿼리를 작성합니다. 빌더 메서드에서 확인할 수 있듯이 SQL 쿼리에서 사용되는 키워드로 메서드가 구성돼 있습니다. 그렇기 때문에 메서드를 활용해 좀 더 손쉽게 코드를 작성할 수 있습니다.

`List` 타입으로 값을 리턴받기 위해서는 13번 줄과 같이 `fetch()` 메서드를 사용해야 하는데, 만약 4.0.1 이전 버전의 Querydsl을 설정한다면 `list()` 메서드를 사용해야 합니다. 반환 메서드로 사용할 수 있는 메서드는 다음과 같습니다.

- `List<T> fetch()`: 조회 결과를 리스트로 반환합니다.
- `T fetchOne`: 단 건의 조회 결과를 반환합니다.
- `T fetchFirst()`: 여러 건의 조회 결과 중 1건을 반환합니다. 내부 로직을 살펴보면 '`.limit(1).fetchOne()`'으로 구현돼 있습니다.
- `Long fetchCount()`: 조회 결과의 개수를 반환합니다.
- `QueryResult<T> fetchResults()`: 조회 결과 리스트와 개수를 포함한 `QueryResults`를 반환합니다.

예제 8.26처럼 `JPAQuery` 객체를 사용해서 코드를 작성하는 방법 외에 다른 방법도 있습니다. 예제 8.27은 `JPAQueryFactory`를 활용해서 작성한 코드입니다.

file test/com.springboot.advanced_jpa/data/repository/ProductRepositoryTest.java

예제 8.27 JPAQueryFactory를 활용한 Querydsl 테스트 코드

```
@Test
void queryDslTest2() {
    JPAQueryFactory jpaQueryFactory = new JPAQueryFactory(entityManager);
    QProduct qProduct = QProduct.product;

    List<Product> productList = jpaQueryFactory.selectFrom(qProduct)
        .where(qProduct.name.eq("펜"))
        .orderBy(qProduct.price.asc())
        .fetch();

    for (Product product : productList) {
        System.out.println("----------------");
```

```
        System.out.println();
        System.out.println("Product Number : " + product.getNumber());
        System.out.println("Product Name : " + product.getName());
        System.out.println("Product Price : " + product.getPrice());
        System.out.println("Product Stock : " + product.getStock());
        System.out.println();
        System.out.println("----------------");
    }
}
```

예제 8.27에서는 JPAQueryFactory를 활용해 쿼리를 작성했습니다. JPAQuery를 사용했을 때와 달리 JPAQueryFactory에서는 select 절부터 작성 가능합니다.

만약 전체 칼럼을 조회하지 않고 일부만 조회하고 싶다면 예제 8.28과 같이 selectFrom()이 아닌 select()와 from() 메서드를 구분해서 사용하면 됩니다.

file test/com.springboot.advanced_jpa/data/repository/ProductRepositoryTest.java

예제 8.28 JPAQueryFactory의 select() 메서드 활용

```
@Test
void queryDslTest3() {
    JPAQueryFactory jpaQueryFactory = new JPAQueryFactory(entityManager);
    QProduct qProduct = QProduct.product;

    List<String> productList = jpaQueryFactory
            .select(qProduct.name)
            .from(qProduct)
            .where(qProduct.name.eq("펜"))
            .orderBy(qProduct.price.asc())
            .fetch();

    for (String product : productList) {
        System.out.println("----------------");
        System.out.println("Product Name : " + product);
        System.out.println("----------------");
    }

    List<Tuple> tupleList = jpaQueryFactory
```

```
20                 .select(qProduct.name, qProduct.price)
21                 .from(qProduct)
22                 .where(qProduct.name.eq("펜"))
23                 .orderBy(qProduct.price.asc())
24                 .fetch();
25
26         for (Tuple product : tupleList) {
27             System.out.println("----------------");
28             System.out.println("Product Name : " + product.get(qProduct.name));
29             System.out.println("Product Name : " + product.get(qProduct.price));
30             System.out.println("----------------");
31         }
32 }
```

예제 8.28의 3~17번 줄은 `select` 대상이 하나인 경우입니다. 만약 조회 대상이 여러 개일 경우에는 20번 줄과 같이 쉼표(,)로 구분해서 작성하면 되고, 리턴 타입을 `List<String>` 타입이 아닌 `List<Tuple>` 타입으로 지정합니다.

지금까지 테스트 코드를 활용해 Querydsl의 기본 사용법을 소개했습니다. 이제 Querydsl을 실제 비즈니스 로직에서 활용할 수 있게 설정해 보겠습니다. 먼저 예제 8.29와 같이 컨피그 클래스를 생성합니다.

예제 8.29 Querydsl 컨피그 파일 생성 file config/QueryDSLConfiguration.java

```
@Configuration
public class QueryDSLConfiguration {

    @PersistenceContext
    EntityManager entityManager;

    @Bean
    public JPAQueryFactory jpaQueryFactory(){
        return new JPAQueryFactory(entityManager);
    }

}
```

위와 같이 JPAQueryFactory 객체를 @Bean 객체로 등록해두면 앞에서 작성한 예제처럼 매번 JPAQueryFactory를 초기화하지 않고 스프링 컨테이너에서 가져다 쓸 수 있습니다. 이렇게 생성한 컨피그 클래스는 예제 8.30과 같이 사용할 수 있습니다.

file test/com.springboot.advanced_jpa/data/repository/ProductRepositoryTest.java

예제 8.30 JPAQueryFactory 빈을 활용한 테스트 코드

```
@Autowired
JPAQueryFactory jpaQueryFactory;

@Test
void queryDslTest4() {
    QProduct qProduct = QProduct.product;

    List<String> productList = jpaQueryFactory
        .select(qProduct.name)
        .from(qProduct)
        .where(qProduct.name.eq("펜"))
        .orderBy(qProduct.price.asc())
        .fetch();

    for (String product : productList) {
        System.out.println("----------------");
        System.out.println("Product Name : " + product);
        System.out.println("----------------");
    }
}
```

8.6.5 QuerydslPredicateExecutor, QuerydslRepositorySupport 활용

스프링 데이터 JPA에서는 Querydsl을 더욱 편하게 사용할 수 있게 QuerydslPredicateExecutor 인터페이스와 QuerydslRepositorySupport 클래스를 제공합니다. 이번 절에서는 이 두 클래스의 활용법을 살펴보겠습니다.

QuerydslPredicateExecutor 인터페이스

QuerydslPredicateExecutor는 JpaRepository와 함께 리포지터리에서 Querydsl을 사용할 수 있게 인터페이스를 제공합니다. 예제 8.31과 같이 생성한 리포지터리를 봅시다. 기존 리포지터리를 그대로 이용해도 되지만 예제를 구분하기 위해 QProductRepository라는 이름의 클래스를 생성했습니다.

예제 8.31 QuerydslPredicateExecutor를 사용하는 리포지터리 생성 file data/repository/QProductRepository.java

```
public interface QProductRepository extends JpaRepository<Product, Long>,
    QuerydslPredicateExecutor<Product> {

}
```

예제 8.31은 QuerydslPredicateExecutor를 상속받도록 설정한 Product 엔티티에 대한 리포지터리입니다. QuerydslPredicateExecutor 인터페이스를 보면 예제 8.32와 같은 다양한 메서드를 제공합니다.

예제 8.32 QuerydslPredicateExecutor에서 제공하는 메서드

```
Optional<T> findOne(Predicate predicate);

Iterable<T> findAll(Predicate predicate);

Iterable<T> findAll(Predicate predicate, Sort sort);

Iterable<T> findAll(Predicate predicate, OrderSpecifier<?>... orders);

Iterable<T> findAll(OrderSpecifier<?>... orders);

Page<T> findAll(Predicate predicate, Pageable pageable);

long count(Predicate predicate);

boolean exists(Predicate predicate);
```

보다시피 QuerydslPredicateExecutor 인터페이스의 메서드는 대부분 Predicate 타입을 매개변수로 받습니다. Predicate는 표현식을 작성할 수 있게 Querydsl에서 제공하는 인터페이스입니다. QProductRepository에 대한 실습 코드를 작성하기 위해 test 디렉터리에 다음과 같이 QProductRepositoryTest 클래스를 생성합니다.

예제 8.33 QProductRepositoryTest 클래스 생성

file test/com.springboot.advanced_jpa/data/repository/QProductRepositoryTest.java

```
@SpringBootTest
public class QProductRepositoryTest {

    @Autowired
    QProductRepository qProductRepository;

}
```

Predicate를 이용해 findOne() 메서드를 호출하는 방법은 예제 8.34와 같습니다.

예제 8.34 Predicate를 활용한 findOne() 메서드 호출

file test/com.springboot.advanced_jpa/data/repository/QProductRepositoryTest.java

```
@Test
public void queryDSLTest1() {
    Predicate predicate = QProduct.product.name.containsIgnoreCase("펜")
        .and(QProduct.product.price.between(1000, 2500));

    Optional<Product> foundProduct = qProductRepository.findOne(predicate);

    if(foundProduct.isPresent()){
        Product product = foundProduct.get();
        System.out.println(product.getNumber());
        System.out.println(product.getName());
        System.out.println(product.getPrice());
        System.out.println(product.getStock());
    }
}
```

Predicate는 간단하게 표현식으로 정의하는 쿼리로 생각하면 됩니다. 앞의 예제에서는 Predicate를 명시적으로 정의하고 사용했지만 예제 8.35와 같이 서술부만 가져다 사용할 수도 있습니다.

예제 8.35 findAll() 메서드 호출 file test/com.springboot.advanced_jpa/data/repository/QProductRepositoryTest.java

```
@Test
public void queryDSLTest2() {
    QProduct qProduct = QProduct.product;
```

```

    Iterable<Product> productList = qProductRepository.findAll(
        qProduct.name.contains("펜")
            .and(qProduct.price.between(550, 1500))
    );

    for (Product product : productList) {
        System.out.println(product.getNumber());
        System.out.println(product.getName());
        System.out.println(product.getPrice());
        System.out.println(product.getStock());
    }
}
```

지금까지 간단하게 `QuerydslPredicateExecutor`의 사용법을 알아봤습니다. `QuerydslPredicateExecutor`를 활용하면 더욱 편하게 Querydsl을 사용할 수 있지만 `join`이나 `fetch` 기능은 사용할 수 없다는 단점이 있습니다.

Tip

`QuerydslPredicateExecutor`의 공식 문서는 다음 URL을 참고하세요.

- https://docs.spring.io/spring-data/commons/docs/current/api/org/springframework/data/querydsl/QuerydslPredicateExecutor.html

QuerydslRepositorySupport 추상 클래스 사용하기

`QuerydslRepositorySupport` 클래스 역시 Querydsl 라이브러리를 사용하는 데 유용한 기능을 제공합니다. 이번 절에서는 `QuerydslRepositorySupport` 클래스를 사용하는 여러 방법 중 가장 일반적인 사용법을 소개하겠습니다.

가장 보편적으로 사용하는 방식은 `CustomRepository`를 활용해 리포지터리를 구현하는 방식입니다. 지금까지 예로 든 `Product` 엔티티를 활용하기 위한 객체들의 상속 구조를 살펴보면 그림 8.6과 같습니다.

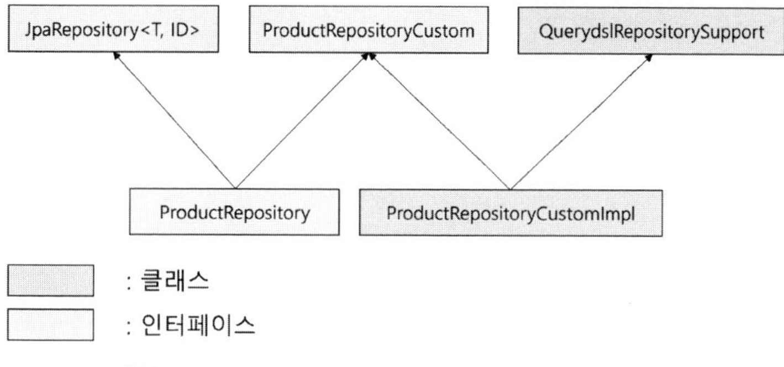

그림 8.6 QuerydslRepositorySupport를 사용하기 위한 상속 구조

여기서 JpaRepository와 QuerydslRepositorySupport는 Spring Data JPA에서 제공하는 인터페이스와 클래스입니다. 나머지 ProductRepository와 ProductRepositoryCustom, ProductRepository CustomImpl은 직접 구현해야 합니다. 간단하게 구조를 설명하자면 다음과 같습니다.

- 먼저 앞에서 사용했던 방식처럼 JpaRepository를 상속받는 ProductRepository를 생성합니다.
- 이때 직접 구현한 쿼리를 사용하기 위해서는 JpaRepository를 상속받지 않는 리포지터리 인터페이스인 ProductRepositoryCustom을 생성합니다. 이 인터페이스에 정의하고자 하는 기능들을 메서드로 정의합니다.
- ProductRepositoryCustom에서 정의한 메서드를 사용하기 위해 ProductRepository에서 Product RepositoryCustom을 상속받습니다.
- ProductRepositoryCustom에서 정의된 메서드를 기반으로 실제 쿼리 작성을 하기 위해 구현체인 ProductRepository CustomImpl 클래스를 생성합니다.
- ProductRepositoryCustomImpl 클래스에서는 다양한 방법으로 쿼리를 구현할 수 있지만 Querydsl을 사용하기 위해 QueryDslRepositorySupport를 상속받습니다.

위와 같이 구성하면 DAO나 서비스에서 리포지터리에 접근하기 위해 ProductRepository를 사용합니다. ProductRepository를 활용함으로써 Querydsl의 기능도 사용할 수 있게 됩니다.

그럼 이전에 만들었던 인터페이스의 이름과 겹치지 않게 그림 8.7과 같이 repository 패키지 안에 support 패키지를 만들어서 그 안에서 구현하겠습니다.

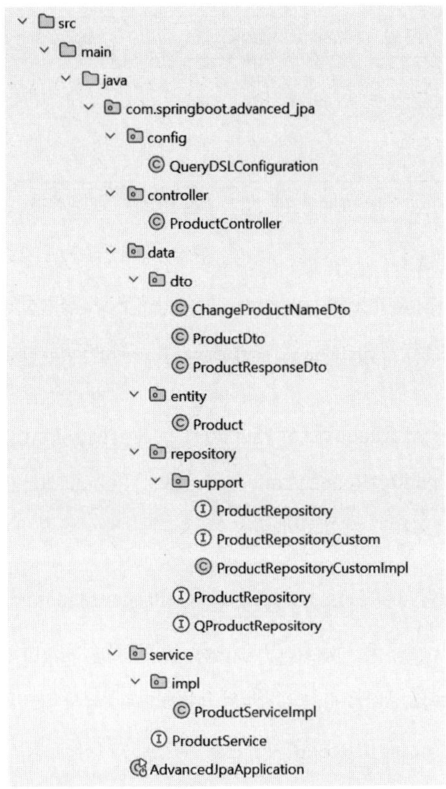

그림 8.7 프로젝트 구성

그림 8.7과 같이 `ProductRepository`, `ProductRepositoryCustom`, `ProductRepositoryCustomImpl`로 총 3개의 인터페이스와 클래스를 생성합니다. 그럼 `ProductRepositoryCustom` 인터페이스 먼저 살펴보겠습니다(예제 8.36).

예제 8.36 ProductRepositoryCustom 인터페이스 file data/repository/support/ProductRepositoryCustom.java

```java
public interface ProductRepositoryCustom {

    List<Product> findByName(String name);

}
```

예제 8.36과 같이 인터페이스를 생성하고 쿼리로 구현하고자 하는 메서드를 정의하는 작업을 수행합니다. 여기서는 간단하게 `findByName()`을 정의하고 사용해보겠습니다. `ProductRepositoryCustom` 인터페이스의 구현체인 `ProductRepositoryCustomImpl` 클래스를 예제 8.37과 같이 작성합니다.

예제 8.37 ProductRepositoryCustomImpl 클래스 file data/repository/support/ProductRepositoryCustomImpl.java

```
01 @Component
02 public class ProductRepositoryCustomImpl extends QuerydslRepositorySupport implements
03     ProductRepositoryCustom {
04
05     public ProductRepositoryCustomImpl() {
06         super(Product.class);
07     }
08
09     @Override
10     public List<Product> findByName(String name) {
11         QProduct product = QProduct.product;
12
13         List<Product> productList = from(product)
14             .where(product.name.eq(name))
15             .select(product)
16             .fetch();
17
18         return productList;
19     }
20 }
```

ProductRepositoryCustomImpl 클래스에서는 Querydsl을 사용하기 위해 QuerydslRepository Support를 상속받고 예제 8.36에서 생성한 ProductRepositoryCustom 인터페이스를 구현합니다. QuerydslRepository Support를 상속받으면 5~7번 줄과 같이 생성자를 통해 도메인 클래스를 부모 클래스에 전달해야 합니다.

그리고 9~19번 줄과 같이 인터페이스에 정의한 메서드를 구현합니다. 이 과정에서 Q도메인 클래스인 QProduct를 사용해 QuerydslRepositorySupport가 제공하는 기능을 사용합니다. 대표적인 예로 13번 줄의 from() 메서드가 있습니다. from() 메서드는 이름에서 유추할 수 있듯이 어떤 도메인에 접근할 것인지 지정하는 역할을 수행하고 JPAQuery를 리턴합니다. 이 from() 메서드에서는 11번 줄에서 생성한 QProduct의 이름을 매개변수로 사용합니다. 그리고 차례대로 쿼리 키워드에 매핑되는 Querydsl의 메서드를 사용해 쿼리를 생성하면 됩니다.

여기서 기존에 Product 엔티티 클래스와 매핑해서 사용하던 ProductRepository가 있다면 ProductRepository Custom을 상속받아 사용할 수 있습니다. 다만 이번 예제에서는 예제를 구분하기 위해 별도로 생성했습니다. 새로 생성한 ProductRepository는 예제 8.38과 같습니다.

예제 8.38 ProductRepository 인터페이스 file data/repository/support/ProductRepository.java

```
01 @Repository("productRepositorySupport")
02 public interface ProductRepository extends JpaRepository<Product, Long>, ProductRepositoryCustom {
03
04 }
```

기존에 리포지터리를 생성하는 것과 동일하게 JpaRepository를 상속받아 구성하면 됩니다. 이미 이전 예제에서 ProductRepository라는 이름이 이미 사용되고 있기 때문에 빈 생성 시 충돌이 발생해서 1번 줄과 같이 별도로 빈 이름을 설정해야 합니다. 기존의 리포지터리를 그대로 사용한다면 따로 작성하지 않아도 무방합니다.

이 코드를 사용할 때는 ProductRepository만 이용하면 됩니다. 기본적으로 JpaRepository에서 제공하는 메서드도 사용할 수 있고, 별도로 ProductRepositoryCustom 인터페이스에서 정의한 메서드도 구현체를 통해 사용할 수 있습니다. 기본적인 CRUD 사용법은 앞에서 다뤘기 때문에 ProductRepositoryCustom 인터페이스에서 정의한 findByName() 메서드만 예제 8.39와 같이 호출해보겠습니다. 이번 테스트 코드를 작성하기 위해 test/com.springboot.advanced_jpa/data/repository 패키지 내에 support 패키지를 생성하고 ProductRepositoryTest 클래스를 생성합니다.

예제 8.39 ProductRepository의 findByName() 메서드 테스트 file test/com.springboot.advanced_jpa/data/repository/support/ProductRepositoryTest.java

```
@Autowired
ProductRepository productRepository;

@Test
void findByNameTest(){
    List<Product> productList = productRepository.findByName("펜");

    for(Product product : productList){
        System.out.println(product.getNumber());
        System.out.println(product.getName());
```

```
        System.out.println(product.getPrice());
        System.out.println(product.getStock());
    }
}
```

리포지터리를 구성하면서 모든 로직을 구현했기 때문에 `findByName()` 메서드를 사용할 때는 위와 같이 간단하게 구현해서 사용할 수 있습니다.

Tip

`QuerydslRepositorySupport`의 공식 문서는 다음 URL을 참고하세요.

- https://docs.spring.io/spring-data/jpa/docs/current/api/org/springframework/data/jpa/repository/support/QuerydslRepositorySupport.html

8.7 [한걸음 더] JPA Auditing 적용

JPA에서 'Audit'이란 '감시하다'라는 뜻으로, 각 데이터마다 '누가', '언제' 데이터를 생성했고 변경했는지 감시한다는 의미로 사용됩니다. 앞에서 작성한 코드를 보면 알 수 있듯이 엔티티 클래스에는 공통적으로 들어가는 필드가 있습니다. 예를 들면, '생성 일자'와 '변경 일자' 같은 것입니다. 대표적으로 많이 사용되는 필드는 다음과 같습니다.

- 생성 주체
- 생성 일자
- 변경 주체
- 변경 일자

이러한 필드들은 매번 엔티티를 생성하거나 변경할 때마다 값을 주입해야 하는 번거로움이 있습니다. 이 같은 번거로움을 해소하기 위해 Spring Data JPA에서는 이러한 값을 자동으로 넣어주는 기능을 제공합니다. 더 진행하기에 앞서 이 기능은 꼭 추가해야 하는 기능은 아니지만 9장부터는 이 기능이 적용된 엔티티를 사용할 예정이므로 참고하기 바랍니다.

8.7.1 JPA Auditing 기능 활성화

가장 먼저 스프링 부트 애플리케이션에 Auditing 기능을 활성화해야 합니다. 방법은 간단합니다. main() 메서드가 있는 클래스에 예제 8.40과 같이 @EnableJpaAuditing 애너테이션을 추가하면 됩니다.

예제 8.40 @EnableJpaAuditing 추가 file com.springboot.advanced_jpa/AdvancedJpaApplication.java

```java
@SpringBootApplication
@EnableJpaAuditing
public class AdvancedJpaApplication {

    public static void main(String[] args) {
        SpringApplication.run(JpaApplication.class, args);
    }

}
```

위와 같이 애너테이션을 추가하면 정상적으로 기능이 활성화되지만 앞으로 다룰 내용인 테스트 코드를 작성해서 애플리케이션을 테스트하는 일부 상황에서는 오류가 발생할 수 있습니다. 예를 들면, @WebMvcTest 애너테이션을 지정해서 테스트를 수행하는 코드를 작성하면 애플리케이션 클래스를 호출하는 과정에서 예외가 발생할 수 있습니다. 이 같은 문제를 해결하기 위해 예제 8.41과 같이 별도의 Configuration 클래스를 생성해서 애플리케이션 클래스의 기능과 분리해서 활성화할 수 있습니다. 이 책에서는 이처럼 Configuration 클래스를 별도로 생성하는 방법을 권장합니다.

예제 8.41 Configuration 클래스 생성 file config/JpaAuditingConfiguration.java

```java
@Configuration
@EnableJpaAuditing
public class JpaAuditingConfiguration {

}
```

참고로 예제 8.41과 같은 방법을 선택했다면 예제 8.40에서 지정한 애너테이션은 지워야 애플리케이션이 정상적으로 동작합니다.

8.7.2 BaseEntity 만들기

코드의 중복을 없애기 위해서는 각 엔티티에 공통으로 들어가게 되는 칼럼(필드)을 하나의 클래스로 빼는 작업을 수행해야 합니다(반드시 그래야 하는 것은 아니지만 자주 활용되는 기법이므로 참고해둘 필요가 있습니다). 아직 생성 주체와 변경 주체는 활용할 일이 없기 때문에 제외하고 먼저 생성 일자와 변경 일자만 추가해서 예제 8.42와 같이 BaseEntity를 생성합니다.

예제 8.42 BaseEntity 생성 file: data/entity/BaseEntity.java

```
@Getter
@Setter
@ToString
@MappedSuperclass
@EntityListeners(AuditingEntityListener.class)
public class BaseEntity {

    @CreatedDate
    @Column(updatable = false)
    private LocalDateTime createdAt;

    @LastModifiedDate
    private LocalDateTime updatedAt;

}
```

여기서 사용한 주요 애너테이션은 다음과 같습니다.

- @MappedSuperclass: JPA의 엔티티 클래스가 상속받을 경우 자식 클래스에게 매핑 정보를 전달합니다.
- @EntityListeners: 엔티티를 데이터베이스에 적용하기 전후로 콜백을 요청할 수 있게 하는 애너테이션입니다.
- AuditingEntityListener: 엔티티의 Auditing 정보를 주입하는 JPA 엔티티 리스너 클래스입니다.
- @CreatedDate: 데이터 생성 날짜를 자동으로 주입하는 애너테이션입니다.
- @LastModifiedDate: 데이터 수정 날짜를 자동으로 주입하는 애너테이션입니다.

위와 같이 BaseEntity를 생성하고 Product 엔티티 클래스에서 공통 칼럼을 제거해서 예제 8.43과 같이 코드를 수정합니다.

예제 8.43 BaseEntity를 상속받은 Product 엔티티 클래스 file data/entity/Product.java

```
@Entity
@Getter
@Setter
@NoArgsConstructor
@ToString(callSuper = true)
@EqualsAndHashCode(callSuper = true)
@Table(name = "product")
public class Product extends BaseEntity {

    @Id
    @GeneratedValue(strategy = GenerationType.IDENTITY)
    private Long number;

    @Column(nullable = false)
    private String name;

    @Column(nullable = false)
    private Integer price;

    @Column(nullable = false)
    private Integer stock;

}
```

클래스에 추가하는 애너테이션은 필요에 따라 차이가 있을 수 있으나 이 책에서는 실습을 위해 여러 애너테이션을 추가했습니다. 그중 @ToString, @EqualsAndHashCode 애너테이션에 적용한 callSuper 속성은 롬복 설명에서 다뤘다시피 부모 클래스의 필드를 포함하는 역할을 수행합니다.

이렇게 설정하면 기존에 테스트했던 것처럼 매번 LocalDateTime.now() 메서드를 사용해 시간을 주입하지 않아도 자동으로 값이 생성되는 것을 볼 수 있습니다.

예제 8.44와 같이 테스트 코드를 작성해서 실행합니다.

예제 8.44 JPA Auditing 테스트

```
01 @Test
02 public void auditingTest(){
03     Product product = new Product();
04     product.setName("펜");
05     product.setPrice(1000);
06     product.setStock(100);
07
08     Product savedProduct = productRepository.save(product);
09
10     System.out.println("productName : " + savedProduct.getName());
11     System.out.println("createdAt : " + savedProduct.getCreatedAt());
12 }
```

위 예제에서는 Product 엔티티에 생성일자를 입력하지 않은 상태에서 데이터베이스에 저장했습니다. 10~11번 줄에서 출력된 결과는 다음과 같습니다.

```
productName : 펜
createdAt : 2022-05-06T21:19:06.751406600
```

직접 일자를 기입하지 않았지만 정상적으로 데이터베이스에는 생성일자가 저장됐으며, 엔티티의 필드를 출력해보면 해당 시간이 출력되는 것을 볼 수 있습니다.

Tip

JPA Auditing 기능에는 @CreatedBy, @ModifiedBy 애너테이션도 존재합니다. 누가 엔티티를 생성했고 수정했는지 자동으로 값을 주입하는 기능입니다. 이 기능을 사용하려면 AuditorAware를 스프링 빈으로 등록할 필요가 있습니다.

8.8 정리

이번 장에서는 ORM의 개념을 알아보고 자바의 표준 ORM 기술 스펙인 JPA를 살펴봤습니다. 데이터를 다루는 영역은 애플리케이션을 개발하면서 가장 중요한 부분입니다. 대부분의 로직은 데이터를 가공해서 데이터베이스에 저장하거나 값을 효율적으로 가져오는 부분이 중요합니다. 따라서 이번 장에서 다룬 기본기를 잘 다져보고 레퍼런스 문서도 살펴보면서 다양한 예제를 스스로 만들어 보는 것이 중요합니다.

09

연관관계 매핑

RDBMS를 사용할 때는 테이블 하나만 사용해서 애플리케이션의 모든 기능을 구현하기란 불가능합니다. 대체로 설계가 복잡해지면 각 도메인에 맞는 테이블을 설계하고 연관관계를 설정해서 조인(Join) 등의 기능을 활용합니다. JPA를 사용하는 애플리케이션에서도 테이블의 연관관계를 엔티티 간의 연관관계로 표현할 수 있습니다. 다만 객체와 테이블의 성질이 달라 정확한 연관관계를 표현할 수는 없습니다. 이번 장에서는 JPA에서 이러한 제약을 보완하면서 연관관계를 매핑하고 사용하는 방법을 알아보겠습니다.

9.1 연관관계 매핑 종류와 방향

연관관계를 맺는 두 엔티티 간에 생성할 수 있는 연관관계의 종류는 다음과 같습니다.

- One To One: 일대일(1:1)
- One To Many: 일대다(1:N)
- Many To One: 다대일(N:1)
- Many To Many: 다대다(N:M)

연관관계를 이해하기 위해 한 가게가 재고관리시스템을 통해 상품을 관리하고 있다고 해봅시다. 재고로 등록돼 있는 상품 엔티티에는 가게로 상품을 공급하는 공급업체의 정보 엔티티가 매핑돼 있습니다. 공급업체 입장에서 보면 한 가게에 납품하는 상품이 여러 개 있을 수 있으므로 상품 엔티티와는 일대다 관계가 되며, 상품 입장에서 보면 하나의 공급업체에 속하게 되므로 다대일 관계가 됩니다. 즉, 어떤 엔티티를 중심으로 연관 엔티티를 보느냐에 따라 연관관계의 상태가 달라집니다. 그림으로 표현하면 다음과 같이 표현할 수 있습니다.

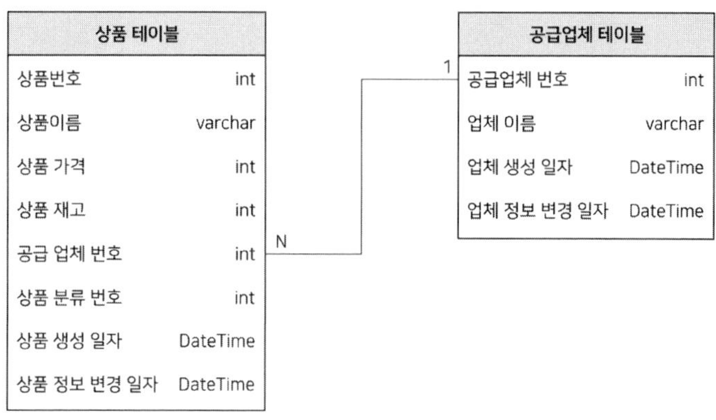

그림 9.1 상품 테이블과 공급업체 테이블의 관계

데이터베이스에서는 두 테이블의 연관관계를 설정하면 외래키를 통해 서로 조인해서 참조하는 구조로 생성되지만 JPA를 사용하는 객체지향 모델링에서는 엔티티 간 참조 방향을 설정할 수 있습니다. 데이터베이스와 관계를 일치시키기 위해 양방향으로 설정해도 무관하지만 비즈니스 로직의 관점에서 봤을 때는 단방향 관계만 설정해도 해결되는 경우가 많습니다. 이러한 단방향과 양방향 관계에 대해 간단하게 정리하면 다음과 같습니다.

- 단방향: 두 엔티티의 관계에서 한쪽의 엔티티만 참조하는 형식입니다.
- 양방향: 두 엔티티의 관계에서 각 엔티티가 서로의 엔티티를 참조하는 형식입니다.

연관관계가 설정되면 한 테이블에서 다른 테이블의 기본값을 외래키로 갖게 됩니다. 이런 관계에서는 주인(Owner)이라는 개념이 사용됩니다. 일반적으로 외래키를 가진 테이블이 그 관계의 주인이 되며, 주인은 외래키를 사용할 수 있으나 상대 엔티티는 읽는 작업만 수행할 수 있습니다.

9.2 프로젝트 생성

이번 장에서는 내용에 집중하기 위해 새로운 프로젝트를 생성하겠습니다. 스프링 부트 버전은 이전과 같은 3.3.5 버전으로 진행하며 다음과 같은 내용을 설정합니다.

- groupId: com.springboot
- artifactId: relationship
- name: relationship
- Developer Tools: Lombok, Spring Configuration Processor
- Web: Spring Web
- SQL: Spring Data JPA, MariaDB Driver

그리고 8장에서 사용한 소스코드를 다음과 같이 그대로 가져와 사용합니다. 이에 따라 Querydsl의 의존성과 플러그인 설정을 `pom.xml` 파일에 그대로 추가해야 합니다.

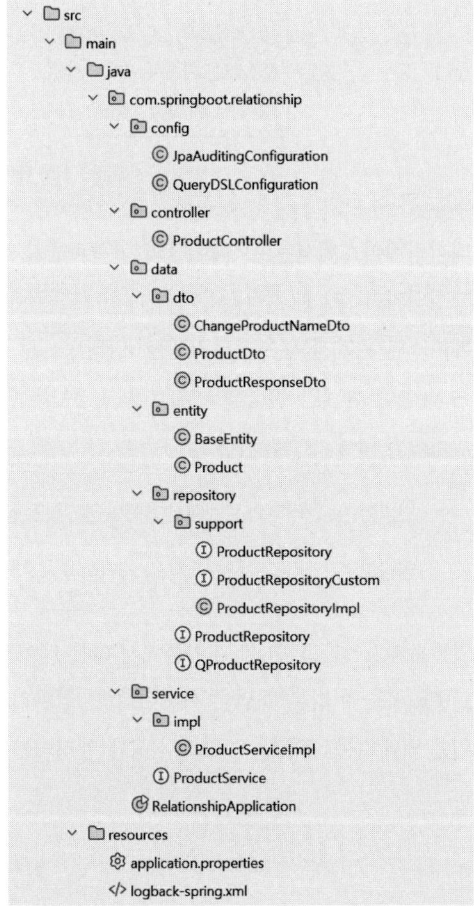

그림 9.2 프로젝트 생성 및 의존성 추가

9.3 일대일 매핑

먼저 두 엔티티 간에 일대일 매핑을 만들어 보겠습니다. 우선 지금까지 사용해온 `Product` 엔티티를 대상으로 그림 9.3과 같이 일대일로 매핑될 상품정보 테이블을 생성합니다.

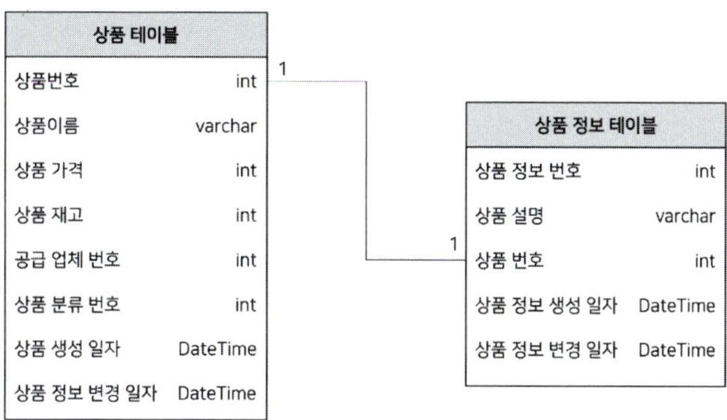

그림 9.3 상품 테이블과 상품정보 테이블의 일대일 관계

위와 같이 하나의 상품에 하나의 상품정보만 매핑되는 구조는 일대일 관계라고 볼 수 있습니다.

9.3.1 일대일 단방향 매핑

프로젝트의 `entity` 패키지 안에 예제 9.1과 같이 상품정보 엔티티를 작성합니다. 상품정보에 대한 도메인은 `ProductDetail`로 설정해서 진행하겠습니다.

예제 9.1 상품정보 엔티티 file data/entity/ProductDetail.java

```
@Entity
@Table(name = "product_detail")
@Getter
@Setter
@NoArgsConstructor
@ToString(callSuper = true)
@EqualsAndHashCode(callSuper = true)
public class ProductDetail extends BaseEntity {

    @Id
    @GeneratedValue(strategy = GenerationType.IDENTITY)
    private Long id;

```

```
14     private String description;
15
16     @OneToOne
17     @JoinColumn(name = "product_number")
18     private Product product;
19
20 }
```

6.7절에서 엔티티를 작성했던 방법 그대로 상품정보 엔티티를 작성합니다. 그리고 상품 번호에 매핑하기 위해 16~18번 줄과 같이 작성합니다. `@OneToOne` 애너테이션은 다른 엔티티 객체를 필드로 정의했을 때 일대일 연관관계로 매핑하기 위해 사용됩니다. 뒤이어 `@JoinColumn` 애너테이션을 사용해 매핑할 외래키를 설정합니다. `@JoinColumn` 애너테이션은 기본값이 설정돼 있어 자동으로 이름을 매핑하지만 의도한 이름이 들어가지 않기 때문에 `name` 속성을 사용해 원하는 칼럼명을 지정하는 것이 좋습니다. 만약 `@JoinColumn`을 선언하지 않으면 엔티티를 매핑하는 중간 테이블이 생기면서 관리 포인트가 늘어나 좋지 않습니다. 간단하게 `@JoinColumn` 애너테이션에서 사용할 수 있는 속성을 설명하면 다음과 같습니다.

- `name`: 매핑할 외래키의 이름을 설정합니다.
- `referencedColumnName`: 외래키가 참조할 상대 테이블의 칼럼명을 지정합니다.
- `foreignKey`: 외래키를 생성하면서 지정할 제약조건을 설정합니다(`unique`, `nullable`, `insertable`, `updatable` 등).

이렇게 엔티티 클래스를 생성하면 단방향 관계의 일대일 관계 매핑이 완성됩니다. `hibernate.ddl-auto`의 값을 `create`로 설정한 후 애플리케이션을 실행하면 하이버네이트에서 자동으로 테이블을 생성하며 그림 9.4와 같이 데이터베이스의 테이블을 확인할 수 있습니다.

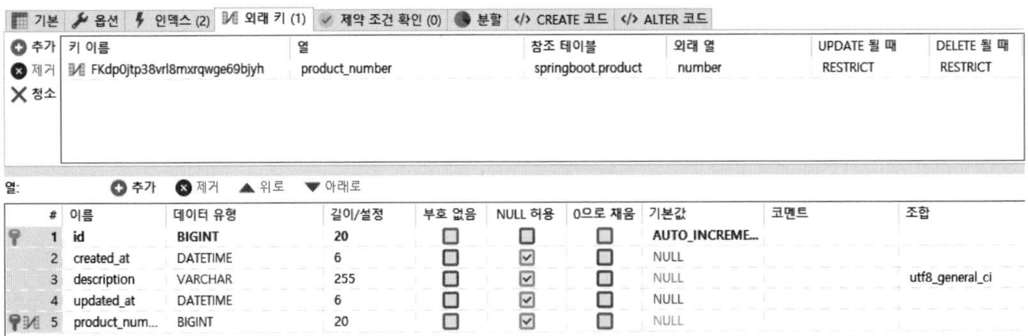

그림 9.4 자동 생성된 `product_detail` 테이블

생성된 상품정보 엔티티 객체들을 사용하기 위해 리포지터리 인터페이스를 생성합니다. 예제 9.2와 같이 기존에 작성했던 ProductRepository와 동일한 형식으로 작성합니다.

예제 9.2 ProductDetailRepository 인터페이스 file data/repository/ProductDetailRepository.java

```
public interface ProductDetailRepository extends JpaRepository<ProductDetail, Long> {

}
```

그럼 연관관계를 활용한 데이터 생성 및 조회 기능을 테스트 코드로 간략하게 작성해보겠습니다(예제 9.3).

예제 9.3 ProductRepository와 ProductDetailRepository에 대한 테스트 코드 file test/com.springboot.relationship/data/repository/ProductDetailRepositoryTest.java

```
package com.springboot.relationship.data.repository;

import com.springboot.relationship.data.entity.Product;
import com.springboot.relationship.data.entity.ProductDetail;
import org.junit.jupiter.api.Test;
import org.springframework.beans.factory.annotation.Autowired;
import org.springframework.boot.test.context.SpringBootTest;

@SpringBootTest
class ProductDetailRepositoryTest {

    @Autowired
    ProductDetailRepository productDetailRepository;

    @Autowired
    ProductRepository productRepository;

    @Test
    public void saveAndReadTest1() {
        Product product = new Product();
        product.setName("스프링 부트 JPA");
        product.setPrice(5000);
        product.setStock(500);

```

```
25         productRepository.save(product);
26 
27         ProductDetail productDetail = new ProductDetail();
28         productDetail.setProduct(product);
29         productDetail.setDescription("스프링 부트와 JPA를 함께 볼 수 있는 책");
30 
31         productDetailRepository.save(productDetail);
32 
33         // 생성한 데이터 조회
34         System.out.println("savedProduct : " + productDetailRepository.findById(
35                 productDetail.getId()).get().getProduct());
36 
37         System.out.println("savedProductDetail : " + productDetailRepository.findById(
38                 productDetail.getId()).get());
39     }
40 }
```

위와 같은 테스트 코드를 실행하기 위해서는 12~16번 줄과 같이 상품과 상품정보에 매핑된 리포지터리에 대해 의존성 주입을 받아야 합니다. 그리고 이 테스트에서 조회할 엔티티 객체를 20~31번 줄과 같이 저장합니다. 여기서 주요 코드는 34~35번 줄입니다. `ProductDetail` 객체에서 `Product` 객체를 일대일 단방향 연관관계를 설정했기 때문에 `ProductDetailRepository`에서 `ProductDetail` 객체를 조회한 후 연관 매핑된 `Product` 객체를 조회할 수 있습니다. 34~35번 줄과 37~38번 줄에서 조회하는 쿼리는 다음과 같이 표현됩니다.

```
Hibernate:
    select
        pd1_0.id,
        pd1_0.created_at,
        pd1_0.description,
        p1_0.number,
        p1_0.created_at,
        p1_0.name,
        p1_0.price,
        p1_0.stock,
        p1_0.updated_at,
        pd1_0.updated_at
```

```
13      from
14          product_detail pd1_0
15      left join
16          product p1_0
17              on p1_0.number=pd1_0.product_number
18      where
19          pd1_0.id=?
```

select 구문을 보면 ProductDetail 객체와 Product 객체가 함께 조회되는 것을 볼 수 있습니다. 이처럼 엔티티를 조회할 때 연관된 엔티티도 함께 조회하는 것을 '즉시 로딩'이라고 합니다. 그리고 16~18번 줄에서 left join이 수행되는 것을 볼 수 있습니다. 여기서 left join이 수행되는 이유는 @OneToOne 애너테이션 때문입니다. 예제 9.4에서 @OneToOne 애너테이션 인터페이스를 확인하겠습니다.

예제 9.4 @OneToOne 애너테이션 인터페이스

```
public @interface OneToOne {

    Class targetEntity() default void.class;

    CascadeType[] cascade() default {};

    FetchType fetch() default EAGER;

    boolean optional() default true;

    String mappedBy() default "";

    boolean orphanRemoval() default false;
}
```

이후에 더 자세히 살펴볼 예정이므로 여기서는 fetch() 요소와 optional() 요소만 보겠습니다. @OneToOne 애너테이션은 기본 fetch 전략으로 EAGER, 즉 즉시 로딩 전략이 채택된 것을 볼 수 있습니다. 그리고 optional() 메서드는 기본값으로 true가 설정돼 있습니다. 기본값이 true인 상태는 매핑되는 값이 nullable이라는 것을 의미합니다. 반드시 값이 있어야 한다면 ProductDetail 엔티티에서 속성값에 예제 9.5와 같이 설정할 수 있습니다.

예제 9.5 Product 객체가 반드시 있어야 하는 ProductDetail 엔티티 클래스 file data/entity/ProductDetail.java

```java
@Entity
@Table(name = "product_detail")
@Getter
@Setter
@NoArgsConstructor
@ToString(callSuper = true)
@EqualsAndHashCode(callSuper = true)
public class ProductDetail extends BaseEntity {

    @Id
    @GeneratedValue(strategy = GenerationType.IDENTITY)
    private Long id;

    private String description;

    @OneToOne(optional = false)
    @JoinColumn(name = "product_number")
    private Product product;

}
```

위와 같이 @OneToOne 애너테이션에 'optional = false' 속성을 설정하면 product가 null인 값을 허용하지 않게 됩니다. 위와 같이 설정하고 애플리케이션을 실행하면 다음과 같이 테이블을 생성하는 쿼리에서 not null이 설정되는 것을 확인할 수 있습니다.

```
Hibernate:
    create table product_detail (
       id bigint not null auto_increment,
        created_at datetime(6),
        updated_at datetime(6),
        description varchar(255),
        product_number bigint not null,
        primary key (id)
    ) engine=InnoDB
```

그리고 앞에서 작성한 예제 9.3을 실행하면 다음과 같이 쿼리문이 바뀌어 실행됩니다.

```
01 Hibernate:
02     select
03         pd1_0.id,
04         pd1_0.created_at,
05         pd1_0.description,
06         pd1_0.product_number,
07         p1_0.number,
08         p1_0.created_at,
09         p1_0.name,
10         p1_0.price,
11         p1_0.stock,
12         p1_0.updated_at,
13         pd1_0.updated_at
14     from
15         product_detail pd1_0
16     join
17         product p1_0
18             on p1_0.number=pd1_0.product_number
19     where
20         pd1_0.id=?
```

즉, @OneToOne 애너테이션에 'optional = false' 속성을 지정한 경우에는 16~18번 줄과 같이 left join이 join으로 바뀌어 실행됩니다. 이처럼 객체에 대한 설정에 따라 JPA는 최적의 쿼리를 생성해서 실행합니다.

이후 내용을 진행하기 위해 @OneToOne에 적용했던 'optional = false' 속성은 제거하겠습니다.

9.3.2 일대일 양방향 매핑

이번에는 앞에서 생성한 일대일 단방향 설정을 양방향 설정으로 변경해보겠습니다. 사실 객체에서의 양방향 개념은 양쪽에서 단방향으로 서로를 매핑하는 것을 의미합니다. 일대일 양방향 매핑을 위해서는 예제 9.6과 같이 Product 엔티티를 추가합니다.

예제 9.6 일대일 양방향 매핑을 위한 Product 엔티티 file data/entity/Product.java

```
@Entity
@Getter
@Setter
```

```
04 @NoArgsConstructor
05 @ToString(callSuper = true)
06 @EqualsAndHashCode(callSuper = true)
07 @Table(name = "product")
08 public class Product extends BaseEntity{
09
10     @Id
11     @GeneratedValue(strategy = GenerationType.IDENTITY)
12     private Long number;
13
14     @Column(nullable = false)
15     private String name;
16
17     @Column(nullable = false)
18     private Integer price;
19
20     @Column(nullable = false)
21     private Integer stock;
22
23     @OneToOne
24     private ProductDetail productDetail;
25
26 }
```

추가된 코드는 23~24번 줄입니다. 이렇게 설정하고 애플리케이션을 실행하면 그림 9.5와 같이 product 테이블에도 칼럼이 생성되는 것을 볼 수 있습니다.

기본 | 옵션 | 인덱스 (2) | 외래 키 (1) | 제약 조건 확인 (0) | 분할 | </> CREATE 코드 | </> ALTER 코드

추가 제거 청소

키 이름	열	참조 테이블	외래 열	UPDATE 될 때	DELETE 될 때
FKr9faxumx2401v6n081g0ju9u	product_detail_id	springboot.product_...	id	RESTRICT	RESTRICT

열: 추가 제거 위로 아래로

#	이름	데이터 유형	길이/설정	부호 없음	NULL 허용	0으로 채움	기본값	코멘트	조합
1	**number**	**BIGINT**	**20**	☐	☐	☐	**AUTO_INCREME...**		
2	created_at	DATETIME	6	☐	☑	☐	NULL		
3	updated_at	DATETIME	6	☐	☑	☐	NULL		
4	name	VARCHAR	255	☐	☐	☐	기본값 없음		utf8_general_ci
5	price	INT	11	☐	☐	☐	기본값 없음		
6	stock	INT	11	☐	☐	☐	기본값 없음		
7	product_detail...	BIGINT	20	☐	☑	☐	NULL		

그림 9.5 자동 생성된 product 테이블

그리고 예제 9.3의 테스트를 실행하면 다음과 같은 쿼리가 생성되는 것을 볼 수 있습니다.

```
Hibernate:
    select
        pd1_0.id,
        pd1_0.created_at,
        pd1_0.description,
        p1_0.number,
        p1_0.created_at,
        p1_0.name,
        p1_0.price,
        pd2_0.id,
        pd2_0.created_at,
        pd2_0.description,
        pd2_0.product_number,
        pd2_0.updated_at,
        p1_0.stock,
        p1_0.updated_at,
        pd1_0.updated_at
    from
        product_detail pd1_0
    left join
        product p1_0
            on p1_0.number=pd1_0.product_number
    left join
        product_detail pd2_0
            on pd2_0.id=p1_0.product_detail_id
    where
        pd1_0.id=?
```

여러 테이블끼리 연관관계가 설정돼 있어 여러 left join이 설정되는 것은 괜찮으나 위와 같이 양쪽에서 외래키를 가지고 left join이 두 번이나 수행되는 경우는 효율성이 떨어집니다. 실제 데이터베이스에서도 테이블 간 연관관계를 맺으면 한쪽 테이블이 외래키를 가지는 구조로 이뤄집니다. 바로 앞에서 언급한 '주인' 개념입니다.

JPA에서도 실제 데이터베이스의 연관관계를 반영해서 한쪽의 테이블에서만 외래키를 바꿀 수 있도록 정하는 것이 좋습니다. 이 경우 엔티티는 양방향으로 매핑하되 한쪽에게만 외래키를 줘야 하는데, 이때 사용되는 속성 값이 mappedBy입니다. mappedBy는 어떤 객체가 주인인지 표시하는 속성이라고 볼 수 있습니다. 예제 9.7과 같이 Product 객체에 mappedBy 속성을 추가해 보겠습니다.

예제 9.7 mappedBy 속성을 추가한 Product 엔티티 클래스 file data/entity/Product.java

```
01 @Entity
02 @Getter
03 @Setter
04 @NoArgsConstructor
05 @ToString(callSuper = true)
06 @EqualsAndHashCode(callSuper = true)
07 @Table(name = "product")
08 public class Product extends BaseEntity{
09
10     @Id
11     @GeneratedValue(strategy = GenerationType.IDENTITY)
12     private Long number;
13
14     @Column(nullable = false)
15     private String name;
16
17     @Column(nullable = false)
18     private Integer price;
19
20     @Column(nullable = false)
21     private Integer stock;
22
23     @OneToOne(mappedBy = "product")
24     private ProductDetail productDetail;
25
26 }
```

23~24번 줄을 보면 @OneToOne 애너테이션에 mappedBy 속성값을 사용했습니다. mappedBy에 들어가는 값은 연관관계를 갖고 있는 상대 엔티티에 있는 연관관계 필드의 이름이 됩니다. 이 설정을 마치면 ProductDetail 엔티티가 Product 엔티티의 주인이 되는 것입니다. 애플리케이션을 실행하고 HeidiSQL에서 데이터베이스의 테이블을 보면 그림 9.6과 같이 외래키가 사라진 것을 볼 수 있습니다.

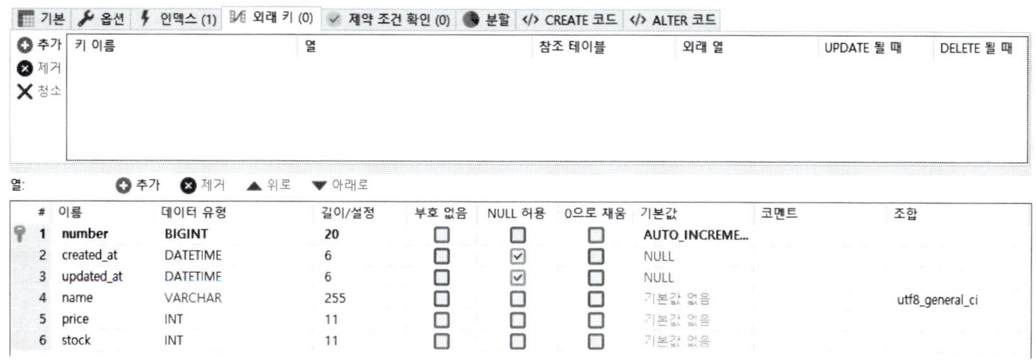

그림 9.6 mappedBy 속성을 사용한 product 테이블

그리고 다시 테스트 코드를 실행하면 toString을 실행하는 시점에서 StackOverflowError가 발생하는 것을 볼 수 있습니다. 양방향으로 연관관계가 설정되면 ToString을 사용할 때 순환참조가 발생하기 때문입니다. 그렇기 때문에 필요한 경우가 아니라면 대체로 단방향으로 연관관계를 설정하거나 양방향 설정이 필요할 경우에는 순환참조 제거를 위해 예제 9.8과 같이 exclude를 사용해 ToString에서 제외 설정을 하는 것이 좋습니다.

예제 9.8 @ToString 애너테이션의 대상 제외 file data/entity/Product.java

```java
@OneToOne(mappedBy = "product")
@ToString.Exclude
private ProductDetail productDetail;
```

위와 같이 Product 엔티티 클래스의 코드를 수정하면 기존 테스트 코드가 정상적으로 동작하는 것을 볼 수 있습니다.

9.4 다대일, 일대다 매핑

상품 테이블과 공급업체 테이블은 그림 9.7과 같이 상품 테이블의 입장에서 볼 경우에는 다대일, 공급업체 테이블의 입장에서 볼 경우에는 일대다 관계로 볼 수 있습니다. 이런 관계는 어떻게 구현해야 할지 직접 매핑하면서 알아보겠습니다.

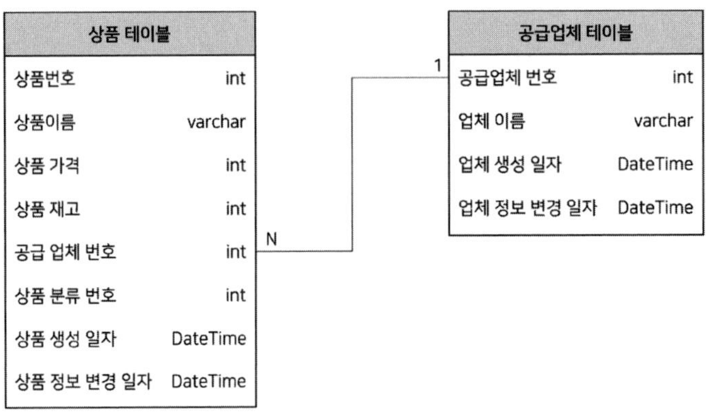

그림 9.7 상품 테이블과 공급업체 테이블의 관계

9.4.1 다대일 단방향 매핑

먼저 공급업체 테이블에 매핑되는 엔티티 클래스를 만들겠습니다. 그림 9.6을 참고하면 예제 9.9와 같이 엔티티 클래스를 생성할 수 있습니다.

예제 9.9 공급업체 엔티티 클래스 file data/entity/Provider.java

```
@Entity
@Getter
@Setter
@NoArgsConstructor
@ToString(callSuper = true)
@EqualsAndHashCode(callSuper = true)
@Table(name = "provider")
public class Provider extends BaseEntity{

    @Id
    @GeneratedValue(strategy = GenerationType.IDENTITY)
    private Long id;

    private String name;

}
```

공급업체는 Provider라는 도메인을 사용해서 정의했습니다. 공급업체의 정보를 담는다면 더 많은 칼럼이 필요하겠지만 간단한 실습을 위해 필드로는 id와 name만 작성합니다. 여기에 BaseEntity를 통해 생성일자와 변경일자를 상속받습니다.

상품 엔티티에서는 공급업체의 번호를 받기 위해 다음과 같이 엔티티 필드의 구성을 추가해야 합니다. 예제 9.10과 같이 상품 엔티티에 필드를 추가하겠습니다.

예제 9.10 상품 엔티티와 공급업체 엔티티의 다대일 연관관계 설정 file data/entity/Product.java

```
@Entity
@Getter
@Setter
@NoArgsConstructor
@ToString(callSuper = true)
@EqualsAndHashCode(callSuper = true)
@Table(name = "product")
public class Product extends BaseEntity {

    @Id
    @GeneratedValue(strategy = GenerationType.IDENTITY)
    private Long number;

    @Column(nullable = false)
    private String name;

    @Column(nullable = false)
    private Integer price;

    @Column(nullable = false)
    private Integer stock;

    @OneToOne(mappedBy = "product")
    @ToString.Exclude
    private ProductDetail productDetail;

    @ManyToOne
    @JoinColumn(name = "provider_id")
    @ToString.Exclude
```

```
30      private Provider provider;
31
32  }
```

예제 9.10의 27~29번 줄은 공급업체 엔티티에 대한 다대일 연관관계를 설정합니다. 일반적으로 외래 키를 갖는 쪽이 주인의 역할을 수행하기 때문에 이 경우 상품 엔티티가 공급업체 엔티티의 주인입니다. 위와 같이 설정한 후 애플리케이션을 가동하면 그림 9.8과 그림 9.9와 같이 `Product` 테이블과 `Provider` 테이블이 생성됩니다.

기본 | 옵션 | 인덱스 (2) | 외래 키 (1) | 제약 조건 확인 (0) | 분할 | </> CREATE 코드 | </> ALTER 코드

추가 / 제거 / 청소

키 이름	열	참조 테이블	외래 열	UPDATE 될 때	DELETE 될 때
FKfmt6vehie8ep9pq0nnvv9een7	provider_id	springboot.provider	id	RESTRICT	RESTRICT

열: 추가 제거 ▲ 위로 ▼ 아래로

#	이름	데이터 유형	길이/설정	부호 없음	NULL 허용	0으로 채움	기본값	코멘트	조합
1	**number**	**BIGINT**	**20**	☐	☐	☐	**AUTO_INCREME...**		
2	created_at	DATETIME	6	☐	☑	☐	NULL		
3	updated_at	DATETIME	6	☐	☑	☐	NULL		
4	name	VARCHAR	255	☐	☐	☐	기본값 없음		utf8_general_ci
5	price	INT	11	☐	☐	☐	기본값 없음		
6	stock	INT	11	☐	☐	☐	기본값 없음		
7	provider_id	BIGINT	20	☐	☑	☐	NULL		

그림 9.8 공급업체와 연관 설정된 상품 테이블

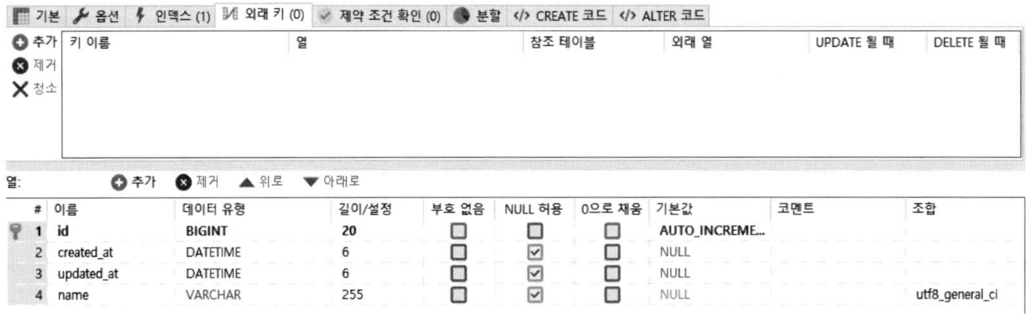

기본 | 옵션 | 인덱스 (1) | 외래 키 (0) | 제약 조건 확인 (0) | 분할 | </> CREATE 코드 | </> ALTER 코드

추가 / 제거 / 청소

키 이름	열	참조 테이블	외래 열	UPDATE 될 때	DELETE 될 때

열: 추가 제거 ▲ 위로 ▼ 아래로

#	이름	데이터 유형	길이/설정	부호 없음	NULL 허용	0으로 채움	기본값	코멘트	조합
1	**id**	**BIGINT**	**20**	☐	☐	☐	**AUTO_INCREME...**		
2	created_at	DATETIME	6	☐	☑	☐	NULL		
3	updated_at	DATETIME	6	☐	☑	☐	NULL		
4	name	VARCHAR	255	☐	☑	☐	NULL		utf8_general_ci

그림 9.9 자동 생성된 공급업체 테이블

당장은 사용하지 않지만 이후 공급업체 엔티티를 활용할 수 있게 리포지터리를 생성합니다. 기존에 리포지터리를 생성했던 방식과 동일하게 예제 9.11과 같이 코드를 작성했습니다.

예제 9.11 ProviderRepository 인터페이스 file data/repository/ProviderRepository.java

```
public interface ProviderRepository extends JpaRepository<Provider, Long> {

}
```

이제 작성된 코드를 기반으로 테스트를 진행하겠습니다. 지금 다루고 있는 두 엔티티에서 주인은 Product 엔티티이기 때문에 ProductRepository를 활용해 테스트합니다(예제 9.12).

예제 9.12 Product, Provider 엔티티 연관관계 테스트 file test/com.springboot.relationship/data/repository/ProviderRepositoryTest.java

```
@SpringBootTest
class ProviderRepositoryTest {

    @Autowired
    ProductRepository productRepository;

    @Autowired
    ProviderRepository providerRepository;

    @Test
    void relationshipTest1() {
        // 테스트 데이터 생성
        Provider provider = new Provider();
        provider.setName("ㅇㅇ물산");

        providerRepository.save(provider);

        Product product = new Product();
        product.setName("가위");
        product.setPrice(5000);
        product.setStock(500);
        product.setProvider(provider);

        productRepository.save(product);

        // 테스트
        System.out.println(
```

```
28                 "product : " + productRepository.findById(1L)
29                         .orElseThrow(RuntimeException::new));
30
31         System.out.println("provider : " + productRepository.findById(1L)
32                 .orElseThrow(RuntimeException::new).getProvider());
33     }
34 }
```

이제 각 엔티티의 연관관계를 테스트하기 위해 테스트 데이터를 생성해야 합니다. 그렇기 때문에 4~8번 줄과 같이 두 리포지터리에 대해 의존성 주입을 받았습니다. 그 뒤 각 리포지터리를 통해 13~24번 줄과 같이 테스트 데이터를 생성합니다. 22번 줄은 위에서 생성한 provider 객체를 product에 추가해서 데이터베이스에 저장하는 코드입니다. 애플리케이션을 실행했을 때 하이버네이트로 생성된 쿼리를 보면 다음과 같습니다.

Provider 객체를 추가한 Product 객체 저장 쿼리

```
Hibernate:
    insert
    into
        product
        (created_at, updated_at, name, price, provider_id, stock)
    values
        (?, ?, ?, ?, ?, ?)
```

쿼리로 데이터를 저장할 때는 provider_id 값만 들어가는 것을 볼 수 있습니다. 이렇게 product 테이블에는 @JoinColumn에 설정한 이름을 기반으로 자동으로 값을 선정해서 추가하게 됩니다.

주요 테스트 코드는 27~32번 줄입니다. Product 엔티티에서 단방향으로 Provider 엔티티 연관관계를 맺고 있기 때문에 ProductRepository만으로도 Provider 객체도 조회가 가능합니다. 27~29번 줄에서 생성하는 쿼리와 31~32번 줄에서 생성하는 쿼리는 다음과 같이 동일하게 실행됩니다.

ProductRepository 조회 쿼리

```
Hibernate:
    select
        p1_0.number,
        p1_0.created_at,
```

```
        p1_0.name,
        p1_0.price,
        pd1_0.id,
        pd1_0.created_at,
        pd1_0.description,
        pd1_0.updated_at,
        p2_0.id,
        p2_0.created_at,
        p2_0.name,
        p2_0.updated_at,
        p1_0.stock,
        p1_0.updated_at
    from
        product p1_0
    left join
        product_detail pd1_0
            on p1_0.number=pd1_0.product_number
    left join
        provider p2_0
            on p2_0.id=p1_0.provider_id
    where
        p1_0.number=?
```

이 쿼리가 수행되고 출력된 결과는 다음과 같습니다.

```
product : Product(super=BaseEntity(createdAt=2021-12-11T17:25:43.032507, updatedAt=2021-12-11T17:25:43.032507), number=1, name=가위, price=5000, stock=500, provider=Provider(super=BaseEntity(createdAt=2021-12-11T17:25:42.990619, updatedAt=2021-12-11T17:25:42.990619), id=1, name=ㅇㅇ물산))
```

9.4.2 다대일 양방향 매핑

앞에서 상품 엔티티와 공급업체 엔티티 사이에 다대일 단방향 연관관계를 설정했습니다. 이제 반대로 공급업체를 통해 등록된 상품을 조회하기 위한 일대다 연관관계를 설정해보겠습니다. JPA에서는 이처럼 양쪽에서 단방향으로 매핑하는 것이 양방향 매핑 방식입니다. 이번에는 예제 9.13과 같이 공급업체 엔티티에서만 연관관계를 설정합니다.

예제 9.13 공급업체 엔티티와 상품 엔티티의 일대다 연관관계 설정 file data/entity/Provider.java

```
01 @Entity
02 @Getter
03 @Setter
04 @NoArgsConstructor
05 @ToString(callSuper = true)
06 @EqualsAndHashCode(callSuper = true)
07 @Table(name = "provider")
08 public class Provider extends BaseEntity {
09
10     @Id
11     @GeneratedValue(strategy = GenerationType.IDENTITY)
12     private Long id;
13
14     private String name;
15
16     @OneToMany(mappedBy = "provider", fetch = FetchType.EAGER)
17     @ToString.Exclude
18     private List<Product> productList = new ArrayList<>();
19
20 }
```

일대다 연관관계의 경우 여러 상품 엔티티가 포함될 수 있어 18번 줄과 같이 컬렉션(Collection, List, Map) 형식으로 필드를 생성합니다. 이렇게 @OneToMany가 붙은 쪽에서 @JoinColumn 애너테이션을 사용하면 상대 엔티티에 외래키가 설정됩니다. 또한 롬복의 ToString에 의해 순환참조가 발생할 수 있어 17번 줄과 같이 ToString에서 제외 처리를 하는 것이 좋습니다. 16번 줄처럼 'fetch = FetchType.EAGER'로 설정한 것은 @OneToMany의 기본 fetch 전략이 Lazy이기 때문에 즉시 로딩으로 조정한 것입니다. 앞으로 진행할 테스트에서 지연 로딩 방식을 사용하면 'no Session'으로 에러가 발생하기 때문에 조정했습니다.

예제 9.14처럼 Provider 엔티티 클래스를 수정해도 애플리케이션을 가동해보면 칼럼은 변경되지 않습니다. mappedBy로 설정된 필드는 칼럼에 적용되지 않습니다. 즉, 양쪽에서 연관관계를 설정하고 있을 때 RDBMS의 형식처럼 사용하기 위해 mappedBy를 통해 한쪽으로 외래키 관리를 위임한 것입니다.

Tip 지연 로딩과 즉시 로딩

JPA에서 지연 로딩(lazy loading)과 즉시 로딩(eager loading)은 중요한 개념입니다. 엔티티라는 객체의 개념으로 데이터베이스를 구현했기 때문에 연관관계를 가진 각 엔티티 클래스에는 연관관계가 있는 객체들이 필드에 존재하게 됩니다.

연관관계와 상관없이 즉각 해당 엔티티의 값만 조회하고 싶거나 연관관계를 가진 테이블의 값도 조회하고 싶은 경우 등 여러 조건들을 만족하기 위해 등장한 개념이 지연 로딩과 즉시 로딩입니다.

그럼 수정된 공급업체 엔티티를 가지고 연관된 엔티티의 값을 가져올 수 있는지 테스트하겠습니다. 예제 9.14와 같이 테스트 코드를 작성해서 테스트를 진행합니다.

file test/com.springboot.relationship/data/repository/ProviderRepositoryTest.java

예제 9.14 Provider 엔티티 기반의 테스트 코드

```
@Autowired
ProductRepository productRepository;

@Autowired
ProviderRepository providerRepository;

@Test
void relationshipTest() {

    // 테스트 데이터 생성
    Provider provider = new Provider();
    provider.setName("ㅇㅇ상사");

    providerRepository.save(provider);

    Product product1 = new Product();
    product1.setName("펜");
    product1.setPrice(2000);
    product1.setStock(100);
    product1.setProvider(provider);

    Product product2 = new Product();
    product2.setName("가방");
    product2.setPrice(20000);
    product2.setStock(200);
```

```
26         product2.setProvider(provider);
27 
28         Product product3 = new Product();
29         product3.setName("노트");
30         product3.setPrice(3000);
31         product3.setStock(1000);
32         product3.setProvider(provider);
33 
34         productRepository.save(product1);
35         productRepository.save(product2);
36         productRepository.save(product3);
37 
38         List<Product> products = providerRepository.findById(provider.getId()).get()
39             .getProductList();
40 
41         for(Product product : products){
42             System.out.println(product);
43         }
44 
45 }
```

Provider 엔티티 클래스는 Product 엔티티와의 연관관계에서 주인이 아니기 때문에 외래키를 관리할 수 없습니다. 그렇기 때문에 테스트 데이터를 생성하는 11~36번 줄과 같이 Provider를 등록한 후 각 Product에 객체를 설정하는 작업을 통해 데이터베이스에 저장합니다. 만약 앞의 예제에서 테스트 데이터를 생성하는 방식이 아니라 Provider 엔티티에 정의한 productList 필드에 예제 9.15와 같이 Product 엔티티를 추가하는 방식으로 데이터베이스에 레코드를 저장하게 되면 Provider 엔티티 클래스는 연관관계의 주인이 아니기 때문에 해당 데이터는 데이터베이스에 반영되지 않습니다.

예제 9.15 주인이 아닌 엔티티에서 연관관계를 설정한 예

```
provider.getProductList().add(product1); // 무시
provider.getProductList().add(product2); // 무시
provider.getProductList().add(product3); // 무시
```

예제 9.14의 38~43번 줄에서는 ProviderRepository를 통해 연관관계가 매핑된 Product 리스트를 가져와 출력합니다. 이때 생성되는 select 쿼리는 다음과 같습니다.

ProviderRepository를 통해 생성된 조회 쿼리

```
Hibernate:
    select
        p1_0.id,
        p1_0.created_at,
        p1_0.name,
        p1_0.updated_at,
        pl1_0.provider_id,
        pl1_0.number,
        pl1_0.created_at,
        pl1_0.name,
        pl1_0.price,
        pd1_0.id,
        pd1_0.created_at,
        pd1_0.description,
        pd1_0.updated_at,
        pl1_0.stock,
        pl1_0.updated_at
    from
        provider p1_0
    left join
        product pl1_0
            on p1_0.id=pl1_0.provider_id
    left join
        product_detail pd1_0
            on pl1_0.number=pd1_0.product_number
    where
        p1_0.id=?
```

9.4.3 일대다 단방향 매핑

앞에서 다대일 연관관계에서의 단방향과 양방향 매핑을 살펴봤습니다. 이번에는 일대다 단방향 매핑 방법을 알아보겠습니다. 참고로 일대다 양방향 매핑은 다루지 않을 예정입니다. 그 이유는 @OneToMany를 사용하는 입장에서는 어느 엔티티 클래스도 연관관계의 주인이 될 수 없기 때문입니다. @OneToMany 관계에서 주인이 될 수 없는 이유는 이번 절에서 함께 다루겠습니다.

먼저 실습을 위해 새로운 엔티티를 생성하겠습니다. 그림 9.10과 같이 상품분류 테이블을 생성합니다.

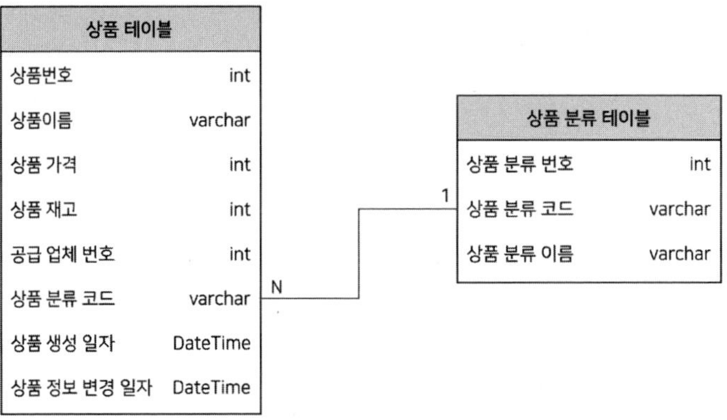

그림 9.10 일대다 관계인 상품 분류 테이블과 상품 테이블

위의 테이블 구조와 맞추기 위한 상품 분류 엔티티를 예제 9.16과 같이 생성합니다. 상품 분류의 도메인 이름은 Category로 하겠습니다.

예제 9.16 상품분류 엔티티 클래스 file data/entity/Category.java

```
@Entity
@Getter
@Setter
@NoArgsConstructor
@ToString
@EqualsAndHashCode
@Table(name = "category")
public class Category {

    @Id
    @GeneratedValue(strategy = GenerationType.IDENTITY)
    private Long id;

    @Column(unique = true)
    private String code;

    private String name;

```

```
    @OneToMany(fetch = FetchType.EAGER)
    @JoinColumn(name = "category_id")
    private List<Product> products = new ArrayList<>();

}
```

위와 같이 상품 분류 엔티티 클래스를 생성하고 애플리케이션을 실행하면 그림 9.11과 같이 상품 분류(category) 테이블이 생성되고 그림 9.12와 같이 상품 테이블에 외래키가 추가되는 것을 확인할 수 있습니다.

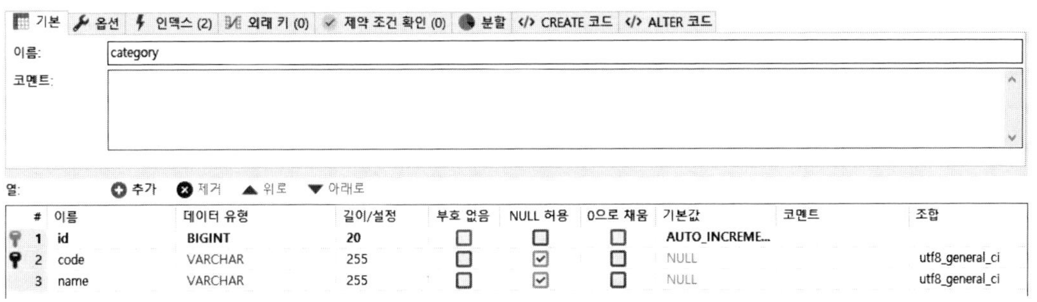

그림 9.11 생성된 상품 분류 테이블

기본 | 옵션 | 인덱스 (3) | 외래 키 (2) | 제약 조건 확인 (0) | 분할 | CREATE 코드 | ALTER 코드

키 이름	열	참조 테이블	외래 열	UPDATE 될 때	DELETE 될 때
FK1rntsbur82frn64de7balymq9s	category_id	springboot.category	id	RESTRICT	RESTRICT
FKfmt6vehie8ep9pq0nnvv9een7	provider_id	springboot.provider	id	RESTRICT	RESTRICT

열: 추가 제거 위로 아래로

#	이름	데이터 유형	길이/설정	부호 없음	NULL 허용	0으로 채움	기본값	코멘트	조합
1	number	BIGINT	20	☐	☐	☐	AUTO_INCREME...		
2	created_at	DATETIME	6	☐	☑	☐	NULL		
3	updated_at	DATETIME	6	☐	☑	☐	NULL		
4	name	VARCHAR	255	☐	☐	☐	기본값 없음		utf8_general_ci
5	price	INT	11	☐	☐	☐	기본값 없음		
6	stock	INT	11	☐	☐	☐	기본값 없음		
7	provider_id	BIGINT	20	☐	☑	☐	NULL		
8	category_id	BIGINT	20	☐	☑	☐	NULL		

그림 9.12 외래키가 추가된 상품 테이블

상품 분류 엔티티에서 `@OneToMany`와 `@JoinColumn`을 사용하면 상품 엔티티에서 별도의 설정을 하지 않아도 일대다 단방향 연관관계가 매핑됩니다. 앞에서 언급한 것처럼 `@JoinColumn` 애너테이션은 필수 사

항은 아닙니다. 이 애너테이션을 사용하지 않으면 중간 테이블로 Join 테이블이 생성되는 전략이 채택됩니다.

그림 9.12와 같은 화면이 나오면 단방향 매핑이 완료된 상태입니다. 지금 같은 일대다 단방향 관계의 단점은 매핑의 주체가 아닌 반대 테이블에 외래키가 추가된다는 점입니다. 이 방식은 다대일 구조와 다르게 외래키를 설정하기 위해 다른 테이블에 대한 update 쿼리를 발생시킵니다. 테스트를 통해 확인해 보겠습니다. 예제 9.17과 같이 CategoryRepository를 생성합니다.

예제 9.17 CategoryRepository 인터페이스 file data/repository/CategoryRepository.java

```
public interface CategoryRepository extends JpaRepository<Category, Long> {

}
```

이제 연관관계를 활용한 테스트 코드를 작성해보겠습니다(예제 9.18).

예제 9.18 CategoryRepository를 활용한 테스트 file test/com.springboot.relationship/data/repository/CategoryRepositoryTest.java

```
@SpringBootTest
class CategoryRepositoryTest {

    @Autowired
    ProductRepository productRepository;

    @Autowired
    CategoryRepository categoryRepository;

    @Test
    void relationshipTest(){
        // 테스트 데이터 생성
        Product product = new Product();
        product.setName("펜");
        product.setPrice(2000);
        product.setStock(100);

        productRepository.save(product);

```

```
20         Category category = new Category();
21         category.setCode("S1");
22         category.setName("도서");
23         category.getProducts().add(product);
24
25         categoryRepository.save(category);
26
27         // 테스트 코드
28         List<Product> products = categoryRepository.findById(1L).get().getProducts();
29
30         for(Product foundProduct : products){
31             System.out.println(foundProduct);
32         }
33     }
34 }
```

테스트 데이터 생성을 위해 ProductRepository의 의존성도 함께 주입받겠습니다. 위 예제에서 23번 줄과 같이 Product 객체를 Category에서 생성한 리스트 객체에 추가해서 연관관계를 설정합니다. 우선 13~25번 줄의 테스트 데이터 생성 쿼리는 다음과 같이 생성됩니다.

```
Hibernate:
    insert
    into
        product
        (created_at, updated_at, name, price, provider_id, stock)
    values
        (?, ?, ?, ?, ?, ?)
Hibernate:
    insert
    into
        category
        (code, name)
    values
        (?, ?)
Hibernate:
    update
        product
```

```
    set
        category_id=?
    where
        number=?
```

일대다 연관관계에서는 위와 같이 연관관계 설정을 위한 update 쿼리가 발생합니다. 이 같은 문제를 해결하기 위해서는 일대다 양방향 연관관계를 사용하기보다는 다대일 연관관계를 사용하는 것이 좋습니다. 이렇게 테스트 데이터를 생성한 뒤에 CategoryRepository를 활용해 상품정보를 가져오는 테스트 코드를 실행하면 다음과 같은 쿼리가 생성됩니다.

```
Hibernate:
    select
        c1_0.id,
        c1_0.code,
        c1_0.name,
        p1_0.category_id,
        p1_0.number,
        p1_0.created_at,
        p1_0.name,
        p1_0.price,
        pd1_0.id,
        pd1_0.created_at,
        pd1_0.description,
        pd1_0.updated_at,
        p2_0.id,
        p2_0.created_at,
        p2_0.name,
        p2_0.updated_at,
        p1_0.stock,
        p1_0.updated_at
    from
        category c1_0
    left join
        product p1_0
            on c1_0.id=p1_0.category_id
    left join
```

```
        product_detail pd1_0
            on p1_0.number=pd1_0.product_number
    left join
        provider p2_0
            on p2_0.id=p1_0.provider_id
    where
        c1_0.id=?
```

일대다 연관관계에서는 이처럼 category와 product의 조인이 발생해서 상품 데이터를 정상적으로 가져옵니다.

9.5 다대다 매핑

다대다(M:N) 연관관계는 실무에서 거의 사용되지 않는 구성입니다. 다대다 연관관계를 상품과 생산업체의 예로 들자면 한 종류의 상품이 여러 생산업체를 통해 생산될 수 있고, 생산업체 한 곳이 여러 상품을 생산할 수도 있습니다(그림 9.13).

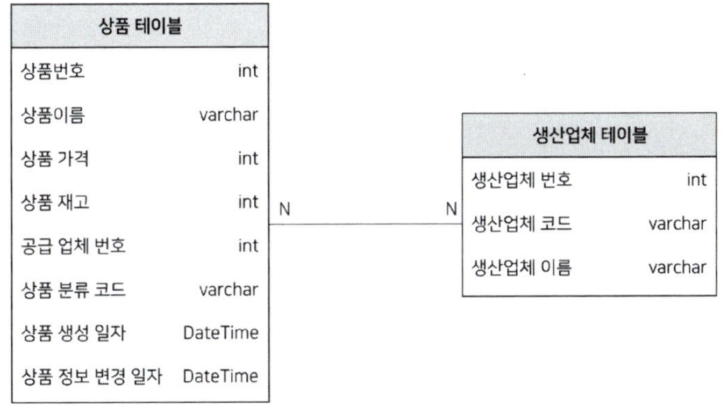

그림 9.13 다대다 관계인 상품 테이블과 생산업체 테이블

다대다 연관관계에서는 각 엔티티에서 서로를 리스트로 가지는 구조가 만들어집니다. 이런 경우에는 교차 엔티티라고 부르는 중간 테이블을 생성해서 다대다 관계를 일대다 또는 다대일 관계로 해소합니다.

9.5.1 다대다 단방향 매핑

앞의 그림 9.13과 같은 연관관계를 가진 생산업체 엔티티를 생성해보겠습니다. 생산업체에 매핑되는 도메인은 Producer라고 가정하고 예제 9.19와 같이 작성합니다.

예제 9.19 생산업체 엔티티 file data/entity/Producer.java

```
01 @Entity
02 @Getter
03 @Setter
04 @NoArgsConstructor
05 @ToString(callSuper = true)
06 @EqualsAndHashCode(callSuper = true)
07 @Table(name = "producer")
08 public class Producer extends BaseEntity{
09
10     @Id
11     @GeneratedValue(strategy = GenerationType.IDENTITY)
12     private Long id;
13
14     private String code;
15
16     private String name;
17
18     @ManyToMany
19     @ToString.Exclude
20     private List<Product> products = new ArrayList<>();
21
22     public void addProduct(Product product){
23         products.add(product);
24     }
25
26 }
```

위 예제의 18~19번 줄에서 상품 엔티티에 적용한 것과 같이 다대다 연관관계는 @ManyToMany 애너테이션으로 설정합니다. 리스트로 필드를 가지는 객체에서는 외래키를 가지지 않기 때문에 별도의 @JoinColumn은 설정하지 않아도 됩니다. 이렇게 엔티티를 생성하고 애플리케이션을 실행하면 그림 9.14와 같이 생산업체 테이블이 생성됩니다.

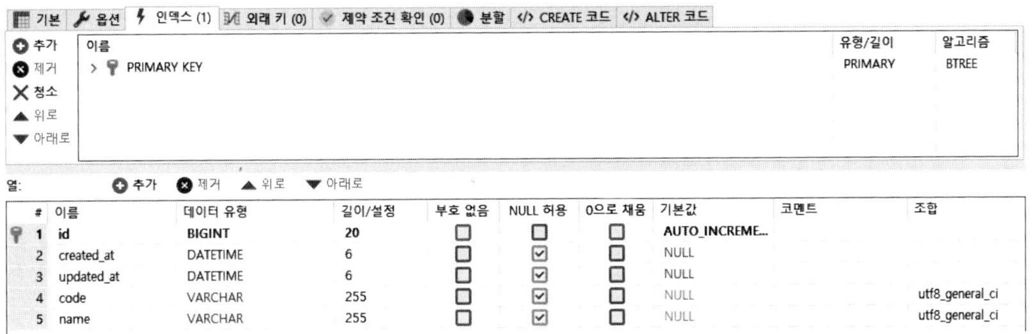

그림 9.14 자동 생성된 생산업체 테이블

생산업체 테이블에는 별도의 외래키가 추가되지 않은 것을 볼 수 있습니다. 그리고 데이터베이스에 추가로 중간 테이블이 생성돼 있습니다.

키 이름	열	참조 테이블	외래 열	UPDATE 될 때	DELETE 될 때
FKf8eytysh4r4bk9o6flsn0yg1t	products_number	springboot.product	number	RESTRICT	RESTRICT
FKk5j0x3lsahtifjsui48jnqedn	producer_id	springboot.producer	id	RESTRICT	RESTRICT

#	이름	데이터 유형	길이/설정	부호 없음	NULL 허용	0으로 채움	기본값	코멘트	조합
1	producer_id	BIGINT	20				기본값 없음		
2	products_number	BIGINT	20				기본값 없음		

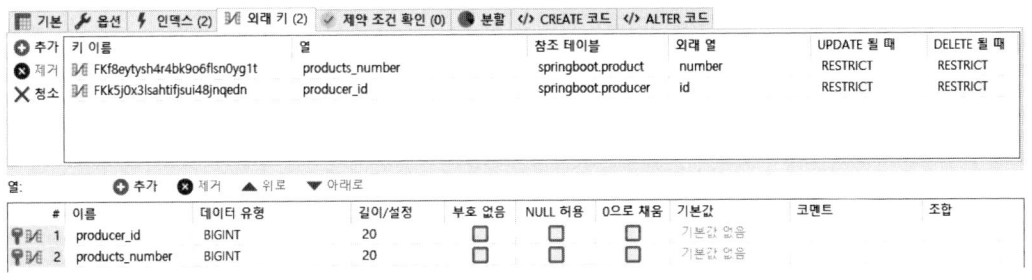

그림 9.15 상품 테이블과 생산업체 테이블의 중간 테이블

별도의 설정을 하지 않았다면 테이블은 `producer_products`라는 이름으로 설정되며, 만약 테이블의 이름을 관리하고 싶다면 예제 9.19의 18번째 줄에 있는 `@ManyToMany` 애너테이션 아래에 `@JoinTable(name = "이름")`의 형식으로 애너테이션을 정의하면 됩니다.

`producer_products` 테이블의 경우 상품 테이블과 생산업체 테이블에서 `id` 값을 가져와 두 개의 외래키가 설정되는 것을 볼 수 있습니다. 그럼 이러한 연관관계를 테스트하기 위해 예제 9.20과 같이 생산업체 엔티티에 대한 리포지터리를 생성해보겠습니다.

예제 9.20 ProducerRepository 생성 file data/repository/ProducerRepository.java

```
public interface ProducerRepository extends JpaRepository<Producer, Long> {

}
```

이 같은 리포지터리를 생성하면 생산업체에 대한 기본적인 데이터베이스 조작이 가능합니다. 그럼 예제 9.21과 같이 테스트 코드를 작성해서 앞에서 설정한 연관관계가 정상적으로 동작하는지 확인하겠습니다.

예제 9.21 생산업체 연관관계 테스트 file test/com.springboot.relationship/data/repository/ProducerRepositoryTest.java

```
@Autowired
ProducerRepository producerRepository;

@Autowired
ProductRepository productRepository;

@Test
@Transactional
void relationshipTest() {

    Product product1 = saveProduct("동글펜", 500, 1000);
    Product product2 = saveProduct("네모 공책", 100, 2000);
    Product product3 = saveProduct("지우개", 152, 1234);

    Producer producer1 = saveProducer("flature");
    Producer producer2 = saveProducer("wikibooks");

    producer1.addProduct(product1);
    producer1.addProduct(product2);

    producer2.addProduct(product2);
    producer2.addProduct(product3);

    producerRepository.saveAll(Lists.newArrayList(producer1, producer2));

    System.out.println(producerRepository.findById(1L).get().getProducts());

}

private Product saveProduct(String name, Integer price, Integer stock) {
    Product product = new Product();
    product.setName(name);
```

```
33         product.setPrice(price);
34         product.setStock(stock);
35
36         return productRepository.save(product);
37     }
38
39     private Producer saveProducer(String name) {
40         Producer producer = new Producer();
41         producer.setName(name);
42
43         return producerRepository.save(producer);
44     }
```

위 예제에서는 가독성을 위해 리포지터리를 통해 테스트 데이터를 생성하는 부분을 별도 메서드로 구현했습니다. 이 경우 리포지터리를 사용하게 되면 매번 트랜잭션이 끊어져 생산업체 엔티티에서 상품 리스트를 가져오는 작업이 불가능합니다. 이 같은 문제를 해소하기 위해 테스트 메서드에 `@Transactional` 애너테이션을 지정해 트랜잭션이 유지되도록 구성해서 테스트를 진행합니다.

26번 줄의 생산업체 엔티티와 연관관계가 설정된 상품 데이터 리스트를 출력하면 다음과 같은 내용이 출력됩니다.

```
[Product(super=BaseEntity(createdAt=2021-12-15T12:14:41.030274400, updatedAt=2021-12-15T12:14:41.030274400), number=1, name=동글펜, price=500, stock=1000), Product(super=BaseEntity(createdAt=2021-12-15T12:14:41.071266200, updatedAt=2021-12-15T12:14:41.071266200), number=2, name=네모공책, price=100, stock=2000)]
```

앞서 18~22번 줄에서 연관관계를 설정했기 때문에 정상적으로 생산업체 엔티티에서 상품 리스트를 가져오는 것을 볼 수 있습니다.

앞의 테스트를 통해 테스트 데이터를 생성하면 `product` 테이블과 `producer` 테이블에 레코드가 추가되지만 보여지는 내용만으로는 연관관계 설정 여부를 확인하기 어렵습니다. 그 이유는 다대다 연관관계 설정을 통해 생성된 중간 테이블에 연관관계 매핑이 돼 있기 때문입니다. 중간 테이블에 생성된 레코드를 확인하면 그림 9.16과 같습니다.

springboot.producer_products: 4 행 (총) (대략적)

producer_id	products_number
1	1
1	2
2	2
2	3

그림 9.16 상품 테이블과 생산업체 테이블의 중간 테이블 레코드

producer_products라는 이름의 중간 테이블에는 예제 9.21의 18~22번 줄에서 설정한 연관관계에 맞춰 양 테이블의 기본키를 매핑한 레코드가 생성된 것을 볼 수 있습니다.

9.5.2 다대다 양방향 매핑

다대다 단방향 매핑의 개념을 이해했다면 양방향 매핑을 하는 방법은 간단합니다. 상품 엔티티에서 예제 9.22와 같이 작성합니다.

예제 9.22 상품 엔티티에서 생산업체 엔티티 연관관계 설정 file data/entity/Product.java

```java
@Entity
@Getter
@Setter
@NoArgsConstructor
@ToString(callSuper = true)
@EqualsAndHashCode(callSuper = true)
@Table(name = "product")
public class Product extends BaseEntity {

    @Id
    @GeneratedValue(strategy = GenerationType.IDENTITY)
    private Long number;

    @Column(nullable = false)
    private String name;

    @Column(nullable = false)
    private Integer price;

    @Column(nullable = false)
    private Integer stock;
```

```
22
23     @OneToOne(mappedBy = "product")
24     @ToString.Exclude
25     private ProductDetail productDetail;
26
27     @ManyToOne
28     @JoinColumn(name = "provider_id")
29     @ToString.Exclude
30     private Provider provider;
31
32     @ManyToMany
33     @ToString.Exclude
34     private List<Producer> producers = new ArrayList<>();
35
36     public void addProducer(Producer producer){
37         this.producers.add(producer);
38     }
39
40 }
```

이 예제에서 32~34번 줄은 생산업체에 대한 다대다 연관관계를 설정합니다. 필요에 따라 mappedBy 속성을 사용해 두 엔티티 간 연관관계의 주인을 설정할 수도 있습니다. 이렇게 설정한 후 애플리케이션을 실행하면 데이터베이스의 테이블 구조는 변경되지 않습니다. 중간 테이블이 연관관계를 설정하고 있기 때문입니다. 이렇게 구성한 후 예제 9.23과 같이 테스트 코드를 작성해봅시다.

file test/com.springboot.relationship/data/repository/ProducerRepositoryTest.java

예제 9.23 다대다 양방향 연관관계 테스트

```
@Test
@Transactional
void relationshipTest2() {

    Product product1 = saveProduct("동글펜", 500, 1000);
    Product product2 = saveProduct("네모 공책", 100, 2000);
    Product product3 = saveProduct("지우개", 152, 1234);

    Producer producer1 = saveProducer("flature");
    Producer producer2 = saveProducer("wikibooks");
```

```
11
12         producer1.addProduct(product1);
13         producer1.addProduct(product2);
14         producer2.addProduct(product2);
15         producer2.addProduct(product3);
16
17         product1.addProducer(producer1);
18         product2.addProducer(producer1);
19         product2.addProducer(producer2);
20         product3.addProducer(producer2);
21
22         producerRepository.saveAll(Lists.newArrayList(producer1, producer2));
23         productRepository.saveAll(Lists.newArrayList(product1, product2, product3));
24
25         System.out.println("products : " + producerRepository.findById(1L).get().getProducts());
26
27         System.out.println("producers : " + productRepository.findById(2L).get().getProducers());
28
29 }
```

위 테스트에서 사용되는 테스트 데이터는 예제 9.21에 작성한 메서드를 활용했습니다. 여기에 양방향 연관관계 설정을 위해 17~20번의 연관관계 설정 코드를 추가했습니다. 연관관계를 설정하고 아래의 25~27번 줄처럼 각 엔티티에 연관된 엔티티를 출력하면 다음과 같이 정상적으로 출력되는 것을 볼 수 있습니다.

```
[Product(super=BaseEntity(createdAt=2021-12-15T14:52:27.594691100, updatedAt=2021-12-15T14:52:27.594691100), number=1, name=동글펜, price=500, stock=1000), Product(super=BaseEntity(createdAt=2021-12-15T14:52:27.651430400, updatedAt=2021-12-15T14:52:27.651430400), number=2, name=네모공책, price=100, stock=2000)]
[Producer(super=BaseEntity(createdAt=2021-12-15T14:52:27.658262700, updatedAt=2021-12-15T14:52:27.658262700), id=1, code=null, name=flature), Producer(super=BaseEntity(createdAt=2021-12-15T14:52:27.666070, updatedAt=2021-12-15T14:52:27.666070), id=2, code=null, name=wikibooks)]
```

이렇게 다대다 연관관계를 설정하면 중간 테이블을 통해 연관된 엔티티의 값을 가져올 수 있습니다. 다만 다대다 연관관계에서는 중간 테이블이 생성되기 때문에 예기치 못한 쿼리가 생길 수 있습니다. 즉, 관리하기 힘든 포인트가 발생한다는 문제가 있습니다. 그렇기 때문에 이러한 다대다 연관관계의 한계를 극복하기 위해서는 중간 테이블을 생성하는 대신 일대다 다대일로 연관관계를 맺을 수 있는 중간 엔티티로 승격시켜 JPA에서 관리할 수 있게 생성하는 것이 좋습니다.

9.6 영속성 전이

영속성 전이(cascade)란 특정 엔티티의 영속성 상태를 변경할 때 그 엔티티와 연관된 엔티티의 영속성에도 영향을 미쳐 영속성 상태를 변경하는 것을 의미합니다. 예를 들어 @OneToMany 애너테이션의 인터페이스를 살펴보면 그림 9.17과 같습니다.

```
public @interface OneToMany {

    (Optional) The entity class that is the target of the association. Optional only if the collection
    property is defined using Java generics. Must be specified otherwise.
    Defaults to the parameterized type of the collection when defined using generics.
    Class targetEntity() default void.class;

    (Optional) The operations that must be cascaded to the target of the association.
    Defaults to no operations being cascaded.
    When the target collection is a java.util.Map, the cascade element applies to the map value.
    CascadeType[] cascade() default {};

    (Optional) Whether the association should be lazily loaded or must be eagerly fetched. The EAGER
    strategy is a requirement on the persistence provider runtime that the associated entities must be
    eagerly fetched. The LAZY strategy is a hint to the persistence provider runtime.
    FetchType fetch() default LAZY;

    The field that owns the relationship. Required unless the relationship is unidirectional.
    String mappedBy() default "";

    (Optional) Whether to apply the remove operation to entities that have been removed from the
    relationship and to cascade the remove operation to those entities.
    Since: 2.0
    boolean orphanRemoval() default false;
}
```

그림 9.17 @OneToMany 애너테이션에 있는 cascade 요소

연관관계와 관련된 애너테이션을 보면 위와 같이 cascade()라는 요소를 볼 수 있습니다. 이 애너테이션은 영속성 전이를 설정하는 데 활용됩니다. cascade() 요소와 함께 사용하는 영속성 전이 타입은 표 9.1과 같습니다.

표 9.1 영속성 전이 타입의 종류

종류	설명
ALL	모든 영속 상태 변경에 대해 영속성 전이를 적용
PERSIST	엔티티가 영속화할 때 연관된 엔티티도 함께 영속화
MERGE	엔티티를 영속성 컨텍스트에 병합할 때 연관된 엔티티도 병합
REMOVE	엔티티를 제거할 때 연관된 엔티티도 제거
REFRESH	엔티티를 새로고침할 때 연관된 엔티티도 새로고침
DETACH	엔티티를 영속성 컨텍스트에서 제외하면 연관된 엔티티도 제외

여기서 알 수 있듯이 영속성 전이에 사용되는 타입은 엔티티 생명주기와 연관이 있습니다. 한 엔티티가 표 9.1과 같이 cascade 요소의 값으로 주어진 영속 상태의 변경이 일어나면 매핑으로 연관된 엔티티에도 동일한 동작이 일어나도록 전이를 발생시키는 것입니다. 앞의 그림 9.17을 보면 cascade() 요소의 리턴 타입은 배열 형식인 것을 볼 수 있습니다. 이 말은 개발자가 사용하고자 하는 cascade 타입을 골라 각 상황에 적용할 수 있다는 것입니다.

9.6.1 영속성 전이 적용

이제 영속성 전이를 적용해 보겠습니다. 여기서 사용할 엔티티는 상품 엔티티와 공급업체 엔티티입니다. 예를 들어, 한 가게가 새로운 공급업체와 계약하며 몇 가지 새 상품을 입고시키는 상황에 어떻게 영속성 전이가 적용되는지 살펴보겠습니다. 우선 엔티티를 데이터베이스에 추가하는 경우로 영속성 전이 타입으로 PERSIST를 지정하겠습니다. 먼저 공급업체 엔티티에 예제 9.24의 16번 줄과 같이 영속성 전이 타입을 설정합니다.

예제 9.24 공급업체 엔티티에 영속성 전이 설정 file data/entity/Provider.java

```
01 @Entity
02 @Getter
03 @Setter
04 @NoArgsConstructor
05 @ToString(callSuper = true)
06 @EqualsAndHashCode(callSuper = true)
07 @Table(name = "provider")
08 public class Provider extends BaseEntity {
```

```
    @Id
    @GeneratedValue(strategy = GenerationType.IDENTITY)
    private Long id;

    private String name;

    @OneToMany(mappedBy = "provider", cascade = CascadeType.PERSIST)
    @ToString.Exclude
    private List<Product> productList = new ArrayList<>();

}
```

영속성 전이 타입을 설정하기 위해서는 @OneToMany 애너테이션의 속성을 활용합니다. 이렇게 설정한 후에 예제 9.25와 같이 코드를 작성합니다.

예제 9.25 영속성 전이 테스트 file test/com.springboot.relationship/data/repository/ProviderRepositoryTest.java

```
@Test
void cascadeTest(){
  Provider provider = savedProvider("새로운 공급업체");

  Product product1 = savedProduct("상품1", 1000, 1000);
  Product product2 = savedProduct("상품2", 500, 1500);
  Product product3 = savedProduct("상품3", 750, 500);

  // 연관관계 설정
  product1.setProvider(provider);
  product2.setProvider(provider);
  product3.setProvider(provider);

  provider.getProductList().addAll(Lists.newArrayList(product1, product2, product3));

  providerRepository.save(provider);
}

private Provider savedProvider(String name){
  Provider provider = new Provider();
```

```
21     provider.setName(name);
22
23     return provider;
24   }
25
26   private Product savedProduct(String name, Integer price, Integer stock){
27     Product product = new Product();
28     product.setName(name);
29     product.setPrice(price);
30     product.setStock(stock);
31
32     return product;
33   }
```

예제 9.25에서는 테스트를 수행하기 위해 3~7번 줄과 같이 공급업체 하나와 상품 객체를 3개 생성합니다. 영속성 전이를 테스트하기 위해 객체에는 영속화 작업을 수행하지 않고 10~14번 줄처럼 연관관계만 설정합니다. 영속성 전이가 수행되는 부분은 16번 줄입니다. 16번 줄에서 데이터베이스에 저장하는 쿼리를 보면 다음과 같습니다.

```
Hibernate:
    insert
    into
        provider
        (created_at, updated_at, name)
    values
        (?, ?, ?)
Hibernate:
    insert
    into
        product
        (created_at, updated_at, name, price, provider_id, stock)
    values
        (?, ?, ?, ?, ?, ?)
Hibernate:
    insert
    into
        product
```

```
        (created_at, updated_at, name, price, provider_id, stock)
    values
        (?, ?, ?, ?, ?, ?)
Hibernate:
    insert
    into
        product
        (created_at, updated_at, name, price, provider_id, stock)
    values
        (?, ?, ?, ?, ?, ?)
```

지금까지는 엔티티를 데이터베이스에 저장하기 위해 각 엔티티를 저장하는 코드를 작성해야 했습니다. 하지만 영속성 전이를 사용하면 부모 엔티티가 되는 Provider 엔티티만 저장하면 코드에 작성돼 있는 Cascade.PERSIST에 맞춰 상품 엔티티도 함께 저장할 수 있습니다.

이처럼 특정 상황에 맞춰 영속성 전이 타입을 설정하면 영속 상태의 변화에 따라 연관된 엔티티들의 동작도 함께 수행할 수 있어 개발의 생산성이 높아집니다. 다만 자동 설정으로 동작하는 코드들이 정확히 어떤 영향을 미치는지 파악할 필요가 있습니다. 예를 들어, REMOVE와 REMOVE를 포함하는 ALL 같은 타입을 무분별하게 사용하면 연관된 엔티티가 의도치 않게 모두 삭제될 수 있기 때문에 다른 타입보다 더욱 사이드 이펙트(side effect)를 고려해서 사용해야 합니다.

9.6.2 고아 객체

JPA에서 고아(orphan)란 부모 엔티티와 연관관계가 끊어진 엔티티를 의미합니다. JPA에는 이러한 고아 객체를 자동으로 제거하는 기능이 있습니다. 물론 자식 엔티티가 다른 엔티티와 연관관계를 가지고 있다면 이 기능은 사용하지 않는 것이 좋습니다. 현재 예제에서 사용되는 상품 엔티티는 다른 엔티티와 연관관계가 많이 설정돼 있지만 그 부분은 예외로 두고 테스트를 진행하겠습니다.

고아 객체를 제거하는 기능을 사용하기 위해서는 공급업체 엔티티를 예제 9.26과 같이 작성합니다.

예제 9.26 공급업체 엔티티에 고아 객체를 제거하는 기능을 추가 file data/entity/Provider.java

```
@Entity
@Getter
@Setter
@NoArgsConstructor
```

```
05 @ToString(callSuper = true)
06 @EqualsAndHashCode(callSuper = true)
07 @Table(name = "provider")
08 public class Provider extends BaseEntity {
09
10     @Id
11     @GeneratedValue(strategy = GenerationType.IDENTITY)
12     private Long id;
13
14     private String name;
15
16     @OneToMany(mappedBy = "provider", cascade = CascadeType.PERSIST, orphanRemoval = true)
17     @ToString.Exclude
18     private List<Product> productList = new ArrayList<>();
19
20 }
```

예제의 16번 줄에 있는 'orphanRemoval = true' 속성은 고아 객체를 제거하는 기능입니다. 이 설정을 추가하고 정상적으로 동작하는지 확인하기 위해 예제 9.27과 같이 테스트 코드를 작성합니다.

file test/com.springboot.relationship/data/repository/ProviderRepositoryTest.java

예제 9.27 고아 객체의 제거 기능 테스트

```
@Test
@Transactional
void orphanRemovalTest(){
    Provider provider = savedProvider("새로운 공급업체");

    Product product1 = savedProduct("상품1", 1000, 1000);
    Product product2 = savedProduct("상품2", 500, 1500);
    Product product3 = savedProduct("상품3", 750, 500);

    product1.setProvider(provider);
    product2.setProvider(provider);
    product3.setProvider(provider);

    provider.getProductList().addAll(Lists.newArrayList(product1, product2, product3));

```

```
16      providerRepository.saveAndFlush(provider);
17
18      providerRepository.findAll().forEach(System.out::println);
19      productRepository.findAll().forEach(System.out::println);
20
21      Provider foundProvider = providerRepository.findById(1L).get();
22      foundProvider.getProductList().remove(0);
23
24      providerRepository.findAll().forEach(System.out::println);
25      productRepository.findAll().forEach(System.out::println);
26  }
```

먼저 테스트 데이터를 생성하고 10~14번 줄처럼 연관관계 매핑을 수행합니다. 연관관계가 매핑된 각 엔티티들을 저장한 후 18~19번 줄에서 각 엔티티를 출력하면 다음과 같이 4~8번 줄에서 생성한 공급업체 엔티티 1개, 상품 엔티티 3개가 출력되는 것을 볼 수 있습니다.

```
Hibernate:
    select
        p1_0.id,
        p1_0.created_at,
        p1_0.name,
        p1_0.updated_at
    from
        provider p1_0
Provider(super=BaseEntity(createdAt=2024-12-04T14:20:56.861732400, updatedAt=2024-12-04T14:20:56.861732400), id=1, name=새로운 공급업체)
Hibernate:
    select
        p1_0.number,
        p1_0.created_at,
        p1_0.name,
        p1_0.price,
        p1_0.provider_id,
        p1_0.stock,
        p1_0.updated_at
    from
        product p1_0
```

```
Product(super=BaseEntity(createdAt=2024-12-04T14:20:56.920255900, updatedAt=2024-12-04T14:20:56.920255900), number=1, name=상품1, price=1000, stock=1000)
Product(super=BaseEntity(createdAt=2024-12-04T14:20:56.926765200, updatedAt=2024-12-04T14:20:56.926765200), number=2, name=상품2, price=500, stock=1500)
Product(super=BaseEntity(createdAt=2024-12-04T14:20:56.928771600, updatedAt=2024-12-04T14:20:56.928771600), number=3, name=상품3, price=750, stock=500)
```

그리고 고아 객체를 생성하기 위해 예제 9.27의 21~22번 줄에 생성한 공급업체 엔티티를 가져온 후 첫 번째로 매핑돼 있는 상품 엔티티의 연관관계를 제거했습니다. 그리고 전체 조회 코드를 24~25번 줄에서 수행하면 다음과 같이 연관관계가 끊긴 상품의 엔티티가 제거된 것을 확인할 수 있습니다.

```
Hibernate:
    select
        p1_0.id,
        p1_0.created_at,
        p1_0.name,
        p1_0.updated_at
    from
        provider p1_0
Provider(super=BaseEntity(createdAt=2024-12-04T14:20:56.861732400, updatedAt=2024-12-04T14:20:56.861732400), id=1, name=새로운 공급업체)
Hibernate:
    delete
    from
        product
    where
        number=?
Hibernate:
    select
        p1_0.number,
        p1_0.created_at,
        p1_0.name,
        p1_0.price,
        p1_0.provider_id,
        p1_0.stock,
        p1_0.updated_at
    from
```

```
26          product p1_0
27  Product(super=BaseEntity(createdAt=2024-12-04T14:20:56.926765200, updatedAt=2024-12-04T14:20:56.926765200), number=2, name=상품2, price=500, stock=1500)
28  Product(super=BaseEntity(createdAt=2024-12-04T14:20:56.928771600, updatedAt=2024-12-04T14:20:56.928771600), number=3, name=상품3, price=750, stock=500)
```

출력 결과에서 10~15번 줄을 보면 실제로 연관관계가 제거되면서 하이버네이트에서는 상태 감지를 통해 삭제하는 쿼리가 수행되는 것을 볼 수 있습니다.

9.7 정리

이번 장에서는 연관관계를 설정하는 방법과 영속성 전이라는 개념을 알아봤습니다. JPA를 사용할 때 영속이라는 개념은 매우 중요합니다. 코드를 통해 편리하게 데이터베이스에 접근하기 위해서는 중간에서 엔티티의 상태를 조율하는 영속성 컨텍스트가 어떻게 동작하는지 이해해야 합니다.

이 과정에서 하이버네이트를 직접 사용하는 것과 Spring Data JPA를 사용하는 데는 차이가 있습니다. 따라서 이 책에서는 다루지 않았지만 하이버네이트만 사용하는 JPA도 함께 공부하는 것을 권장합니다. JPA 자체를 그대로 다뤄보는 경험을 해보면 DAO와 리포지터리의 차이에 대해서도 더 알 수 있게 되고 스프링 부트 JPA에 대해서도 좀 더 폭넓게 이해할 수 있게 됩니다.

10

유효성 검사와 예외 처리

애플리케이션의 비즈니스 로직이 올바르게 동작하려면 데이터를 사전 검증하는 작업이 필요합니다. 이것을 유효성 검사 또는 데이터 검증이라 부릅니다. 유효성 검사의 예로는 여러 계층에서 들어오는 데이터에 대해 의도한 형식대로 값이 들어오는지 체크하는 과정이 있습니다. 이 같은 유효성 검사(validation)는 프로그래밍에서 매우 중요한 부분이며, 자바에서 가장 신경 써야 하는 것 중 하나로 `NullPointException` 예외가 있습니다.

10.1 일반적인 애플리케이션 유효성 검사의 문제점

일반적으로 사용되는 데이터 검증 로직에는 몇 가지 문제점이 있습니다. 계층별로 진행하는 유효성 검사는 검증 로직이 각 클래스별로 분산돼 있어 관리하기가 어렵습니다. 그리고 검증 로직에 의외로 중복이 많아 여러 곳에 유사한 기능의 코드가 존재할 수 있습니다. 마지막으로 검증해야 할 값이 많다면 검증하는 코드가 길어집니다. 이러한 문제로 코드가 복잡해지고 가독성이 떨어집니다.

이 같은 문제를 해결하기 위해 자바 진영에서는 2009년부터 Bean Validation이라는 데이터 유효성 검사 프레임워크를 제공합니다. Bean Validation은 애너테이션을 통해 다양한 데이터를 검증하는 기능을 제공합니다. Bean Validation을 사용한다는 것은 유효성 검사를 위한 로직을 DTO 같은 도메인 모델과 묶어서 각 계층에서 사용하면서 검증 자체를 도메인 모델에 얹는 방식으로 수행한다는 의미입니다.

또한 Bean Validation은 애너테이션을 사용한 검증 방식이기 때문에 코드의 간결함도 유지할 수 있습니다.

10.2 Hibernate Validator

Hibernate Validator[1]는 Bean Validation 명세의 구현체입니다. 스프링 부트에서는 Hibernate Validator를 유효성 검사 표준으로 채택해서 사용하고 있습니다. Hibernate Validator는 JSR-303 명세의 구현체로서 도메인 모델에서 애너테이션을 통한 필드값 검증을 가능하게 도와줍니다.

10.3 스프링 부트에서의 유효성 검사

지금부터 애플리케이션에 유효성 검사 기능을 추가하겠습니다. 기본 프로젝트 뼈대는 7장에서 사용한 패키지와 클래스 구조를 그대로 가져와 만들겠습니다.

10.3.1 프로젝트 생성

이번 장에서 사용할 새로운 프로젝트를 생성하겠습니다. 스프링 부트 버전은 이전과 같은 3.3.5 버전으로 지정하고, 아래와 같은 내용들을 설정합니다.

- groupId: com.springboot
- artifactId: valid_exception
- name: valid_exception
- Developer Tools: Lombok, Spring Configuration Processor
- Web: Spring Web
- SQL: Spring Data JPA, MariaDB Driver

그리고 7장에서 다음과 같이 자바 파일을 가져와 기본적인 프로젝트를 생성합니다. 그리고 5장에서 다룬 것처럼 `SwaggerConfiguration` 클래스 파일을 생성하고 관련 의존성을 `pom.xml`에 추가합니다.

1 http://hibernate.org/validator/

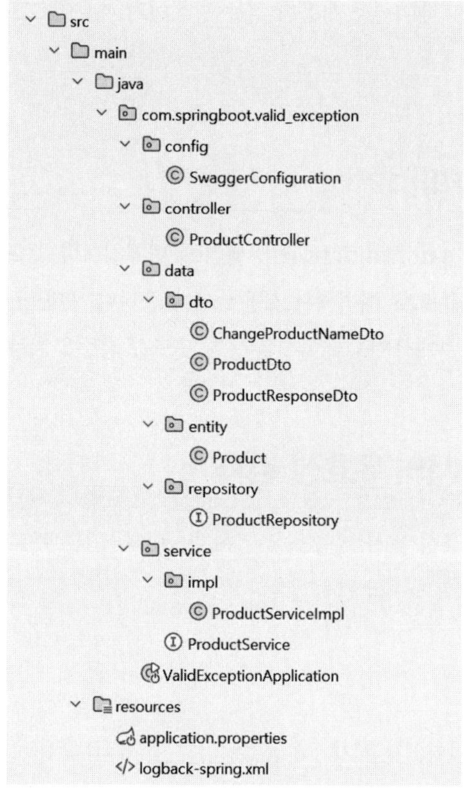

그림 10.1 프로젝트 생성 및 의존성 추가

10.3.2 스프링 부트용 유효성 검사 관련 의존성 추가

원래 스프링 부트의 유효성 검사 기능은 spring-boot-starter-web에 포함돼 있었습니다. 하지만 스프링 부트 2.3 버전 이후로 별도의 라이브러리로 제공하고 있습니다. 예제 10.1과 같이 `pom.xml` 파일에 유효성 검사 라이브러리를 의존성으로 추가하면 사용할 수 있습니다.

예제 10.1 `pom.xml` 파일에 spring-boot-starter-validation 의존성 추가   file `pom.xml`

```
<dependencies>
  ... 생략 ...
  <dependency>
    <groupId>org.springframework.boot</groupId>
    <artifactId>spring-boot-starter-validation</artifactId>
  </dependency>
```

```
    ... 생략 ...
</dependencies>
```

10.3.3 스프링 부트의 유효성 검사

유효성 검사는 각 계층으로 데이터가 넘어오는 시점에 해당 데이터에 대한 검사를 실시합니다. 스프링 부트 프로젝트에서는 계층 간 데이터 전송에 대체로 DTO 객체를 활용하고 있기 때문에 그림 10.2와 같이 유효성 검사를 DTO 객체를 대상으로 수행하는 것이 일반적입니다.

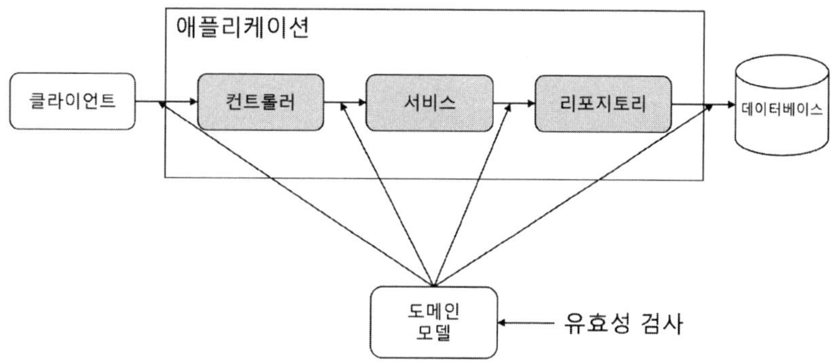

그림 10.2 도메인 모델에 유효성 검사 적용

이번 장의 실습을 위한 DTO와 컨트롤러를 생성하겠습니다. 먼저 `ValidRequestDto`라는 이름의 DTO 객체를 예제 10.2와 같이 생성합니다.

예제 10.2 ValidRequestDto 클래스 file data/dto/ValidRequestDto.java

```
@Data
@NoArgsConstructor
@AllArgsConstructor
@ToString
@Builder
public class ValidRequestDto {

    @NotBlank
    String name;

    @Email
```

```
    String email;

    @Pattern(regexp = "01(?:0|1|[6-9])[.-]?(\\d{3}|\\d{4})[.-]?(\\d{4})$")
    String phoneNumber;

    @Min(value = 20) @Max(value = 40)
    int age;

    @Size(min = 0, max = 40)
    String description;

    @Positive
    int count;

    @AssertTrue
    boolean booleanCheck;

}
```

예제를 보면 각 필드에 애너테이션이 선언된 것을 볼 수 있습니다. 각 애너테이션은 유효성 검사를 위한 조건을 설정하는 데 사용됩니다. 대표적인 애너테이션은 다음과 같습니다.

문자열 검증

- `@Null`: `null` 값만 허용합니다.
- `@NotNull`: `null`을 허용하지 않습니다. "", " "는 허용합니다.
- `@NotEmpty`: `null`, ""을 허용하지 않습니다. " "는 허용합니다.
- `@NotBlank`: `null`, "", " "을 허용하지 않습니다.

최댓값/최솟값 검증

- `BigDecimal`, `BigInteger`, `int`, `long` 등의 타입을 지원합니다.
- `@DemicalMax(value = "$numberString")`: `$numberString`보다 작은 값을 허용합니다.
- `@DemicalMin(value = "$numberString")`: `$numberString`보다 큰 값을 허용합니다.
- `@Min(value = $number)`: `$number` 이상의 값을 허용합니다.
- `@Max(value = $number)`: `$number` 이하의 값을 허용합니다.

값의 범위 검증

- BigDecimal, BigInteger, int, long 등의 타입을 지원합니다.
- @Positive: 양수를 허용합니다.
- @PositiveOrZero: 0을 포함한 양수를 허용합니다.
- @Negative: 음수를 허용합니다.
- @NegativeOrZero: 0을 포함한 음수를 허용합니다.

시간에 대한 검증

- Date, LocalDate, LocalDateTime 등의 타입을 지원합니다.
- @Future: 현재보다 미래의 날짜를 허용합니다.
- @FutureOrPresent: 현재를 포함한 미래의 날짜를 허용합니다.
- @Past: 현재보다 과거의 날짜를 허용합니다.
- @PastOrPresent: 현재를 포함한 과거의 날짜를 허용합니다.

이메일 검증

- @Email: 이메일 형식을 검사합니다. ""는 허용합니다.

자릿수 범위 검증

- BigDemical, BigInteger, int, long 등의 타입을 지원합니다.
- @Digits(integer = $number1, fraction = $number2): $number1의 정수 자릿수와 $number2의 소수 자릿수를 허용합니다.

Boolean 검증

- @AssertTrue: true인지 체크합니다. null 값은 체크하지 않습니다.
- @AssertFalse: false인지 체크합니다. null 값은 체크하지 않습니다.

문자열 길이 검증

- @Size(min = $number1, max = $number2): $number1 이상 $number2 이하의 범위를 허용합니다.

정규식 검증

- `@Pattern(regexp = "$expression")`: 정규식을 검사합니다. 정규식은 자바의 `java.util.regex.Pattern` 패키지의 컨벤션을 따릅니다.

Tip

실습에 사용한 스프링 부트 3.3.5 버전은 Hibernate Validator 8.0.1.Final 버전을 사용하고 있습니다. 이 버전은 Jakarta Bean Validation 3.0의 스펙을 따르고 있으며, 관련 내용은 다음 URL에서 확인할 수 있습니다.

- https://jakarta.ee/specifications/bean-validation/3.0/jakarta-bean-validation-spec-3.0.html

다음으로 앞에서 생성한 DTO를 사용하는 컨트롤러 객체를 생성하겠습니다. 예제 10.3과 같이 `ValidationController`를 생성합니다.

예제 10.3 ValidationController 생성 — file controller/ValidationController.java

```
01 @RestController
02 @RequestMapping("/validation")
03 public class ValidationController {
04
05     private final Logger LOGGER = LoggerFactory.getLogger(ValidationController.class);
06
07     @PostMapping("/valid")
08     public ResponseEntity<String> checkValidationByValid(
09         @Valid @RequestBody ValidRequestDto validRequestDto) {
10         LOGGER.info(validRequestDto.toString());
11         return ResponseEntity.status(HttpStatus.OK).body(validRequestDto.toString());
12     }
13 }
```

예제에서 `checkValidationByValid()` 메서드는 `ValidRequestDto` 객체를 `RequestBody` 값으로 받고 있습니다. 이 경우 9번 줄과 같이 `@Valid` 애너테이션을 지정해야 DTO 객체에 대해 유효성 검사를 수행합니다.

동작을 확인하기 위해 애플리케이션을 실행해 Swagger 페이지에 접속합니다. 예제 10.3의 `checkValidationByValid()` 메서드를 호출하기 위해 각 값을 그림 10.3과 같이 입력합니다.

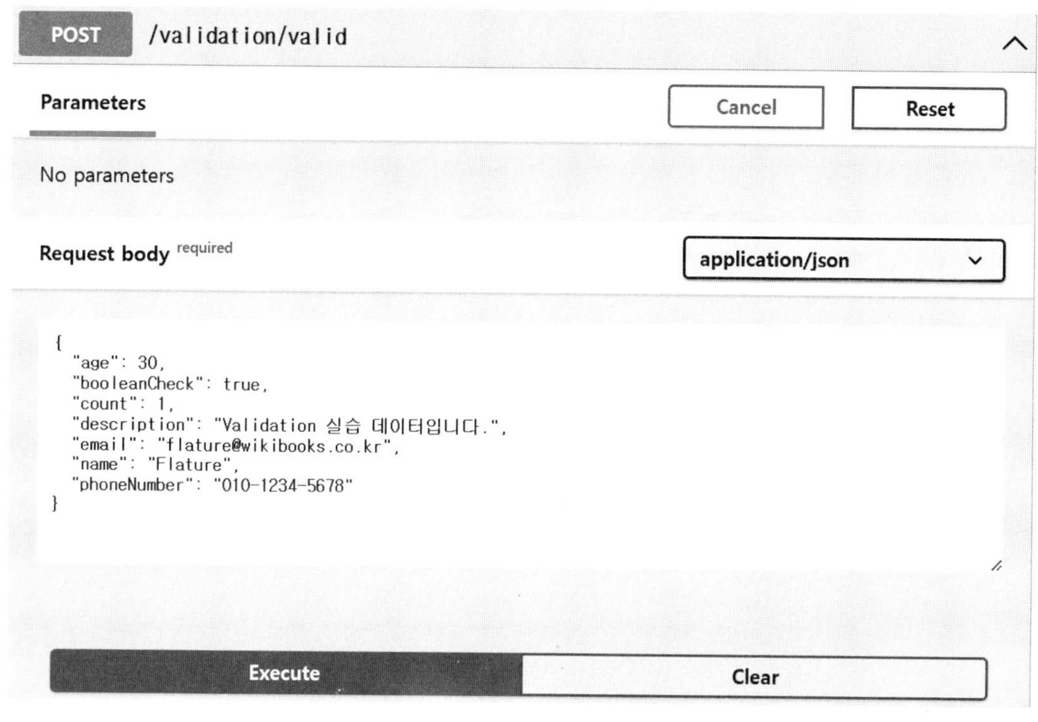

그림 10.3 Swagger 페이지 데이터 입력

```
{
  "age": 30,
  "booleanCheck": true,
  "count": 1,
  "description": "Validation 실습 데이터입니다.",
  "email": "flature@wikibooks.co.kr",
  "name": "Flature",
  "phoneNumber": "010-1234-5678"
}
```

위의 값은 예제 10.2에서 설정한 유효성 검사를 통과할 수 있는 값들입니다. 예제 10.2와 비교해서 값을 살펴보겠습니다. 먼저 age는 @Min(value=20), @Max(value=40)으로 값이 20살 이상, 40살 이하인 데이터만 받겠다는 것을 의미합니다. booleanCheck는 @AssertTrue를 통해 값이 true인지 체크합니다. count에는 @Positive가 설정돼 있으므로 0이 아닌 양수가 값으로 들어오는지 체크합니다. description은 @Size를 통해 문자열의 길이를 제한했습니다. @Email 애너테이션을 설정한 email 필드에서는 값에

'@' 문자가 있는지 확인합니다(실습에서는 이 정도로만 설정하지만 실무에서는 도메인을 검사하거나 비정상적인 이메일인지 검토하는 추가 설정이 필요할 수 있습니다). name은 @NotBlank로 null 값이나 "", " " 모두 허용하지 않게 설정해서 값을 의무적으로 받도록 설정했습니다. phoneNumber는 @Pattern을 통해 정규식을 설정했습니다. regexp 속성의 값을 "01(?:0|1|[6-9])[.-]?(\\d{3}|\\d{4})[.-]?(\\d{4})$"로 설정하면 휴대전화 번호 형식인지 검증할 수 있습니다.

그림 10.3처럼 Swagger에서 애플리케이션을 호출하면 별 문제없이 '200 OK'로 응답하는 것을 볼 수 있습니다. 이번에는 앞에서 설정한 규칙에서 벗어나는 값으로 변경해 호출해보겠습니다. age를 −1로 설정하고 호출하면 그림 10.4와 같이 400 에러가 발생합니다.

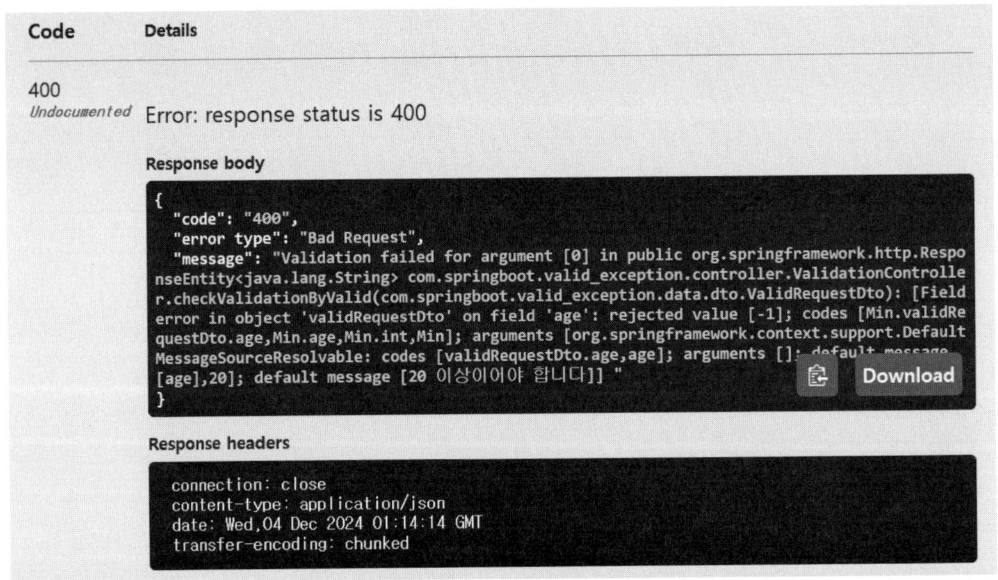

그림 10.4 유효성 검사가 실패한 경우의 결과 페이지

다음과 같이 애플리케이션의 로그에 로그가 출력되어 문제가 발생한 지점을 확인할 수 있습니다. 그러나 아직 별도의 예외 처리를 하지 않았기 때문에 에러가 발생했을 때 클라이언트는 어디에서 에러가 발생했는지 확인할 수가 없습니다.

```
[Field error in object 'validRequestDto' on field 'age': rejected value [-1]; codes [Min.validReque
stDto.age,Min.age,Min.int,Min]; arguments [org.springframework.context.support.DefaultMessageSourceR
esolvable: codes [validRequestDto.age,age]; arguments []; default message [age],20]; default message
[20 이상이어야 합니다]] ]
```

2개 이상의 유효성 검사를 통과하지 못한 경우에는 다음과 같이 검사를 실패한 개수를 로그에 포함시킵니다. 이번에는 count의 값도 −1로 설정해서 유효성 검사를 실패하게 했습니다.

```
with 2 errors: [Field error in object 'validRequestDto' on field 'count': rejected value [-1];
codes [Positive.validRequestDto.count,Positive.count,Positive.int,Positive]; arguments [org.spri
ngframework.context.support.DefaultMessageSourceResolvable: codes [validRequestDto.count,count];
arguments []; default message [count]]; default message [0보다 커야 합니다]] [Field error in object
'validRequestDto' on field 'age': rejected value [-1]; codes [Min.validRequestDto.age,Min.age,Mi
n.int,Min]; arguments [org.springframework.context.support.DefaultMessageSourceResolvable: codes
[validRequestDto.age,age]; arguments []; default message [age],20]; default message [20 이상이어야
합니다]] ]
```

출력 결과를 보면 'with 2 errors'라는 표현으로 두 요소에서 에러가 발생했다는 것이 명시돼 있습니다. 이후 내용에서는 각각 'default message'로 어느 부분이 잘못됐는지 더욱 쉽게 확인할 수 있습니다.

스터디 가이드

정규식(Regular Expression)이란 특정한 규칙을 가진 문자열 집합을 표현하기 위해 쓰이는 형식입니다. 전화번호, 주민등록번호, 이메일과 같이 특정 형식의 값을 검증해야 할 때가 있습니다. 이러한 값은 정규식을 통해 쉽게 검증할 수 있습니다.

정규식은 다음과 같은 요소를 사용합니다.

- ^: 문자열의 시작
- $: 문자열의 종료
- .: 임의의 한 문자
- *: 앞 문자가 없거나 무한정 많음
- +: 앞 문자가 하나 이상
- ?: 앞 문자가 없거나 하나 존재
- [,]: 문자의 집합이나 범위를 나타내며, 두 문자 사이는 - 기호로 범위를 표현
- {, }: 횟수 또는 범위를 의미
- (,): 괄호 안의 문자를 하나의 문자로 인식
- |: 패턴 안에서 OR 연산을 수행
- \: 정규식에서 역슬래시는 확장문자로 취급하고, 역슬래시 다음에 특수문자가 오면 문자로 인식
- \b: 단어의 경계
- \B: 단어가 아닌 것에 대한 경계

- \A: 입력의 시작 부분
- \G: 이전 매치의 끝
- \Z: 종결자가 있는 경우 입력의 끝
- \z: 입력의 끝
- \s: 공백 문자
- \S: 공백 문자가 아닌 나머지 문자(^\s와 동일)
- \w: 알파벳이나 숫자
- \W: 알파벳이나 숫자가 아닌 문자 (^\w와 동일)
- \d: 숫자 [0-9]와 동일하게 취급
- \D: 숫자를 제외한 모든 문자 (^0-9와 동일)

정규식은 익숙하지 않은 문자의 조합으로 구성되기 때문에 다음과 같은 사이트에서 직접 정규식을 만들어보며 연습하는 것을 권장합니다.

- https://regexr.com/
- https://regex101.com/

10.3.4 @Validated 활용

앞의 예제에서는 유효성 검사를 수행하기 위해 @Valid 애너테이션을 선언했습니다. @Valid 애너테이션은 자바에서 지원하는 애너테이션이며, 스프링도 @Validated라는 별도의 애너테이션으로 유효성 검사를 지원합니다. @Validated은 @Valid 애너테이션의 기능을 포함하고 있기 때문에 @Validated로 변경할 수 있습니다. 또한 @Validated는 유효성 검사를 그룹으로 묶어 대상을 특정할 수 있는 기능이 있습니다.

검증 그룹은 별다른 내용이 없는 마커 인터페이스를 생성해서 사용합니다. 실습을 위해 그림 10.5와 같이 data 패키지 내에 group 패키지를 생성하고 ValidationGroup1과 ValidationGroup2라는 인터페이스를 생성합니다.

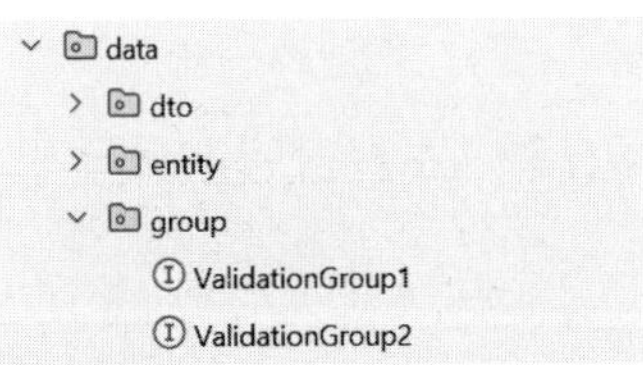

그림 10.5 @Validated 애너테이션 사용을 위한 검증 그룹 생성

두 인터페이스 모두 내부 코드는 없으며, 인터페이스만 생성해서 그룹화하는 용도로 사용합니다. 각 인터페이스는 예제 10.4와 예제 10.5처럼 구성돼 있습니다.

예제 10.4 ValidationGroup1 인터페이스 file data/group/ValidationGroup1.java

```
public interface ValidationGroup1 {

}
```

예제 10.5 ValidationGroup2 인터페이스 file data/group/ValidationGroup2.java

```
public interface ValidationGroup2 {

}
```

검증 그룹 설정은 DTO 객체에서 합니다. 예제 10.6과 같이 새로운 DTO 객체를 생성합니다.

예제 10.6 DTO 객체에 그룹 설정 file data/dto/ValidatedRequestDto.java

```
@Data
@NoArgsConstructor
@AllArgsConstructor
@ToString
@Builder
public class ValidatedRequestDto  {

    @NotBlank
    private String name;

    @Email
    private String email;

    @Pattern(regexp = "01(?:0|1|[6-9])[.-]?(\\d{3}|\\d{4})[.-]?(\\d{4})$")
    private String phoneNumber;

    @Min(value = 20, groups = ValidationGroup1.class)
    @Max(value = 40, groups = ValidationGroup1.class)
    private int age;

```

```
21     @Size(min = 0, max = 40)
22     private String description;
23
24     @Positive(groups = ValidationGroup2.class)
25     private int count;
26
27     @AssertTrue
28     private boolean booleanCheck;
29
30 }
```

예제 10.2와 비교했을 때 수정된 부분은 17~18번 줄과 24번 줄입니다. 17~18번 줄에서 @Min, @Max 애너테이션의 groups 속성을 사용해 ValidationGroup1 그룹을 설정하고 24번 줄에서 ValidationGroup2를 설정했습니다. 이 설정을 통해 어느 그룹에 맞춰 유효성 검사를 실시할 것인지 지정한 것입니다.

실제로 그룹을 어떻게 설정해서 유효성 검사를 실시할지 결정하는 것은 @Validated 애너테이션에서 합니다. 유효성 검사 그룹을 설정하기 위해 컨트롤러 클래스에 예제 10.7과 같이 메서드를 추가하겠습니다.

예제 10.7 ValidationController 클래스 수정 file controller/ValidationController.java

```
@RestController
@RequestMapping("/validation")
public class ValidationController {

    private final Logger LOGGER = LoggerFactory.getLogger(ValidationController.class);

    @PostMapping("/validated")
    public ResponseEntity<String> checkValidation(
            @Validated @RequestBody ValidatedRequestDto validatedRequestDto) {
        LOGGER.info(validatedRequestDto.toString());
        return ResponseEntity.status(HttpStatus.OK).body(validatedRequestDto.toString());
    }

    @PostMapping("/validated/group1")
    public ResponseEntity<String> checkValidation1(
```

```
16             @Validated(ValidationGroup1.class) @RequestBody ValidatedRequestDto
validatedRequestDto) {
17         LOGGER.info(validatedRequestDto.toString());
18         return ResponseEntity.status(HttpStatus.OK).body(validatedRequestDto.toString());
19     }
20
21     @PostMapping("/validated/group2")
22     public ResponseEntity<String> checkValidation2(
23             @Validated(ValidationGroup2.class) @RequestBody ValidatedRequestDto
validatedRequestDto) {
24         LOGGER.info(validatedRequestDto.toString());
25         return ResponseEntity.status(HttpStatus.OK).body(validatedRequestDto.toString());
26     }
27
28     @PostMapping("/validated/all-group")
29     public ResponseEntity<String> checkValidation3(
30             @Validated({ValidationGroup1.class,
31                     ValidationGroup2.class}) @RequestBody ValidatedRequestDto
validatedRequestDto) {
32         LOGGER.info(validatedRequestDto.toString());
33         return ResponseEntity.status(HttpStatus.OK).body(validatedRequestDto.toString());
34     }
35 }
```

예제의 9번 줄에서는 `@Validated` 애너테이션에 속성을 지정하지 않고 16번 줄에서는 `ValidationGroup1`, 23번 줄에서는 `ValidationGroup2`를 그룹으로 지정했습니다. 마지막으로 30~31번 줄에서는 두 그룹을 모두 지정했습니다.

다시 Swagger 페이지에서 각 메서드를 호출하겠습니다. 먼저 7~12번 줄의 `checkValidation()` 메서드를 호출하겠습니다. 호출할 때 전달하는 데이터는 다음과 같습니다.

```
{
  "age": -1,
  "booleanCheck": true,
  "count": -1,
  "description": "Validation 실습 데이터입니다.",
  "email": "flature@wikibooks.co.kr",
```

```
    "name": "Flature",
    "phoneNumber": "010-1234-5678"
}
```

위 데이터는 age와 count 변수에 대한 유효성 검사를 통과하지 못하는 데이터입니다. 하지만 첫 번째 메서드를 호출했을 경우 정상적으로 통과하는 것을 볼 수 있습니다. @Validated 애너테이션에 특정 그룹을 지정하지 않는 경우에는 groups 속성을 설정하지 않은 필드에 대해서만 유효성 검사를 실시하게 됩니다.

데이터는 그대로 이용하면서 14~19번 줄의 checkValidation1() 메서드를 호출하면 다음과 같은 로그를 확인할 수 있습니다.

```
[Field error in object 'validRequestDto' on field 'age': rejected value [-1]; codes [Min.validReque
stDto.age,Min.age,Min.int,Min]; arguments [org.springframework.context.support.DefaultMessageSourceR
esolvable: codes [validRequestDto.age,age]; arguments []; default message [age],20]; default message
[20 이상이어야 합니다]] ]
```

검사 오류가 발생할 수 있는 두 변수 중에서 ValidationGroup1을 그룹으로 설정한 age에 대한 에러가 발생하는 것을 볼 수 있습니다. 마찬가지로 21~26번 줄의 checkValidation2() 메서드를 호출하면 age에서는 오류가 발생하지 않고 count에 대한 오류만 발생하게 됩니다.

그리고 28~35번 줄의 마지막 메서드를 호출하면 다음과 같이 검사 오류 로그가 출력됩니다.

```
com.springboot.valid_exception.controller.ValidationController.checkValidation3(com.springboot.val
id_exception.data.dto.ValidRequestDto) with 2 errors: [Field error in object 'validRequestDto' on
field 'age': rejected value [-1]; codes [Min.validRequestDto.age,Min.age,Min.int,Min]; arguments [or
g.springframework.context.support.DefaultMessageSourceResolvable: codes [validRequestDto.age,age];
arguments []; default message [age],20]; default message [20 이상이어야 합니다]] [Field error in
object 'validRequestDto' on field 'count': rejected value [-1]; codes [Positive.validRequestDto.co
unt,Positive.count,Positive.int,Positive]; arguments [org.springframework.context.support.DefaultMe
ssageSourceResolvable: codes [validRequestDto.count,count]; arguments []; default message [count]];
default message [0보다 커야 합니다]] ]
```

한 번 더 메서드를 호출하겠습니다. 이번에는 호출 데이터를 다음과 같이 변경합니다.

```
{
  "age": 30,
  "booleanCheck": false,
  "count": 30,
  "description": "Validation 실습 데이터입니다.",
  "email": "flature@wikibooks.co.kr",
  "name": "Flature",
  "phoneNumber": "010-1234-5678"
}
```

위 데이터는 age와 count는 검사를 통과하고 booleanCheck 변수에서 검사를 실패하는 데이터입니다. 한편 checkValidation3() 메서드를 호출하면 정상적으로 응답이 오는 것을 볼 수 있습니다. 정리하면 다음과 같습니다.

- @Validated 애너테이션에 특정 그룹을 설정하지 않은 경우에는 groups가 설정되지 않은 필드에 대해 유효성 검사를 수행
- @Validated 애너테이션에 특정 그룹을 설정하는 경우에는 지정된 그룹으로 설정된 필드에 대해서만 유효성 검사를 수행

이처럼 그룹을 지정해서 유효성 검사를 실시하는 경우에는 어떤 상황에 사용할지를 적절하게 설계해야 의도대로 유효성 검사를 실시할 수 있습니다. 만약 이를 제대로 설계하지 않으면 비효율적이거나 생산적이지 못한 패턴을 의미하는 안티 패턴이 발생하게 됩니다.

10.3.5 커스텀 Validation 추가

실무에서는 유효성 검사를 실시할 때 자바 또는 스프링의 유효성 검사 애너테이션에서 제공하지 않는 기능을 써야 할 때도 있습니다. 이 경우 ConstraintValidator와 커스텀 애너테이션을 조합해서 별도의 유효성 검사 애너테이션을 생성할 수 있습니다. 동일한 정규식을 계속 쓰는 @Pattern 애너테이션의 경우가 가장 흔한 사례입니다.

이번에는 전화번호 형식이 일치하는지 확인하는 간단한 유효성 검사 애너테이션을 생성해 보겠습니다. 먼저 ConstraintValidator 인터페이스를 구현하는 클래스를 생성해야 합니다. 예제 10.8과 같이 TelephoneValidator 클래스를 생성합니다.

예제 10.8 TelephoneValidator 클래스 — file config/annotation/TelephoneValidator.java

```
01 public class TelephoneValidator implements ConstraintValidator<Telephone, String> {
02
03     @Override
04     public boolean isValid(String value, ConstraintValidatorContext context) {
05         if(value==null){
06             return false;
07         }
08         return value.matches("01(?:0|1|[6-9])[.-]?(\\d{3}|\\d{4})[.-]?(\\d{4})$");
09     }
10 }
```

예제에서 1번 줄에서는 `TelephoneValidator` 클래스를 `ConstraintValidator` 인터페이스의 구현체로 정의합니다. 인터페이스를 선언할 때는 어떤 애너테이션 인터페이스인지 타입을 지정해야 합니다(애너테이션 인터페이스에 대해서는 바로 이어서 소개하겠습니다). `ConstraintValidator` 인터페이스는 `invalid()` 메서드를 정의하고 있습니다. 이 메서드를 구현하려면 5~7번 줄처럼 직접 유효성 검사 로직을 작성해야 합니다. 5~7번 줄과 같이 `null`에 대한 허용 여부 로직을 추가하고, 8번 줄에서는 지정한 정규식과 비교해서 알맞은 형식을 띠고 있는지 검사하게 됩니다. 이 로직에서 `false`가 리턴되면 `MethodArgumentNotValidException` 예외가 발생합니다.

그럼 `ConstraintValidator` 인터페이스에서 정의한 `Telephone` 인터페이스를 살펴보겠습니다. `Telephone` 인터페이스는 예제 10.9와 같이 작성할 수 있습니다.

예제 10.9 Telephone 애너테이션 인터페이스 생성 — file config/annotation/Telephone.java

```
01 @Target(ElementType.FIELD)
02 @Retention(RetentionPolicy.RUNTIME)
03 @Constraint(validatedBy = TelephoneValidator.class)
04 public @interface Telephone {
05     String message() default "전화번호 형식이 일치하지 않습니다.";
06     Class[] groups() default {};
07     Class[] payload() default {};
08 }
```

먼저 1번 줄에 선언돼 있는 `@Target` 애너테이션은 이 애너테이션을 어디서 선언할 수 있는지 정의하는 데 사용됩니다. 예제에서는 필드에서 선언할 수 있게 설정돼 있습니다. 그 외에 사용할 수 있는 `ElementType`은 다음과 같습니다.

- ElementType.PACKAGE
- ElementType.TYPE
- ElementType.CONSTRUCTOR
- ElementType.FIELD
- ElementType.METHOD
- ElementType.ANNOTATION_TYPE
- ElementType.LOCAL_VARIABLE
- ElementType.PARAMETER
- ElementType.TYPE_PARAMETER
- ElementType.TYPE_USE

2번 줄에서 사용된 @Retention 애너테이션은 이 애너테이션이 실제로 적용되고 유지되는 범위를 의미합니다. @Retention의 적용 범위는 RetentionPolicy를 통해 지정하며, 지정 가능한 항목은 다음과 같습니다.

- RetentionPolicy.RUNTIME: 컴파일 이후에도 JVM에 의해 계속 참조합니다. 리플렉션이나 로깅에 많이 사용되는 정책입니다.
- RetentionPolicy.CLASS: 컴파일러가 클래스를 참조할 때까지 유지합니다.
- RetentionPolicy.SOURCE: 컴파일 전까지만 유지됩니다. 컴파일 이후에는 사라집니다.

그리고 3번 줄에서는 @Constraint 애너테이션을 활용해 앞에서 소개한 TelephoneValidator와 매핑하는 작업을 수행합니다. 5~7번 줄과 같이 @Telephone 인터페이스 내부에는 message(), groups(), payload() 요소를 정의해야 합니다(이와 관련된 내용은 ConstraintHelper에서 살펴보겠습니다). 각 항목은 다음과 같은 의미를 가지고 있습니다.

- message(): 유효성 검사가 실패할 경우 반환되는 메시지를 의미합니다.
- groups(): 유효성 검사를 사용하는 그룹으로 설정합니다.
- payload(): 사용자가 추가 정보를 위해 전달하는 값입니다.

예제 10.9에서는 별도의 groups()와 payload() 요소는 정의하지 않고 기본 메시지에 대해서만 요소를 설정했습니다.

이제 직접 생성한 새로운 유효성 검사 애너테이션을 적용해 보겠습니다. 예제 10.10과 같이 ValidatedRequestDto 클래스에서 phoneNumber 변수의 애너테이션을 변경합니다.

예제 10.10 ValidatedRequestDto 수정 file data/dto/ValidatedRequestDto.java

```
@Data
@NoArgsConstructor
@AllArgsConstructor
@ToString
@Builder
public class ValidatedRequestDto {

    @NotBlank
    private String name;

    @Email
    private String email;

    @Telephone
    private String phoneNumber;

    @Min(value = 20)
    @Max(value = 40)
    private int age;

    @Size(min = 0, max = 40)
    private String description;

    @Positive
    private int count;

    @AssertTrue
    private boolean booleanCheck;

}
```

예제 10.10은 예제 10.6의 14번 줄에 선언돼 있던 `@Pattern` 애너테이션을 `@Telephone` 애너테이션으로 변경한 코드입니다. 다시 애플리케이션을 실행하고 Swagger 페이지에서 테스트를 진행하겠습니다. 테스트 데이터는 다음과 같습니다.

```
{
  "age": 30,
  "booleanCheck": false,
  "count": 30,
  "description": "Validation 실습 데이터입니다.",
  "email": "flature@wikibooks.co.kr",
  "name": "Flature",
  "phoneNumber": "12345678"
}
```

이 내용으로 메서드를 호출하면 다음과 같이 유효성 검사에서 형식 오류를 감지하는 것을 볼 수 있습니다. 예제 10.10에서는 별도의 그룹을 지정하지 않았기 때문에 `checkValidation()` 메서드를 호출했을 때 오류가 발생합니다.

```
[org.springframework.web.bind.MethodArgumentNotValidException: Validation failed for argument [0] in
public org.springframework.http.ResponseEntity<java.lang.String> com.springboot.valid_exception.cont
roller.ValidationController.checkValidationByValid(com.springboot.valid_exception.data.dto.ValidRequ
estDto): [Field error in object 'validRequestDto' on field 'phoneNumber': rejected value [12345678];
codes [Telephone.validRequestDto.phoneNumber,Telephone.phoneNumber,Telephone.java.lang.String,Telep
hone]; arguments [org.springframework.context.support.DefaultMessageSourceResolvable: codes [valid
RequestDto.phoneNumber,phoneNumber]; arguments []; default message [phoneNumber]]; default message
[전화번호 형식이 일치하지 않습니다.]] ]
```

10.4 예외 처리

애플리케이션을 개발할 때는 불가피하게 많은 오류가 발생하게 됩니다. 자바에서는 이러한 오류를 `try/catch`, `throw` 구문을 활용해 처리합니다. 스프링 부트에서는 더욱 편리하게 예외 처리를 할 수 있는 기능을 제공합니다. 이번 절에서는 예외 처리의 기초를 소개하고 스프링 부트에서 적용할 수 있는 예외 처리 방식을 알아보겠습니다.

10.4.1 예외와 에러

프로그래밍에서 예외(exception)란 입력 값의 처리가 불가능하거나 참조된 값이 잘못된 경우 등 애플리케이션이 정상적으로 동작하지 못하는 상황을 의미합니다. 예외는 개발자가 직접 처리할 수 있는 것이므로 미리 코드 설계를 통해 처리할 수 있습니다.

다음으로 에러(error)가 있습니다. 많은 사람들이 예외와 비슷한 의미로 사용하고 있지만 소프트웨어 공학에서는 엄연히 다르게 사용되는 용어입니다. 에러는 주로 자바의 가상머신에서 발생시키는 것으로서 예외와 달리 애플리케이션 코드에서 처리할 수 있는 것이 거의 없습니다. 대표적인 예로 메모리 부족(OutOfMemory), 스택 오버플로(StackOverflow) 등이 있습니다. 이러한 에러는 발생 시점에 처리하는 것이 아니라 미리 애플리케이션의 코드를 살펴보면서 문제가 발생하지 않도록 예방해서 원천적으로 차단해야 합니다.

10.4.2 예외 클래스

자바의 예외 클래스는 그림 10.6과 같은 상속 구조를 갖추고 있습니다.

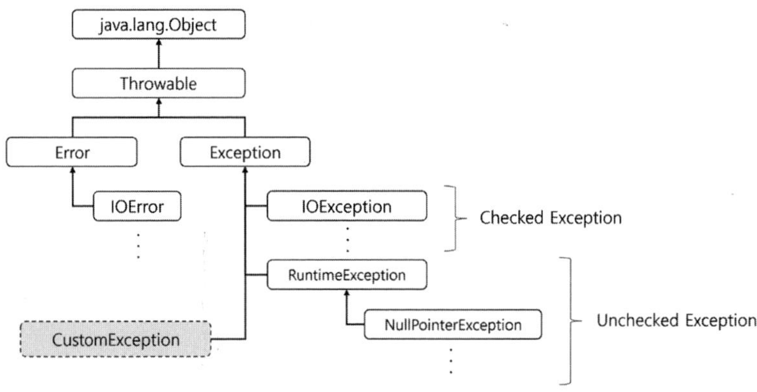

그림 10.6 예외 클래스의 상속 구조

모든 예외 클래스는 `Throwable` 클래스를 상속받습니다. 그리고 가장 익숙하게 볼 수 있는 `Exception` 클래스는 다양한 자식 클래스를 가지고 있습니다. 이 클래스는 크게 Checked Exception과 Unchecked Exception으로 구분할 수 있습니다.

표 10.1 Checked Exception과 Unchecked Exception

	Checked Exception	Unchecked Exception
처리 여부	반드시 예외 처리 필요	명시적 처리를 강제하지 않음
확인 시점	컴파일 단계	실행 중 단계

대표적인 예외 클래스	`IOException`
	`SQLException`
		`RuntimeException`
		`NullPointerException`
		`IllegalArgumentException`
		`IndexOutOfBoundException`
		`SystemException`

Checked Exception은 컴파일 단계에서 확인 가능한 예외 상황입니다. 이러한 예외는 IDE에서 캐치해서 반드시 예외 처리를 할 수 있게 표시해줍니다. 반면 Unchecked Exception은 런타임 단계에서 확인되는 예외 상황을 나타냅니다. 즉, 문법상 문제는 없지만 프로그램이 동작하는 도중 예기치 않은 상황이 생겨 발생하는 예외를 의미합니다.

간단히 분류하자면 `RuntimeException`을 상속받는 `Exception` 클래스는 Unchecked Exception이고 그렇지 않은 `Exception` 클래스는 Checked Exception입니다.

10.4.3 예외 처리 방법

예외가 발생했을 때 이를 처리하는 방법은 크게 세 가지가 있습니다.

- 예외 복구
- 예외 처리 회피
- 예외 전환

먼저 예외 복구 방법은 예외 상황을 파악해서 문제를 해결하는 방식입니다. 대표적인 방법이 `try/catch` 구문입니다. `try` 블록에는 예외가 발생할 수 있는 코드를 작성합니다. 대체로 외부 라이브러리를 사용하는 경우에는 `try` 블록을 사용하라는 IDE의 알람이 발생하지만 개발자가 직접 작성한 로직은 예외 상황을 예측해서 `try` 블록에 포함시켜야 합니다. 그리고 `catch` 블록을 통해 `try` 블록에서 발생하는 예외 상황을 처리하는 내용을 작성합니다. 이때 `catch` 블록은 여러 개를 작성할 수 있습니다. 이 경우 예외 상황이 발생하면 애플리케이션에서는 여러 개의 `catch` 블록을 순차적으로 거치면서 예외 유형과 매칭되는 블록을 찾아 예외 처리 동작을 수행합니다.

```
int a = 1;
String b = "a";

try {
    System.out.println(a + Integer.parseInt(b));
} catch (NumberFormatException e){
    b = "2";
    System.out.println(a + Integer.parseInt(b));
}
```

또 다른 예외 처리 방법 중 하나는 예외 처리를 회피하는 방법입니다. 이 방법은 예외가 발생한 시점에서 바로 처리하는 것이 아니라 예외가 발생한 메서드를 호출한 곳에서 에러 처리를 할 수 있게 전가하는 방식입니다. 이때 throw 키워드를 사용해 어떤 예외가 발생했는지 호출부에 내용을 전달할 수 있습니다.

```
int a = 1;
String b = "a";

try {
    System.out.println(a + Integer.parseInt(b));
} catch (NumberFormatException e) {
    throw new NumberFormatException("숫자가 아닙니다.");
}
```

마지막으로 예외 전환 방법이 있습니다. 이 방법은 앞의 두 방식을 적절하게 섞은 방식입니다. 예외가 발생했을 때 어떤 예외가 발생했느냐에 따라 호출부로 예외 내용을 전달하면서 좀 더 적합한 예외 타입으로 전달할 필요가 있습니다. 또는 애플리케이션에서 예외 처리를 좀 더 단순하게 하기 위해 래핑(wrapping)해야 하는 경우도 있습니다. 이런 경우에는 try/catch 방식을 사용하면서 catch 블록에서 throw 키워드를 사용해 다른 예외 타입으로 전달하면 됩니다. 이 방식은 앞으로 나올 커스텀 예외를 만드는 과정에서 사용되는 방법이므로 별도로 예제를 보여드리지 않겠습니다.

10.4.4 스프링 부트의 예외 처리 방식

웹 서비스 애플리케이션에서는 외부에서 들어오는 요청에 담긴 데이터를 처리하는 경우가 많습니다. 그 과정에서 예외가 발생하면 예외를 복구해서 정상으로 처리하기보다는 요청을 보낸 클라이언트에 어떤 문제가 발생했는지 상황을 전달하는 경우가 많습니다. 이번 절에서는 이를 반영해서 예외 상황을 복구하는 방법보다는 스프링 부트에서 사용하는 예외 처리 방법을 중심으로 설명하고 실습하겠습니다.

예외가 발생했을 때 클라이언트에 오류 메시지를 전달하려면 각 레이어에서 발생한 예외를 엔드포인트 레벨인 컨트롤러로 전달해야 합니다. 이렇게 전달받은 예외를 스프링 부트에서 처리하는 방식으로 크게 두 가지가 있습니다.

- @(Rest)ControllerAdvice와 @ExceptionHandler를 통해 모든 컨트롤러의 예외를 처리
- @ExceptionHandler를 통해 특정 컨트롤러의 예외를 처리

Tip

@ControllerAdvice 대신 @RestControllerAdvice를 사용하면 결괏값을 JSON 형태로 반환할 수 있습니다.

먼저 @RestControllerAdvice를 활용한 핸들러 클래스를 생성하겠습니다. 예제 10.11과 같이 CustomExceptionHandler 클래스를 생성합니다.

예제 10.11 CustomExceptionHandler 클래스 file common/exception/CustomExceptionHandler.java

```
@RestControllerAdvice
public class CustomExceptionHandler {

    private final Logger LOGGER = LoggerFactory.getLogger(CustomExceptionHandler.class);

    @ExceptionHandler(value = RuntimeException.class)
      public ResponseEntity<Map<String, String>> handleException(RuntimeException e, HttpServletRequest request) {
        HttpHeaders responseHeaders = new HttpHeaders();
        HttpStatus httpStatus = HttpStatus.BAD_REQUEST;

        LOGGER.error("Advice 내 handleException호출, {}, {}", request.getRequestURI(), e.getMessage());

        Map<String, String> map = new HashMap<>();
        map.put("error type", httpStatus.getReasonPhrase());
        map.put("code", "400");
        map.put("message", e.getMessage());

```

```
18          return new ResponseEntity<>(map, responseHeaders, httpStatus);
19      }
20  }
```

예제에서 사용한 @RestControllerAdvice와 이 예제에서는 사용하지 않는 @ControllerAdvice는 스프링에서 제공하는 애너테이션입니다. 이 애너테이션은 @Controller나 @RestController에서 발생하는 예외를 한 곳에서 관리하고 처리할 수 있게 하는 기능을 수행합니다. 즉, 다음과 같이 별도 설정을 통해 예외를 관제하는 범위를 지정할 수 있습니다.

```
@RestControllerAdvice(basePackages = "com.springboot.valid_exception")
```

6번 줄에 지정된 @ExceptionHandler는 @Controller나 @RestController가 적용된 빈에서 발생하는 예외를 잡아 처리하는 메서드를 정의할 때 사용합니다. 어떤 예외 클래스를 처리할지는 value 속성으로 등록합니다. value 속성은 배열의 형식으로도 전달받을 수 있어 여러 예외 클래스를 등록할 수도 있습니다. 위 예제에서는 RuntimeException이 발생하면 처리하도록 코드를 작성했으므로 RuntimeException에 포함되는 각종 예외가 발생할 경우를 포착해서 처리하게 됩니다.

8~18번 줄에서는 클라이언트에게 오류가 발생했다는 것을 알리는 응답 메시지를 구성해서 리턴합니다. 컨트롤러의 메서드에 다른 타입의 리턴이 설정돼 있어도 핸들러 메서드에서 별도의 리턴 타입을 지정할 수 있습니다.

이 예제를 테스트하기 위해 예외를 발생시킬 수 있는 컨트롤러를 생성하겠습니다. 예제 10.12와 같이 ExceptionController를 생성합니다.

예제 10.12 ExceptionController 클래스 file controller/ExceptionController.java

```
@RestController
@RequestMapping("/exception")
public class ExceptionController {

    @GetMapping
    public void getRuntimeException() {
        throw new RuntimeException("getRuntimeException 메서드 호출");
    }

}
```

위 예제의 `getRuntimeException()` 메서드는 컨트롤러로 요청이 들어오면 `RuntimeException`을 발생시킵니다. 그림 10.7과 같이 Swagger 페이지에서 이 메서드를 호출해 봅시다.

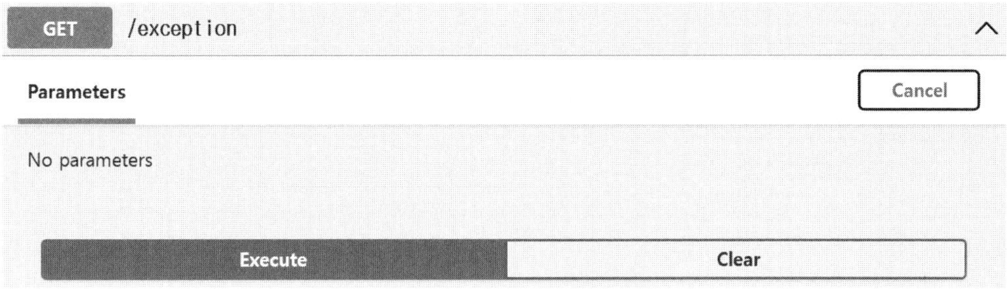

GET /exception

Parameters Cancel

No parameters

Execute Clear

그림 10.7 `getRuntimeException` 호출

위와 같이 호출하면 400 에러와 함께 그림 10.8과 같이 에러 메시지가 Body 값에 담겨 응답이 돌아옵니다.

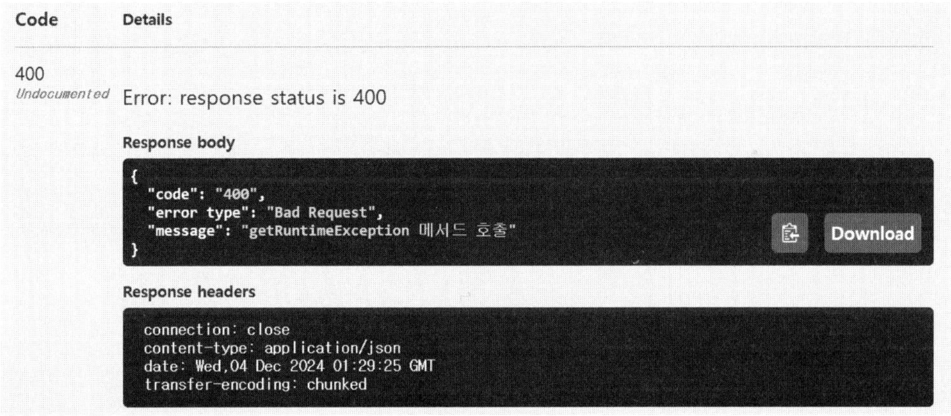

Code Details

400
Undocumented Error: response status is 400

Response body

```
{
  "code": "400",
  "error type": "Bad Request",
  "message": "getRuntimeException 메서드 호출"
}
```

Download

Response headers

```
connection: close
content-type: application/json
date: Wed,04 Dec 2024 01:29:25 GMT
transfer-encoding: chunked
```

그림 10.8 에러 메시지 응답

예제 10.11의 핸들러 메서드는 `Map` 객체에 응답할 메시지를 구성하고 `ResponseEntity`에 `HttpHeader`, `HttpStatus`, `Body` 값을 담아 전달합니다. 이 핸들러 메서드는 그림 10.8과 같은 응답을 출력합니다.

이처럼 컨트롤러에서 던진 예외는 `@ControllerAdvice` 또는 `@RestControllerAdvice`가 선언돼 있는 핸들러 클래스에서 매핑된 예외 타입을 찾아 처리하게 됩니다. 두 애너테이션은 별도 범위 설정이 없으면 전역 범위에서 예외를 처리하기 때문에 특정 컨트롤러에서만 동작하는 `@ExceptionHandler` 메서드를 생성해서 처리할 수도 있습니다. ExceptionController에 예제 10.13과 같이 메서드를 추가로 생성해 봅시다(수정된 부분을 굵게 표시).

예제 10.13 컨트롤러 클래스 내 handleException 메서드 생성 　　file controller/ExceptionController.java

```
@RestController
@RequestMapping("/exception")
public class ExceptionController {

    private final Logger LOGGER = LoggerFactory.getLogger(ExceptionController.class);

    @GetMapping
    public void getRuntimeException() {
        throw new RuntimeException("getRuntimeException 메서드 호출");
    }

    @ExceptionHandler(value = RuntimeException.class)
    public ResponseEntity<Map<String, String>> handleException(RuntimeException e,
        HttpServletRequest request) {
        HttpHeaders responseHeaders = new HttpHeaders();
        responseHeaders.setContentType(MediaType.APPLICATION_JSON);
        HttpStatus httpStatus = HttpStatus.BAD_REQUEST;

        LOGGER.error("클래스 내 handleException 호출, {}, {}", request.getRequestURI(),
            e.getMessage());

        Map<String, String> map = new HashMap<>();
        map.put("error type", httpStatus.getReasonPhrase());
        map.put("code", "400");
        map.put("message", e.getMessage());

        return new ResponseEntity<>(map, responseHeaders, httpStatus);
    }
}
```

예제 10.13처럼 컨트롤러 클래스 내에 @ExceptionHandler 애너테이션을 사용한 메서드를 선언하면 해당 클래스에 국한해서 예외 처리를 할 수 있습니다. 예제 10.9의 핸들러 메서드와 예제 10.11의 핸들러 메서드에서 각 로그 메시지에 차이를 두고 다시 Swagger 페이지에서 테스트를 수행하면 다음과 같은 내용이 콘솔에 출력되는 것을 볼 수 있습니다.

```
com.springboot.valid_exception.controller.ExceptionController 클래스 내 handleException 호출,
/exception, getRuntimeException 메서드 호출
```

출력 결과에서 '클래스 내 handleException 호출'이라는 메시지를 볼 수 있습니다. 만약 @ControllerAdvice와 컨트롤러 내에 동일한 예외 타입을 처리한다면 좀 더 우선순위가 높은 클래스 내의 핸들러 메서드가 사용되는 것을 볼 수 있습니다.

우선순위를 비교하는 방법은 총 두 가지가 있습니다. 먼저 그림 10.9를 보겠습니다.

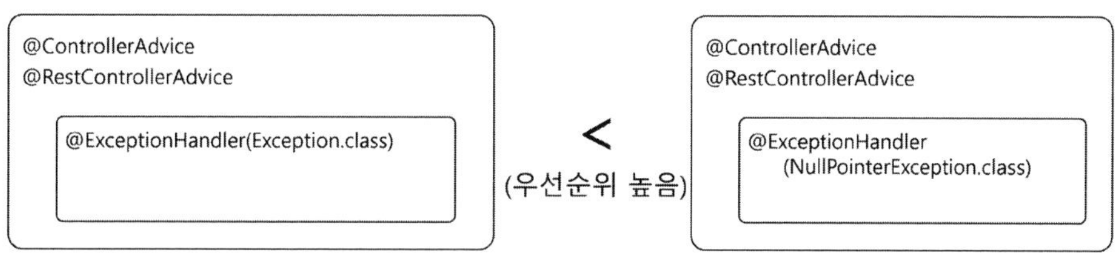

그림 10.9 예외 타입 레벨에 따른 예외 처리 우선순위

만약 컨트롤러 또는 @ControllerAdvice 클래스 내에 동일하게 핸들러 메서드가 선언된 상태에서 그림 10.9처럼 Exception 클래스와 그보다 좀 더 구체적인 NullPointerException 클래스가 각각 선언된 경우에는 구체적인 클래스가 지정된 쪽이 우선순위를 갖게 됩니다.

다른 경우로는 그림 10.10과 같은 상황이 있습니다.

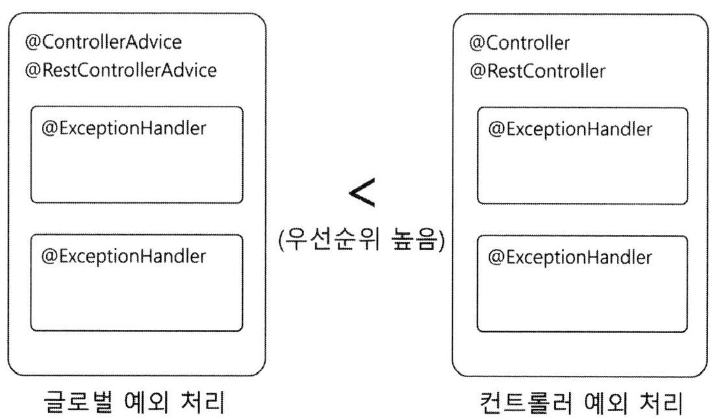

그림 10.10 핸들러 위치에 따른 예외 처리 우선순위

그림 10.10처럼 `@ControllerAdvice`의 글로벌 예외 처리와 `@Controller` 내의 컨트롤러 예외 처리에 동일한 타입의 예외 처리를 하게 되면 범위가 좁은 컨트롤러의 핸들러 메서드가 우선순위를 갖게 됩니다.

스터디 가이드

예외를 잘 처리하기 위해서는 어느 상황에 어떤 예외 타입을 사용해야 적절한지 알아야 합니다. 다음 URL을 통해 Checked Exception과 Unchecked Exception을 구분해서 확인하면 적절한 예외 처리에 도움이 될 것입니다.

- https://docs.oracle.com/en/java/javase/17/docs/api/index.html

10.4.5 커스텀 예외

애플리케이션을 개발하다 보면 점점 예외로 처리할 영역이 늘어나고, 예외 상황이 다양해지면서 사용하는 예외 타입도 많아집니다. 대부분의 상황에서는 자바에서 이미 적절한 상황에 사용할 수 있도록 제공하는 표준 예외(Standard Exception)를 사용하면 해결됩니다. 사실 애플리케이션의 예외 처리에는 표준 예외만 사용해도 모든 상황들을 처리할 수 있습니다. 그런데 왜 커스텀 예외(Custom Exception)를 만들어 사용할까요?

커스텀 예외를 만들어서 사용하면 네이밍에 개발자의 의도를 담을 수 있기 때문에 이름만으로도 어느 정도 예외 상황을 짐작할 수 있습니다. 앞에서 언급했듯이 표준 예외에서도 다양한 예외 상황을 처리할 수 있는 클래스를 제공하고 있지만 표준 예외에서 제공하는 클래스는 해당 예외 타입의 이름만으로 이해하기 어려운 경우가 있습니다. 그래서 표준 예외를 사용할 때는 예외 메시지를 상세히 작성해야 하는 번거로움이 있습니다.

또한 커스텀 예외를 사용하면 애플리케이션에서 발생하는 예외를 개발자가 직접 관리하기가 수월해집니다. 표준 예외를 상속받은 커스텀 예외들을 개발자가 직접 코드로 관리하기 때문에 책임 소재를 애플리케이션 내부로 가져올 수 있게 됩니다. 이를 통해 동일한 예외 상황이 발생할 경우 한 곳에서 처리하며 특정 상황에 맞는 예외 코드를 적용할 수 있게 됩니다.

마지막으로 커스텀 예외를 사용하면 예외 상황에 대한 처리도 용이합니다. 앞에서 `@ControllerAdvice`와 `@ExceptionHandler`에 대해 알아봤는데, 이러한 애너테이션을 사용해 애플리케이션에서 발생하는 예외 상황들을 한 곳에서 처리할 수 있었습니다. 예를 들어, `RuntimeException`에 대해 `@ControllerAdvice`의 내부에서 표준 예외 처리를 하는 로직을 작성한 경우 개발자가 의도한 `RuntimeException` 부분이 아닌 의도하지 않은 부분에서 발생하는 에러들이 존재할 수 있습니다. 표준 예외를 사용하면 이처럼 의도하지 않은 예외 상황도 정해진 예외 처리 코드에서 처리하기 때문에 어디에서 문제가 발생했는지 확인하기가 어렵습니다. 그러나 커스텀 예외로 관리하면 의도하지 않았던 부분에서 발생한 예외는 개발자가 관리하는 예외 처리 코드가 처리하지 않으므로 개발 과정에서 혼동할 여지가 줄어듭니다.

스터디 가이드

커스텀 예외의 효과에 대해서는 개발자들의 의견이 분분합니다. 우선 커스텀 예외를 만들어 사용해보는 것을 시작으로 어떤 방식이 효과적인지 직접 고민하고 자신만의 논리를 구축하길 바랍니다.

10.4.6 커스텀 예외 클래스 생성하기

이제 커스텀 예외를 생성하고 활용하는 방법을 살펴보겠습니다. 커스텀 예외는 만드는 목적에 따라 생성하는 방법이 다릅니다. 이 책에서는 스프링 환경에서 사용할 수 있는 `@ControllerAdvice`와 `@ExceptionHandler`의 무분별한 예외 처리를 방지하기 위한 커스텀 예외를 생성하는 과정을 실습해 보겠습니다. 우선 앞에서 한번 살펴본 그림 10.6을 다시 봅시다.

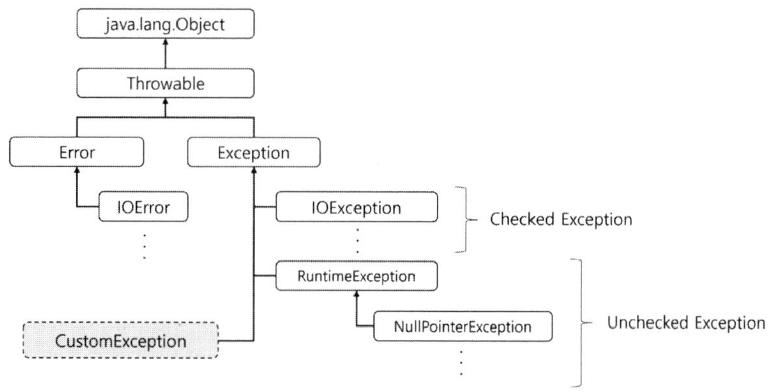

그림 10.11 예외 클래스의 상속 구조

커스텀 예외는 예외가 발생하는 상황에 해당하는 상위 예외 클래스를 상속받습니다. 그래서 커스텀 예외는 상위 예외 클래스보다 좀 더 구체적인 이름을 사용하기도 합니다. 그러나 여기서는 커스텀 예외의 네이밍보다는 클래스의 구조적인 설계를 통한 예외 클래스 생성 방법을 알아보겠습니다.

먼저 Exception 클래스의 커스텀 예외를 만들어보겠습니다. 예외 클래스의 상속 구조를 보면 Exception 클래스는 Throwable 클래스를 상속받습니다. 아래 실습에서는 그중 필수적으로 사용되는 message 변수를 이용해 Exception 클래스의 커스텀 예외를 만들겠습니다. 먼저 Exception 클래스는 예제 10.14와 같습니다.

예제 10.14 Exception 클래스

```
01 public class Exception extends Throwable {
02     static final long serialVersionUID = -3387516993124229948L;
03
04     public Exception() {
05         super();
06     }
07
08     public Exception(String message) {
09         super(message);
10     }
11
12     public Exception(String message, Throwable cause) {
13         super(message, cause);
14     }
15
16     public Exception(Throwable cause) {
17         super(cause);
18     }
19
20     protected Exception(String message, Throwable cause,
21                         boolean enableSuppression,
22                         boolean writableStackTrace) {
23         super(message, cause, enableSuppression, writableStackTrace);
24     }
25 }
```

예제 10.14의 8~10번 줄에 있는 생성자는 String 타입의 메시지 문자열을 받고 있습니다. 이 생성자는 예제 10.15의 Throwable 클래스의 생성자를 호출합니다.

예제 10.15 Throwable 클래스

```
01 public class Throwable implements Serializable {
02
03     private static final long serialVersionUID = -3042686055658047285L;
04
05     private transient Object backtrace;
06
07     private String detailMessage;
08
09     ... 생략 ...
10
11     public Throwable() {
12         fillInStackTrace();
13     }
14
15     public Throwable(String message) {
16         fillInStackTrace();
17         detailMessage = message;
18     }
19
20     public String getMessage() {
21         return detailMessage;
22     }
23
24     public String getLocalizedMessage() {
25         return getMessage();
26     }
27
28     ... 생략 ...
29
30 }
```

예제 10.15에서 살펴볼 수 있듯이 Exception 클래스는 부모 클래스인 Throwable 클래스의 15~18번 줄의 생성자를 호출하게 되며, message 변수의 값을 detailMessage 변수로 전달받습니다. 커스텀 예외를 생성하는 경우에도 이 message 변수를 사용하게 됩니다.

그리고 HttpStatus를 커스텀 예외 클래스에 포함시키면 예제 10.13처럼 핸들러 안에서 선언해서 사용하는 것이 아닌 예외 클래스만 전달받으면 그 안에 내용이 포함돼 있는 구조로 설계할 수 있습니다. 참고로 HttpStatus는 열거형(Enum)입니다. 열거형은 서로 관련 있는 상수를 모은 심볼릭한 명칭의 집합입니다. 쉽게 생각해서 클래스 타입의 상수로 볼 수 있습니다. 예제 10.16에서 HttpStatus의 주요 코드 일부를 살펴보겠습니다.

예제 10.16 HttpStatus 열거형

```
public enum HttpStatus {

  // --- 4xx Client Error ---
  BAD_REQUEST(400, Series.CLIENT_ERROR, "Bad Request"),
  UNAUTHORIZED(401, Series.CLIENT_ERROR, "Unauthorized"),
  PAYMENT_REQUIRED(402, Series.CLIENT_ERROR, "Payment Required"),
  FORBIDDEN(403, Series.CLIENT_ERROR, "Forbidden"),
  NOT_FOUND(404, Series.CLIENT_ERROR, "Not Found"),
  METHOD_NOT_ALLOWED(405, Series.CLIENT_ERROR, "Method Not Allowed"),

  HttpStatus(int value, Series series, String reasonPhrase) {
    this.value = value;
    this.series = series;
    this.reasonPhrase = reasonPhrase;
  }

  public int value() {
    return this.value;
  }

  public Series series() {
    return this.series;
  }

  public String getReasonPhrase() {
    return this.reasonPhrase;
  }
}
```

HttpStatus는 3~9번 줄과 같이 value, series, reasonPhrase 변수로 구성된 객체를 제공합니다. 흔히 볼 수 있는 Http 응답 코드와 메시지입니다. 위 예제에서는 4xx 코드만 나와있지만 1xx, 2xx, 3xx, 4xx, 5xx에 대해서도 코드 모음이 구성돼 있습니다. 각 값들은 17~27번 줄에 작성돼 있는 메서드를 통해 값들을 가져와 사용합니다.

최종적으로 이번에 만들어볼 커스텀 예외 클래스를 생성하는 데 필요한 내용은 다음과 같이 정리할 수 있습니다.

- 에러 타입(error type): HttpStatus의 reasonPhrase
- 에러 코드(error code): HttpStatus의 value
- 메시지(message): 상황별 상세 메시지

위와 같은 구성으로 커스텀 예외 클래스를 생성하겠습니다. 추가로 애플리케이션에서 가지고 있는 도메인 레벨을 메시지에 표현하기 위해 ExceptionClass 열거형 타입을 생성하겠습니다. 이를 도식화하면 그림 10.12와 같은 커스텀 예외 클래스 구조가 됩니다.

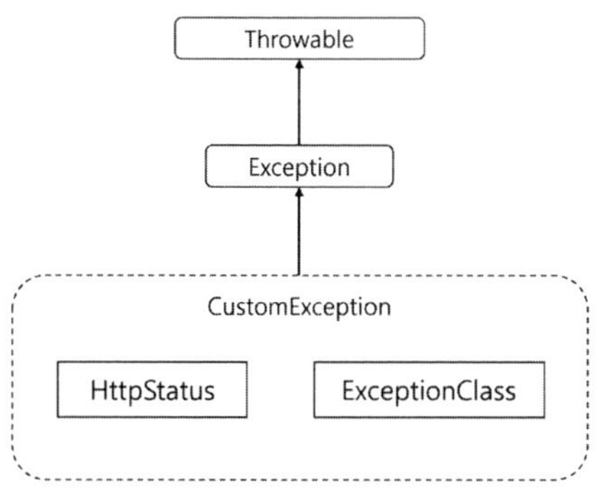

그림 10.12 커스텀 예외 클래스 구조

커스텀 예외 클래스를 생성하기에 앞서 도메인 레벨 표현을 위한 열거형을 예제 10.17과 같이 생성하겠습니다.

예제 10.17 ExceptionClass 열거형 — file common/Constants.java

```
public class Constants {

    public enum ExceptionClass {
```

```
04
05          PRODUCT("Product");
06
07          private String exceptionClass;
08
09          ExceptionClass(String exceptionClass) {
10              this.exceptionClass = exceptionClass;
11          }
12
13          public String getExceptionClass() {
14              return exceptionClass;
15          }
16
17          @Override
18          public String toString() {
19              return getExceptionClass() + " Exception. ";
20          }
21
22      }
23
24  }
```

예제에서는 Constants라는 클래스를 생성한 후 ExceptionClass를 내부에 생성했습니다. 열거형을 별도로 생성해도 무관하지만 상수 개념으로 사용하기 때문에 앞으로의 확장성을 위해 Constants라는 상수들을 통합 관리하는 클래스를 생성하고 내부에 ExceptionClass를 선언했습니다.

ExceptionClass라는 열거형은 커스텀 예외 클래스에서 메시지 내부에 어떤 도메인에서 문제가 발생했는지 보여주는 데 사용됩니다. 지금까지 만든 애플리케이션은 상품이라는 도메인에 대해서만 실습 코드를 작성해왔기 때문에 5번 줄과 같이 PRODUCT라는 상수만 선언했습니다.

열거형을 생성했으면 예제 10.18과 같이 커스텀 예외 클래스를 생성합니다.

예제 10.18 커스텀 예외 클래스 file common/exception/CustomException.java

```
public class CustomException extends Exception{

    private Constants.ExceptionClass exceptionClass;
    private HttpStatus httpStatus;
```

```
05
06      public CustomException(Constants.ExceptionClass exceptionClass, HttpStatus httpStatus,
07          String message) {
08          super(exceptionClass.toString() + message);
09          this.exceptionClass = exceptionClass;
10          this.httpStatus = httpStatus;
11      }
12
13      public Constants.ExceptionClass getExceptionClass() {
14          return exceptionClass;
15      }
16
17      public int getHttpStatusCode() {
18          return httpStatus.value();
19      }
20
21      public String getHttpStatusType() {
22          return httpStatus.getReasonPhrase();
23      }
24
25      public HttpStatus getHttpStatus() {
26          return httpStatus;
27      }
28
29  }
```

예제 10.18의 커스텀 예외 클래스는 앞에서 만든 ExceptionClass와 HttpStatus를 필드로 가집니다. 두 객체를 기반으로 예외 내용을 정의하며, 6~10번 줄과 같이 클래스를 초기화합니다.

그럼 커스텀 예외를 활용해 보겠습니다. 먼저 ExceptionHandler 클래스에 CustomException에 대한 예외 처리 코드를 예제 10.19와 같이 추가합니다.

예제 10.19 CustomException을 처리하는 handleException() 메서드 file common/exception/CustomExceptionHandler.java

```
@ExceptionHandler(value = CustomException.class)
public ResponseEntity<Map<String, String>> handleException(CustomException e,
    HttpServletRequest request) {
    HttpHeaders responseHeaders = new HttpHeaders();
```

```
    LOGGER.error("Advice 내 handleException 호출, {}, {}", request.getRequestURI(),
        e.getMessage());

    Map<String, String> map = new HashMap<>();
    map.put("error type", e.getHttpStatusType());
    map.put("code", Integer.toString(e.getHttpStatusCode()));
    map.put("message", e.getMessage());

    return new ResponseEntity<>(map, responseHeaders, e.getHttpStatus());
}
```

위와 같이 처리하면 기존에 작성했던 핸들러 메서드와 달리 예외 발생 시점에 `HttpStatus`를 정의해서 전달하기 때문에 클라이언트 요청에 따라 유동적인 응답 코드를 설정할 수 있다는 장점이 있습니다.

지금까지 커스텀 예외 클래스를 생성하고 예외 처리를 수행하는 방법을 살펴봤습니다. 앞에서 만든 커스텀 예외에 대해 Swagger로 테스트하기 위해 예제 10.20과 같이 컨트롤러 메서드를 생성합니다.

예제 10.20 CustomException을 발생시키는 컨트롤러 메서드 file controller/ExceptionController.java

```
01 @GetMapping("/custom")
02 public void getCustomException() throws CustomException {
03     throw new CustomException(ExceptionClass.PRODUCT, HttpStatus.BAD_REQUEST, "getCustomException 메서드 호출");
04 }
```

이처럼 `CustomException`을 `throw` 키워드로 던지면 커스텀 예외가 발생합니다. 3번 줄에서 괄호 내에 생성자를 정의한 것처럼 `ExceptionClass`에서 도메인을 비롯해 `HttpStatus`를 통해 어떤 응답 코드를 사용할지와 세부 메시지를 전달합니다. 예제에서는 세부 메시지를 간단한 문자열로 표현했지만 예외가 발생하는 상황에서 특정 값을 전달하는 구성이라면 상세한 메시지를 작성해서 전달하거나 커스텀 예외 클래스를 적절한 타입으로 변경하는 것도 좋습니다.

이제 애플리케이션을 재실행하고 Swagger를 통해 예제 10.20의 메서드를 호출하겠습니다. Swagger를 통해 해당 메서드를 호출하면 그림 10.13과 같이 응답 내용이 출력되는 것을 볼 수 있습니다.

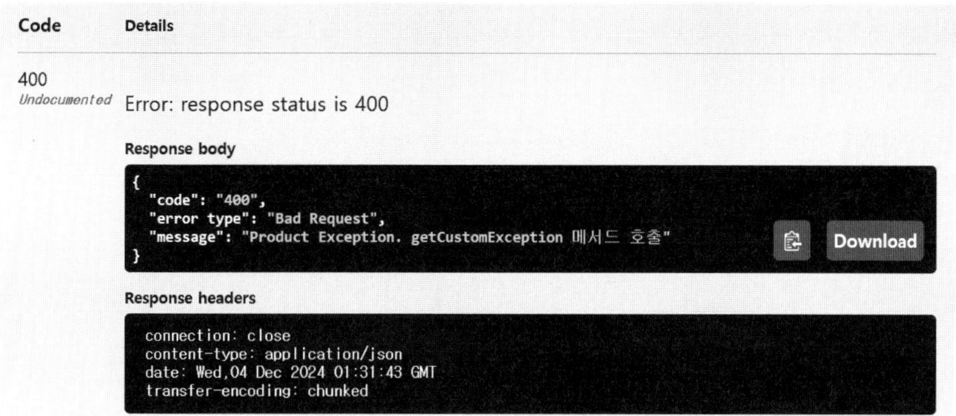

그림 10.13 CustomException의 응답 메시지

Response Body를 통해 예외 발생 지점에서 설정한 값이 정상적으로 담겨 클라이언트로 응답한 것을 볼 수 있습니다.

11

액추에이터 활용하기

애플리케이션을 개발하는 단계를 지나 운영 단계에 접어들면 애플리케이션이 정상적으로 동작하는지 모니터링하는 환경을 구축하는 것이 매우 중요해집니다. 스프링 부트 액추에이터는 HTTP 엔드포인트나 JMX를 활용해 애플리케이션을 모니터링하고 관리할 수 있는 기능을 제공합니다. 이번 장에서는 액추에이터의 환경을 설정하고 활용하는 방법을 다룰 예정입니다.

Tip JMX란?

JMX(Java Management Extensions)는 실행 중인 애플리케이션의 상태를 모니터링하고 설정을 변경할 수 있게 해주는 API입니다. JMX를 통해 리소스 관리를 하려면 MBeans(Managed Beans)를 생성해야 합니다.

11.1 프로젝트 생성 및 액추에이터 의존성 추가

이번 장에서 사용할 새로운 프로젝트를 생성하겠습니다. 스프링 부트 버전은 이전과 같은 3.3.5 버전으로 진행하며, 다음과 같은 내용을 설정합니다.

- groupId: com.springboot
- artifactId: actuator

- name: actuator
- Developer Tools: Spring Configuration Processor
- Web: Spring Web

그리고 이전 장에서 사용한 SwaggerConfiguration 클래스를 가져오고 그에 따른 의존성을 추가합니다.

액추에이터 기능을 사용하려면 애플리케이션에 spring-boot-starter-actuator 모듈의 의존성을 추가해야 합니다. 예제 11.1과 같이 pom.xml 파일에 추가하면 됩니다.

예제 11.1 spring-boot-starter-actuator 의존성 추가 file pom.xml

```
<dependencies>
  ... 생략 ...
  <dependency>
      <groupId>org.springframework.boot</groupId>
      <artifactId>spring-boot-starter-actuator</artifactId>
  </dependency>
  ... 생략 ...
</dependencies>
```

11.2 엔드포인트

액추에이터의 엔드포인트는 애플리케이션의 모니터링을 사용하는 경로입니다. 스프링 부트에는 여러 내장 엔드포인트가 포함돼 있으며, 커스텀 엔드포인트를 추가할 수도 있습니다. 액추에이터를 추가하면 기본적으로 엔드포인트 URL로 /actuator가 추가되며 이 뒤에 경로를 추가해 상세 내역에 접근합니다. 만약 /actuator 경로가 아닌 다른 경로를 사용하고 싶다면 예제 11.2와 같이 application.properties 파일에 작성합니다.

예제 11.2 액추에이터 엔드포인트의 기본 경로 변경 file application.properties

```
management.endpoints.web.base-path=/custom-path
```

자주 활용되는 액추에이터의 엔드포인트는 다음과 같습니다.

표 11.1 액추에이터의 기본 엔드포인트 리스트

ID	설명
auditevents	호출된 Audit 이벤트 정보를 표시합니다. AuditEventRepository 빈이 필요합니다.
beans	애플리케이션에 있는 모든 스프링 빈 리스트를 표시합니다.
caches	사용 가능한 캐시를 표시합니다.
conditions	자동 구성 조건 내역을 생성합니다.
configprops	@ConfigurationProperties의 속성 리스트를 표시합니다.
env	애플리케이션에서 사용할 수 있는 환경 속성을 표시합니다.
health	애플리케이션의 상태 정보를 표시합니다.
httptrace	가장 최근에 이뤄진 100건의 요청 기록을 표시합니다. HttpTraceRepository 빈이 필요합니다.
info	애플리케이션의 정보를 표시합니다.
integrationgraph	스프링 통합 그래프를 표시합니다. spring-integration-core 모듈에 대한 의존성을 추가해야 동작합니다.
loggers	애플리케이션의 로거 구성을 표시하고 수정합니다.
metrics	애플리케이션의 메트릭 정보를 표시합니다.
mappings	모든 @RequestMapping의 매핑 정보를 표시합니다..
quartz	Quartz 스케줄러 작업에 대한 정보를 표시합니다.
scheduledtasks	애플리케이션에서 예약된 작업을 표시합니다.
sessions	스프링 세션 저장소에서 사용자의 세션을 검색하고 삭제할 수 있습니다. 스프링 세션을 사용하는 서블릿 기반 웹 애플리케이션이 필요합니다.
shutdown	애플리케이션을 정상적으로 종료할 수 있습니다. 기본값은 비활성화 상태입니다.
startup	애플리케이션이 시작될 때 수집된 시작 단계 데이터를 표시합니다. BufferingApplicationStartup으로 구성된 스프링 애플리케이션이 필요합니다.
threaddump	스레드 덤프를 수행합니다.

만약 Spring MVC, Spring WebFlux, Jersey을 사용한다면 추가로 다음과 같은 엔드포인트를 사용할 수 있습니다.

표 11.2 Spring MVC, Spring WebFlux에서 추가로 사용할 수 있는 엔드포인트

ID	설명
heapdump	힙 덤프 파일을 반환합니다. 핫스팟(HotSpot) VM 상에서 hprof 포맷의 파일이 반환되며, OpenJ9 JVM에서는 PHD 포맷 파일을 반환합니다.
jolokia	Jolokia가 클래스패스에 있을 때 HTTP를 통해 JMX 빈을 표시합니다. jolokia-core 모듈에 대한 의존성 추가가 필요하며, WebFlux에서는 사용할 수 없습니다.
logfile	`logging.file.name` 또는 `logging.file.path` 속성이 설정돼 있는 경우 로그 파일의 내용을 반환합니다.
Prometheus	Prometheus 서버에서 스크랩할 수 있는 형식으로 메트릭을 표시합니다. micrometer-registry-prometheus 모듈의 의존성 추가가 필요합니다.

엔드포인트는 활성화 여부와 노출 여부를 설정할 수 있습니다. 활성화는 기능 자체를 활성화할 것인지를 결정하는 것으로, 비활성화된 엔드포인트는 애플리케이션 컨텍스트에서 완전히 제거됩니다. 엔드포인트를 활성화하려면 `application.properties` 파일에 속성을 추가하면 됩니다. 간단한 예로 예제 11.3과 같이 작성할 수 있습니다.

예제 11.3 엔드포인트 활성화

```
## 엔드포인트 활성화
management.endpoint.shutdown.enabled=true
management.endpoint.caches.enabled=false
```

위 예제의 설정은 엔드포인트의 `shutdown` 기능은 활성화하고 `caches` 기능은 비활성화하겠다는 의미입니다.

또한 액추에이터 설정을 통해 기능 활성화/비활성화가 아니라 엔드포인트의 노출 여부만 설정하는 것도 가능합니다. 노출 여부는 JMX를 통한 노출과 HTTP를 통한 노출이 있어 예제 11.4와 같이 설정이 구분됩니다.

예제 11.4 엔드포인트 노출 설정

```
## 엔드포인트 노출 설정
## HTTP 설정
management.endpoints.web.exposure.include=*
management.endpoints.web.exposure.exclude=threaddump,heapdump

```

```
## JMX 설정
management.endpoints.jmx.exposure.include=*
management.endpoints.jmx.exposure.exclude=threaddump, heapdump
```

위 설정을 해석하면 web과 jmx 환경에서 엔드포인트를 전체적으로 노출하며, 스레드 덤프(thread dump)와 힙 덤프(heap dump) 기능은 제외하겠다는 의미입니다.

엔드포인트는 애플리케이션에 관한 민감한 정보를 포함하고 있으므로 노출 설정을 신중하게 고려해야 합니다. 특히나 공개적으로 노출되는 애플리케이션이라면 더욱 신중히 고려해서 사용해야 합니다. 노출 설정에 대한 기본값은 표 11.3과 같습니다.

표 11.3 엔드포인트 노출 설정 기본값

ID	JMX	WEB
auditevents	O	X
beans	O	X
caches	O	X
conditions	O	X
configprops	O	X
env	O	X
flyway	O	X
health	O	O
heapdump	해당 없음	X
httptrace	O	X
info	O	X
integrationgraph	O	X
jolokia	해당 없음	X
logfile	해당 없음	X
loggers	O	X
liquibase	O	X
metrics	O	X
mappings	O	X

ID	JMX	WEB
Prometheus	해당 없음	
quartz	O	X
scheduledtasks	O	X
sessions	O	X
shutdown	O	X
startup	O	X
threaddump	O	X

11.3 액추에이터 기능 살펴보기

액추에이터를 활성화하고 노출 지점도 설정하고 나면 애플리케이션에서 해당 기능을 사용할 수 있습니다. 모든 기능을 살펴보기 위해서는 다른 의존성을 추가하거나 몇 가지 설정을 추가해야 하기 때문에 이번 절에서는 기능 추가 없이 액추에이터 설정만으로 볼 수 있는 기능 위주로 살펴보겠습니다.

11.3.1 애플리케이션 기본 정보(/info)

액추에이터의 /info 엔드포인트를 활용하면 가동 중인 애플리케이션의 정보를 볼 수 있습니다. 제공하는 정보의 범위는 애플리케이션에서 몇 가지 방법을 거쳐 제공할 수도 있으나 application.properties 파일에 'info.'로 시작하는 속성 값들을 정의하는 것이 가장 쉬운 방법입니다. 간단한 예로 예제 11.5와 같이 애플리케이션의 정보를 작성할 수 있습니다.

예제 11.5 application.properties 파일 내에 애플리케이션 정보 속성을 작성

```
## 액추에이터 info 정보 설정
info.organization.name=wikibooks
info.contact.email=thinkground.flature@gmail.com
info.contact.phoneNumber=010-1234-5678
```

그리고 나서 애플리케이션을 가동한 후 브라우저에서 아래 URL에 접근하면 예제 11.6과 같은 결괏값이 확인됩니다.

```
http://localhost:8080/actuator/info
```

예제 11.6 /info 엔드포인트의 출력 결과

```
{
  "organization":
  {
    "name":"wikibooks"
  },
  "contact":
  {
    "email":"thinkground.flature@gmail.com",
    "phoneNumber":"010-1234-5678"
  }
}
```

참고로 출력 결과가 한 줄로 나와 보기 힘들 경우에는 JSON Formatter 사이트(https://jsonformatter.curiousconcept.com/)를 통해 출력 결과를 좀 더 보기 쉽게 확인할 수 있습니다.

11.3.2 애플리케이션 상태(/health)

/health 엔드포인트를 활용하면 애플리케이션의 상태를 확인할 수 있습니다. 별도의 설정 없이 다음 URL에 접근하면 예제 11.7의 결과를 확인할 수 있습니다.

```
http://localhost:8080/actuator/health
```

예제 11.7 /health 엔드포인트의 호출 결과

```
{"status":"UP"}
```

예제에서는 UP만 표시되지만 status 속성에서 확인할 수 있는 상태 지표는 다음과 같습니다.

- UP
- DOWN
- UNKNOWN
- OUT_OF_SERVICE

이 결과는 주로 네트워크 계층 중 L4(Loadbalancing) 레벨에서 애플리케이션의 상태를 확인하기 위해 사용됩니다. 상세 상태를 확인하고 싶다면 예제 11.8과 같이 설정하면 됩니다.

예제 11.8 애플리케이션 상세 상태 확인을 위한 application.properties 속성 추가

```
01 ## 액추에이터 health 상세 내역 활성화
02 management.endpoint.health.show-details=always
```

위 예제의 2번 줄에 있는 show-details 속성에서 설정할 수 있는 값은 다음과 같습니다.

- never(기본값): 세부 사항은 표시하지 않습니다.
- when-authorized: 승인된 사용자에게만 세부 상태를 표시합니다. 확인 권한은 application.properties에 추가한 management.endpoint.health.roles 속성으로 부여할 수 있습니다.
- always: 모든 사용자에게 세부 상태를 표시합니다.

always로 설정을 변경하고 애플리케이션을 재가동한 후 애플리케이션 상태를 확인하면 예제 11.9와 같은 결괏값을 얻을 수 있습니다.

예제 11.9 애플리케이션의 상세 상태 확인

```
{
  "status": "UP",
  "components":{
  "diskSpace":{
  "status": "UP",
  "details":
    {
      "total": 536818479104,
      "free": 419451326464,
      "threshold": 10485760,
      "exists": true
    }
},
"ping":
    {
      "status": "UP"
    }
```

```
  }
}
```

위 예제에서는 별다른 기능이 없는 애플리케이션에서 실습을 진행하고 있어 간단한 내용만 출력됩니다. 만약 애플리케이션에 데이터베이스가 연동돼 있으면 인프라 관련 상태까지 확인할 수 있습니다.

그리고 예제의 내용을 살펴보면 중간중간 계속해서 `status` 속성 값이 보이는데, 모든 `status`의 값이 `UP`이어야 애플리케이션의 상태가 UP으로 표시됩니다. 만약 `DOWN` 상태인 항목이 있다면 애플리케이션의 상태도 `DOWN`으로 표기되며 HTTP 상태 코드도 변경됩니다.

11.3.3 빈 정보 확인(/beans)

액추에이터의 `/beans` 엔드포인트를 사용하면 스프링 컨테이너에 등록된 스프링 빈의 전체 목록을 표시할 수 있습니다. 이 엔드포인트는 JSON 형식으로 빈의 정보를 반환합니다. 다만 스프링은 워낙 많은 빈이 자동으로 등록되어 운영되기 때문에 실제로 내용을 출력해서 육안으로 내용을 파악하기는 어렵습니다. 간단하게 출력된 내용을 보면 예제 11.10과 같습니다.

```
http://localhost:8080/actuator/beans
```

예제 11.10 애플리케이션에 등록된 빈 정보 확인

```
{
  "contexts":{
  "application":{
    "beans":
      {
        "endpointCachingOperationInvokerAdvisor":
          {
            "aliases":[],
            "scope": "singleton",
            "type": "org.springframework.boot.actuate.endpoint.invoker.cache.CachingOperationInvokerAdvisor",…
          },
        "parentId": null
      }
    }
```

```
    }
}
```

11.3.4 스프링 부트의 자동설정 내역 확인(/conditions)

스프링 부트의 자동설정(AutoConfiguration) 조건 내역을 확인하려면 '/conditions' 엔드포인트를 사용합니다. 다음 URL로 접근하면 예제 11.11과 같은 내용을 확인할 수 있습니다.

```
http://localhost:8080/actuator/conditions
```

예제 11.11 /conditions 엔드포인트의 출력 결과

```
{
  "contexts":{
    "application":{
      "positiveMatches":{
        "AuditEventsEndpointAutoConfiguration":[
          {
            "condition":"OnAvailableEndpointCondition",
            "message":"@ConditionalOnAvailableEndpoint no property management.endpoint.auditevents.enabled found so using endpoint default;
                               @ConditionalOnAvailableEndpoint marked as exposed by a 'management.endpoints.web.exposure' property""…"
          },
          "negativeMatches":{
            "RabbitHealthContributorAutoConfiguration":
            {
              "notMatched":[
              {
                "condition":"OnClassCondition",
                "message":"@ConditionalOnClass did not find required class 'org.springframework.amqp.rabbit.core.RabbitTemplate'""…"
              },
            "unconditionalClasses":[
              "org.springframework.boot.autoconfigure.context.ConfigurationPropertiesAutoConfiguration",
              "org.springframework.boot.actuate.autoconfigure.availability.AvailabilityHealthCon
```

```
tributorAutoConfiguration",
                    "org.springframework.boot.actuate.autoconfigure.info.InfoContributorAutoConfigurat
ion",
                    "…"
                  ]
                }
              }
            }
          }
        }
      }
```

출력 내용은 크게 positiveMatches와 negativeMatches 속성으로 구분되는데, 자동설정의 @Conditional에 따라 평가된 내용을 표시합니다.

11.3.5 스프링 환경변수 정보(/env)

/env 엔드포인트는 스프링의 환경변수 정보를 확인하는 데 사용됩니다. 기본적으로 application.properties 파일의 변수들이 표시되며, OS, JVM의 환경변수도 함께 표시됩니다. 다음 URL로 접근하면 예제 11.12와 같은 결과를 확인할 수 있습니다. 참고로 /env 엔드포인트의 출력값은 내용이 매우 복잡하기 때문에 일부 내용만 발췌했습니다.

```
http://localhost:8080/actuator/env
```

예제 11.12 /env 엔드포인트의 출력 결과

```
{
  "activeProfiles":[

  ],
  "propertySources":[
    {
      "name":"server.ports",
      "properties":{
        "local.server.port":{
          "value":8080
        }
```

```
        }
      },
      {
        "name":"servletContextInitParams",
        "properties":{

        }
      },
      {
        "name":"systemEnvironment",
        "properties":{
          "USERDOMAIN_ROAMINGPROFILE":{
            "value":"FLATURE-DESKTOP",
            "origin":"System Environment Property \"USERDOMAIN_ROAMINGPROFILE\""
          }
        }
      },
      {
        "name":"Config resource 'class path resource [application.properties]' via location 'optional:classpath:/'",
        "properties":{
          "management.endpoint.shutdown.enabled":{
            "value":"true",
            "origin":"class path resource [application.properties] - 6:38"
          },
          "management.endpoint.caches.enabled":{
            "value":"false",
            "origin":"class path resource [application.properties] - 7:36"
          },
          "management.endpoints.web.exposure.include":{
            "value":"*",
            "origin":"class path resource [application.properties] - 14:43"
          },
          "management.endpoints.web.exposure.exclude":{
            "value":"threaddump,heapdump",
            "origin":"class path resource [application.properties] - 15:43"
          }
        }
```

```
    }
  ]
}
```

만약 일부 내용에 포함된 민감한 정보를 가리기 위해서는 `management.endpoint.env.keys-to-sanitize` 속성을 사용하면 됩니다. 해당 속성에 넣을 수 있는 값은 단순 문자열이나 정규식을 활용합니다.

11.3.6 로깅 레벨 확인(/loggers)

애플리케이션의 로깅 레벨 수준이 어떻게 설정돼 있는지 확인하려면 `/loggers` 엔드포인트를 사용할 수 있습니다. 다음 URL에 접근하면 예제 11.13과 같은 결과가 출력됩니다. 참고로 출력 결과가 매우 길기 때문에 일부 내용만 발췌했습니다.

```
http://localhost:8080/actuator/loggers
```

예제 11.13 /loggers 엔드포인트의 출력 결과

```
{
  "levels":[
    "OFF",
    "ERROR",
    "WARN",
    "INFO",
    "DEBUG",
    "TRACE"
  ],
  "loggers":{
    "ROOT":{
      "configuredLevel":"INFO",
      "effectiveLevel":"INFO"
    },
    "_org":{
      "configuredLevel":null,
      "effectiveLevel":"INFO"
    },
    "_org.springframework":{
      "configuredLevel":null,
```

```
        "effectiveLevel":"INFO"
      },
      "_org.springframework.web":{
        "configuredLevel":null,
        "effectiveLevel":"INFO"
      }
    },
    "groups":{
      "web":{
        "configuredLevel":null,
        "members":[
          "org.springframework.core.codec",
          "org.springframework.http",
          "org.springframework.web",
          "org.springframework.boot.actuate.endpoint.web",
          "org.springframework.boot.web.servlet.ServletContextInitializerBeans"
        ]
      },
      "sql":{
        "configuredLevel":null,
        "members":[
          "org.springframework.jdbc.core",
          "org.hibernate.SQL",
          "org.jooq.tools.LoggerListener"
        ]
      }
    }
}
```

위 예제는 GET 메서드로 호출한 결과이며, POST 형식으로 호출하면 로깅 레벨을 변경하는 것도 가능합니다.

11.4 액추에이터에 커스텀 기능 만들기

앞에서 살펴봤듯이 액추에이터는 다양한 정보를 가공해서 제공합니다. 그 밖에 개발자의 요구사항에 맞춘 커스텀 기능 설정도 제공합니다. 커스텀 기능을 개발하는 방식에는 크게 두 가지가 있습니다. 첫 번째는 기존 기능에 내용을 추가하는 방식이고, 두 번째는 새로운 엔드포인트를 개발하는 방식입니다.

11.4.1 정보 제공 인터페이스의 구현체 생성

액추에이터를 커스터마이징하는 가장 간단한 방법은 11.3.1절에서 /info 엔드포인트의 내용을 추가한 것처럼 application.properties 파일 내에 내용을 추가하는 것입니다. 그러나 이 방법은 많은 내용을 담을 때는 관리 측면에서 좋지 않습니다.

그래서 커스텀 기능을 설정할 때는 별도의 구현체 클래스를 작성해서 내용을 추가하는 방법이 많이 활용됩니다. 액추에이터에서는 InfoContributor 인터페이스를 제공하고 있는데, 이 인터페이스를 구현하는 클래스를 생성하면 됩니다. 예제 11.14와 같이 InfoContributor 인터페이스에 대한 구현 클래스를 생성합니다.

예제 11.14 InfoContributor 인터페이스의 구현체 클래스 file config/actuator/CustomInfoContributor.java

```
01 @Component
02 public class CustomInfoContributor implements InfoContributor {
03
04     @Override
05     public void contribute(Builder builder) {
06         Map<String, Object> content = new HashMap<>();
07         content.put("code-info", "InfoContributor 구현체에서 정의한 정보입니다.");
08         builder.withDetail("custom-info-contributor", content);
09     }
10 }
```

새로 생성한 클래스를 InfoContributor 인터페이스의 구현체로 설정하면 contribute 메서드를 오버라이딩할 수 있게 됩니다. 이 메서드에서 파라미터로 받는 Builder 객체는 액추에이터 패키지의 Info 클래스 안에 정의돼 있는 클래스로서 Info 엔드포인트에서 보여줄 내용을 담는 역할을 수행합니다. 이렇게 객체를 가져와 6~8번 줄처럼 콘텐츠를 담아 builder에 포함하면 엔드포인트 출력 결과에서 확인할 수 있습니다. 예제 11.14와 같이 설정한 후 애플리케이션을 재가동해서 엔드포인트를 호출하면 예제 11.15와 같은 결과를 볼 수 있습니다.

예제 11.15 InfoContributor 구현체를 활용한 /info 엔드포인트 출력 결과

```
{
  "organization":{
    "name":"wikibooks"
  },
```

```
  "contact":{
    "email":"thinkground.flature@gmail.com",
    "phoneNumber":"010-1234-5678"
  },
  "custom-info-contributor":{
    "code-info":"InfoContributor 구현체에서 정의한 정보입니다."
  }
}
```

보다시피 기존 `application.properties`에서 정의했던 속성값을 비롯해 구현체 클래스에서 포함한 내용이 추가된 것을 볼 수 있습니다.

11.4.2 커스텀 엔드포인트 생성

`@Endpoint` 애너테이션으로 빈에 추가된 객체들은 `@ReadOperation`, `@WriteOperation`, `@DeleteOperation` 애너테이션을 사용해 JMX나 HTTP를 통해 커스텀 엔드포인트를 노출시킬 수 있습니다. 만약 JMX에서만 사용하거나 HTTP에서만 사용하는 것으로 제한하고 싶다면 `@JmxEndpoint`, `@WebEndpoint` 애너테이션을 사용하면 됩니다.

이 책에서는 간단하게 애플리케이션에 메모 기록을 남길 수 있는 기능을 엔드포인트로 생성하겠습니다. 예제 11.16과 같이 엔드포인트 클래스를 생성합니다.

예제 11.16 엔드포인트 클래스 file config/actuator/NoteEndpoint.java

```java
@Component
@Endpoint(id = "note")
public class NoteEndpoint {

    private Map<String, Object> noteContent = new HashMap<>();

    @ReadOperation
    public Map<String, Object> getNote(){
        return noteContent;
    }

    @WriteOperation
    public Map<String, Object> writeNote(String key, Object value){
```

```
14         noteContent.put(key,value);
15         return noteContent;
16     }
17
18     @DeleteOperation
19     public Map<String, Object> deleteNote(String key){
20         noteContent.remove(key);
21         return noteContent;
22     }
23
24 }
```

예제 11.16의 2번 줄에서는 `@Endpoint` 애너테이션을 사용하고 있습니다. 이 애너테이션을 선언하면 액추에이터에 엔드포인트로 자동으로 등록되며 `id` 속성값으로 경로를 정의할 수 있습니다. 또한 `enableByDefault`라는 속성으로 현재 생성하는 엔드포인트의 기본 활성화 여부도 설정 가능합니다. `enableByDefault` 속성의 기본값은 `true`로서 값을 별도로 지정하지 않으면 활성화됩니다.

엔드포인트를 설정하는 클래스에는 `@ReadOperation`, `@WriteOperation`, `@DeleteOperation` 애너테이션을 사용해 각 동작 메서드를 생성할 수 있습니다.

7~10번 줄에서는 `@ReadOperation` 애너테이션을 정의해 HTTP GET 요청에 반응하는 메서드를 생성했습니다. 이 클래스에서는 `noteContent`라고 하는 `Map` 타입의 객체를 전달하고 있습니다. 애플리케이션을 재가동한 후 다음 엔드포인트를 호출해 보겠습니다.

```
http://localhost:8080/actuator/note
```

그럼 다음과 같은 결과를 확인할 수 있습니다.

```
{}
```

보다시피 아직 값을 넣지 않은 상태라서 JSON 형태의 빈 값이 표현됩니다. 그럼 예제 11.16의 `@WriteOperation` 동작을 확인하기 위해 그림 11.1과 같이 Talend API Tester에서 POST 호출을 시도합니다.

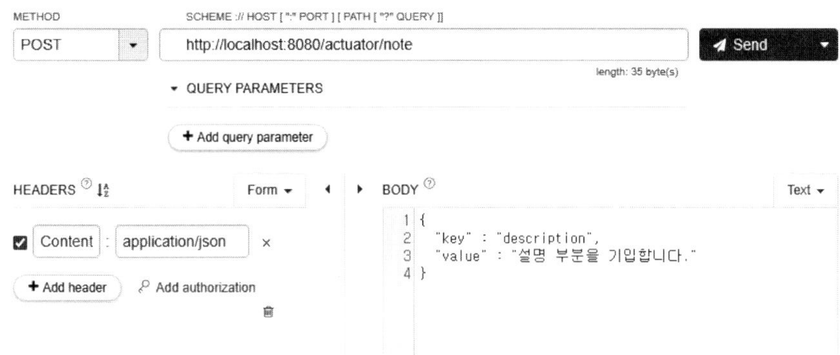

그림 11.1 Talend API Tester에서 커스텀 엔드포인트인 `/note` 호출

위와 같이 메서드에서 받고자 하는 파라미터의 이름을 JSON의 키 값으로 설정하고, 그에 해당하는 값을 추가할 수 있습니다. 이렇게 값을 추가하고 다시 GET 메서드로 커스텀 엔드포인트인 `/note`를 호출하면 다음과 같은 결괏값이 확인됩니다.

```
{
  "description":"설명 부분을 기입합니다."
}
```

이번에는 예제 11.16의 `@DeleteOperation` 애너테이션이 선언된 메서드를 호출해 보겠습니다. `@DeleteOperation` 애너테이션이 선언된 메서드는 DELETE 호출을 통해 사용할 수 있으며, [Query Parameters]에 값을 넣어 호출합니다. 현재 구성된 메서드에서는 `key` 값을 받아 `Map` 객체에서 해당 값을 삭제하는 작업을 수행하게 됩니다. 그림 11.2와 같이 호출을 시도합니다.

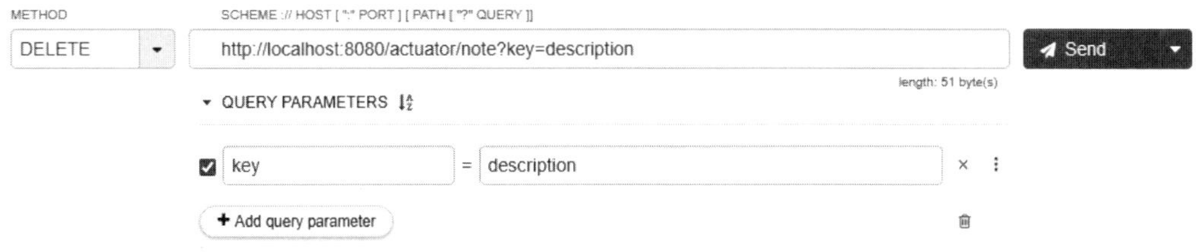

그림 11.2 Talend API Tester에서 DELETE 메서드 호출

위와 같이 호출하면 다음과 같이 지정한 키 값이 삭제된 결과를 확인할 수 있습니다.

```
{}
```

지금까지의 액추에이터의 커스텀 엔드포인트를 생성해봤습니다. 커스텀 엔드포인트는 코드로 구현되기 때문에 더욱 확장성 있는 기능을 개발할 수 있습니다.

Tip

스프링 부트 액추에이터의 자세한 내용은 공식 페이지에서 확인할 수 있습니다.

- https://docs.spring.io/spring-boot/reference/actuator/index.html

12

서버 간 통신

최근에 개발되는 서비스들은 마이크로서비스 아키텍처(MSA)를 주로 채택하고 있습니다. MSA는 말 그대로 애플리케이션이 가지고 있는 기능(서비스)이 하나의 비즈니스 범위만 가지는 형태입니다. 각 애플리케이션은 자신이 가진 기능을 API로 외부에 노출하고, 다른 서버가 그러한 API를 호출해서 사용할 수 있게 구성되므로 각 서버가 다른 서버의 클라이언트가 되는 경우도 많습니다. 이번 장에서는 이러한 트렌드에 맞춰 다른 서버로 웹 요청을 보내고 응답을 받을 수 있게 도와주는 `RestTemplate`과 `WebClient`, 그리고 스프링 6.1에 추가된 `RestClient`에 대해 살펴보겠습니다.

12.1 RestTemplate이란?

`RestTemplate`은 스프링에서 HTTP 통신 기능을 손쉽게 사용하도록 설계된 템플릿입니다. HTTP 서버와의 통신을 단순화한 이 템플릿을 이용하면 RESTful 원칙을 따르는 서비스를 편리하게 만들 수 있습니다. `RestTemplate`은 기본적으로 동기 방식으로 처리되며, 비동기 방식으로 사용하고 싶을 경우 `AsyncRestTemplate`을 사용하면 됩니다. 다만 `RestTemplate`은 현업에서는 많이 쓰이나 지원 중단(deprecated)된 상태라서 향후 빈번하게 쓰이게 될 `WebClient` 방식도 함께 알아둘 것을 권장합니다.

RestTemplate은 다음과 같은 특징을 가지고 있습니다.

- HTTP 프로토콜의 메서드에 맞는 여러 메서드를 제공합니다.
- RESTful 형식을 갖춘 템플릿입니다.
- HTTP 요청 후 JSON, XML, 문자열 등의 다양한 형식으로 응답을 받을 수 있습니다.
- 블로킹(blocking) I/O 기반의 동기 방식을 사용합니다.
- 다른 API를 호출할 때 HTTP 헤더에 다양한 값을 설정할 수 있습니다.

12.1.1 RestTemplate의 동작 원리

RestTemplate의 동작을 도식화하면 그림 12.1과 같습니다.

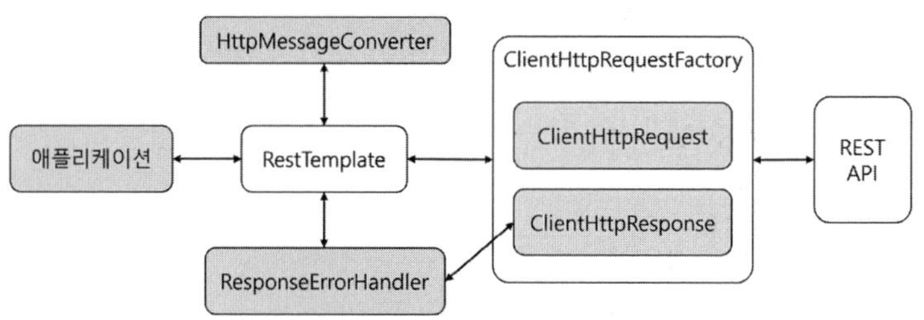

그림 12.1 RestTemplate의 동작 방식

여기서 애플리케이션은 우리가 직접 작성하는 애플리케이션 코드 구현부를 의미합니다. 애플리케이션에서는 RestTemplate을 선언하고 URI와 HTTP 메서드, Body 등을 설정합니다.

그리고 외부 API로 요청을 보내게 되면 RestTemplate에서 HttpMessageConverter를 통해 RequestEntity를 요청 메시지로 변환합니다.

RestTemplate에서는 변환된 요청 메시지를 ClientHttpRequestFactory를 통해 ClientHttpRequest로 가져온 후 외부 API로 요청을 보냅니다.

외부에서 요청에 대한 응답을 받으면 RestTemplate은 ResponseErrorHandler로 오류를 확인하고, 오류가 있다면 ClientHttpResponse에서 응답 데이터를 처리합니다.

받은 응답 데이터가 정상적이라면 다시 한번 HttpMessageConverter를 거쳐 자바 객체로 변환해서 애플리케이션으로 반환합니다.

12.1.2 RestTemplate의 대표적인 메서드

RestTemplate에서는 더욱 편리하게 외부 API로 요청을 보낼 수 있도록 다음과 같은 다양한 메서드를 제공합니다.

표 12.1 RestTemplate에서 제공하는 메서드

메서드	HTTP 형태	설명
getForObject	GET	GET 형식으로 요청한 결과를 객체로 반환
getForEntity	GET	GET 형식으로 요청한 결과를 ResponseEntity 결과를 반환
postForLocation	POST	POST 형식으로 요청한 결과를 헤더에 저장된 URI로 반환
postForObject	POST	POST 형식으로 요청한 결과를 객체로 반환
postForEntity	POST	POST 형식으로 요청한 결과를 ResponseEntity 형식으로 반환
delete	DELETE	DELETE 형식으로 요청
put	PUT	PUT 형식으로 요청
patchForObject	PATCH	PATCH 형식으로 요청한 결과를 객체로 반환
optionsForAllow	OPTIONS	해당 URI에서 지원하는 HTTP 메서드를 조회
exchange	any	HTTP 헤더를 임의로 추가할 수 있고, 어떤 메서드 형식에서도 사용할 수 있음
execute	any	요청과 응답에 대한 콜백을 수정

12.2 RestTemplate 사용하기

이제 RestTemplate을 사용해보겠습니다. 요청을 보낼 서버 용도로 별도의 프로젝트를 하나 생성하고 다른 프로젝트에서 RestTemplate을 통해 요청을 보내는 방식으로 실습을 진행할 예정입니다.

12.2.1 서버 프로젝트 생성하기

먼저 RestTemplate의 동작을 확인하기 위해 서버 용도의 프로젝트를 생성하겠습니다. 실습 환경에서는 한 컴퓨터 안에서 두 개의 프로젝트를 가동시켜야 하기 때문에 톰캣의 포트를 변경해야 합니다. 프로젝트에는 spring-boot-starter-web 모듈만 의존성으로 추가하며, 이 책에서는 serverBox라는 이름으로 프로젝트를 생성했습니다. 이 프로젝트의 구조는 그림 12.2와 같습니다.

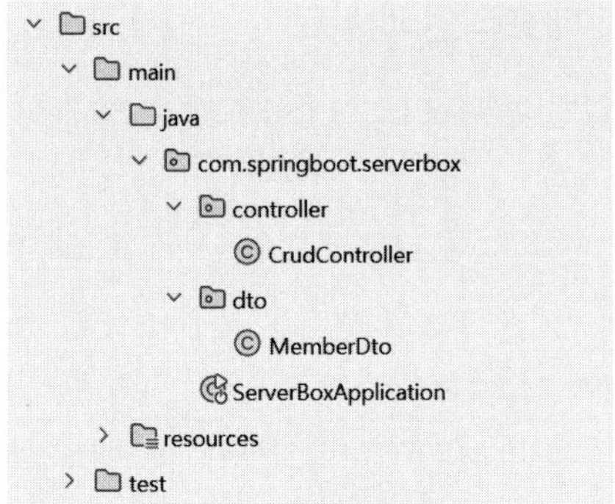

그림 12.2 서버 프로젝트 구조

그리고 애플리케이션이 가동되는 톰캣의 포트를 변경하기 위해 다음과 같이 `application.properties` 파일에 `server.port` 속성을 추가합니다.

톰캣의 포트 변경 file application.properties

```
server.port=9090
```

컨트롤러에는 GET과 POST 메서드 형식의 요청을 받기 위한 코드를 구성하겠습니다. 컨트롤러 클래스는 예제 12.1과 같습니다.

예제 12.1 CrudController 클래스 file controller/CrudController.java

```
@RestController
@RequestMapping("/api/v1/crud-api")
public class CrudController {

    @GetMapping
    public String getName() {
        return "Flature";
    }

    @GetMapping(value = "/{variable}")
    public String getVariable(@PathVariable String variable) {
        return variable;
    }

    @GetMapping("/param")
```

```
16      public String getNameWithParam(@RequestParam String name) {
17          return "Hello. " + name + "!";
18      }
19
20      @PostMapping
21      public ResponseEntity<MemberDto> getMember(
22          @RequestBody MemberDto request,
23          @RequestParam String name,
24          @RequestParam String email,
25          @RequestParam String organization
26      ) {
27          System.out.println(request.getName());
28          System.out.println(request.getEmail());
29          System.out.println(request.getOrganization());
30
31          MemberDto memberDto = new MemberDto();
32          memberDto.setName(name);
33          memberDto.setEmail(email);
34          memberDto.setOrganization(organization);
35
36          return ResponseEntity.status(HttpStatus.OK).body(memberDto);
37      }
38
39      @PostMapping(value = "/add-header")
40      public ResponseEntity<MemberDto> addHeader(@RequestHeader("my-header") String header,
41          @RequestBody MemberDto memberDto) {
42
43          System.out.println(header);
44
45          return ResponseEntity.status(HttpStatus.OK).body(memberDto);
46      }
47
48  }
```

PUT, DELETE 메서드는 GET과 POST 형식과 각 구성 방식이 거의 비슷하기 때문에 생략했습니다. 예제 12.1의 5~18번 줄의 코드는 GET 형식의 요청이 들어오는 상황의 케이스를 구현합니다. 첫 번째 메서드는 아무 파라미터가 없는 경우, 두 번째는 `PathVariable`을 사용하는 경우, 세 번째는 `RequestParameter`를 사용하는 경우입니다.

예제 12.1의 20~46번 줄에는 POST 형식의 요청을 받기 위한 두 개의 메서드가 구현돼 있습니다. 첫 번째 메서드는 예제의 간소화를 위해 요청 파라미터(Request Parameter)와 요청 바디(Request Body)를 함께 받도록 구현했고, 두 번째 메서드는 임의의 HTTP 헤더를 받도록 구현했습니다.

여기서 사용된 `MemberDto` 객체는 예제 12.2와 같습니다.

예제 12.2 MemberDto 클래스 file dto/MemberDto.java

```
public class MemberDto {

    private String name;
    private String email;
    private String organization;

    public String getName() {
        return name;
    }

    public void setName(String name) {
        this.name = name;
    }

    public String getEmail() {
        return email;
    }

    public void setEmail(String email) {
        this.email = email;
    }

    public String getOrganization() {
        return organization;
    }

    public void setOrganization(String organization) {
        this.organization = organization;
    }

```

```
    @Override
    public String toString() {
        return "MemberDto{" +
            "name='" + name + '\'' +
            ", email='" + email + '\'' +
            ", organization='" + organization + '\'' +
            '}';
    }

}
```

MemberDto 클래스는 name, email, organization이라는 총 3개의 필드를 가지고 있습니다.

12.2.2 RestTemplate 구현하기

일반적으로 RestTemplate은 별도의 유틸리티 클래스로 생성하거나 서비스 또는 비즈니스 계층에 구현됩니다. 앞서 생성한 서버 프로젝트에 요청을 날리기 위해 서버의 역할을 수행하면서 다른 서버로 요청을 보내는 클라이언트의 역할도 수행하는 새로운 프로젝트를 생성합니다. 간단하게 도식화하면 그림 12.3과 같습니다.

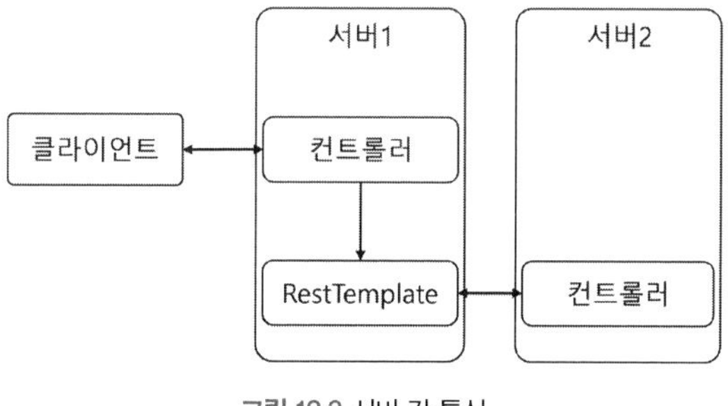

그림 12.3 서버 간 통신

위 그림에서 클라이언트는 서버를 대상으로 요청을 보내고 응답을 받는 역할을 하고, 12.2.1절에서 구현한 서버 프로젝트는 서버2가 됩니다.

지금부터 RestTemplate을 포함하는 프로젝트를 생성하겠습니다. 다음과 같이 설정해서 프로젝트를 생성합니다. 스프링 부트 버전은 이전과 같은 3.3.5 버전으로 진행하며, 다음과 같은 내용을 설정합니다.

- groupId: com.springboot
- artifactId: rest
- name: rest
- Developer Tools: Lombok, Spring Configuration Processor
- Web: Spring Web

그리고 클라이언트에서 요청하는 것처럼 실습하기 위해 SwaggerConfiguration 클래스 파일과 의존성 추가를 해야 합니다. 앞에서 생성한 프로젝트가 그림 12.3의 서버1 프로젝트가 됩니다. RestTemplate은 이미 spring-boot-starter-web 모듈에 포함돼 있는 기능이므로 pom.xml에 별도로 의존성을 추가할 필요는 없습니다. 프로젝트의 구조로는 클라이언트로부터 요청을 받는 컨트롤러와, RestTemplate을 활용해 다른 서버에 통신 요청을 하는 서비스 계층으로 작성하겠습니다.

GET 형식의 RestTemplate 작성하기

먼저 GET 형식의 RestTemplate 예제를 예제 12.3에서 살펴보겠습니다.

예제 12.3 RestTemplateService의 GET 예제 file service/RestTemplateService.java

```
@Service
public class RestTemplateService {

    public String getName() {
        URI uri = UriComponentsBuilder
            .fromUriString("http://localhost:9090")
            .path("/api/v1/crud-api")
            .encode()
            .build()
            .toUri();

        RestTemplate restTemplate = new RestTemplate();
        ResponseEntity<String> responseEntity = restTemplate.getForEntity(uri, String.class);

        return responseEntity.getBody();
    }

```

```
18     public String getNameWithPathVariable() {
19         URI uri = UriComponentsBuilder
20             .fromUriString("http://localhost:9090")
21             .path("/api/v1/crud-api/{name}")
22             .encode()
23             .build()
24             .expand("Flature") // 복수의 값을 넣어야할 경우 , 를 추가하여 구분
25             .toUri();
26
27         RestTemplate restTemplate = new RestTemplate();
28         ResponseEntity<String> responseEntity = restTemplate.getForEntity(uri, String.class);
29
30         return responseEntity.getBody();
31     }
32
33     public String getNameWithParameter() {
34         URI uri = UriComponentsBuilder
35             .fromUriString("http://localhost:9090")
36             .path("/api/v1/crud-api/param")
37             .queryParam("name", "Flature")
38             .encode()
39             .build()
40             .toUri();
41
42         RestTemplate restTemplate = new RestTemplate();
43         ResponseEntity<String> responseEntity = restTemplate.getForEntity(uri, String.class);
44
45         return responseEntity.getBody();
46     }
47 }
```

RestTemplate을 생성하고 사용하는 방법은 아주 다양합니다. 그중 가장 보편적인 방법은 UriComponents Builder를 사용하는 방법입니다. UriComponentsBuilder는 스프링 프레임워크에서 제공하는 클래스로서 여러 파라미터를 연결해서 URI 형식으로 만드는 기능을 수행합니다.

각 메서드는 예제 12.1에 정의된 컨트롤러 메서드와 비교해 코드를 확인할 수 있습니다. 4~16번 줄의 메서드는 PathVariable이나 파라미터를 사용하지 않는 호출 방법입니다. UriComponentsBuilder는 빌

더 형식으로 객체를 생성합니다. `fromUriString()` 메서드에서는 호출부의 URL을 입력하고, 이어서 `path()` 메서드에 세부 경로를 입력합니다. `encode()` 메서드는 인코딩 문자셋을 설정할 수 있는데, 인자를 전달하지 않으면 기본적으로 UTF-8로 다음과 같은 코드가 실행됩니다.

```
public final UriComponentsBuilder encode() {
  return encode(StandardCharsets.UTF_8);
}
```

이후 `build()` 메서드를 통해 빌더 생성을 종료하고 `UriComponents` 타입이 리턴됩니다. 예제 12.3에서는 `toUri()` 메서드를 통해 URI 타입으로 리턴받았습니다. 만약 URI 객체를 사용하지 않고 `String` 타입의 URI를 사용한다면 `toUriString()` 메서드로 대체해서 사용하면 됩니다.

이렇게 생성된 uri는 `restTemplate`이 외부 API를 요청하는 데 사용되며, 13번 줄의 `getForEntity()`에 파라미터로 전달됩니다. `getForEntity()`는 URI와 응답받는 타입을 매개변수로 사용합니다.

18~31번 줄의 코드에서 눈여겨볼 내용은 `path()` 메서드와 `expand()` 메서드입니다. `path()` 메서드 내에 입력한 세부 URI 중 중괄호({}) 부분을 사용해 개발 단계에서 쉽게 이해할 수 있는 변수명을 입력하고 `expand()` 메서드에서는 순서대로 값을 입력하면 됩니다. 값을 여러 개 넣어야 하는 경우에는 콤마(,)로 구분해서 나열합니다.

33~46번 줄은 파라미터로 전달하는 예제입니다. 예제에서 볼 수 있듯이 `queryParam()` 메서드를 사용해 (키, 값) 형식으로 파라미터를 추가할 수 있습니다.

POST 형식의 RestTemplate 작성

POST 형식의 `RestTemplate` 사용법은 예제 12.4와 같습니다.

예제 12.4 `RestTemplateService`의 POST 예제 file service/RestTemplateService.java

```
public ResponseEntity<MemberDto> postWithParamAndBody() {
    URI uri = UriComponentsBuilder
        .fromUriString("http://localhost:9090")
        .path("/api/v1/crud-api")
        .queryParam("name", "Flature")
        .queryParam("email", "flature@wikibooks.co.kr")
        .queryParam("organization", "Wikibooks")
```

```
            .encode()
            .build()
            .toUri();

        MemberDto memberDto = new MemberDto();
        memberDto.setName("flature!!");
        memberDto.setEmail("flature@gmail.com");
        memberDto.setOrganization("Around Hub Studio");

        RestTemplate restTemplate = new RestTemplate();
        ResponseEntity<MemberDto> responseEntity = restTemplate.postForEntity(uri, memberDto,
            MemberDto.class);

        return responseEntity;
    }

    public ResponseEntity<MemberDto> postWithHeader() {
        URI uri = UriComponentsBuilder
            .fromUriString("http://localhost:9090")
            .path("/api/v1/crud-api/add-header")
            .encode()
            .build()
            .toUri();

        MemberDto memberDto = new MemberDto();
        memberDto.setName("flature");
        memberDto.setEmail("flature@wikibooks.co.kr");
        memberDto.setOrganization("Around Hub Studio");

        RequestEntity<MemberDto> requestEntity = RequestEntity
            .post(uri)
            .header("my-header", "Wikibooks API")
            .body(memberDto);

        RestTemplate restTemplate = new RestTemplate();
        ResponseEntity<MemberDto> responseEntity = restTemplate.exchange(requestEntity,
            MemberDto.class);

```

```
46      return responseEntity;
47  }
```

예제에서 1~22번 줄은 POST 형식으로 외부 API에 요청할 때 Body 값과 파라미터 값을 담는 방법 두 가지를 모두 보여줍니다. 2~10번 줄에서는 파라미터에 값을 추가하는 작업이 수행되며, 12~19번 줄에서는 RequestBody에 값을 담는 작업이 수행됩니다. RequestBody에 값을 담기 위해서는 12~15번 줄과 같이 데이터 객체를 생성합니다. postForEntity() 메서드를 사용할 경우에는 파라미터로 데이터 객체를 넣으면 됩니다.

postForEntity() 메서드로 서버 프로젝트의 API를 호출하면 서버 프로젝트의 콘솔 로그에는 RequestBody 값이 출력되고 파라미터 값은 결괏값으로 리턴됩니다. 앞에서 프로젝트를 생성하면서 설명했지만 이 프로젝트에서 쉽게 API를 호출할 수 있게 Swagger를 설정하겠습니다. pom.xml 파일에 Swagger 의존성을 추가한 후 예제 12.5와 같이 Swagger 설정 코드를 작성합니다.

예제 12.5 Swagger 설정

file config/SwaggerConfiguration.java

```
@Configuration
@EnableSwagger2
public class SwaggerConfiguration {

    @Bean
    public Docket api() {
        return new Docket(DocumentationType.SWAGGER_2)
            .apiInfo(apiInfo())
            .select()
            //.apis(RequestHandlerSelectors.any())
            .apis(RequestHandlerSelectors.basePackage("com.springboot.rest"))
            .paths(PathSelectors.any())
            .build();
    }

    private ApiInfo apiInfo() {
        return new ApiInfoBuilder()
            .title("Spring Boot Open API Test with Swagger")
            .description("설명 부분")
            .version("1.0.0")
            .build();
```

```
    }
}
```

그리고 나서 앞에서 작성한 서비스 코드를 연결하는 컨트롤러 코드를 예제 12.6과 같이 작성합니다.

예제 12.6 컨트롤러 작성 file controller/RestTemplateController.java

```
@RestController
@RequestMapping("/rest-template")
public class RestTemplateController {

    private final RestTemplateService restTemplateService;

    public RestTemplateController(RestTemplateService restTemplateService) {
        this.restTemplateService = restTemplateService;
    }

    @GetMapping
    public String getName() {
        return restTemplateService.getName();
    }

    @GetMapping("/path-variable")
    public String getNameWithPathVariable(){
        return restTemplateService.getNameWithPathVariable();
    }

    @GetMapping("/parameter")
    public String getNameWithParameter(){
        return restTemplateService.getNameWithParameter();
    }

    @PostMapping
    public ResponseEntity<MemberDto> postDto(){
        return restTemplateService.postWithParamAndBody();
    }

    @PostMapping("/header")
    public ResponseEntity<MemberDto> postWithHeader(){
```

```
33          return restTemplateService.postWithHeader();
34      }
35
36  }
```

여기까지 진행했다면 애플리케이션을 실행하고 `postDto()` 메서드에 해당하는 POST API를 호출하면 그림 12.4 및 아래의 결과가 출력됩니다. 참고로 이번 장에서 진행하는 실습은 앞서 생성한 2개의 프로젝트가 모두 가동돼 있는 상태에서 진행해야 합니다.

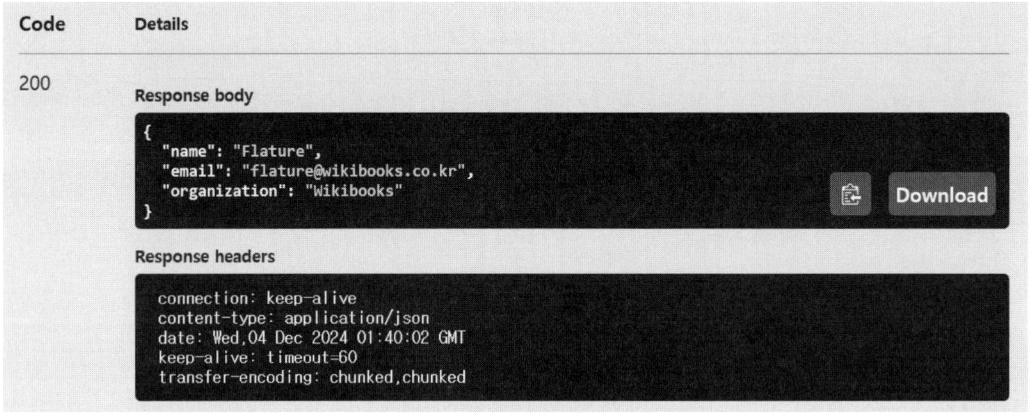

그림 12.4 POST 호출 결과

```
flature!!
flature@gmail.com
Around Hub Studio
```

위 출력 결과는 서버 프로젝트가 파라미터의 값과 Body 값을 정상적으로 전달받았다는 것을 의미합니다.

예제 12.4의 24~47번 줄의 메서드는 헤더를 추가하는 예제입니다. 대부분의 외부 API는 토큰키를 받아 서비스 접근을 인증하는 방식으로 작동합니다. 이때 토큰값을 헤더에 담아 전달하는 방식이 가장 많이 사용됩니다. 헤더를 설정하기 위해서는 `RequestEntity`를 정의해서 사용하는 방법이 가장 편한 방법입니다. 37~40번 줄은 `RequestEntity`를 생성하고 `post()` 메서드로 URI를 설정한 후 `header()` 메서드에서 헤더의 키 이름과 값을 설정하는 코드입니다. 대체로 서버 프로젝트의 API 명세에는 헤더에 필요한 키 값을 요구하면서 키 이름을 함께 제시하기 때문에 그에 맞춰 헤더 값을 설정하면 됩니다.

마지막으로 43번 줄에는 RestTemplate의 exchange() 메서드를 사용했습니다. exchange() 메서드는 모든 형식의 HTTP 요청을 생성할 수 있습니다. RequestEntity의 설정에서 post() 메서드 대신 다른 형식의 메서드로 정의만 하면 exchange() 메서드로 쉽게 사용할 수 있기 때문에 대부분 exchange() 메서드를 사용하는 편입니다.

지금까지 GET, POST 형식으로 RestTemplate을 사용하는 방법을 알아봤습니다.

12.2.3 RestTemplate 커스텀 설정

RestTemplate은 HTTPClient를 추상화하고 있습니다. HttpClient의 종류에 따라 기능에 차이가 다소 있는데, 가장 큰 차이는 커넥션 풀(Connection Pool)입니다.

RestTemplate은 기본적으로 커넥션 풀을 지원하지 않습니다. 이 기능을 지원하지 않으면 매번 호출할 때마다 포트를 열어 커넥션을 생성하게 되는데, TIME_WAIT 상태가 된 소켓을 다시 사용하려고 접근한다면 재사용하지 못하게 됩니다. 이를 방지하기 위해서는 커넥션 풀 기능을 활성화해서 재사용할 수 있게 하는 것이 좋습니다. 이 기능을 활성화하는 가장 대표적인 방법은 아파치에서 제공하는 HttpClient로 대체해서 사용하는 방식입니다.

먼저 아파치의 HttpClient를 사용하려면 예제 12.7과 같이 의존성을 추가해야 합니다.

예제 12.7 httpClient 의존성 추가 file pom.xml

```
<dependencies>
  ... 생략 ...
  <dependency>
    <groupId>org.apache.httpcomponents</groupId>
    <artifactId>httpclient</artifactId>
  </dependency>
  ... 생략 ...
</dependencies>
```

의존성을 추가하면 RestTemplate의 설정을 더욱 쉽게 추가하고 변경할 수 있습니다. 예제 12.8을 통해 살펴보겠습니다.

예제 12.8 커스텀 RestTemplate 객체 생성 메서드 file service/RestTemplateService.java

```
public RestTemplate restTemplate() {
    HttpComponentsClientHttpRequestFactory factory = new HttpComponentsClientHttpRequestFacto
ry();

    HttpClient client = HttpClientBuilder.create()
        .setMaxConnTotal(500)
        .setMaxConnPerRoute(500)
        .build();

    CloseableHttpClient httpClient = HttpClients.custom()
        .setMaxConnTotal(500)
        .setMaxConnPerRoute(500)
        .build();

    factory.setHttpClient(httpClient);
    factory.setConnectTimeout(2000);
    factory.setReadTimeout(5000);

    RestTemplate restTemplate = new RestTemplate(factory);

    return restTemplate;
}
```

RestTemplate의 생성자를 보면 다음과 같이 ClientHttpRequestFactory를 매개변수로 받는 생성자가 존재합니다.

RestTemplate 생성자

```
public RestTemplate(ClientHttpRequestFactory requestFactory) {
    this();
    setRequestFactory(requestFactory);
}
```

ClientHttpRequestFactory는 함수형 인터페이스(functional interface)로, 대표적인 구현체로서 SimpleClientHttpRequestFactory와 HttpComponentsClientHttpRequestFactory가 있습니다. 별도의 구현체를 설정해서 전달하지 않으면 HttpAccessor에 구현돼 있는 내용에 의해 SimpleClientHttpRequestFactory를 사용하게 됩니다.

별도의 HttpComponentsClientHttpRequestFactory 객체를 생성해서 ClientHttpRequestFactory를 사용하면 예제 12.8의 15~16번 줄과 같이 RestTemplate의 Timeout 설정을 할 수 있습니다.

그리고 HttpComponentsClientHttpRequestFactory는 커넥션 풀을 설정하기 위해 HttpClient를 HttpComponentsClientHttpRequestFactory에 설정할 수 있습니다. HttpClient를 생성하는 방법은 두 가지가 있는데 4~7번 줄의 HttpClientBuilder.create() 메서드를 사용하거나 9~12번 줄의 HttpClients.custom() 메서드를 사용하는 것입니다.

생성한 HttpClient는 14번 줄과 같이 factory의 setHttpClient() 메서드를 통해 인자로 전달해서 설정할 수 있습니다. 이렇게 설정된 factory 객체를 RestTemplate을 초기화하는 과정에서 인자로 전달하면 됩니다.

스터디 가이드

예제 12.8을 보면 4번 줄에서는 HttpClient 객체를 생성했고 9번 줄에서는 CloseableHttpClient를 생성했습니다. 두 객체는 비슷하면서도 기능 면에서 차이가 있습니다. 이 두 객체의 차이를 비교해보면 커넥션에 대한 기초 지식까지 늘릴 수 있는 기회가 될 것입니다.

12.3 WebClient란?

일반적으로 실제 운영환경에 적용되는 애플리케이션은 정식 버전으로 출시된 스프링 부트의 버전보다 낮은 경우가 많습니다. 그렇기 때문에 아직은 많은 곳에서 RestTemplate을 사용하고 있습니다. 하지만 최신 버전에서는 RestTemplate이 지원 중단되어 WebClient를 사용할 것을 권고하고 있습니다. 이러한 흐름에 맞춰 현재 빈번히 사용되고 있는 RestTemplate과 앞으로 많이 사용될 WebClient를 모두 알고 있는 것이 좋습니다.

Spring WebFlux는 HTTP 요청을 수행하는 클라이언트로 WebClient를 제공합니다. WebClient는 리액터(Reactor) 기반으로 동작하는 API입니다. 리액터 기반이므로 스레드와 동시성 문제를 벗어나 비동기 형식으로 사용할 수 있습니다. WebClient의 특징을 먼저 살펴보겠습니다.

- 논블로킹(Non-Blocking) I/O를 지원합니다.
- 리액티브 스트림(Reactive Streams)의 백 프레셔(Back Pressure)를 지원합니다.
- 적은 하드웨어 리소스로 동시성을 지원합니다.

- 함수형 API를 지원합니다.
- 동기, 비동기 상호작용을 지원합니다.
- 스트리밍을 지원합니다.

최근 프로그래밍 추세에 맞춰 스프링에도 리액티브 프로그래밍(Reactive Programming)이 도입되면서 여러 동시적 기능이 제공되고 있습니다. 다만 이 책에서는 리액티브 프로그래밍을 자세히 다루지 않으며, `WebClient`를 사용할 수 있는 환경을 구성하고 사용하는 방법에 대해서만 다룰 예정입니다.

12.3.1 WebClient 구성

`WebClient`를 사용하려면 WebFlux 모듈에 대한 의존성을 추가해야 합니다. 예제 12.9와 같이 `pom.xml` 파일에 의존성을 추가합니다.

예제 12.9 WebFlux 의존성 추가 file pom.xml

```
<dependencies>
  ... 생략 ...
  <dependency>
    <groupId>org.springframework.boot</groupId>
    <artifactId>spring-boot-starter-webflux</artifactId>
  </dependency>
  ... 생략 ...
</dependencies>
```

WebFlux는 클라이언트와 서버 간 리액티브 애플리케이션 개발을 지원하기 위해 스프링 프레임워크 5에서 새롭게 추가된 모듈입니다. `pom.xml`에 위와 같이 WebFlux를 추가하면 `WebClient`를 사용할 수 있는 환경이 만들어집니다.

12.4 WebClient 사용하기

이제 환경이 구성됐으므로 `WebClient`를 활용한 코드를 작성해보겠습니다. 다만 지금까지의 실습은 리액티브 프로그래밍을 기반으로 작성된 애플리케이션이 아니기 때문에 `WebClient`를 온전히 사용하기에는 제약사항이 있습니다.

12.4.1 WebClient 구현

WebClient를 생성하는 방법은 다음과 같이 크게 두 가지가 있습니다.

- create() 메서드를 이용한 생성
- builder()를 이용한 생성

먼저 예제 12.1에서 생성했던 서버 프로젝트의 GET 메서드 컨트롤러에 접근할 수 있는 WebClient를 생성해봅시다. 코드는 예제 12.10과 같습니다.

예제 12.10 WebClient를 활용한 GET 요청 예제 file service/WebClientService.java

```
@Service
public class WebClientService {

    public String getName() {
        WebClient webClient = WebClient.builder()
            .baseUrl("http://localhost:9090")
            .defaultHeader(HttpHeaders.CONTENT_TYPE, MediaType.APPLICATION_JSON_VALUE)
            .build();

        return webClient.get()
            .uri("/api/v1/crud-api")
            .retrieve()
            .bodyToMono(String.class)
            .block();
    }

    public String getNameWithPathVariable() {
        WebClient webClient = WebClient.create("http://localhost:9090");

        ResponseEntity<String> responseEntity = webClient.get()
            .uri(uriBuilder -> uriBuilder.path("/api/v1/crud-api/{name}")
                .build("Flature"))
            .retrieve().toEntity(String.class).block();

        return responseEntity.getBody();
    }
```

```
27
28     public String getNameWithParameter() {
29         WebClient webClient = WebClient.create("http://localhost:9090");
30
31         return webClient.get().uri(uriBuilder -> uriBuilder.path("/api/v1/crud-api")
32                 .queryParam("name", "Flature")
33                 .build())
34             .exchangeToMono(clientResponse -> {
35                 if (clientResponse.statusCode().equals(HttpStatus.OK)) {
36                     return clientResponse.bodyToMono(String.class);
37                 } else {
38                     return clientResponse.createException().flatMap(Mono::error);
39                 }
40             })
41             .block();
42     }
43 }
```

예제 12.10에는 3개의 메서드가 정의돼 있습니다. 4~15번 줄의 getName() 메서드는 builder()를 활용해 WebClient를 만들고 다른 두 개의 메서드에서는 create()를 활용해 WebClient를 생성합니다.

WebClient는 우선 객체를 생성한 후 요청을 전달하는 방식으로 동작합니다. 이를 위해 5~8번 줄을 보면 builder()를 통해 baseUrl() 메서드에서 기본 URL을 설정하고 defaultHeader() 메서드로 헤더의 값을 설정했습니다. 일반적으로 WebClient 객체를 이용할 때는 이처럼 WebClient 객체를 생성한 후 재사용하는 방식으로 구현하는 것이 좋습니다. 예제에서 소개된 메서드 외에 builder()를 사용할 경우 확장할 수 있는 메서드는 다음과 같습니다.

- defaultHeader(): WebClient의 기본 헤더 설정
- defaultCookie(): WebClient의 기본 쿠키 설정
- defaultUriVariable(): WebClient의 기본 URI 확장값 설정
- filter(): WebClient에서 발생하는 요청에 대한 필터 설정

일단 빌드된 WebClient는 변경할 수 없습니다. 다만 다음과 같이 복사해서 사용할 수는 있습니다.

WebClient 복제

```
WebClient webClient = WebClient.create("http://localhost:9090");
WebClient clone = webClient.mutate().build();
```

다시 예제 12.10으로 돌아가봅시다. 10~14번 줄에는 실제 요청 코드가 작성돼 있습니다. WebClient는 HTTP 메서드를 get(), post(), put(), delete() 등의 네이밍이 명확한 메서드로 설정할 수 있습니다. 그리고 URI를 확장하는 방법으로 uri() 메서드를 사용할 수 있습니다.

retrieve() 메서드는 요청에 대한 응답을 받았을 때 그 값을 추출하는 방법 중 하나입니다. retrieve() 메서드는 bodyToMono() 메서드를 통해 리턴 타입을 설정해서 문자열 객체를 받아오게 돼 있습니다. 참고로 Mono는 리액티브 스트림에 대한 선행 학습이 필요한 개념이며, Flux와 비교되는 개념입니다. Flux와 Mono는 리액티브 스트림에서 데이터를 제공하는 발행자 역할을 수행하는 Publisher의 구현체입니다.

WebClient는 기본적으로 논블로킹(Non-Blocking) 방식으로 동작하기 때문에 기존에 사용하던 코드의 구조를 블로킹 구조로 바꿔줄 필요가 있습니다. 예제에서는 14번 줄에 block()이라는 메서드를 추가해서 블로킹 형식으로 동작하게끔 설정했습니다.

17~26번 줄의 getNameWithPathVariable() 메서드는 PathVariable 값을 추가해 요청을 보내는 예제입니다. 21번 줄처럼 uri() 메서드 내부에서 uriBuilder를 사용해 path를 설정하고 build() 메서드에 추가할 값을 넣는 것으로 pathVariable을 추가할 수 있습니다. 좀 더 간략하게 작성하고 싶다면 다음과 같이 작성할 수 있습니다.

```
ResponseEntity<String> responseEntity1 = webClient.get()
    .uri("/api/v1/crud-api/{name}", "Flature")
    .retrieve()
    .toEntity(String.class)
    .block();
```

17~26번 줄은 bodyToMono() 메서드가 아닌 toEntity()를 사용하는 예제입니다. toEntity()를 사용하면 ResponseEntity 타입으로 응답을 전달받을 수 있습니다.

28~42번 줄의 getNameWithParameter() 메서드는 쿼리 파라미터를 함께 전달하는 방법을 제시합니다. 쿼리 파라미터를 요청에 담기 위해서는 31번 줄과 같이 uriBuilder를 사용하며, queryParam() 메서드

를 사용해 전달하려는 값을 설정합니다. 그리고 예제에서는 `retrieve()` 대신 `exchange()` 메서드를 사용했습니다. `exchange()` 메서드는 지원 중단됐기 때문에 `exchangeToMono()` 또는 `exchangeToFlux()`를 사용해야 합니다. `exchange()` 메서드는 응답 결과 코드에 따라 다르게 응답을 설정할 수 있습니다. 34~40번 줄을 보면 `clientReponse` 결괏값으로 상태값에 따라 `if`문 분기를 만들어 상황에 따라 결괏값을 다르게 전달할 수 있습니다.

POST 요청은 예제 12.11과 같이 작성할 수 있습니다.

예제 12.11 WebClient를 활용한 POST 요청 예제 file service/WebClientService.java

```java
@Service
public class WebClientService {

    public ResponseEntity<MemberDto> postWithParamAndBody() {
        WebClient webClient = WebClient.builder()
            .baseUrl("http://localhost:9090")
            .defaultHeader(HttpHeaders.CONTENT_TYPE, MediaType.APPLICATION_JSON_VALUE)
            .build();

        MemberDto memberDto = new MemberDto();
        memberDto.setName("flature!!");
        memberDto.setEmail("flature@gmail.com");
        memberDto.setOrganization("Around Hub Studio");

        return webClient.post().uri(uriBuilder -> uriBuilder.path("/api/v1/crud-api")
                .queryParam("name", "Flature")
                .queryParam("email", "flature@wikibooks.co.kr")
                .queryParam("organization", "Wikibooks")
                .build())
            .bodyValue(memberDto)
            .retrieve()
            .toEntity(MemberDto.class)
            .block();
    }

    public ResponseEntity<MemberDto> postWithHeader() {
        WebClient webClient = WebClient.builder()
            .baseUrl("http://localhost:9090")
```

```
29             .defaultHeader(HttpHeaders.CONTENT_TYPE, MediaType.APPLICATION_JSON_VALUE)
30             .build();
31 
32         MemberDto memberDto = new MemberDto();
33         memberDto.setName("flature!!");
34         memberDto.setEmail("flature@gmail.com");
35         memberDto.setOrganization("Around Hub Studio");
36 
37         return webClient
38             .post()
39             .uri(uriBuilder -> uriBuilder.path("/api/v1/crud-api/add-header")
40                 .build())
41             .bodyValue(memberDto)
42             .header("my-header", "Wikibooks API")
43             .retrieve()
44             .toEntity(MemberDto.class)
45             .block();
46     }
47 
48 }
```

WebClient를 생성하고 사용하는 방법은 앞서 본 GET 요청을 만드는 방법과 다르지 않습니다. 다만 POST 방식에서 눈여겨볼 내용은 HTTP 바디 값을 담는 방법과 커스텀 헤더를 추가하는 방법입니다.

예제의 15~23번 줄은 webClient에서 post() 메서드를 통해 POST 메서드 통신을 정의했고, uri()는 uriBuilder로 path와 parameter를 설정했습니다. 그 후 bodyValue() 메서드를 통해 HTTP 바디 값을 설정합니다. HTTP 바디에는 일반적으로 데이터 객체(DTO, VO 등)를 파라미터로 전달합니다.

26~46번 줄의 postWithHeader() 메서드는 POST 요청을 보낼 때 헤더를 추가해서 보내는 예제입니다. 전반적인 내용은 동일하며, 42번 줄에 header() 메서드를 사용해 헤더에 값을 추가했습니다. 일반적으로 임의로 추가한 헤더에는 외부 API를 사용하기 위해 인증된 토큰값을 담아 전달합니다.

Tip

자세한 WebClient의 사용법은 공식 문서에서 확인할 수 있습니다.

- https://docs.spring.io/spring-framework/docs/current/reference/html/web-reactive.html#webflux-client

12.5 RestClient란?

지금까지 스프링 MVC 스택의 환경에서 REST 통신을 위해 `RestTemplate`을 사용해왔습니다. 그리고 스프링 5에서 `WebClient`가 도입됐고 기존 라이브러리에 비해 코드의 가독성과 유연성을 향상시켰습니다.

하지만 `WebClient`는 `WebFlux` 의존성을 추가해서 사용하는 방식에서 알 수 있듯이 비동기 HTTP 클라이언트를 기반으로 동작하기 때문에 `block()` 등의 처리가 필요했습니다.

이런 이유로 스프링 6.1에서 `RestClient`가 등장했고 `WebClient`의 플루언트 API(fluent API) 방식을 제공함으로써 `RestTemplate`의 동작을 기대하면서 더욱 가독성 좋은 코드를 작성할 수 있게 됐습니다.

12.6 RestClient 사용하기

`RestClient`는 spring-boot-starter-web 의존성에 포함돼 있기 때문에 `pom.xml` 파일을 별도로 수정할 필요가 없습니다.

12.6.1 RestClient 생성

`RestClient`를 생성하는 방법은 `WebClient`와 동일합니다.

- `create()` 메서드를 이용한 생성
- `builder()` 메서드를 이용한 생성

먼저 예제 12.1에서 생성한 서버 프로젝트의 GET 메서드 컨트롤러에 접근할 수 있는 `RestClient`를 생성하겠습니다.

예제 12.12 RestClient를 활용한 GET 요청 예제

```java
@Service
public class RestClientService {

  public String getName() {
    RestClient restClient = RestClient.builder()
            .baseUrl("http://localhost:9090")
```

```
            .defaultHeader(HttpHeaders.CONTENT_TYPE, MediaType.APPLICATION_JSON_VALUE)
            .build();

    return restClient.get()
            .uri("/api/v1/crud-api")
            .retrieve()
            .body(String.class);
  }

  public String getNameWithPathVariable() {
    RestClient restClient = RestClient.create("http://localhost:9090");

    ResponseEntity<String> responseEntity = restClient.get()
            .uri(uriBuilder -> uriBuilder.path("/api/v1/crud-api/{name}")
                    .build("Flature"))
            .retrieve()
          .toEntity(String.class);

    ResponseEntity<String> responseEntity1 = restClient.get()
            .uri("/api/v1/crud-api/{name}", "Flature")
            .retrieve()
            .toEntity(String.class);

    return responseEntity.getBody();
  }

  public String getNameWithParameter() {
    RestClient restClient = RestClient.create("http://localhost:9090");

    return restClient.get().uri(uriBuilder -> uriBuilder.path("/api/v1/crud-api/param")
                    .queryParam("name", "Flature")
                    .build())
            .retrieve()
            .onStatus(HttpStatusCode::is4xxClientError, (request, response) -> {
              throw new RuntimeException("400 Error occurred");
            })
            .body(String.class);
  }
}
```

예제 12.12에는 3개의 메서드가 정의돼 있습니다. 4~14번 줄의 getName() 메서드는 builder()를 활용해 RestClient를 생성하고 나머지 메서드에서는 create()를 활용해 생성했습니다.

RestClient는 WebClient와 동일한 방식으로 코드를 작성하기 때문에 구조가 매우 비슷한 것을 확인할 수 있으며, 대부분의 메서드가 호환됩니다.

일부 예제 코드에서 확인할 수 있는 차이는 bodyToMono()와 같은 객체 변환 메서드가 사라지고 body() 메서드를 사용하게 됐으며, 기본적으로 동기 방식으로 동작하는 클라이언트이기 때문에 block() 메서드가 사라졌다는 것입니다.

그리고 WebClient와 마찬가지로 한번 빌드된 RestClient는 변경할 수 없으며, 아래와 같이 복제해서 사용할 수 있습니다.

RestClient 복제

```
RestClient restClient = RestClient.create("http://localhost:9090");
RestClient clone = restClient.mutate().build();
```

POST 요청은 예제 12.13과 같이 작성할 수 있습니다.

예제 12.13 RestClient를 활용한 POST 요청 예제

```
@Service
public class RestClientService {

  public ResponseEntity<MemberDto> postWithParamAndBody() {
    RestClient restClient = RestClient.builder()
            .baseUrl("http://localhost:9090")
            .defaultHeader(HttpHeaders.CONTENT_TYPE, MediaType.APPLICATION_JSON_VALUE)
            .build();

    MemberDto memberDTO = new MemberDto();
    memberDTO.setName("flature!!");
    memberDTO.setEmail("flature@gmail.com");
    memberDTO.setOrganization("Around Hub Studio");

    return restClient.post().uri(uriBuilder -> uriBuilder.path("/api/v1/crud-api")
                    .queryParam("name", "Flature")
```

```
                    .queryParam("email", "flature@wikibooks.co.kr")
                    .queryParam("organization", "Wikibooks")
                    .build())
            .body(memberDTO)
            .retrieve()
            .toEntity(MemberDto.class);
  }

  public ResponseEntity<MemberDto> postWithHeader() {
    RestClient restClient = RestClient.builder()
            .baseUrl("http://localhost:9090")
            .defaultHeader(HttpHeaders.CONTENT_TYPE, MediaType.APPLICATION_JSON_VALUE)
            .build();

    MemberDto memberDTO = new MemberDto();
    memberDTO.setName("flature!!");
    memberDTO.setEmail("flature@gmail.com");
    memberDTO.setOrganization("Around Hub Studio");

    return restClient
            .post()
            .uri(uriBuilder -> uriBuilder.path("/api/v1/crud-api/add-header")
                    .build())
            .body(memberDTO)
            .header("my-header", "Wikibooks API")
            .retrieve()
            .toEntity(MemberDto.class);
  }
}
```

여기서도 마찬가지로 `WebClient`를 사용하는 방법과 크게 다르지 않습니다. 각 `return` 구문에서 `RestClient`에서 `post()` 메서드를 통해 POST 메서드 통신을 정의하고 보내고자 하는 데이터를 설정했습니다. 차이점은 `block()`이 제외됐다는 것입니다.

Tip

자세한 RestClient의 사용법은 공식 문서에서 확인할 수 있습니다.

- https://docs.spring.io/spring-framework/reference/integration/rest-clients.html#rest-restclient

12.7 정리

지금까지 웹 통신을 위해 `RestTemplate`, `WebClient`, 그리고 `RestClient`를 사용하는 방법을 알아봤습니다. 실무에서 다른 서버의 리소스에 접근하는 상황은 자주 발생합니다. 이러한 경우 대체로 이번 장에서 소개한 통신 모듈을 사용해 기능을 구현하면 해결됩니다.

이 책에서 소개한 방법을 익혔다면 이후에는 통신하는 횟수나 접근하는 서버의 특성에 맞게 커넥션 풀이나 타임아웃 등의 설정을 최적화하는 작업으로 심화 학습을 진행하면 됩니다. 또한 서버와의 웹 통신을 최적화하는 방법으로 어떤 방법이 있는지 알아보고, 각 상황에 따른 설정 방법을 공부해 보는 것을 권장합니다.

13

서비스의 인증과 인가

애플리케이션을 개발하다 보면 인증과 인가 등의 보안 기능을 추가해야 할 때가 있습니다. 이번 장에서는 보안과 관련된 용어와 개념을 알아보고 스프링에 보안을 적용할 때 사용하는 스프링 시큐리티(Spring Security)에 대해 알아보겠습니다.

지금까지 실습한 애플리케이션은 화면이 없는 무상태 REST 애플리케이션이기 때문에 이번 장에서는 로그인을 통한 일반적인 인증과 인가 방식이 아닌 매 요청마다 토큰값을 활용하는 보안 기법을 알아보겠습니다.

13.1 보안 용어 이해

스프링 시큐리티를 활용하려면 먼저 보안과 관련된 용어를 알아두는 것이 중요합니다. 그러므로 스프링 시큐리티를 배우기에 앞서 보안과 관련된 용어를 간단하게 설명하겠습니다.

13.1.1 인증

인증(authentication)은 사용자가 누구인지 확인하는 단계를 의미합니다. 인증의 대표적인 예로 '로그인'이 있습니다. 로그인은 데이터베이스에 등록된 아이디와 패스워드를 사용자가 입력한 아이디와 비밀

번호와 비교해서 일치 여부를 확인하는 과정입니다. 로그인에 성공하면 애플리케이션 서버는 응답으로 사용자에게 토큰(token)을 전달합니다. 로그인에 실패한 사용자는 토큰을 전달받지 못해 원하는 리소스에 접근할 수 없게 됩니다.

13.1.2 인가

인가(authorization)는 앞에서 설명한 인증을 통해 검증된 사용자가 애플리케이션 내부의 리소스에 접근할 때 사용자가 해당 리소스에 접근할 권리가 있는지를 확인하는 과정을 의미합니다. 예를 들어, 로그인한 사용자가 특정 게시판에 접근해서 글을 보려고 하는 경우 게시판 접근 등급을 확인해 접근을 허가하거나 거부하는 것이 대표적인 인가의 사례입니다.

일반적으로 사용자가 인증 단계에서 발급받은 토큰은 인가 내용을 포함하고 있으며, 사용자가 리소스에 접근하면서 토큰을 함께 전달하면 애플리케이션 서버는 토큰을 통해 권한 유무 등을 확인해 인가를 수행합니다.

13.1.3 접근 주체

접근 주체(principal)는 말 그대로 애플리케이션의 기능을 사용하는 주체를 의미합니다. 접근 주체는 사용자가 될 수도 있고, 디바이스, 시스템 등이 될 수도 있습니다. 애플리케이션은 앞서 소개한 인증 과정을 통해 접근 주체가 신뢰할 수 있는지 확인하고, 인가 과정을 통해 접근 주체에게 부여된 권한을 확인하는 과정 등을 거칩니다.

13.2 스프링 시큐리티

스프링 시큐리티는 애플리케이션의 인증, 인가 등의 보안 기능을 제공하는 스프링 하위 프로젝트 중 하나입니다. 보안과 관련된 많은 기능을 제공하기 때문에 스프링 시큐리티를 활용하면 더욱 편리하게 원하는 기능을 설계할 수 있습니다.

13.3 스프링 시큐리티의 동작 구조

스프링 시큐리티는 서블릿 필터(Servlet Filter)를 기반으로 동작하며, 그림 13.1과 같이 `DispatcherServlet` 앞에 필터가 배치돼 있습니다.

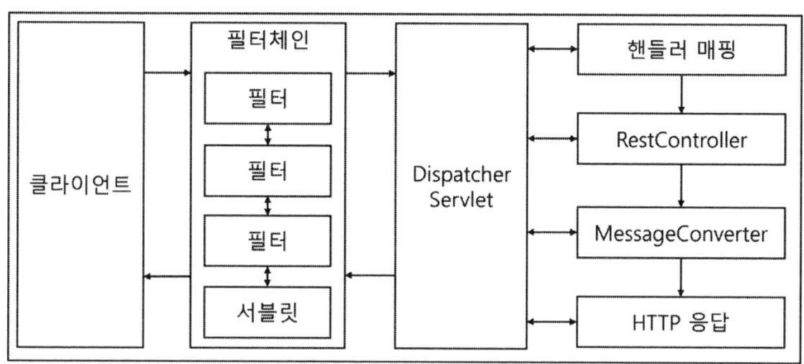

그림 13.1 서블릿 필터의 배치

위 그림의 필터체인(FilterChain)은 서블릿 컨테이너에서 관리하는 `ApplicationFilterChain`을 의미합니다. 클라이언트에서 애플리케이션으로 요청을 보내면 서블릿 컨테이너는 URI를 확인해서 필터와 서블릿을 매핑합니다. 스프링 시큐리티는 사용하고자 하는 필터체인을 서블릿 컨테이너의 필터 사이에서 동작시키기 위해 그림 13.2와 같이 `DelegatingFilterProxy`를 사용합니다.

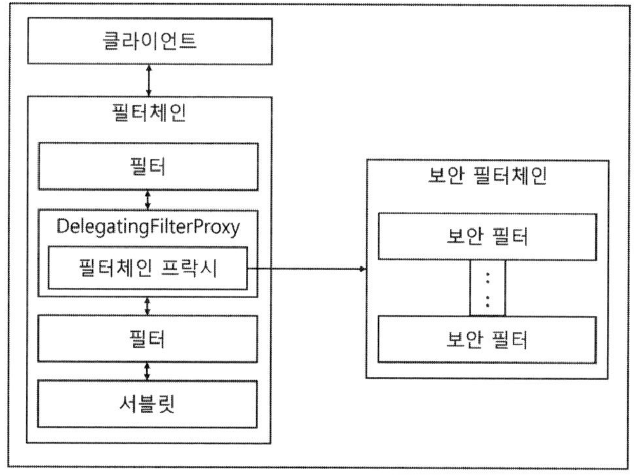

그림 13.2 `DelegatingFilterProxy` 내 `FilterChainProxy` 구조

`DelegatingFilterProxy`는 서블릿 컨테이너의 생명주기와 스프링 애플리케이션 컨텍스트(Application Context) 사이에서 다리 역할을 수행하는 필터 구현체입니다. 표준 서블릿 필터를 구현하고 있으며, 역할을 위임할 필터체인 프락시(`FilterChainProxy`)를 내부에 가지고 있습니다.

필터체인 프락시는 스프링 시큐리티에서 제공하는 필터로서 보안 필터체인(SecurityFilterChain)을 통해 많은 보안 필터(Security Filter)를 사용할 수 있습니다. 필터체인 프락시에서 사용할 수 있는 보안 필터체인은 List 형식으로 담을 수 있게 설정돼 있어 URI 패턴에 따라 특정 보안필터 체인을 선택해서 사용하게 됩니다.

보안필터 체인에서 사용하는 필터는 여러 종류가 있으며, 각 필터마다 실행되는 순서가 다릅니다. 공식 문서에서 소개하는 필터의 실행 순서는 다음과 같습니다.[1]

- DisableEncoderUrlFilter
- ForceEagerSessionCreationFilter
- ChannelProcessingFilter
- WebAsyncManagerIntegrationFilter
- SecurityContextHolderFilter
- SecurityContextPersitenceFilter
- HeaderWriterFilter
- CorsFilter
- CsrfFilter
- LogoutFilter
- OAuth2AuthorizationRequestRedirectFilter
- Saml2WebSsoAuthenticationRequestFilter
- X509AuthenticationFilter
- AbstractPreAuthenticatedProcessingFilter
- CasAuthenticationFilter
- OAuth2LoginAuthenticationFilter
- Saml2WebSsoAuthenticationFilter
- UsernamePasswordAuthenticationFilter

1 참고: https://github.com/spring-projects/spring-security/blob/6.3.4/config/src/main/java/org/springframework/security/config/annotation/web/builders/FilterOrderRegistration.java

- DefaultLoginPageGeneratingFilter
- DefaultLogoutPageGeneratingFilter
- ConcurrentSessionFilter
- DigestAuthenticationFilter
- BearerTokenAuthenticationFilter
- BasicAuthenticationFilter
- RequestCacheAwareFilter
- SecurityContextHolderAwareRequestFilter
- JaasApiIntegrationFilter
- RememberMeAuthenticationFilter
- AnonymousAuthenticationFilter
- OAuth2AuthorizationCodeGrantFilter
- SessionManagementFilter
- ExceptionTranslationFilter
- FilterSecurityInterceptor
- AuthorizationFilter
- SwitchUserFilter

이러한 보안 필터들은 보안 필터체인 API를 사용해 필터체인 프락시에 삽입됩니다. 이러한 필터는 인증, 권한 부여 등 보안과 관련된 다양한 목적으로 사용됩니다.

별도의 설정이 없다면 스프링 시큐리티에서는 그림 13.3과 같이 SecurityFilterChain에서 사용하는 필터 중 UsernamePasswordAuthenticationFilter를 통해 인증을 처리합니다.

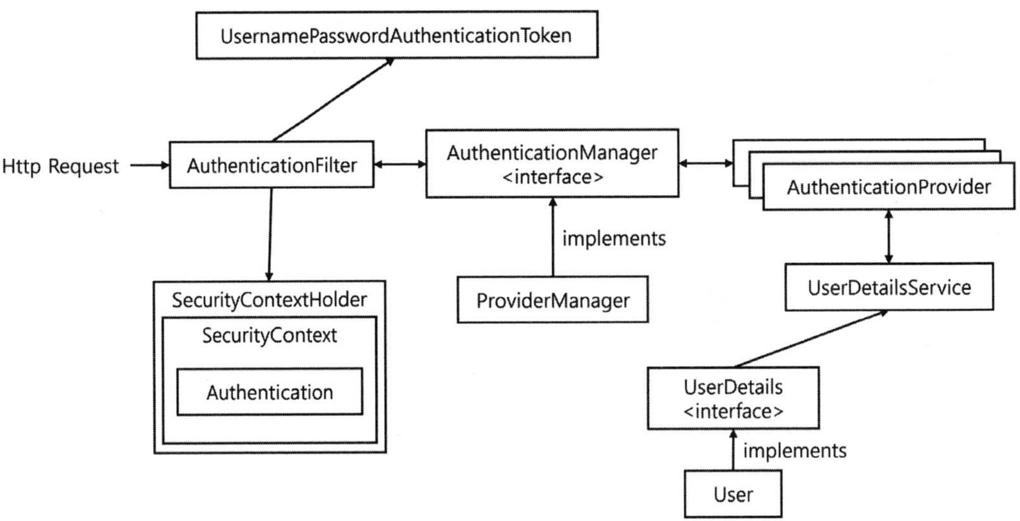

그림 13.3 UsernamePasswordAuthenticationFilter를 통한 인증 과정[2]

위 그림의 인증 수행 과정을 설명하면 다음과 같습니다.

1. 클라이언트로부터 요청을 받으면 서블릿 필터에서 SecurityFilterChain으로 작업이 위임되고 그중 UsernamePasswordAuthenticationFilter(위 그림에서 AuthenticationFilter에 해당)에서 인증을 처리합니다.
2. AuthenticationFilter는 요청 객체(HttpServletRequest)에서 username과 password를 추출해서 토큰을 생성합니다.
3. 그러고 나서 AuthenticationManager에게 토큰을 전달합니다. AuthenticationManager는 인터페이스이며, 일반적으로 사용되는 구현체는 ProviderManager입니다.
4. ProviderManager는 인증을 위해 AuthenticationProvider로 토큰을 전달합니다.
5. AuthenticationProvider는 토큰의 정보를 UserDetailsService에 전달합니다.
6. UserDetailsService는 전달받은 정보를 통해 데이터베이스에서 일치하는 사용자를 찾아 UserDetails 객체를 생성합니다.
7. 생성된 UserDetails 객체는 AuthenticationProvider로 전달되며, 해당 Provider에서 인증을 수행하고 성공하게 되면 ProviderManager로 권한을 담은 토큰을 전달합니다.
8. ProviderManager는 검증된 토큰을 AuthenticationFilter로 전달합니다.
9. AuthenticationFilter는 검증된 토큰을 SecurityContextHolder에 있는 SecurityContext에 저장합니다.

2 출처: springbootdev.com

위 과정에서 사용된 `UsernamePasswordAuthenticationFilter`는 접근 권한을 확인하고 인증이 실패할 경우 로그인 폼이라는 화면을 보내는 역할을 수행합니다. 이 책에서 실습 중인 프로젝트는 화면이 없는 RESTful 애플리케이션이기 때문에 다른 필터에서 인증 및 인가 처리를 수행해야 합니다. 이 책에서는 JWT 토큰을 사용해 인증을 수행할 예정이라 JWT와 관련된 필터를 생성하고 `UsernamePasswordAuthenticationFilter` 앞에 배치해서 먼저 인증을 수행할 수 있게 설정하겠습니다.

Tip

스프링 시큐리티에 대한 자세한 내용은 공식 문서를 참고하기 바랍니다.

- https://docs.spring.io/spring-security/reference/index.html

13.4 JWT

JWT(JSON Web Token)는 당사자 간에 정보를 JSON 형태로 안전하게 전송하기 위한 토큰입니다. JWT는 URL로 이용할 수 있는 문자열로만 구성돼 있으며, 디지털 서명이 적용돼 있어 신뢰할 수 있습니다. JWT는 주로 서버와의 통신에서 권한 인가를 위해 사용됩니다. URL에서 사용할 수 있는 문자열로만 구성돼 있기 때문에 HTTP 구성요소 어디든 위치할 수 있습니다.

13.4.1 JWT의 구조

JWT는 점('.')으로 구분된 아래의 세 부분으로 구성됩니다.

- 헤더(Header)
- 내용(Payload)
- 서명(Signature)

따라서 JWT는 일반적으로 그림 13.4와 같은 형식을 띠고 있습니다.

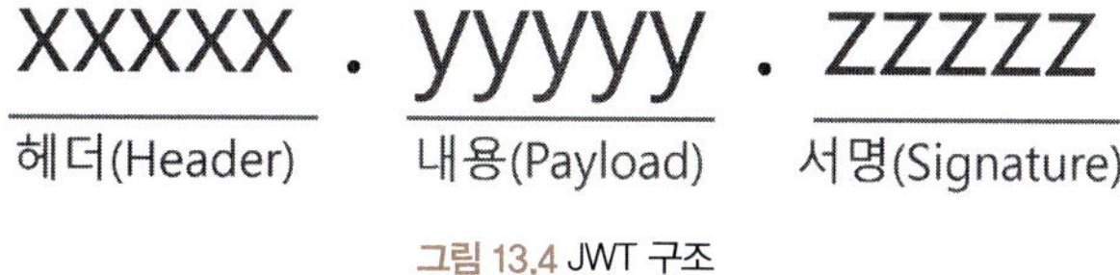

그림 13.4 JWT 구조

헤더

JWT의 헤더는 검증과 관련된 내용을 담고 있습니다. 헤더에는 예제 13.1과 같이 두 가지 정보를 포함하고 있는데, 바로 `alg`와 `typ` 속성입니다.

예제 13.1 헤더 예제

```
{
  "alg": "HS256",
  "typ": "JWT"
}
```

`alg` 속성에서는 해싱 알고리즘을 지정합니다. 해싱 알고리즘은 보통 SHA256 또는 RSA를 사용하며, 토큰을 검증할 때 사용되는 서명 부분에서 사용됩니다. 위 예제에 작성돼 있는 HS256은 'HMAC SHA256' 알고리즘을 사용한다는 의미입니다. 그리고 `typ` 속성에는 토큰의 타입을 지정합니다.

이렇게 완성된 헤더는 Base64Url 형식으로 인코딩돼 사용됩니다.

내용

JWT의 내용에는 토큰에 담는 정보를 포함합니다. 이곳에 포함된 속성들은 클레임(Claim)이라 하며, 크게 세 가지로 분류됩니다.

- 등록된 클레임(Registered Claims)
- 공개 클레임(Public Claims)
- 비공개 클레임(Private Claims)

등록된 클레임은 필수는 아니지만 토큰에 대한 정보를 담기 위해 이미 이름이 정해져 있는 클레임을 뜻합니다. 등록된 클레임은 다음과 같이 정의돼 있습니다.

- `iss`: JWT의 발급자(Issuer) 주체를 나타냅니다. `iss`의 값은 문자열이나 URI를 포함하는 대소문자를 구분하는 문자열입니다.
- `sub`: JWT의 제목(Subject)입니다.
- `aud`: JWT의 수신인(Audience)입니다. JWT를 처리하려는 각 주체는 해당 값으로 자신을 식별해야 합니다. 요청을 처리하는 주체가 'aud' 값으로 자신을 식별하지 않으면 JWT는 거부됩니다.

- exp: JWT의 만료시간(Expiration)입니다. 시간은 NumericDate 형식으로 지정해야 합니다.
- nbf: 'Not Before'를 의미합니다.
- iat: JWT가 발급된 시간(Issued at)입니다.
- jti: JWT의 식별자(JWT ID)입니다. 주로 중복 처리를 방지하기 위해 사용됩니다.

공개 클레임은 키 값을 마음대로 정의할 수 있습니다. 다만 충돌이 발생하지 않을 이름으로 설정해야 합니다.

비공개 클레임은 통신 간에 상호 합의되고 등록된 클레임과 공개된 클레임이 아닌 클레임을 의미합니다.

내용의 예는 예제 13.2와 같습니다.

예제 13.2 JWT 내용 예시

```
{
  "sub": "wikibooks payload",
  "exp": "1602076408",
  "userId": "wikibooks"
  "username": "flature"
}
```

이렇게 완성된 내용은 Base64Url 형식으로 인코딩되어 사용됩니다.

서명

JWT의 서명 부분은 인코딩된 헤더, 인코딩된 내용, 비밀키, 헤더의 알고리즘 속성값을 가져와 생성됩니다. 예를 들어, HMAC SHA256 알고리즘을 사용해서 서명을 생성한다면 예제 13.3과 같은 방식으로 생성됩니다.

예제 13.3 서명 생성 방식

```
HMACSHA256(
  base64UrlEncode(header) + "." +
  base64UrlEncode(payload),
  secret
  )
```

서명은 토큰의 값들을 포함해서 암호화하기 때문에 메시지가 도중에 변경되지 않았는지 확인할 때 사용됩니다.

13.4.2 JWT 디버거 사용하기

JWT 공식 사이트에서는 더욱 쉽게 JWT를 생성해볼 수 있습니다. 웹 브라우저에서 다음 URL로 접속하면 그림 13.5와 같은 화면을 볼 수 있습니다.

- https://jwt.io/#debugger-io

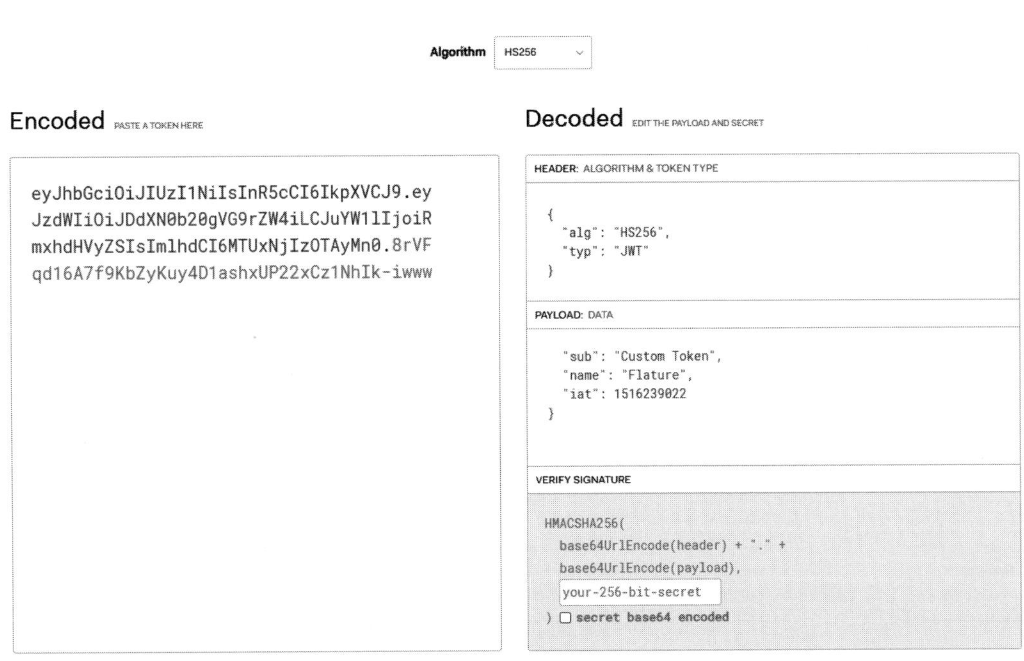

그림 13.5 JWT 디버거

이 화면은 Encoded와 Decoded로 나눠져 있으며, 양측의 내용이 일치하는지 사이트에서 확인할 수도 있고 Decoded의 내용을 변경하면 Encoded의 콘텐츠가 자동으로 반영됩니다.

Tip

JWT와 관련된 자세한 내용은 공식 사이트에서 확인할 수 있습니다.

- https://jwt.io/introduction/

13.5 스프링 시큐리티와 JWT 적용

이제 애플리케이션에 스프링 시큐리티와 JWT를 적용해보겠습니다. 먼저 프로젝트를 생성하겠습니다. 먼저 다음과 같은 설정으로 프로젝트를 생성합니다.

- groupId: com.springboot
- artifactId: security
- name: security
- Developer Tools: Lombok, Spring Configuration Processor
- Web: Spring Web
- SQL: Spring Data JPA, MariaDB Driver

그리고 이전 장에서 사용했던 `SwaggerConfiguration` 클래스와 그에 따른 의존성을 추가합니다. 기본 프로젝트 틀을 가져가기 위해 7장에서 사용한 프로젝트 코드를 다음과 같이 가져옵니다.

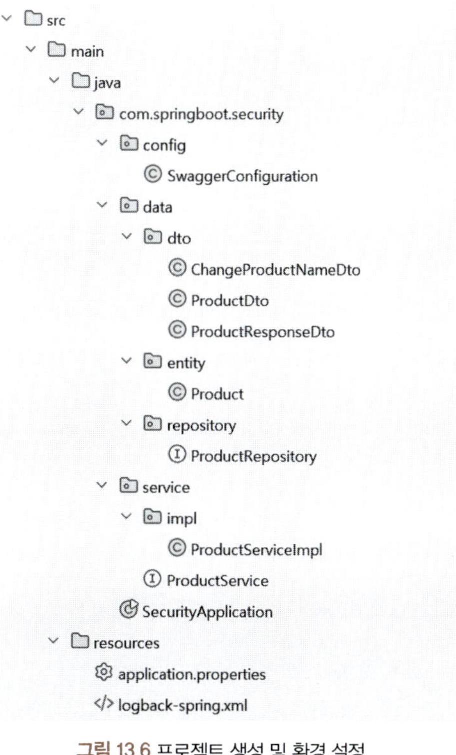

그림 13.6 프로젝트 생성 및 환경 설정

그리고 인증과 인가 코드를 작성하기 위해 예제 13.4와 같이 의존성을 구성합니다.

예제 13.4 스프링 시큐리티와 JWT 의존성 추가 file pom.xml

```
<dependency>
  <groupId>org.springframework.boot</groupId>
  <artifactId>spring-boot-starter-security</artifactId>
</dependency>

<dependency>
  <groupId>io.jsonwebtoken</groupId>
  <artifactId>jjwt-api</artifactId>
  <version>0.11.5</version>
</dependency>

<dependency>
  <groupId>io.jsonwebtoken</groupId>
  <artifactId>jjwt-impl</artifactId>
  <version>0.11.5</version>
</dependency>

<dependency>
  <groupId>io.jsonwebtoken</groupId>
  <artifactId>jjwt-jackson</artifactId>
  <version>0.11.5</version>
</dependency>
```

스프링 시큐리티는 기본적으로 `UsernamePasswordAuthenticationFilter`를 통해 인증을 수행하도록 구성돼 있습니다. 참고로 이 필터에서는 인증이 실패하면 로그인 폼이 포함된 화면을 전달하게 되는데, 이 책의 실습 프로젝트에는 이러한 화면이 없습니다. 따라서 JWT를 사용하는 인증 필터를 구현하고 `UsernamePasswordAuthenticationFilter` 앞에 인증 필터를 배치해서 인증 주체를 변경하는 작업을 수행하는 방식으로 구성하겠습니다.

13.5.1 UserDetails와 UserDetailsService 구현

먼저 예제 13.5와 같이 사용자 정보를 담는 엔티티를 생성합니다.

예제 13.5 User 엔티티 생성 file data/entity/User.java

```
@Entity
@Getter
@Setter
@NoArgsConstructor
@AllArgsConstructor
@Builder
@Table
public class User implements UserDetails {

    @Id
    @GeneratedValue(strategy = GenerationType.IDENTITY)
    private long id;

    @Column(nullable = false, unique = true)
    private String uid;

    @JsonProperty(access = Access.WRITE_ONLY)
    @Column(nullable = false)
    private String password;

    @Column(nullable = false)
    private String name;

    @ElementCollection(fetch = FetchType.EAGER)
    @Builder.Default
    private List<String> roles = new ArrayList<>();

    @Override
    public Collection<? extends GrantedAuthority> getAuthorities() {
        return this.roles.stream().map(SimpleGrantedAuthority::new).collect(Collectors.toList());
    }

    @JsonProperty(access = Access.WRITE_ONLY)
    @Override
    public String getUsername() {
        return this.uid;
    }
```

```java

    @JsonProperty(access = Access.WRITE_ONLY)
    @Override
    public boolean isAccountNonExpired() {
        return true;
    }

    @JsonProperty(access = Access.WRITE_ONLY)
    @Override
    public boolean isAccountNonLocked() {
        return true;
    }

    @JsonProperty(access = Access.WRITE_ONLY)
    @Override
    public boolean isCredentialsNonExpired() {
        return true;
    }

    @JsonProperty(access = Access.WRITE_ONLY)
    @Override
    public boolean isEnabled() {
        return true;
    }
}
```

User 엔티티는 UserDetails 인터페이스를 구현하고 있습니다. UserDetails는 그림 13.3에서 봤듯이 UserDetailsService를 통해 입력된 로그인 정보를 가지고 데이터베이스에서 사용자 정보를 가져오는 역할을 수행합니다. UserDetails 인터페이스는 예제 13.6과 같은 메서드를 가지고 있습니다.

예제 13.6 UserDetails 인터페이스

```java
public interface UserDetails extends Serializable {

  Collection<? extends GrantedAuthority> getAuthorities();

  String getPassword();

```

```
    String getUsername();

    boolean isAccountNonExpired();

    boolean isAccountNonLocked();

    boolean isCredentialsNonExpired();

    boolean isEnabled();

}
```

각 메서드의 용도를 정리하면 다음과 같습니다.

- getAuthorities(): 계정이 가지고 있는 권한 목록을 리턴합니다.
- getPassword(): 계정의 비밀번호를 리턴합니다.
- getUsername(): 계정의 이름을 리턴합니다. 일반적으로 아이디를 리턴합니다.
- isAccountNonExpired(): 계정이 만료됐는지 리턴합니다. true는 만료되지 않았다는 의미입니다.
- isAccountNonLocked(): 계정이 잠겨 있는지 리턴합니다. true는 잠기지 않았다는 의미입니다.
- isCredentialNonExpired(): 비밀번호가 만료됐는지 리턴합니다. true는 만료되지 않았다는 의미입니다.
- isEnabled(): 계정이 활성화돼 있는지 리턴합니다. true는 활성화 상태를 의미입니다.

이번 예제에서는 계정의 상태 변경은 다루지 않을 예정이므로 true로 리턴합니다. 이 엔티티는 앞으로 토큰을 생성할 때 토큰의 정보로 사용될 정보와 권한 정보를 갖게 됩니다.

이번에는 앞에서 살펴본 엔티티를 조회하는 기능을 구현하기 위해 리포지터리와 서비스를 구현하겠습니다. 리포지터리의 구현은 예제 13.7과 같습니다.

예제 13.7 UserRepository 구현 file data/repository/UserRepository.java

```
public interface UserRepository extends JpaRepository<User, Long> {

    User getByUid(String uid);

}
```

UserRepository를 작성하는 것은 기존에 리포지터리를 작성하던 방법과 동일합니다. JpaRepository를 상속받고 User 엔티티에 대해 설정하면 됩니다. 그리고 현재 ID 값은 인덱스 값이기 때문에 id 값을 토큰 생성 정보로 사용하기 위해 3번 줄과 같이 getByUid() 메서드를 생성합니다.

이제 리포지터리를 통해 User 엔티티의 id를 가져오는 서비스를 생성합니다. 예제 13.8과 같이 UserDetailsServiceImpl을 생성합니다.

예제 13.8 UserDetailsServiceImpl 구현 file service/impl/UserDetailsServiceImpl.java

```
01 @RequiredArgsConstructor
02 @Service
03 public class UserDetailsServiceImpl implements UserDetailsService {
04
05     private final Logger LOGGER = LoggerFactory.getLogger(UserDetailsServiceImpl.class);
06
07     private final UserRepository userRepository;
08
09     @Override
10     public UserDetails loadUserByUsername(String username) {
11         LOGGER.info("[loadUserByUsername] loadUserByUsername 수행. username : {}", username);
12         return userRepository.getByUid(username);
13     }
14
15 }
```

예제의 3번 줄을 보면 UserDetailsService 인터페이스를 구현하도록 설정돼 있습니다. UserDetailsService는 예제 13.9와 같이 loadUserByUsername() 메서드를 구현하도록 정의돼 있습니다.

예제 13.9 UserDetailsService 인터페이스

```
01 public interface UserDetailsService {
02
03     UserDetails loadUserByUsername(String username) throws UsernameNotFoundException;
04
05 }
```

UserDetails는 스프링 시큐리티에서 제공하는 개념으로, UserDetails의 username은 각 사용자를 구분할 수 있는 ID를 의미합니다. 3번 줄의 메서드를 보면 username을 가지고 UserDetails 객체를 리턴하

게끔 정의돼 있는데, `UserDetails`의 구현체로 `User` 엔티티를 생성했기 때문에 `User` 객체를 리턴하게끔 구현한 것입니다.

13.5.2 JwtTokenProvider 구현

이제 JWT 토큰을 생성하는 데 필요한 정보를 `UserDetails`에서 가져올 수 있기 때문에 JWT 토큰을 생성하는 `JwtTokenProvider`를 생성합니다. 구현 클래스는 예제 13.10과 같습니다.

예제 13.10 JwtTokenProvider 구현 file config/security/JwtTokenProvider.java

```
@Component
@RequiredArgsConstructor
public class JwtTokenProvider {

    private final Logger LOGGER = LoggerFactory.getLogger(JwtTokenProvider.class);
    private final UserDetailsService userDetailsService;

    @Value("${springboot.jwt.secret}")
    private String secretKey = "secretKey";
    private final long tokenValidMillisecond = 1000L * 60 * 60;

    @PostConstruct
    protected void init() {
        LOGGER.info("[init] JwtTokenProvider 내 secretKey 초기화 시작");
        secretKey = Base64.getEncoder().encodeToString(secretKey.getBytes(StandardCharsets.UTF_8));
        LOGGER.info("[init] JwtTokenProvider 내 secretKey 초기화 완료");
    }

    public String createToken(String userUid, List<String> roles) {
        LOGGER.info("[createToken] 토큰 생성 시작");
        Claims claims = Jwts.claims().setSubject(userUid);
        claims.put("roles", roles);
        Date now = new Date();

        String token = Jwts.builder()
            .setClaims(claims)
            .setIssuedAt(now)
```

```
                .setExpiration(new Date(now.getTime() + tokenValidMillisecond))
                .signWith(SignatureAlgorithm.HS256, secretKey)
                .compact();

        LOGGER.info("[createToken] 토큰 생성 완료");
        return token;
    }

    public Authentication getAuthentication(String token) {
        LOGGER.info("[getAuthentication] 토큰 인증 정보 조회 시작");
        UserDetails userDetails = userDetailsService.loadUserByUsername(this.getUsername(token));
        LOGGER.info("[getAuthentication] 토큰 인증 정보 조회 완료, UserDetails UserName : {}",
            userDetails.getUsername());
        return new UsernamePasswordAuthenticationToken(userDetails, "",
            userDetails.getAuthorities());
    }

    public String getUsername(String token) {
        LOGGER.info("[getUsername] 토큰 기반 회원 구별 정보 추출");
        String info = Jwts.parser().setSigningKey(secretKey).parseClaimsJws(token).getBody()
            .getSubject();
        LOGGER.info("[getUsername] 토큰 기반 회원 구별 정보 추출 완료, info : {}", info);
        return info;
    }

    public String resolveToken(HttpServletRequest request) {
        LOGGER.info("[resolveToken] HTTP 헤더에서 Token 값 추출");
        return request.getHeader("X-AUTH-TOKEN");
    }

    public boolean validateToken(String token) {
        LOGGER.info("[validateToken] 토큰 유효 체크 시작");
        try {
            Jws<Claims> claims = Jwts.parser().setSigningKey(secretKey).parseClaimsJws(token);

            return !claims.getBody().getExpiration().before(new Date());
        } catch (Exception e) {
            LOGGER.info("[validateToken] 토큰 유효 체크 예외 발생");
```

```
66                return false;
67            }
68        }
69    }
```

토큰을 생성하기 위해서는 secretKey가 필요하므로 8~9번 줄에서 secretKey 값을 정의합니다. @Value의 값은 application.properties 파일에서 다음과 같이 정의할 수 있습니다.

```
springboot.jwt.secret=around-hub-studio-flature-spring-boot-3!@#
```

만약 application.properties 파일에서 값을 가져올 수 없다면 예제 13.10의 9번 줄에 입력해둔 기본값인 'secretKey'를 가져옵니다.

13번 줄에서는 init() 메서드가 예제 13.11과 같이 작성돼 있습니다.

예제 13.11 init() 메서드 file config/security/JwtTokenProvider.java

```
@PostConstruct
protected void init() {
    LOGGER.info("[init] JwtTokenProvider 내 secretKey 초기화 시작");
    System.out.println(secretKey);
    secretKey = Base64.getEncoder().encodeToString(secretKey.getBytes(StandardCharsets.UTF_8));
    System.out.println(secretKey);
    LOGGER.info("[init] JwtTokenProvider 내 secretKey 초기화 완료");
}
```

여기서 사용한 @PostConstruct 애너테이션은 해당 객체가 빈 객체로 주입된 이후 수행되는 메서드를 가리킵니다. JwtTokenProvider 클래스에는 @Component 애너테이션이 지정돼 있어 애플리케이션이 가동되면서 빈으로 자동 주입됩니다. 그때 @PostConstruct가 지정돼 있는 init() 메서드가 자동으로 실행됩니다. init() 메서드에서는 secretKey를 Base64 형식으로 인코딩합니다. 인코딩 전후의 문자열을 확인하면 다음과 같습니다.

Base64 인코딩 전/후 텍스트

```
// 인코딩 전 원본 문자열
around-hub-studio-flature-spring-boot-3!@#
```

```
// Base64 인코딩 결과
YXJvdW5kLWh1Yi1zdHVkaW8tZmxhdHVyZS1zcHJpbmctYm9vdC0zIUAj
```

그리고 예제 13.10의 19~34번 줄에 있는 `createToken()` 메서드를 예제 13.12에서 보겠습니다.

예제 13.12 `createToken()` 메서드 — file config/security/JwtTokenProvider.java

```
01 public String createToken(String userUid, List<String> roles) {
02     LOGGER.info("[createToken] 토큰 생성 시작");
03     Claims claims = Jwts.claims().setSubject(userUid);
04     claims.put("roles", roles);
05
06     Date now = new Date();
07     String token = Jwts.builder()
08         .setClaims(claims)
09         .setIssuedAt(now)
10         .setExpiration(new Date(now.getTime() + tokenValidMillisecond))
11         .signWith(SignatureAlgorithm.HS256, secretKey) // 암호화 알고리즘, secret 값 세팅
12         .compact();
13
14     LOGGER.info("[createToken] 토큰 생성 완료");
15     return token;
16 }
```

3번 줄에서는 JWT 토큰의 내용에 값을 넣기 위해 `Claims` 객체를 생성합니다. `setSubject()` 메서드를 통해 sub 속성에 값을 추가하려면 `User`의 `uid` 값을 사용합니다. 4번 줄에서는 해당 토큰을 사용하는 사용자의 권한을 확인할 수 있는 `role` 값을 별개로 추가했습니다. 그리고 7~12번 줄처럼 `Jwts.builder()`를 사용해 토큰을 생성합니다.

다음으로 볼 내용은 `getAuthentication()` 메서드입니다. `getAuthentication()` 메서드는 예제 13.13과 같이 작성돼 있습니다.

예제 13.13 `getAuthentication()` 메서드 — file config/security/JwtTokenProvider.java

```
public Authentication getAuthentication(String token) {
    LOGGER.info("[getAuthentication] 토큰 인증 정보 조회 시작");
    UserDetails userDetails = userDetailsService.loadUserByUsername(this.getUsername(token));
    LOGGER.info("[getAuthentication] 토큰 인증 정보 조회 완료, UserDetails UserName : {}",
```

```
        userDetails.getUsername());
    return new UsernamePasswordAuthenticationToken(userDetails, "",
        userDetails.getAuthorities());
}
```

이 메서드는 필터에서 인증이 성공했을 때 SecurityContextHolder에 저장할 Authentication을 생성하는 역할을 합니다. Authentication을 구현하는 편한 방법은 UsernamePasswordAuthenticationToken을 사용하는 것입니다. UsernamePasswordAuthenticationToken의 구조는 그림 13.7과 같습니다.

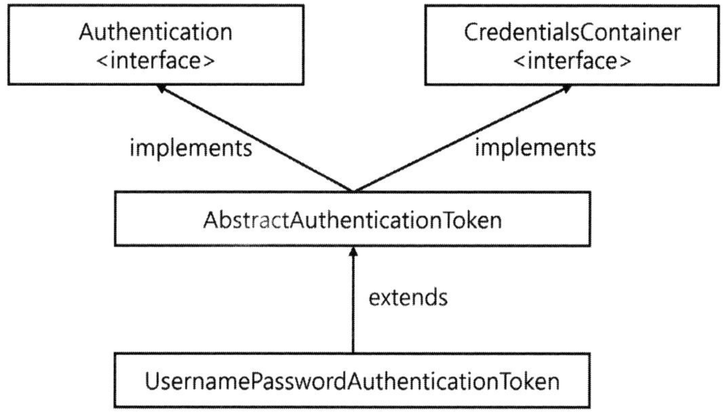

그림 13.7 UsernamePasswordAuthenticationToken의 상속 구조

UsernamePasswordAuthenticationToken은 AbstractAuthenticationToken을 상속받고 있는데 Abstract AuthenticationToken은 Authentication 인터페이스의 구현체입니다.

이 토큰 클래스를 사용하려면 초기화를 위한 UserDetails가 필요합니다. 이 객체는 UserDetails Service를 통해 가져오게 됩니다. 이때 사용되는 Username 값은 예제 13.14와 같이 구현합니다.

예제 13.14 getUsername() 메서드 file config/security/JwtTokenProvider.java

```
public String getUsername(String token) {
    LOGGER.info("[getUsername] 토큰 기반 회원 구별 정보 추출");
    String info = Jwts.parser().setSigningKey(secretKey).parseClaimsJws(token).getBody()
        .getSubject();
    LOGGER.info("[getUsername] 토큰 기반 회원 구별 정보 추출 완료, info : {}", info);
    return info;
}
```

Jwts.parser()를 통해 secretKey를 설정하고 클레임을 추출해서 토큰을 생성할 때 넣었던 sub 값을 추출합니다.

그다음으로 살펴볼 메서드는 resolveToken()입니다. resolveToken() 메서드는 예제 13.15와 같이 구현돼 있습니다.

예제 13.15 resolveToken() 메서드 file config/security/JwtTokenProvider.java

```
public String resolveToken(HttpServletRequest request) {
    LOGGER.info("[resolveToken] HTTP 헤더에서 Token 값 추출");
    return request.getHeader("X-AUTH-TOKEN");
}
```

이 메서드는 HttpServletRequest를 파라미터로 받아 헤더 값으로 전달된 'X-AUTH-TOKEN' 값을 가져와 리턴합니다. 클라이언트가 헤더를 통해 애플리케이션 서버로 JWT 토큰 값을 전달해야 정상적인 추출이 가능합니다. 헤더의 이름은 임의로 변경할 수 있습니다.

마지막으로 볼 메서드는 validateToken() 메서드로, 예제 13.16과 같이 작성돼 있습니다.

예제 13.16 validateToken() 메서드 file config/security/JwtTokenProvider.java

```
public boolean validateToken(String token) {
    LOGGER.info("[validateToken] 토큰 유효 체크 시작");
    try {
        Jws<Claims> claims = Jwts.parser().setSigningKey(secretKey).parseClaimsJws(token);

        return !claims.getBody().getExpiration().before(new Date());
    } catch (Exception e) {
        LOGGER.info("[validateToken] 토큰 유효 체크 예외 발생");
        return false;
    }
}
```

이 메서드는 토큰을 전달받아 클레임의 유효기간을 체크하고 boolean 타입의 값을 리턴하는 역할을 합니다.

13.5.3 JwtAuthenticationFilter 구현

JwtAuthenticationFilter는 JWT 토큰으로 인증하고 SecurityContextHolder에 추가하는 필터를 설정하는 클래스입니다. 우선 전체 코드를 보면 예제 13.17과 같습니다.

예제 13.17 JwtAuthenticationFilter 클래스 file config/security/JwtAuthenticationFilter.java

```
01 public class JwtAuthenticationFilter extends OncePerRequestFilter {
02
03     private final Logger LOGGER = LoggerFactory.getLogger(JwtAuthenticationFilter.class);
04     private final JwtTokenProvider jwtTokenProvider;
05
06     public JwtAuthenticationFilter(JwtTokenProvider jwtTokenProvider) {
07         this.jwtTokenProvider = jwtTokenProvider;
08     }
09
10     @Override
11     protected void doFilterInternal(HttpServletRequest servletRequest,
12         HttpServletResponse servletResponse,
13         FilterChain filterChain) throws ServletException, IOException {
14         String token = jwtTokenProvider.resolveToken(servletRequest);
15         LOGGER.info("[doFilterInternal] token 값 추출 완료. token : {}", token);
16
17         LOGGER.info("[doFilterInternal] token 값 유효성 체크 시작");
18         if (token != null && jwtTokenProvider.validateToken(token)) {
19             Authentication authentication = jwtTokenProvider.getAuthentication(token);
20             SecurityContextHolder.getContext().setAuthentication(authentication);
21             LOGGER.info("[doFilterInternal] token 값 유효성 체크 완료");
22         }
23
24         filterChain.doFilter(servletRequest, servletResponse);
25     }
26 }
```

코드는 비교적 간단합니다. 먼저 살펴볼 부분은 1번 줄의 OncePerRequestFilter입니다. 스프링 부트에서는 필터를 여러 방법으로 구현할 수 있는데, 가장 편한 구현 방법은 필터를 상속받아 사용하는 것입니다. 대표적으로 많이 사용되는 상속 객체는 GenericFilterBean과 OncePerRequestFilter입니다. GenericFilterBean을 상속받아 구현하면 예제 13.18과 같이 구현할 수 있습니다.

예제 13.18 GenericFilterBean을 상속받아 구현한 JwtAuthenticationFilter 클래스

```
public class JwtAuthenticationFilter extends GenericFilterBean {

    private final Logger LOGGER = LoggerFactory.getLogger(JwtAuthenticationFilter.class);
    private final JwtTokenProvider jwtTokenProvider;

    public JwtAuthenticationFilter(JwtTokenProvider jwtTokenProvider) {
        this.jwtTokenProvider = jwtTokenProvider;
    }

    @Override
    public void doFilter(ServletRequest servletRequest, ServletResponse servletResponse,
        FilterChain filterChain) throws IOException, ServletException {
        String token = jwtTokenProvider.resolveToken((HttpServletRequest) servletRequest);
        LOGGER.info("[doFilterInternal] token 값 추출 완료. token : {}", token);

        LOGGER.info("[doFilterInternal] token 값 유효성 체크 시작");
        if (token != null && jwtTokenProvider.validateToken(token)) {
            Authentication authentication = jwtTokenProvider.getAuthentication(token);
            SecurityContextHolder.getContext().setAuthentication(authentication);
            LOGGER.info("[doFilterInternal] token 값 유효성 체크 완료");
        }

        filterChain.doFilter(servletRequest, servletResponse);
    }
}
```

이번 예제에서는 예제 13.17과 같이 OncePerRequestFilter를 상속받은 코드를 사용하겠습니다.

스터디 가이드

GenericFilterBean은 기존 필터에서 가져올 수 없는 스프링의 설정 정보를 가져올 수 있게 확장된 추상 클래스입니다. 다만 서블릿은 사용자의 요청을 받으면 서블릿을 생성해서 메모리에 저장해두고 동일한 클라이언트의 요청을 받으면 재활용하는 구조여서 GenericFilterBean을 상속받으면 RequestDispatcher에 의해 다른 서블릿으로 디스패치되면서 필터가 두 번 실행되는 현상이 발생할 수 있습니다.

이 같은 문제를 해결하기 위해 등장한 것이 OncePerRequestFilter이며, 이 클래스 역시 GenericFilterBean을 상속받고 있습니다. 다만 이 클래스를 상속받아 구현한 필터는 매 요청마다 한 번만 실행되게끔 구현됩니다.

자세한 GenericFilterBean과 OncePerRequestFilter의 차이에 대해 알아보는 것을 권장합니다.

예제 13.17의 10~25번 줄을 보면 OncePerRequestFilter로부터 오버라이딩한 doFilterInternal() 메서드가 있습니다. 24번 줄의 doFilter() 메서드는 서블릿을 실행하는 메서드인데, doFilter() 메서드를 기준으로 앞에 작성한 코드는 서블릿이 실행되기 전에 실행되고, 뒤에 작성한 코드는 서블릿이 실행된 후에 실행됩니다.

메서드의 내부 로직을 보면 JwtTokenProvider를 통해 servletRequest에서 토큰을 추출하고, 토큰에 대한 유효성을 검사합니다. 토큰이 유효하다면 Authentication 객체를 생성해서 SecurityContextHolder에 추가하는 작업을 수행합니다.

13.5.4 SecurityConfiguration 구현

지금까지 실습을 통해 스프링 시큐리티를 적용하기 위한 컴포넌트를 구현했습니다. 이제 스프링 시큐리티와 관련된 설정을 진행하겠습니다. 스프링 시큐리티를 설정하는 대표적인 방법은 SecurityFilterChain을 리턴하는 Bean 객체를 구현하는 Configuration 클래스를 구현하는 것입니다. 전체적인 SecurityConfiguration 클래스의 구현은 예제 13.19와 같습니다.

예제 13.19 SecurityConfiguration 클래스 file config/security/SecurityConfiguration.java

```
@Configuration
public class SecurityConfiguration {

    private final JwtTokenProvider jwtTokenProvider;

    @Autowired
    public SecurityConfiguration(JwtTokenProvider jwtTokenProvider) {
        this.jwtTokenProvider = jwtTokenProvider;
    }

    @Bean
    public SecurityFilterChain filterChain(HttpSecurity httpSecurity) throws Exception {
        httpSecurity
                .csrf(AbstractHttpConfigurer::disable)

                .sessionManagement(httpSecuritySessionManagementConfigurer ->
                        httpSecuritySessionManagementConfigurer.sessionCreationPolicy(SessionCreationPolicy.STATELESS))
```

```

                .httpBasic(AbstractHttpConfigurer::disable)

                .authorizeHttpRequests(authorize ->
                        authorize
                                .requestMatchers("/sign-api/sign-up", "/swagger", "/swagger-ui.html", "/swagger-ui/**", "/api-docs", "/api-docs/**", "/v3/api-docs/**").permitAll()
                                .requestMatchers("/sign-api/sign-in", "/sign-api/sign-up", "/sign-api/exception").permitAll()
                                .requestMatchers(HttpMethod.GET, "/product/**").permitAll()
                                .requestMatchers("**exception**").permitAll()
                                .anyRequest().hasRole("ADMIN"))

                .formLogin(AbstractHttpConfigurer::disable)

                .addFilterBefore(new JwtAuthenticationFilter(jwtTokenProvider), UsernamePasswordAuthenticationFilter.class)

                .exceptionHandling((exceptionHandling) ->
                        exceptionHandling
                                .authenticationEntryPoint(new CustomAuthenticationEntryPoint())
                                .accessDeniedHandler(new CustomAccessDeniedHandler()));

        return httpSecurity.build();
    }
}
```

예제 13.19의 구조를 살펴보겠습니다. SecurityConfiguration 클래스의 주요 메서드는 지금까지 구현한 Filter를 어떻게 사용할지 정의한 SecurityFilterChain을 만드는 filterChain() 메서드입니다.

스프링 시큐리티의 설정은 대부분 HttpSecurity를 통해 진행합니다. 대표적인 기능은 다음과 같습니다.

- 리소스 접근 권한 설정
- 인증 실패 시 발생하는 예외 처리
- 인증 로직 커스터마이징
- csrf, cors 등의 스프링 시큐리티 설정

지금부터 filterChain() 메서드에 작성돼 있는 코드를 설정별로 구분해 설명하겠습니다. 모든 설정은 전달받은 HttpSecurity에 설정하게 됩니다.

csrf(AbstractHttpConfigurer::disable)

- REST API에서는 CSRF 보안이 필요 없기 때문에 비활성화하는 로직입니다. CSRF는 Cross-Site Request Forgery의 줄임말로 '사이트 간 요청 위조'를 의미합니다. '사이트 간 요청 위조'란 웹 애플리케이션의 취약점 중 하나로서 사용자가 자신의 의지와 무관하게 웹 애플리케이션을 대상으로 공격자가 의도한 행동을 함으로써 특정 페이지의 보안을 취약하게 한다거나 수정, 삭제 등의 작업을 하도록 만드는 공격 방법입니다. 스프링 시큐리티의 csrf() 메서드는 기본적으로 CSRF 토큰을 발급해서 클라이언트로부터 요청을 받을 때마다 토큰을 검증하는 방식으로 동작합니다. 브라우저 사용 환경이 아니라면 비활성화해도 크게 문제가 되지 않습니다.

sessionManagement(HttpSecuritySessionManagementConfigurer -> httpSecuritySessionMnagementConfigurer.sessionCreationPolicy(SessionCreationPolicy.STATELESS))

- REST API 기반 애플리케이션의 동작 방식을 설정합니다. 지금 진행 중인 프로젝트에서는 JWT 토큰으로 인증을 처리하며, 세션은 사용하지 않기 때문에 STATELESS로 설정합니다.

httpBasic(AbstractHttpConfigurer::disable)

- UI를 사용하는 것을 기본값으로 가진 시큐리티 설정을 비활성화합니다.

authorizeHttpRequests(중략)

- 애플리케이션에 들어오는 요청에 대한 사용 권한을 체크합니다.
- requestMatchers를 사용해 들어오는 path의 패턴을 파악해서 권한을 설정합니다.
- 예제 코드에서는 Swagger와 관련된 path와 sign 관련 경로에 대해 모두에게 허용합니다.
- /product/** 경로의 GET 요청은 모두 허용합니다.
- 'exception'이라는 단어가 들어간 경로는 모두 허용합니다.
- 그 외의 요청은 인증된 권한을 가진 자에게 허용됩니다.

formLogin(AbstractHttpConfigurer::disable)

- 스프링 시큐리티에서 기본으로 제공하는 로그인 폼을 비활성화합니다.

addFilterBefore()

- 생성한 Filter를 어떤 Filter의 앞에 배치할 것인지 설정하기 위해 사용합니다.

exceptionHandling()

- 인증/인가 과정에서 예외가 발생하는 경우 사용할 핸들러를 설정합니다.

각 메서드는 `CustomAccessDeniedHandler`와 `CustomAuthenticationEntryPoint`로 예외를 전달합니다. 각 클래스는 이후 내용에서 살펴보겠습니다.

앞에서 이야기한 것처럼 스프링 시큐리티는 각각의 역할을 수행하는 필터들이 체인 형태로 구성돼 순서대로 동작합니다. 이 책에서는 실습을 통해 JWT로 인증하는 필터를 생성했으며, 이 필터의 등록은 `HttpSecurity` 설정에서 진행합니다. 31번 줄의 `addFilterBefore()` 메서드를 사용해 어느 필터 앞에 추가할 것인지 설정할 수 있는데, 현재 구현돼 있는 설정은 스프링 시큐리티에서 인증을 처리하는 필터인 `UsernamePasswordAuthenticationFilter` 앞에 앞에서 생성한 `JwtAuthenticationFilter`를 추가하겠다는 의미입니다. 추가된 필터에서 인증이 정상적으로 처리되면 `UsernamePasswordAuthenticaionFilter`는 자동으로 통과되기 때문에 위와 같은 구성을 선택했습니다.

13.5.5 커스텀 AccessDeniedHandler, AuthenticationEntryPoint 구현

앞에서 살펴본 예제 13.19에서는 인증과 인가 과정의 예외 상황에서 `CustomAccessDeniedHandler`와 `CustomAuthenticationEntryPoint`로 예외를 전달하고 있었습니다. 이번 절에서는 이러한 클래스를 작성하는 방법을 알아보겠습니다.

먼저 `AccessDeniedHandler` 인터페이스의 구현체 클래스를 생성하겠습니다. 기본적으로 예제 13.20과 같이 `handle()` 메서드를 오버라이딩해서 구현하게 됩니다.

예제 13.20 CustomAccessDeniedHandler 클래스 file config/security/CustomAccessDeniedHandler.java

```
@Component
public class CustomAccessDeniedHandler implements AccessDeniedHandler {

    private final Logger LOGGER = LoggerFactory.getLogger(CustomAccessDeniedHandler.class);

    @Override
    public void handle(HttpServletRequest request, HttpServletResponse response,
        AccessDeniedException exception) throws IOException {
        LOGGER.info("[handle] 접근이 막혔을 경우 경로 리다이렉트");
        response.sendRedirect("/sign-api/exception");
    }
}
```

AccessDeniedException은 액세스 권한이 없는 리소스에 접근할 경우 발생하는 예외입니다. 이 예외를 처리하기 위해 AccessDeniedHandler 인터페이스가 사용되며, SecurityConfiguration에도 exceptionHandling() 메서드를 통해 추가했습니다. AccessDeniedHandler의 구현 클래스인 CustomAccessDeniedHandler 클래스는 handle() 메서드를 오버라이딩합니다. 이 메서드는 HttpServletRequest와 HttpServletResponse, AccessDeniedException을 파라미터로 가져옵니다.

이번 예제에서는 response에서 리다이렉트하는 sendRedirect() 메서드를 활용하는 방식으로 구현했습니다. 10번 줄에서 경로를 정의하면 다음과 같이 리다이렉트되어 정의한 예외 메서드가 호출되는 것을 볼 수 있습니다.

```
[INFO ] [http-nio-8080-exec-2] com.springboot.security.config.security.CustomAccessDeniedHandler
[handle] 접근이 막혔을 경우 경로 리다이렉트
[ERROR] [http-nio-8080-exec-6] com.springboot.security.controller.SignController ExceptionHandler
호출, null, 접근이 금지되었습니다.
```

로그에 출력된 스레드 번호를 보면 리다이렉트됐기 때문에 다른 스레드에서 동작하는 것을 볼 수 있습니다.

다음은 인증이 실패한 상황을 처리하는 AuthenticationEntryPoint 인터페이스를 구현한 CustomAuthenticationEntryPoint 클래스입니다. 전체 코드는 예제 13.21과 같습니다.

예제 13.21 CustomAuthenticationEntryPoint 클래스 file config/security/CustomAuthenticationEntryPoint.java

```java
@Component
public class CustomAuthenticationEntryPoint implements AuthenticationEntryPoint {

    private final Logger LOGGER = LoggerFactory.getLogger(CustomAuthenticationEntryPoint.class);

    @Override
    public void commence(HttpServletRequest request, HttpServletResponse response,
        AuthenticationException ex) throws IOException {
        ObjectMapper objectMapper = new ObjectMapper();
        LOGGER.info("[commence] 인증 실패로 response.sendError 발생");

        EntryPointErrorResponse entryPointErrorResponse = new EntryPointErrorResponse();
        entryPointErrorResponse.setMsg("인증이 실패하였습니다.");
```

```java

        response.setStatus(401);
        response.setContentType("application/json");
        response.setCharacterEncoding("utf-8");
        response.getWriter().write(objectMapper.writeValueAsString(entryPointErrorResponse));
    }
}
```

위 예제에서 사용된 EntryPointErrorResponse는 dto 패키지에 예제 13.22와 같이 생성합니다.

예제 13.22 EntryPointErrorResponse 클래스 file data/dto/EntryPointErrorResponse.java

```java
@Data
@NoArgsConstructor
@AllArgsConstructor
@ToString
public class EntryPointErrorResponse {

    private String msg;

}
```

예제 13.21의 클래스 구조는 앞에서 본 AccessDeniedHandler와 크게 다르지 않으며, commence() 메서드를 오버라이딩해서 코드를 구현합니다. 이 commence() 메서드는 HttpServletRequest, HttpServletResponse, AuthenticationException을 매개변수로 받는데, 이번 예제에서는 예외 처리를 위해 리다이렉트가 아니라 직접 Response를 생성해서 클라이언트에게 응답하는 방식으로 구현돼 있습니다.

컨트롤러에서는 응답을 위한 설정들이 자동으로 구현되기 때문에 별도의 작업이 필요하지 않았지만 여기서는 응답값을 설정할 필요가 있습니다. 메시지를 담기 위해 EntryPointErrorResponse 객체를 사용해 메시지를 설정하고, response에 상태 코드(status)와 콘텐츠 타입(Content-type) 등을 설정한 후 ObjectMapper를 사용해 EntryPointErrorResponse 객체를 바디 값으로 파싱합니다.

굳이 메시지를 설정할 필요가 없다면 예제 13.21의 commence() 메서드 내부에 예제 13.23과 같이 한 줄만 작성하는 식으로 인증 실패 코드만 전달할 수 있습니다.

예제 13.23 HttpServletReponse의 응답 코드 설정

```
@Override
public void commence(HttpServletRequest request, HttpServletResponse response,
    AuthenticationException ex) throws IOException {
    response.sendError(HttpServletResponse.SC_UNAUTHORIZED);
}
```

전체적인 코드 구조가 AccessDeniedHandler와 동일하기 때문에 지금까지 소개한 세 가지 응답을 구성하는 방식을 각 메서드에 혼용할 수도 있습니다.

13.5.6 회원가입과 로그인 구현

13.5.1절에서 인증에 사용되는 UserDetails 인터페이스의 구현체 클래스로 User 엔티티를 생성했습니다. 지금까지는 User 객체를 통해 인증하는 방법을 구현했는데, 이번 절에서는 User 객체를 생성하기 위해 회원가입을 구현하고 User 객체로 인증을 시도하는 로그인을 구현하겠습니다.

회원가입과 로그인의 도메인은 Sign으로 통합해서 표현할 예정이며, 각각 Sign-up, Sign-in으로 구분해서 기능을 구현합니다. 먼저 서비스 레이어를 구현하겠습니다. SignService 인터페이스에 정의된 메서드는 예제 13.24와 같습니다.

예제 13.24 SignService 인터페이스 file service/SignService.java

```
public interface SignService {

    SignUpResultDto signUp(String id, String password, String name, String role);

    SignInResultDto signIn(String id, String password) throws RuntimeException;

}
```

SignService 인터페이스를 구현한 SignServiceImpl 클래스의 전체 코드는 다음과 같습니다.

예제 13.25 SignServiceImpl 클래스 file service/impl/SignServiceImpl.java

```
@Service
public class SignServiceImpl implements SignService {

```

```
    private final Logger LOGGER = LoggerFactory.getLogger(SignServiceImpl.class);

    public UserRepository userRepository;
    public JwtTokenProvider jwtTokenProvider;
    public PasswordEncoder passwordEncoder;

    @Autowired
    public SignServiceImpl(UserRepository userRepository, JwtTokenProvider jwtTokenProvider,
        PasswordEncoder passwordEncoder) {
        this.userRepository = userRepository;
        this.jwtTokenProvider = jwtTokenProvider;
        this.passwordEncoder = passwordEncoder;
    }

    @Override
    public SignUpResultDto signUp(String id, String password, String name, String role) {
        LOGGER.info("[getSignUpResult] 회원 가입 정보 전달");
        User user;
        if (role.equalsIgnoreCase("admin")) {
            user = User.builder()
                .uid(id)
                .name(name)
                .password(passwordEncoder.encode(password))
                .roles(Collections.singletonList("ROLE_ADMIN"))
                .build();
        } else {
            user = User.builder()
                .uid(id)
                .name(name)
                .password(passwordEncoder.encode(password))
                .roles(Collections.singletonList("ROLE_USER"))
                .build();
        }

        User savedUser = userRepository.save(user);
        SignUpResultDto signUpResultDto = new SignInResultDto();

        LOGGER.info("[getSignUpResult] userEntity 값이 들어왔는지 확인 후 결과값 주입");
```

```
        if (!savedUser.getName().isEmpty()) {
            LOGGER.info("[getSignUpResult] 정상 처리 완료");
            setSuccessResult(signUpResultDto);
        } else {
            LOGGER.info("[getSignUpResult] 실패 처리 완료");
            setFailResult(signUpResultDto);
        }
        return signUpResultDto;
    }

    @Override
    public SignInResultDto signIn(String id, String password) throws RuntimeException {
        LOGGER.info("[getSignInResult] signDataHandler 로 회원 정보 요청");
        User user = userRepository.getByUid(id);
        LOGGER.info("[getSignInResult] Id : {}", id);

        LOGGER.info("[getSignInResult] 패스워드 비교 수행");
        if (!passwordEncoder.matches(password, user.getPassword())) {
            throw new RuntimeException();
        }
        LOGGER.info("[getSignInResult] 패스워드 일치");

        LOGGER.info("[getSignInResult] SignInResultDto 객체 생성");
        SignInResultDto signInResultDto = SignInResultDto.builder()
            .token(jwtTokenProvider.createToken(String.valueOf(user.getUid()),
                user.getRoles()))
            .build();

        LOGGER.info("[getSignInResult] SignInResultDto 객체에 값 주입");
        setSuccessResult(signInResultDto);

        return signInResultDto;
    }

    private void setSuccessResult(SignUpResultDto result) {
        result.setSuccess(true);
        result.setCode(CommonResponse.SUCCESS.getCode());
        result.setMsg(CommonResponse.SUCCESS.getMsg());
```

```
80      }
81
82      private void setFailResult(SignUpResultDto result) {
83          result.setSuccess(false);
84          result.setCode(CommonResponse.FAIL.getCode());
85          result.setMsg(CommonResponse.FAIL.getMsg());
86      }
87  }
```

예제의 6~16번 줄에서는 회원가입과 로그인을 구현하기 위해 세 가지 객체에 대한 의존성 주입을 받습니다.

18~36번 줄에서는 회원가입을 구현합니다. 현재 애플리케이션에서는 ADMIN과 USER로 권한을 구분하고 있습니다. signUp() 메서드는 그에 맞게 전달받은 role 객체를 확인해 User 엔티티의 roles 변수에 추가해서 엔티티를 생성합니다. 패스워드는 암호화해서 저장해야 하기 때문에 PasswordEncoder를 활용해 인코딩을 수행합니다. PasswordEncoder는 예제 13.26과 같이 별도의 @Configuration 클래스를 생성하고 @Bean 객체로 등록하도록 구현했습니다.

예제 13.26 PasswordEncoderConfiguration 클래스 file config/PasswordEncoderConfiguration.java

```
01  @Configuration
02  public class PasswordEncoderConfiguration {
03
04      @Bean
05      public PasswordEncoder passwordEncoder() {
06          return PasswordEncoderFactories.createDelegatingPasswordEncoder();
07      }
08
09  }
```

위 예제는 빈 객체를 등록하기 위해서 생성된 클래스이기 때문에 SecurityConfiguration 클래스 같은 이미 생성된 @Configuration 클래스 내부에 4~7번 줄의 passwordEncoder() 메서드를 정의해도 충분합니다.

이렇게 생성된 엔티티를 UserRepository를 통해 저장합니다. 실제 엔터프라이즈 환경에서는 회원가입을 위한 필드도 많고 코드도 복잡하겠지만 이 책에서는 부가적인 사항들은 모두 배제하고 회원가입 자체만 구현하겠습니다.

이제 회원으로 가입한 사용자의 아이디와 패스워드를 가지고 로그인을 수행할 수 있습니다. 로그인 메서드는 예제 13.25의 52~74번 줄에 구현돼 있습니다.

로그인은 미리 저장돼 있는 계정 정보와 요청을 통해 전달된 계정 정보가 일치하는지 확인하는 작업입니다. `signIn()` 메서드는 아이디와 패스워드를 입력받아 처리하게 됩니다. 내부 로직을 좀 더 자세히 살펴보겠습니다.

1. `id`를 기반으로 `UserRepository`에서 `User` 엔티티를 가져옵니다.
2. `PasswordEncoder`를 사용해 데이터베이스에 저장돼 있던 패스워드와 입력받은 패스워드가 일치하는지 확인하는 작업을 수행합니다. 이번 예제에서는 패스워드가 일치하지 않아 예외를 발생시키는 데 `RuntimeException`을 사용했지만 별도의 커스텀 예외를 만들어서 사용하기도 합니다.
3. 패스워드가 일치해서 인증을 통과하면 `JwtTokenProvider`를 통해 `id`와 `role` 값을 전달해서 토큰을 생성한 후 `Response`에 담아 전달합니다.

예제 13.25의 76~86번 줄은 결과 데이터를 설정하는 메서드입니다. 회원가입과 로그인 메서드에서 사용할 수 있게 설정돼 있으며, 각 메서드는 DTO를 전달받아 값을 설정합니다. 이때 사용된 `CommonResponse` 클래스는 다음과 같이 작성돼 있습니다.

예제 13.27 CommonResponse 클래스 file common/CommonResponse.java

```java
package com.springboot.security.common;

public enum CommonResponse {

    SUCCESS(0, "Success"), FAIL(-1, "Fail");

    int code;
    String msg;

    CommonResponse(int code, String msg) {
        this.code = code;
        this.msg = msg;
    }

    public int getCode() {
        return code;
    }
```

```

    public String getMsg() {
        return msg;
    }

}
```

이제 회원가입과 로그인을 API로 노출하는 컨트롤러를 생성해야 하는데 사실상 서비스 레이어로 요청을 전달하고 응답하는 역할만 수행하기 때문에 코드만 소개하겠습니다. SignController의 전체 코드는 예제 13.28과 같습니다.

예제 13.28 SignController 클래스 file controller/SignController.java

```
@RestController
@RequestMapping("/sign-api")
public class SignController {

    private final Logger LOGGER = LoggerFactory.getLogger(SignController.class);
    private final SignService signService;

    @Autowired
    public SignController(SignService signService) {
        this.signService = signService;
    }

    @PostMapping(value = "/sign-in")
    public SignInResultDto signIn(
        @ApiParam(value = "ID", required = true) @RequestParam String id,
        @ApiParam(value = "Password", required = true) @RequestParam String password)
        throws RuntimeException {
        LOGGER.info("[signIn] 로그인을 시도하고 있습니다. id : {}, pw : ****", id);
        SignInResultDto signInResultDto = signService.signIn(id, password);

        if (signInResultDto.getCode() == 0) {
            LOGGER.info("[signIn] 정상적으로 로그인되었습니다. id : {}, token : {}", id,
                signInResultDto.getToken());
        }
        return signInResultDto;
```

```
    }

    @PostMapping(value = "/sign-up")
    public SignUpResultDto signUp(
        @ApiParam(value = "ID", required = true) @RequestParam String id,
        @ApiParam(value = "비밀번호", required = true) @RequestParam String password,
        @ApiParam(value = "이름", required = true) @RequestParam String name,
        @ApiParam(value = "권한", required = true) @RequestParam String role) {
        LOGGER.info("[signUp] 회원가입을 수행합니다. id : {}, password : ****, name : {}, role : {}", id,
            name, role);
        SignUpResultDto signUpResultDto = signService.signUp(id, password, name, role);

        LOGGER.info("[signUp] 회원가입을 완료했습니다. id : {}", id);
        return signUpResultDto;
    }

    @GetMapping(value = "/exception")
    public void exceptionTest() throws RuntimeException {
        throw new RuntimeException("접근이 금지되었습니다.");
    }

    @ExceptionHandler(value = RuntimeException.class)
    public ResponseEntity<Map<String, String>> ExceptionHandler(RuntimeException e) {
        HttpHeaders responseHeaders = new HttpHeaders();
        //responseHeaders.add(HttpHeaders.CONTENT_TYPE, "application/json");
        HttpStatus httpStatus = HttpStatus.BAD_REQUEST;

        LOGGER.error("ExceptionHandler 호출, {}, {}", e.getCause(), e.getMessage());

        Map<String, String> map = new HashMap<>();
        map.put("error type", httpStatus.getReasonPhrase());
        map.put("code", "400");
        map.put("message", "에러 발생");

        return new ResponseEntity<>(map, responseHeaders, httpStatus);
    }
}
```

클라이언트는 위와 같이 계정을 생성하고 로그인 과정을 거쳐 토큰값을 전달받음으로써 이 애플리케이션에서 제공하는 API 서비스를 사용할 준비를 마칩니다. Response로 전달되는 SignUpResultDto와 SignInResultDto 클래스는 각각 예제 13.29와 예제 13.30과 같습니다.

예제 13.29 SignUpResultDto 클래스 file data/dto/SignUpResultDto.java

```
@Data
@NoArgsConstructor
@AllArgsConstructor
@ToString
public class SignUpResultDto {

    private boolean success;

    private int code;

    private String msg;

}
```

예제 13.30 SignInResultDto 클래스 file data/dto/SignInResultDto.java

```
@Data
@NoArgsConstructor
@AllArgsConstructor
@ToString
public class SignInResultDto extends SignUpResultDto {

    private String token;

    @Builder
    public SignInResultDto(boolean success, int code, String msg, String token) {
        super(success, code, msg);
        this.token = token;
    }

}
```

여기까지 구현이 완료되면 정상적으로 스프링 시큐리티가 동작하는 애플리케이션 환경이 완성된 것입니다. 다음 절에서는 애플리케이션의 동작을 확인하겠습니다.

13.5.7 스프링 시큐리티 테스트

이번에는 클라이언트의 입장이 되어 스프링 시큐리티가 동작하는 상황에서 테스트를 수행해 보겠습니다. Swagger를 활용할 예정이며, Swagger 페이지를 접속하는 경로는 예제 13.19에서 `WebSecurity`를 사용하는 `configure()` 메서드에서 인증에 대한 예외 처리를 했기 때문에 정상적으로 접속이 가능합니다.

애플리케이션 가동 로그

먼저 애플리케이션을 가동했을 때 나타나는 스프링 시큐리티와 관련된 로그를 살펴보겠습니다. 애플리케이션이 가동되면 스프링 시큐리티와 관련된 빈도 초기화되어 등록되면서 몇 가지 로그를 확인할 수 있습니다. `DEBUG` 레벨에서 로그를 확인하면 내용이 너무 많아지기 때문에 `INFO` 레벨에서 확인할 수 있는 로그와 예제에서 작성한 커스텀 로그들을 살펴보겠습니다. 맨 먼저 살펴볼 로그는 다음과 같습니다.

애플리케이션 가동 로그 – JwtTokenProvider

```
01 [INFO ] [main] com.springboot.security.config.security.JwtTokenProvider [init] JwtTokenProvider 내 secretKey 초기화 시작
02 flature!@#
03 ZmxhdHVyZSFAIw==
04 [INFO ] [main] com.springboot.security.config.security.JwtTokenProvider [init] JwtTokenProvider 내 secretKey 초기화 완료
```

`JwtTokenProvider` 클래스는 `@Component`로 등록돼 있고 `@PostConstruct`로 `init()` 메서드가 정의돼 있습니다. 2~3번 줄의 로그는 임의로 적은 것이며, `init()` 메서드에서는 `application.properties` 파일에 정의돼 있는 `secretKey`의 값을 가져와 인코딩하는 작업을 수행합니다.

이어서 다음과 같은 로그를 보겠습니다.

애플리케이션 가동 로그 – DefaultSecurityFilterChain

```
[DEBUG] [main] org.springframework.security.web.DefaultSecurityFilterChain Will secure any request
with filters: DisableEncodeUrlFilter, WebAsyncManagerIntegrationFilter, SecurityContextHolderFilter,
HeaderWriterFilter, LogoutFilter, JwtAuthenticationFilter, RequestCacheAwareFilter, Securi
tyContextHolderAwareRequestFilter, AnonymousAuthenticationFilter, SessionManagementFilter,
ExceptionTranslationFilter, AuthorizationFilter
```

참고로 해당 로그를 보기 위해서는 `logback-spring.xml` 파일에서 로그 레벨을 `DEBUG`로 수정해야 하며, 위 로그는 가독성을 위해 로그에 나열된 필터 배열을 간략하게 정리했습니다. `DefaultSecurityFilterChain`은 `SecurityFilterChain` 인터페이스의 구현체 클래스입니다. `DefaultSecurityFilterChain`의 일부 코드는 예제 13.31과 같습니다.

예제 13.31 DefaultSecurityFilterChain

```java
public final class DefaultSecurityFilterChain implements SecurityFilterChain {
  private static final Log logger = LogFactory.getLog(DefaultSecurityFilterChain.class);
  private final RequestMatcher requestMatcher;
  private final List<Filter> filters;

  public DefaultSecurityFilterChain(RequestMatcher requestMatcher, Filter... filters) {
    this(requestMatcher, Arrays.asList(filters));
  }

  public DefaultSecurityFilterChain(RequestMatcher requestMatcher, List<Filter> filters) {
    if (filters.isEmpty()) {
      logger.debug(LogMessage.format("Will not secure %s", requestMatcher));
    } else {
      List<String> filterNames = new ArrayList();
      Iterator var4 = filters.iterator();

      while(var4.hasNext()) {
        Filter filter = (Filter)var4.next();
        filterNames.add(filter.getClass().getSimpleName());
      }

      String names = StringUtils.collectionToDelimitedString(filterNames, ", ");
      logger.debug(LogMessage.format("Will secure %s with filters: %s", requestMatcher, names));
    }
```

```
25
26      this.requestMatcher = requestMatcher;
27      this.filters = new ArrayList(filters);
28    }
29  ... 생략 ...
30  }
```

DefaultSecurityFilterChain은 HttpSecurity에 의해 호출되며, 그 과정에서 위 예제의 10~24번 줄의 생성자를 통해 사용될 Filter를 전달받습니다.

여기에 나열된 필터를 보면 13.3절에서 소개한 필터 목록의 필터들이 순서대로 나열된 것을 볼 수 있습니다. 그중 6번째 항목으로 앞에서 생성해서 필터에 추가했던 JwtAuthenticationFilter를 볼 수 있습니다.

정상적인 동작 시나리오

그럼 정상적으로 동작하는 시나리오를 기반으로 테스트를 수행하겠습니다. 절차는 다음과 같습니다.

1. 회원가입에 성공한다.
2. 회원가입에 성공한 계정 정보를 기반으로 로그인을 성공한다.
   A. 로그인에 성공하면서 토큰을 발급받는다.
3. 상품 컨트롤러의 상품 등록 API를 호출한다.
   A. API 호출 시 로그인 과정에서 받은 토큰을 헤더에 추가해서 전달한다.
4. 정상적으로 상품 등록을 마친다.

먼저 Swagger 페이지에 접속해 회원가입을 진행합니다. 그림 13.8과 같이 값을 입력합니다.

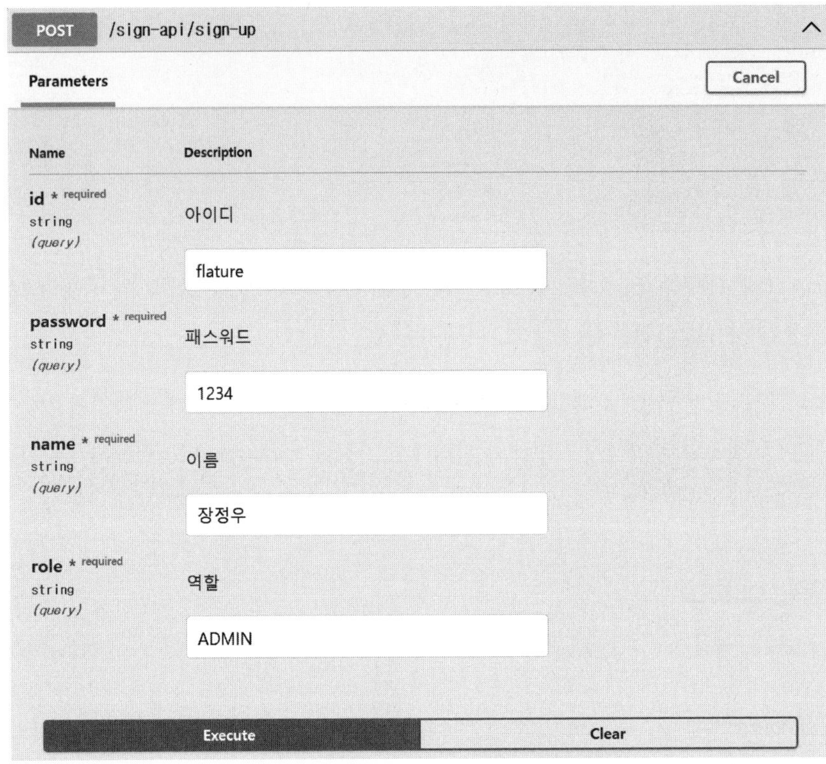

그림 13.8 Swagger 페이지를 통한 회원가입

입력값은 다음과 같습니다.

- id: flature
- name: 장정우
- password: 1234
- role: ADMIN

입력값을 제한하지 않았기 때문에 임의로 입력해도 무관합니다. 다만 role만 `USER`와 `ADMIN`으로 구분해서 객체를 생성하는 과정이 서비스 레이어에 있기 때문에 유의해서 입력해야 합니다. 위와 같이 입력하면 그림 13.9와 같이 정상적인 회원가입 완료 화면이 출력됩니다.

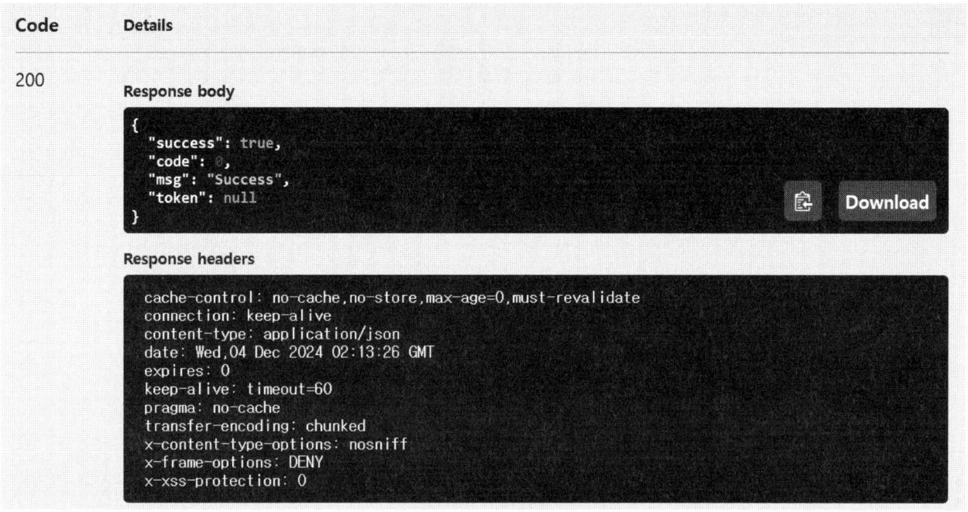

Code Details

200

Response body

```
{
  "success": true,
  "code": 0,
  "msg": "Success",
  "token": null
}
```

Download

Response headers

```
cache-control: no-cache,no-store,max-age=0,must-revalidate
connection: keep-alive
content-type: application/json
date: Wed,04 Dec 2024 02:13:26 GMT
expires: 0
keep-alive: timeout=60
pragma: no-cache
transfer-encoding: chunked
x-content-type-options: nosniff
x-frame-options: DENY
x-xss-protection: 0
```

그림 13.9 정상적인 회원가입 완료

이제 회원가입한 정보를 통해 로그인을 수행합니다. 로그인을 위해 회원가입할 때 입력한 `id`와 `password`를 사용합니다. 그림 13.10과 같이 입력해 로그인을 수행합니다.

POST /sign-api/sign-in

Parameters Cancel

Name	Description
id * required string *(query)*	아이디 flature
password * required string *(query)*	패스워드 1234

Execute

그림 13.10 Swagger 페이지를 통한 로그인

입력값은 다음과 같습니다.

- id: flature
- password: 1234

위와 같이 입력하면 정상적으로 로그인되면서 그림 13.11과 같은 결과를 볼 수 있습니다.

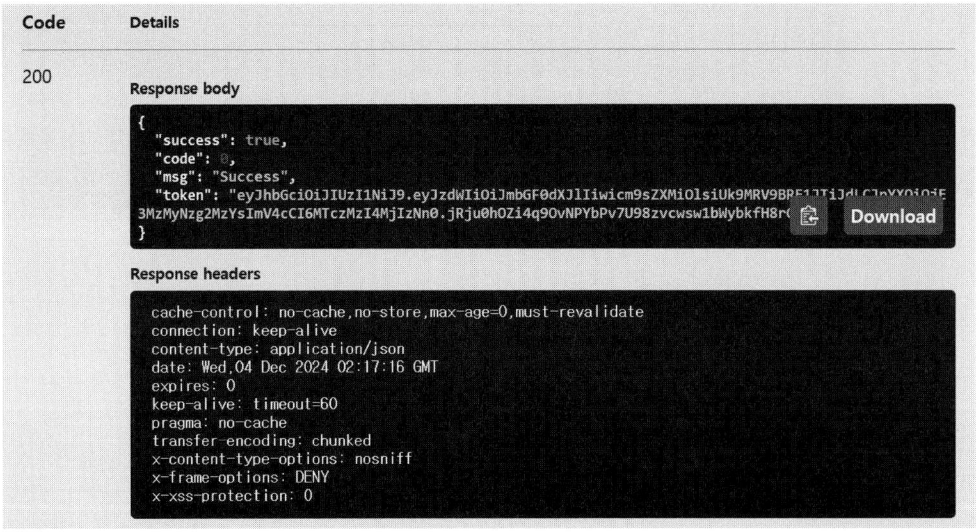

Code	Details
200	Response body

```
{
  "success": true,
  "code": 0,
  "msg": "Success",
  "token": "eyJhbGciOiJIUzI1NiJ9.eyJzdWIiOiJmbGF0dXJlIiwicm9sZXMiOlsiUk9MRV9BR
3MzMyNzg2MzYsImV4cCI6MTczMzI4MjIzNn0.jRju0hOZi4q9OvNPYbPv7U98zvcwsw1bWybkfH8r
}
```

Download

Response headers

```
cache-control: no-cache,no-store,max-age=0,must-revalidate
connection: keep-alive
content-type: application/json
date: Wed,04 Dec 2024 02:17:16 GMT
expires: 0
keep-alive: timeout=60
pragma: no-cache
transfer-encoding: chunked
x-content-type-options: nosniff
x-frame-options: DENY
x-xss-protection: 0
```

그림 13.11 정상적인 로그인 결과

결괏값에서 응답으로 온 토큰값도 볼 수 있습니다. 앞으로 인증이 필요한 리소스에 접근할 때는 이 토큰값을 헤더에 추가해서 전달해야 합니다.

이제 상품 등록 API를 통해 상품을 등록해보겠습니다. 그림 13.12와 같이 상품 정보를 기입합니다.

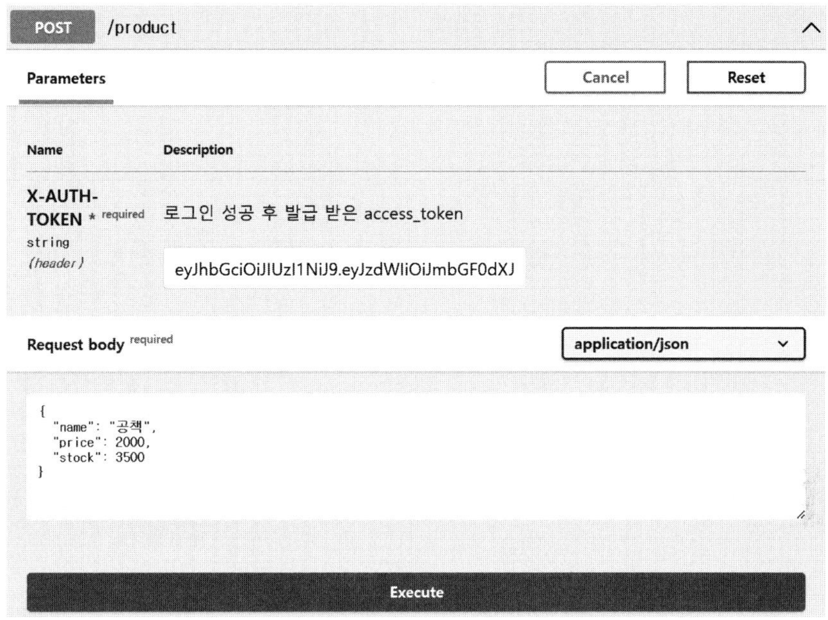

그림 13.12 Swagger 페이지를 통한 상품 등록

입력값은 다음과 같습니다.

헤더

- X-AUTH-TOKEN: `eyJhbGciOiJIUzI1Ni...`(로그인 성공 후 발급받은 토큰)

Body

- name: 공책
- price: 2000
- stock: 3500

이 과정에서 헤더 값을 입력할 수 있는 폼이 나오지 않는다면 다음과 같이 `ProductController` 클래스의 `createProduct()` 메서드에 Swagger의 애너테이션을 지정합니다.

```
@ApiImplicitParams({
    @ApiImplicitParam(name = "X-AUTH-TOKEN", value = "로그인 성공 후 발급 받은 access_token",
required = true, dataType = "String", paramType = "header")
```

```
})
@PostMapping()
public ResponseEntity<ProductResponseDto> createProduct(@RequestBody ProductDto productDto) {
    long currentTime = System.currentTimeMillis();
    ProductResponseDto productResponseDto = productService.saveProduct(productDto);

    LOGGER.info("[createProduct] Response Time : {}ms", System.currentTimeMillis() - currentTime);
    return ResponseEntity.status(HttpStatus.OK).body(productResponseDto);
}
```

위와 같이 입력하면 상품 등록이 문제없이 완료됩니다. 상품 등록의 결과 화면은 그림 13.13과 같습니다.

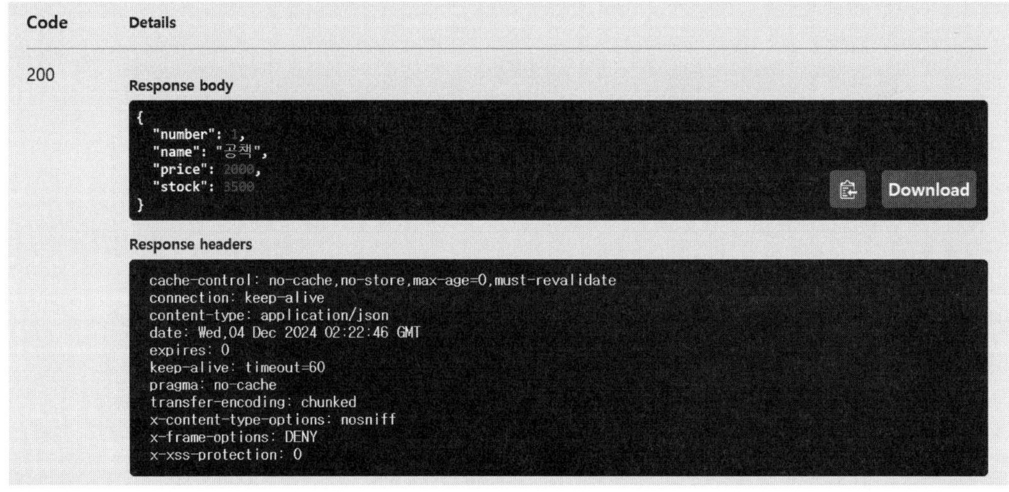

그림 13.13 정상적인 상품 등록 결과

상품이 정상적으로 등록됐는지 확인하려면 상품 조회 API를 이용해 확인할 수 있습니다. 조회 기능은 별도의 토큰을 전달하지 않아도 사용할 수 있게 보안 설정을 했기 때문에 토큰 없이 사용할 수 있습니다.

비정상적인 동작 시나리오 - 인증 예외 발생

스프링 시큐리티의 동작을 확인하는 시나리오에서 비정상적인 동작은 크게 두 가지로 구분할 수 있습니다. 바로 인증이 실패한 경우와 인가가 실패한 경우입니다. 먼저 확인할 시나리오는 인증 과정에서 예외가 발생하는 상황입니다. 절차는 다음과 같습니다.

1. 회원가입에 성공한다.
2. 회원가입에 성공한 계정 정보를 기반으로 로그인에 성공한다.
   A. 로그인에 성공하면서 토큰을 발급받는다.
3. 상품 컨트롤러의 상품 등록 API를 호출한다.
   A. API 호출 시 로그인 과정에서 받은 토큰을 변조해서 헤더에 추가한 후 전달한다.
4. 인증 예외 메시지가 응답으로 돌아온다.

회원가입과 로그인은 정상적인 동작 시나리오와 동일하기 때문에 이번 테스트에서도 그대로 이용하겠습니다. 남은 것은 상품 등록 API를 사용하는 과정에서 토큰의 값을 변조해서 전달하는 과정을 통해 인증 예외가 발생하는지 확인하는 과정입니다. 이를 위해 그림 13.14와 같이 토큰값을 임의의 값으로 입력하고 요청합니다.

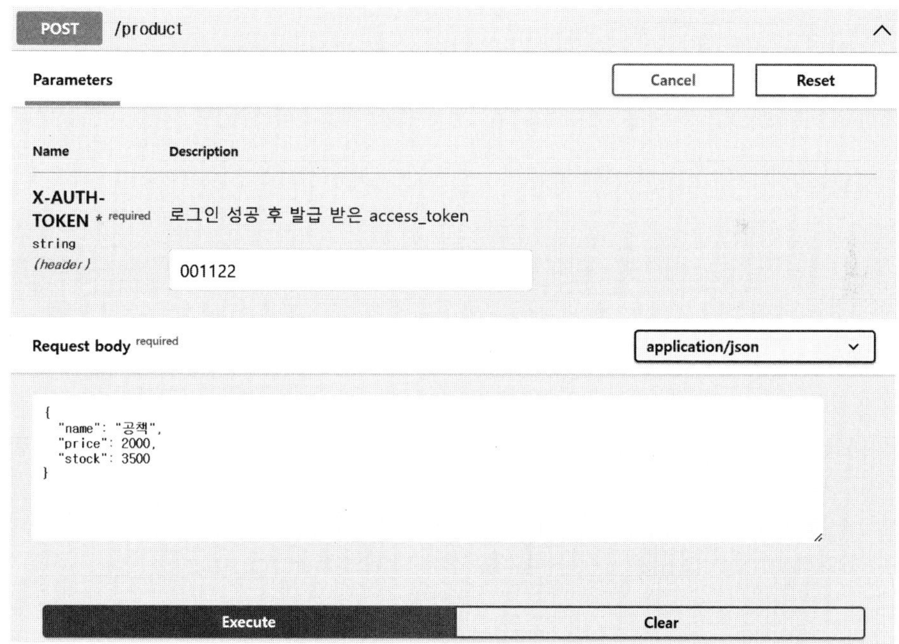

그림 13.14 토큰값을 변조한 상품 등록

위와 같이 토큰값을 변조하고 API를 호출하면 그림 13.15와 같은 메시지가 응답으로 돌아옵니다.

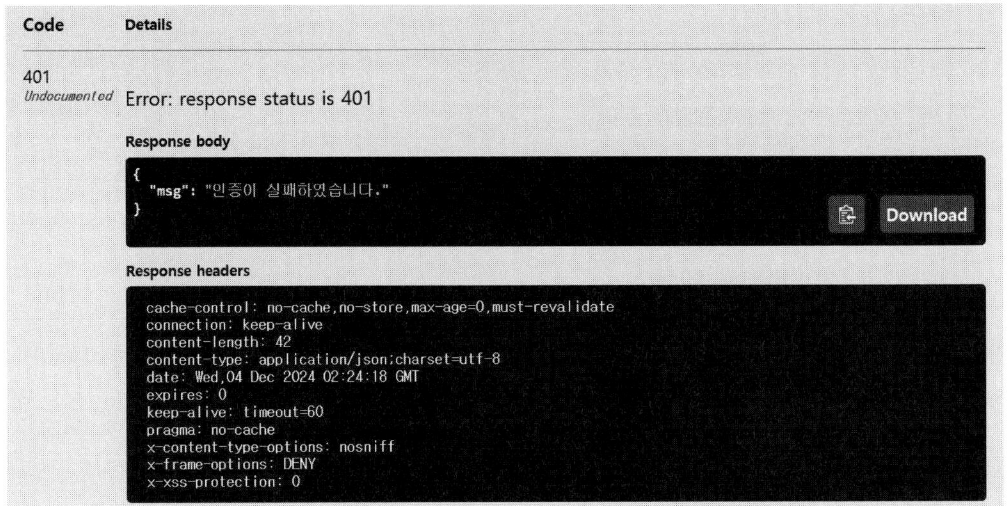

그림 13.15 인증 에러 메시지

인증에 실패했기 때문에 예제 13.32의 `CustomAuthenticationEntryPoint`에 구현한 예외 상황에 대한 메시지가 담긴 응답이 애플리케이션에서 생성되고 클라이언트에게 전달된 것을 볼 수 있습니다.

예제 13.32 CustomAuthenticationEntryPoint 클래스 file config/security/CustomAuthenticationEntryPoint.java

```
@Component
public class CustomAuthenticationEntryPoint implements AuthenticationEntryPoint {

    private final Logger LOGGER = LoggerFactory.getLogger(CustomAuthenticationEntryPoint.class);

    @Override
    public void commence(HttpServletRequest request, HttpServletResponse response,
        AuthenticationException ex) throws IOException {
        ObjectMapper objectMapper = new ObjectMapper();
        LOGGER.info("[commence] 인증 실패로 response.sendError 발생");

        EntryPointErrorResponse entryPointErrorResponse = new EntryPointErrorResponse();
        entryPointErrorResponse.setMsg("인증이 실패하였습니다.");

        response.setStatus(401);
        response.setContentType("application/json");
        response.setCharacterEncoding("utf-8");
```

```
        response.getWriter().write(objectMapper.writeValueAsString(entryPointErrorResponse));
        //response.sendError(HttpServletResponse.SC_UNAUTHORIZED);
    }
}
```

비정상적인 동작 시나리오 - 인가 예외 발생

그 다음은 인가 과정에서 예외가 발생하는 상황입니다. 절차는 다음과 같습니다.

1. 회원가입에 성공한다.
2. 회원가입에 성공한 계정 정보를 기반으로 로그인에 성공한다.
   A. 로그인에 성공하면서 토큰을 발급받는다.
3. 상품 컨트롤러의 상품 등록 API를 호출한다.
   A. API 호출 시 로그인 과정에서 받은 토큰을 헤더에 추가한 후 전달한다.
4. 인가 예외 발생으로 `/exception`으로 리다이렉트 후 예외 메시지가 응답으로 돌아온다.

이 시나리오는 권한 예외를 확인해야 하기 때문에 회원가입을 다시 진행해야 합니다. 현재 권한은 `SecurityConfiguration` 클래스에서 볼 수 있듯이 `ADMIN`에게만 부여돼 있고 `USER`에게는 부여되지 않은 상황입니다. 새로운 회원가입 단계에서 `USER` 권한을 받아야 이 시나리오를 진행할 수 있습니다. 이를 위해 그림 13.16과 같이 입력해서 회원가입을 진행합니다.

그림 13.16 USER 권한을 설정한 회원가입

입력값은 다음과 같습니다.

- id: user_flature
- name: 장정우
- password: 1234
- role: USER

위와 같이 입력하고 회원가입을 진행하면 그림 13.17과 같이 정상적으로 회원가입이 완료됩니다.

Code	Details
200	Response body

```
{
  "success": true,
  "code": 0,
  "msg": "Success",
  "token": null
}
```

Download

Response headers

```
cache-control: no-cache,no-store,max-age=0,must-revalidate
connection: keep-alive
content-type: application/json
date: Wed,04 Dec 2024 02:25:48 GMT
expires: 0
keep-alive: timeout=60
pragma: no-cache
transfer-encoding: chunked
x-content-type-options: nosniff
x-frame-options: DENY
x-xss-protection: 0
```

그림 13.17 관리자 권한 사용자의 회원가입

그러고 나서 그림 13.18과 같이 로그인을 수행합니다.

POST /sign-api/sign-in

Parameters　Cancel

Name	Description
id * required string *(query)*	아이디 user_flature
password * required string *(query)*	패스워드 1234

Execute　Clear

그림 13.18 로그인

회원가입할 때 입력했던 아이디와 패스워드를 입력하면 그림 13.19와 같이 정상적으로 로그인에 성공합니다.

Code	Details
200	Response body

```
{
  "success": true,
  "code": 0,
  "msg": "Success",
  "token": "eyJhbGciOiJIUzI1NiJ9.eyJzdWIiOiJ1c2VyX2ZsYXR1cmUiLCJyb2xlcyI6WyJST0xFX1VTRVIiXSwiaWF0IjoxNzMz
Mjc5MjQwLCJleHAiOjE3MzMyODI4NDB9.o5EOW5Wv_PnklBLumn3rGW8xsMACTnufbmB7-8STVdk"
}
```

Download

Response headers

```
cache-control: no-cache,no-store,max-age=0,must-revalidate
connection: keep-alive
content-type: application/json
date: Wed,04 Dec 2024 02:27:20 GMT
expires: 0
keep-alive: timeout=60
pragma: no-cache
transfer-encoding: chunked
x-content-type-options: nosniff
x-frame-options: DENY
x-xss-protection: 0
```

그림 13.19 로그인 성공

이제 상품 등록 API를 호출합니다. 그림 13.20과 같이 로그인 과정에서 발급받은 토큰값을 이용해 호출을 시도하겠습니다.

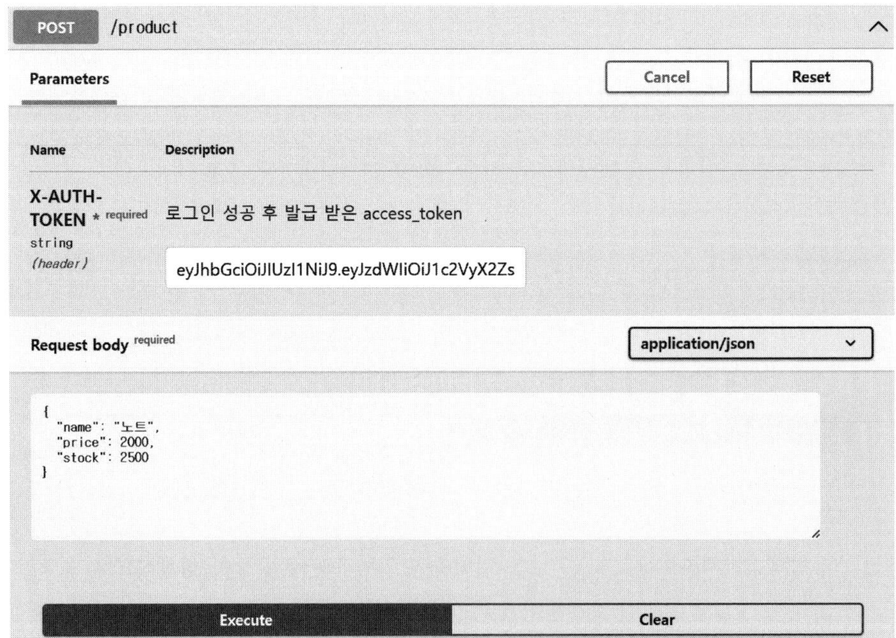

그림 13.20 USER 권한을 가진 토큰을 활용한 상품 등록 API 호출

위와 같이 설정하고 호출하면 권한이 없을 때 발생하는 인가 예외가 발생합니다. IDE 내 콘솔 로그를 보면 다음과 같이 출력됩니다.

```
01 [INFO ] [http-nio-8080-exec-7] com.springboot.security.config.security.JwtAuthenticationFilter
[doFilterInternal] token 값 유효성 체크 시작
02 [INFO ] [http-nio-8080-exec-7] com.springboot.security.config.security.JwtTokenProvider
[validateToken] 토큰 유효 체크 시작
03 [INFO ] [http-nio-8080-exec-7] com.springboot.security.config.security.JwtTokenProvider
[validateToken] 토큰 유효 체크 완료
04 [INFO ] [http-nio-8080-exec-7] com.springboot.security.config.security.JwtTokenProvider
[getAuthentication] 토큰 인증 정보 조회 시작
05 [INFO ] [http-nio-8080-exec-7] com.springboot.security.config.security.JwtTokenProvider
[getUsername] 토큰 기반 회원 구별 정보 추출
06 [INFO ] [http-nio-8080-exec-7] com.springboot.security.config.security.JwtTokenProvider
[getUsername] 토큰 기반 회원 구별 정보 추출 완료, info : user_flature
07 [INFO ] [http-nio-8080-exec-7] com.springboot.security.service.impl.UserDetailsServiceImpl
[loadUserByUsername] loadUserByUsername 수행. username : user_flature
08 [INFO ] [http-nio-8080-exec-7] com.springboot.security.config.security.JwtTokenProvider
[getAuthentication] 토큰 인증 정보 조회 완료, UserDetails UserName : user_flature
09 [INFO ] [http-nio-8080-exec-7] com.springboot.security.config.security.JwtAuthenticationFilter
[doFilterInternal] token 값 유효성 체크 완료
10 [INFO ] [http-nio-8080-exec-7] com.springboot.security.config.security.CustomAccessDeniedHandler
[handle] 접근이 막혔을 경우 경로 리다이렉트
11 [ERROR] [http-nio-8080-exec-8] com.springboot.security.controller.SignController
ExceptionHandler 호출, null, 접근이 금지되었습니다.
```

로그의 2~9번 줄을 보면 토큰의 유효성 체크를 통해 인증은 정상적으로 성공한 것을 볼 수 있습니다. 다만 10번 줄처럼 인가가 실패해서 접근이 막힌 것을 볼 수 있습니다. 이때 인가 예외에 대한 처리는 CustomAccessDeniedHandler에서 수행하고 있습니다.

13.6 정리

이번 장에서는 스프링 시큐리티를 다루는 방법을 알아봤습니다. 스프링 시큐리티는 매우 다양한 방법으로 구현할 수 있게 설계돼 있습니다. 이 책에서는 다루지 않았지만 로그인 폼을 사용해 로그인과 회원가입 기능을 개발할 수도 있으며, OAuth나 소셜 로그인을 연동해서도 구현할 수 있습니다.

어떤 애플리케이션을 개발하느냐에 따라 서비스의 특성에 맞게 스프링 시큐리티를 적용해야 합니다. 가령 외부에 노출되지 않는 일부 서비스는 성능상의 이점을 살리기 위해 스프링 시큐리티를 적용하지 않을 수도 있습니다.

이번 장에서는 스프링 시큐리티의 동작 원리를 소개하는 데 초점을 맞췄습니다. 스프링 시큐리티가 어떤 구성요소로 이뤄져 있는지 이해한 후 다양한 응용 방법에 대해 배우는 것을 권장합니다.

기호

A – E

F – L

M – R

S - Z

ㄱ – ㅅ